Reprint Publishing

FÜR MENSCHEN, DIE AUF ORIGINALE STEHEN.

www.reprintpublishing.com

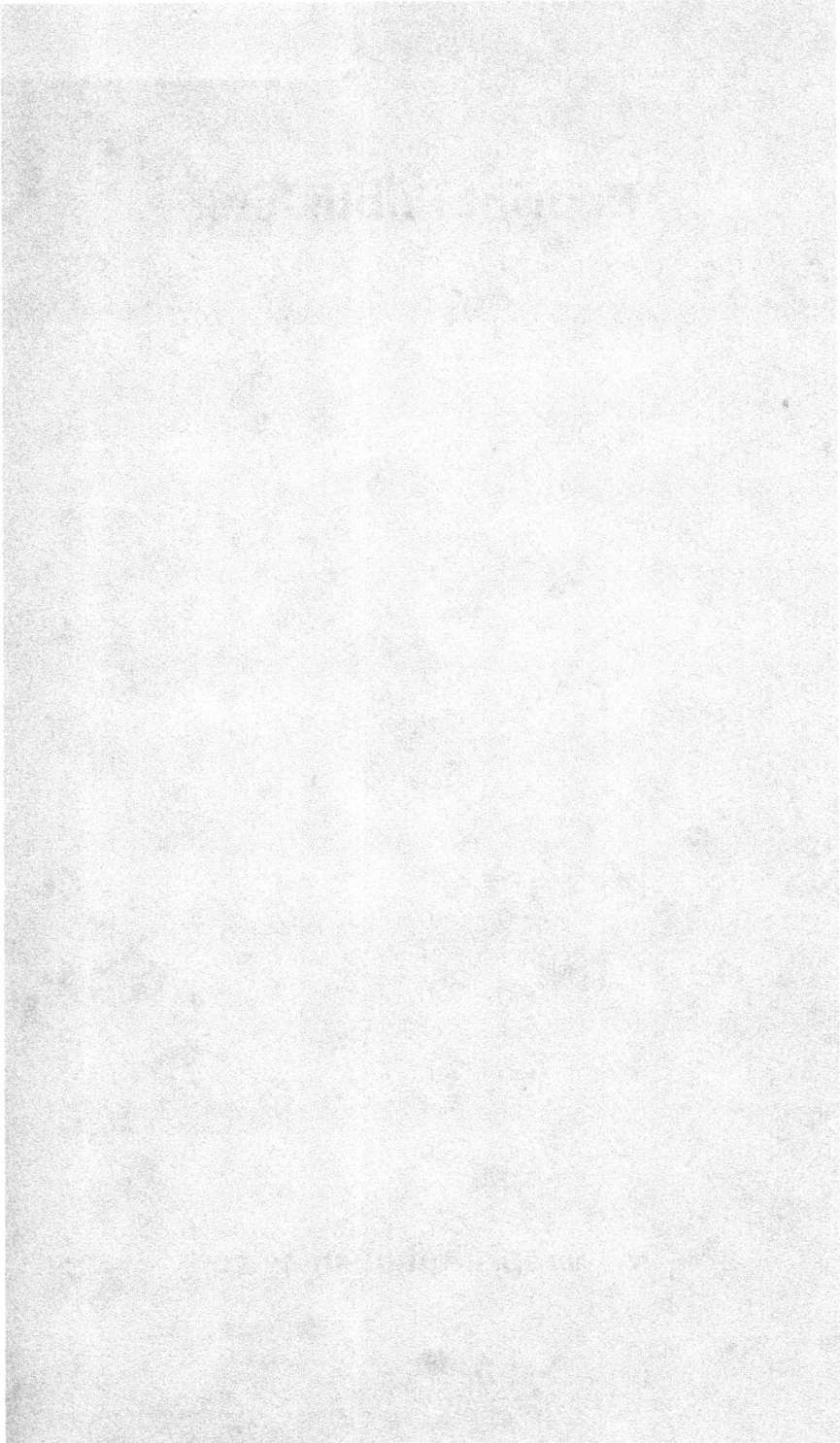

J. G. BEER.

Praktische Studien

an der

Familie der Orchideen,

nebst

Kulturanweisungen und Beschreibung aller

schönblühenden tropischen Orchideen.

Mit einer Kupfertafel und 12 Holzschnitten.

+✳+

Wien.

Verlag und Druck von Carl Gerold und Sohn.

1854.

Praktische Studien

an der

Familie der Orchideen,

nebst

Kulturanweisungen und Beschreibung

aller

schönblühenden tropischen Orchideen.

Von

J. G. Beer.

Wien.

Verlag und Druck von Carl Gerold & Sohn.

1854.

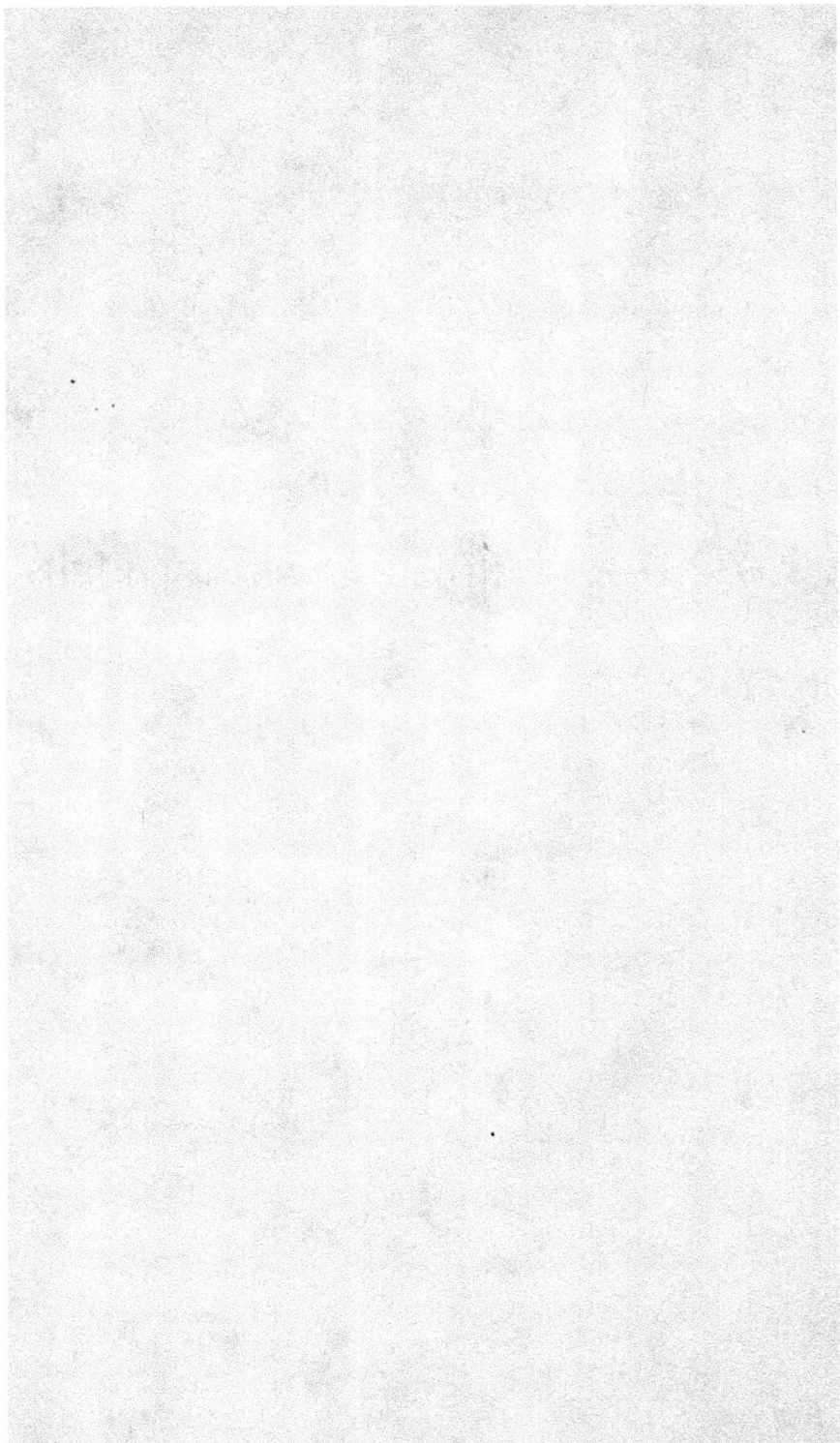

Vorrede.

Alle Gestalten sind ähnlich, und keine gleichet der andern;
Und so deutet das Chor auf ein geheimes Gesetz,
Auf ein heiliges Räthsel.
GOETHE.

Das vorliegende Buch enthält die Früchte eines lang-
jährigen Studiums an Pflanzen. Den Inhalt desselben bilden die Ergebnisse von Beobachtungen an der Familie
der Orchideen im lebenden Zustande; sie rühren also
nicht vom Beschauen gepresster und getrockneter Exemplare her, und erstrecken sich demnach nicht nur auf
die Zergliederung, sondern auch auf das Wachsthum und
das Gedeihen, mit einem Worte, auf die ganze lebende
Erscheinung der Pflanze.

Unser Buch zerfällt desshalb in zwei Theile, nämlich
in Betrachtungen über die Pflanze, und in Betrachtungen
der Pflege (Kultur) derselben. Der erstere dieser Theile
beginnt mit der Gestalt der Pflanze und endet mit einem
Nachweise der Uebereinstimmung der europäischen und
tropischen Orchideen in ihrer Organisation und ihren Le-
benserscheinungen; der zweite Theil umfasst die Kultur,
wie sie in unserem Klima und bei unseren Bodenverhält-
nissen zulässig und nöthig ist. Schliesslich folgt eine beschreibende Uebersicht der schon in den Sammlungen befindlichen schönblühenden tropischen Orchideen, welche
desshalb auch alle zur Kultur anzuempfehlen sind.

Aber in dieser Uebersicht finden sich auch mehrere

Gattungen und viele Arten dieser Familie aufgenommen, welche wohl schon beschrieben oder abgebildet, jedoch noch nicht lebend nach Europa gebracht wurden. Wir beachteten diese Gattungen und Arten mit besonderer Sorgfalt, indem wir durch das Zuziehen derselben glauben, dass dies für unser Buch eine angenehme Beigabe bilde; denn so wie sich hier die schönblühenden, oft sehr wünschenswerthen Pflanzen verzeichnet finden, sind auch ausnahmsweise jene, welche sich nicht der Kultur werth zeigen, mit aufgenommen, um bei deren Erscheinen im lebenden Zustande nachsehen zu können, ob die Pflanzen, welche oft sehr schönklingende, neue Namen besitzen, auch der Anschaffung und Kultur werth sind.

Dass wir die tropischen Orchideen nicht allein bevorzugten, sondern selbst als Typen dieser Familie ansehen, und daher bei Betrachtung der ganzen Familie auch von diesen Gebilden ausgehen, wird wohl Jeder, welcher diese Pflanzenfamilie kennt, billigen, da die grösste Menge, die grösste Formenverschiedenheit sich nur in den Tropenländern findet.

Wenn die europäischen Orchideen eher als die tropischen Orchideen gut erkannt und beschrieben wurden, so ist es ganz natürlich, — aber jetzt, nachdem gewiss der grösste Theil der tropischen Formen ebenfalls bekannt und gut beschrieben ward, — ist auch die Zeit gekommen, wo man die ganze herrliche Familie übersichtlich beurtheilen kann.

Wir haben uns eifrigst bestrebt, die Formen der Orchideen aller Welttheile mit einander zu vergleichen, und hierdurch entstanden jene Reihenfolgen von Bildungsformen, welche wohl keinem Zweifel mehr Raum geben, dass nicht alle Gebilde dieser Familie in den verschiedenen Theilen der Welt gleichartig sind.

Die herrliche Familie der Orchideen hat Gebilde, welche auffallende Verschiedenheiten bieten. So sehen wir bei *Epidendrum Stamfortianum* (Batem.) und bei *Brassavola cuspidata* (Hook.), dass der Blüthentrieb wie ein halb entwickelter Pflanzenspross erscheint und selbstständig Wur-

zel bildet. Wir sehen bei *Spiranthes autumnalis* (Rich.) den
Blüthenstand nicht wie bei den anderen inländischen Orchideen aus der Mitte des Jahrestriebes, sondern an der
Seite desselben sich entwickeln. Wir bemerken bei *Dendrobium ramosissimum* (R. W.) die einzige uns bis jetzt
bekannte Art mit Luftknollen, welche Verzweigungen der
Knolle bildet. Nicht minder merkwürdig ist *Lichenora Jerdoniana* (R. W.), — denn diese sehr kleine Pflanze gleicht
der Tracht nach einem *Acrostichum piloselloides* (Presl).
In Amerika finden sich einige Gattungen dieser Familie,
welche ihre Blüthenstiele senkrecht nach unten treiben
(*Stanhopea*), was sonst in keinem Theile der Erde bei Orchideen vorkömmt.

Die in der tropischen Zone Asiens vorkommenden
Orchideen sind untereinander sehr verschieden in der Form,
denn hier finden sich die meisten stammbildenden Orchideen (*Vanda*), und nebst diesen alle Knollenformen, welche überhaupt bei Orchideen vorkommen.

Die Orchideen der tropischen Zone Afrika's schliessen
sich den Formen nach an die asiatischen Orchideen innig
an. Vieles ist schon beschrieben und gut abgebildet, es
finden sich jedoch verhältnissmässig sehr wenige afrika-
nische Orchideen lebend in den Sammlungen, und zwar
hauptsächlich aus *Sierra Leone, Isle de Madagascar, Isle
de France* u. s. w.

Die tropische Zone Amerika's besitzt meistens nur
Luftknollen bildende Orchideen; hier finden sich diese Gebilde am grössten und am verschiedensten geformt, —
aber stammbildende Orchideen fand man, mit Ausnahme
der Gattung *Vanilla* (Adans.), keine.

Die gemässigten Zonen aller Welttheile besitzen, mit
geringer Ausnahme, nur Erdknollen bildende Orchideen;
es finden sich jedoch auch hier Repräsentanten der Luftknollenbildung, und zwar bei *Calypso bulbosa* (Reich. fil.),
Sturmia Loessellii (Reich.), *Mycrostylis monophyllos* (Lindl.),
Malaxis paludosa (S. W.). Stammbildende Orchideen fehlen gänzlich in diesen Regionen.

Bezüglich unseres Bestrebens, zur Erleichterung der

Pflanzenkenntniss beizutragen, sind wir bemüht, den einfachsten Weg zu betreten.

Unsere Anschauungsweise ist folgende: Wir suchen erstlich gute Erkennungs-Merkmale an der Gesammtgestalt der Pflanze aufzufinden; wenn diese nicht ausreichen, betrachten wir den Blüthenstand, und wenn auch dieser nicht leicht erkenntliche Merkmale bietet, so ziehen wir die ganze Blüthenform zu Rathe; genügt aber auch diese nicht, dann gehen wir endlich zu den einzelnen Theilen der Blume über.

Auf diesen Weg der Anschauung der Pflanze führte uns der auffallende Umstand, dass gute Pflanzenkenner mit dem ersten Blicke, den sie auf eine nicht blühende Pflanze werfen, mit Bestimmtheit und selten fehlend sagen: „das ist diese oder jene Gattung oder Art!" oder: „die Pflanze gehört in diese oder jene Familie!" Untersuchen wir die Ursache dieses überraschenden Erkennens einer Pflanze, so sind es oft einfache, aber sichere Merkmale, welche die Gattung und Art, oder selbst die Familie unterscheiden. Leider wissen manchmal Pflanzenkenner diese Merkmale nicht mit Bestimmtheit zu nennen!

Der geehrte Leser wird aus diesem ersten Versuche erkennen, dass unsere Bestrebungen sich im Bereiche einer gut begrenzten Pflanzenfamilie bewegten. Die wissenschaftliche Basis der Pflanzenfamilie bleibt durch unsere Arbeit unberührt; wir versuchen nur gemeinnützliche Erleichterungen zur Erkenntniss der bestehenden Gattungen und Arten zu schaffen.

Schliesslich unseren herzlichsten Dank an die H. H. Professoren Dr. Eduard Fenzl und Unger für manchen freundlichen Rath!

Wien im Mai 1854.

Der Verfasser.

Inhalt.

*

Einleitung.

Nicht ohne Zagen schreiten wir zur Herausgabe dieses Buches! — denn nur zu oft treten die Meinungsverschiedenheiten von uns und den Botanikern hervor. Wir empfinden, dass diese Arbeit seine grossen Mängel haben wird, — aber desshalb sind wir nicht muthlos, da die bedeutendsten Männer der Wissenschaft von Wien uns aufmunterten, ohne Rücksicht unsern einmal eingeschlagenen Weg, nämlich: die praktischen Studien an der Familie der Orchideen nach Möglichkeit zu vollenden. Möge der Leser und Beurtheiler im Auge behalten, dass wir selbst das Ganze als einen Versuch betrachten, indem wir uns wirklich zu schwach fühlen, des ganzen Stoffes in jenem Grade Meister zu werden, als er es gewiss erfordert. Ebenso müssen wir bei der geringen Uebung im Schreiben darauf Verzicht leisten, unsere Leser durch einen eleganten Styl zu erfreuen. Es wäre hier wohl ein Ausweg gewesen: nämlich das Material zu liefern — einem Andern aber den schriftlichen Ausbau zu übergeben. Das zu unterlassen hatten wir unsere guten Gründe. Wer gibt gerne die so mühevoll zusammengetragenen und sorgsam behauenen Bausteine aus der Hand, um einen Andern mit dem Verbinden derselben zu betrauen! Wir sind der Meinung, dass der bei weitem werthvollere Theil eines Buches das Schaffen sei, während die geschmackvolle Zusammenstellung nur als ein freundlicher Schmuck erscheint.

Der freundliche Leser möge nicht übersehen, dass unser Buch für Pflanzenkunde und Pflanzenkultur geschrieben ist, dass es daher in sehr verschiedene Hände gelangen wird, und dass wir nach Möglichkeit trachteten, beiden Theilen einigen Nutzen durch die Herausgabe dieses Buches zu schaffen.

Der beschreibende Theil musste daher kurz, klar und bündig abgefasst werden, um Jedem leicht verständlich zu sein. Der Leser sieht, dass wir inmitten eines gewaltigen Stoffes uns blos auf unsere Erfahrungen verlassen durften, und wir ersuchen daher, unsere vielleicht manchmal schroff ausgesprochene Meinung durch unsern guten Willen, „leicht verständlich zu sein", zu entschuldigen.

Aber wir haben nirgends die Absicht, Botanikern, welche sich mit der Familie der Orchideen beschäftigen, nahe treten zu wollen; denn wir durften, nach dem uns gesteckten Ziele trachtend, unbekümmert um das, was von Andern geschrieben steht, uns nur an das halten, was wir selbst beobachteten, und was uns die lebende Pflanze lehrte.

Und so wollen wir mit dem ersten Theile: „die Pflanze" beginnen.

Erster Theil.

Die Pflanze

bildet

zwei Abtheilungen.

Erste Abtheilung.
Knollenbildende Orchideen.

Fig. 1.

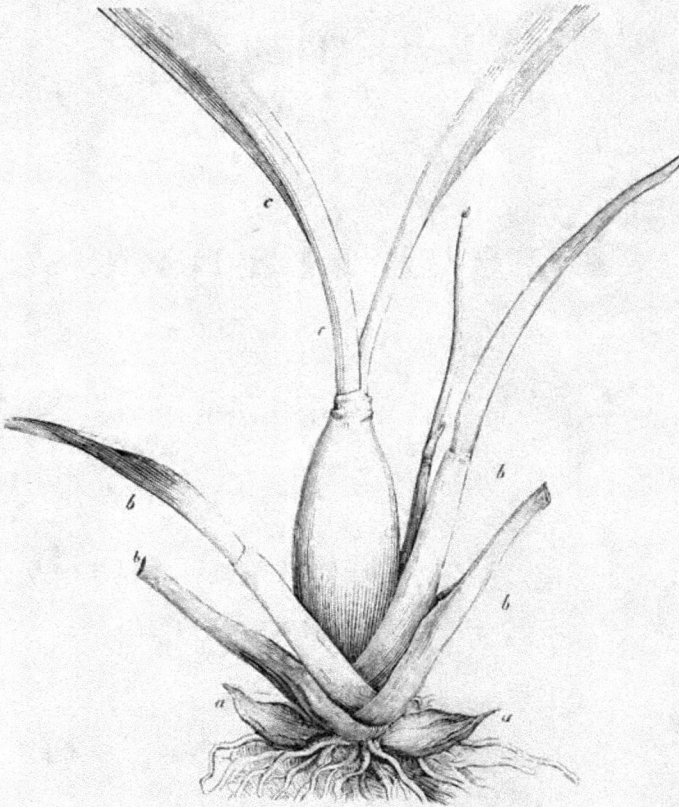

Orchis *). (L.)   Oncidium. (Sw.)

*) Abbildungen von Knollenformen der Erdknollen bildenden Orchideen beliebe man in Dr. Reichenbach's Jcones Florae Germanicae. Vol. XIII XIV. (Orchideae) zu besehen.

Zweite Abtheilung.

Stammbildende Orchideen.

Fig. II.

Vanda. (*R. Br.*)

Die erste Abtheilung

zerfällt

in zwei Unterabtheilungen.

Erste Unterabtheilung.

Bilden Erdknollen (*Tuber*). Repräsentant: Orchis. *L.*

Die Orchideen dieser ersten Unterabtheilung sind über die ganze Erde, mit Ausnahme der kältesten, der dürren und wasserarmen Regionen, verbreitet; sie wachsen in der Erde und besitzen daher wirkliche Erdknollen.

Zweite Unterabtheilung.

Bilden Luftknollen (*Aëro Tuber*). Repräsentant: Oncidium. *Sw.*

(Grösstentheils tropische Gewächse.)

Die Luftknolle ist stets in blattlose oder blatttragende Scheiden gehüllt, oder von solchen umgeben, aus deren Achseln sich Trieb und Blüthenstand entwickeln. Nur zwischen den blattlosen und blatttragenden Scheiden brechen die Wurzeln hervor, niemals zwischen den wahren Laubblättern. Jede Knolle wie jeder Trieb fungirt nur einmal, indem entweder aus den blattlosen oder blatttragenden Scheiden der Knolle, oder unmittelbar aus den blattlosen Scheiden des jungen Triebes, an dem die Knolle erst nach der Blüthezeit zur Ausbildung gelangt, sich der Blüthenstengel erhebt. Die abgeblühte ausgebildete Knolle erzeugt dann

regelmässig einen oder mehrere Triebe und bleibt, obgleich blattlos, noch jahrelang frisch.

Diese gewöhnlich aufrechten, an Bäumen oder auf der Erde
sich bildenden Knollengewächse nennen wir daher, da sie dem
Lichte und der Luft vollkommen ausgesetzt sind, „Luftknollen-
Bildende".

Zweite Abtheilung.

Stammbildende Orchideen.   Repräsentant: Vanda. *R. Br.*

Diese Abtheilung begreift (mit Ausnahme von Vanilla und
Angraecum) a u s s c h l i e s s l i c h n u r a s i a t i s c h e F o r m e n.

Sie bilden ausdauernde, gleichartig beblätterte Stämme, an
der Seite Aeste und Blüthenstengel treibend.   An jeder Stelle
der Pflanze brechen Wurzeln hervor.

Der Blüthenstand entwickelt sich immer am oberen Ende
der Pflanze entweder aus der Blattscheide, oder ganz frei am
Stamme zwischen je zwei Blättern.

Wir haben nun hier bei der ersten Abtheilung die zwei
Knollenformen, nämlich Erdknollen und Luftknollen, dem Begriffe
nach festgestellt und sie „knollenbildende Orchideen" genannt.

Dann die zweite Abtheilung, nämlich „stammbildende Orchideen". Diese Formen sind in allen ihren Theilen von den
Pflanzen der ersten Abtheilung so vollkommen verschieden, dass
wir uns genöthigt fanden, sie von den andern zu sondern und
immer für sich allein zu gedenken.

Der Nutzen der Trennung der stammbildenden von den
knollenbildenden Orchideen ist auch für den Cultivateur von
grossem Belange, indem er hierdurch auf leichte Weise eine
Menge Genera kennen lernt, da ihm durch diese Eintheilung
„d i e g a n z e F a m i l i e d e r O r c h i d e e n i n d r e i g r o s s e
G r u p p e n" leicht übersichtlich zusammengestellt ist.

Nachdem wir nun die zwei Hauptabtheilungen besprochen
haben, kommen wir zu Vorerinnerungen, welche die nächste Ab-

handlung betreffen, nämlich zu den Blattformen der Orchideen, jenen grünen, schönen Organen, die in ihrer Mannigfaltigkeit so grosse Reize bieten.

Die Blattformen der vegetabilischen Welt bedürften, um sie alle zu kennen, allein bei weitem mehr Zeit, als unser kurzes Leben bietet!

Alle nur erdenklichen Formen finden sich unter den Blättern. Vom riesigen Blatte der Palme bis zu den niedlichen Blattformen der Alpenwelt. Dieser Smaragd-Schmuck umgürtet die ganze Erde, und nur wenige Stellen sind zu dürftig für Laubbildung. Es ist das grosse Geheimniss der Erhaltung der Feuchtigkeit auf dem Boden grösstentheils durch die Blätter bedungen. Aber für die Pflanzen sind sie die Lungen, die Organe der Erhaltung, — ohne Laub, ohne Wurzel ist an kein Gedeihen irgend einer Pflanze zu denken. Wir sehen daher, dass wir vor einer Abhandlung von grosser Wichtigkeit stehen, und es freut uns, hinsichtlich der Eintheilung der Blattformen der Orchideen eine Arbeit vorlegen zu können, welche wir bisher in keinem andern Werke vorfanden.

Die drei von uns aufgestellten Blattformen der Orchideen stehen jede für sich begrenzt da, ohne in einander überzugehen. Das Abfallen der Blattspreide bei den blatttragenden Scheiden findet sich mit geringer Ausnahme nur bei den tropischen Orchideen. Bei den Orchideen der gemässigten Zonen, welche blatttragende Scheiden bilden, ist die Blattspreide nicht hinfällig, sondern es geht der ganze oberirdische Theil der Orchidee mit einander durch Abfaulen oder gänzliches Vertrocknen zu Grunde.

Bei der Familie der Orchideen zeichnen sich die Blätter durch besonders kräftige Gestalt, durch färbige Bemalungen und gefärbte Flecken, durch Spiegelglätte, durch lederartige Beschaffenheit, durch fleischige Dicke, immer aber durch zierliche Gestalt und lebhaftes Grün sehr vortheilhaft aus. Da sie gewöhnlich auf starrem Stengel stehen oder reitend die Pflanze umschliessen, ist ihre Stellung eine bleibende; dieses ist bei der Kultur von Wichtigkeit, indem es uns zeigt, dass diese Pflanzen immer gleichmässig dem Lichte zugekehrt gestellt werden müssen.

Die Blattgrössen bei den Orchideen sied sehr verschieden, und zwar von ein Viertelzoll bis zu zwei Schuh Länge, — genug, dass man Cyrtopodium dem Blattwuchse nach mit einer Palme verglich.

Wir erlauben uns nun zu der Blattformen-Eintheilung überzugehen, wobei sehr wünschenswerth wäre, wenn der Leser irgend eine Species von Miltona lebend vor sich hätte, um diese Blatt-Eintheilung zu besehen.

Blattformen

(Siehe Fig. I.)

I. Form: Blattlose Scheiden. (*a*)

Entwickeln sich zuerst mit dem jungen Triebe, vertrocknen schnell, werden dann hellbraun und sind von gleichmässiger Beschaffenheit. Sie haben in gleichen Abständen der Länge nach verholzende Gefässbündel, welche sich gegen das gewöhnlich stumpfe Ende desselben zusammenneigen, jedoch selten vereinigen.

Vertrocknet bleibt die Scheide oft Jahre lang an der Luftknolle sichtbar, wird durch das Anschwellen derselben auch oft zerrissen, und hängt oder klebt dann stückweise an der Luftknolle. Nur zwischen diesen blattlosen Scheiden entwickelt sich der junge Trieb.

II. Form: Blatttragende Scheiden. (*b*)

Die Spreite (Lamina) der blatttragenden Scheide welkt bei den Luftknollen bildenden Orchideen der tropischen Länder — wie gewöhnliche Laubblätter — von der Spitze an und fällt zuletzt von der stehenbleibenden Scheide ab. Die Scheide selbst, welche das Blatt trug, wird oft erst nach Jahresfrist trocken und bleibt, gleich den blattlosen Scheiden, an der Luftknolle vertrocknet sitzen. Es entwickelt sich gewöhnlich schon an ihnen ein starker Mittelnerv. Nur aus diesen zwei Scheidenformen entwickelt sich der Blüthenstand.

III. Form: Wahre Laubblätter. (c)

Sie besitzen runde Stiele, oder sie sind stiellos, dann aber umfassend, reitend und gewöhnlich mit sehr kräftigen, holzigen Längs-Rippen versehen.

Alle wahren Laubblätter verwelken und fallen von der Luftknolle ab.

Bei vielen ist das Laubblatt dick, fleischig, mit auf der Kehrseite des Blattes stets stark ausgebildetem Mittelnerven. Letzterer ist mit der Luftknolle innig vereint und lässt bei dem Abfallen auf derselben Narben oder Spitzen zurück, an denen sich noch die verholzenden Gefässbündel erkennen lassen, welche aus der Luftknolle in die Blattrippe traten.

Die wahren Laubblätter an tropischen Orchideen sind fast immer von sehr fester Beschaffenheit und ganz geeignet, den grossen, oft schnell auf einander folgenden Wechsel von Trockenheit und übermässiger Feuchtigkeit zu ertragen.

Die blattlosen und blatttragenden Scheiden sind der Zahl nach unbegrenzt; wahre Laubblätter finden sich nur von 1 bis 4.

Luftknollen, an welchen sich alle drei Blattformen bilden, scheinen nur allein in Amerika vorzukommen.

Orchideen mit glatten, oft fleischigen Blättern bilden sich gewöhnlich nur an glatten, fleischigen Luftknollen.

Lederartige, wenig gefaltete, stark gerippte Laubblätter bilden sich nur an harten, tief gerippten Luftknollen. Die Zahl der Rippen der einen Seite der Knolle entspricht der Anzahl von Blattrippen eines Laubblattes.

Weiche und tief gefaltete Blätter finden sich nur bei Orchideen, welche auf der Erde wachsen.

Blattformen

zur zweiten Abtheilung.

(Vanda)

Sämmtliche Genera dieser Abtheilung haben:

Blatttragende Scheiden (*b*) und blattlose Scheiden.

(Siehe Fig. II.)

Diese Pflanzen sind durch ihren oben beschriebenen, stämme-
bildenden Wuchs sehr leicht von den knollenbildenden Orchideen
zu unterscheiden. Die Blätter sind — mit Ausnahme von einigen
Species Angraecum, welche etwas gefaltete Blätter haben, und
dann jenen 3 oder 4 Species, welche stielrunde Blätter bilden
(wie Vanda teres *Lindl.*) — gewöhnlich von sehr derber, gleichmässig
starker Beschaffenheit. Die Blattfläche ist glatt, gleichbreit,
steif, ganzrandig; das Ende des Blattes bildet unförmliche Auszackungen, Spitzen und Einbuchtungen,
wie selbe bei keiner anderen Pflanzenfamilie sich finden, und bei
den Orchideen nur in dieser zweiten Abtheilung allein
vorkommen. Diese Blattenden wären ohne alle anderen so guten
Unterscheidungs - Merkmale schon genügend, die Pflanzen dieser
zweiten Abtheilung vollkommen giltig erkenntlich zu machen.

Die blatttragenden Scheiden bei den Orchideen sind eine
Blattform, welche selten bei andern Pflanzenfamilien vorkömmt.

Von den Formen der belebenden Theile der Pflanze, nämlich von den Blättern, gelangen wir zu dem wichtigsten Organe,
bei der Familie der Orchideen (I. Abtheilung, Ophris, Oncidium),
nämlich zu dem ernährenden Theile der Pflanze, zu der
Knolle.

Hier haben wir ein schönes Feld zur Bearbeitung ange-
troffen, und wir gestehen gerne, dass wir dieser Abhandlung selbst
einigen Werth beilegen. Ein ganzes Jahr der eifrigsten Bestrebungen verging über der Bearbeitung dieser Abhandlung. Alles

Material musste — wir möchten sagen aus der ganzen Welt, zusammengesucht werden; dann aber, als es beisammen war, begann erst die nicht geringere Aufgabe der Sichtung und Zusammenstellung. Eine der Hauptaufgaben, welche wir uns hierbei stellen, ist, durch Beispiele und Zeichnungen die allmäliche Umwandlung der Erdknolle in fleischige Wurzel zu zeigen.

Die Beschreibung der Knollenformen führte uns zu einer übersichtlichen Eintheilung derselben, nämlich wir brachten sie in zwei grosse Abtheilungen: in unbeblätterte Knollen (Erdknollen) und in beblätterte Knollen (Luftknollen); diese zweite Abtheilung zerfällt in vier Unterabtheilungen. Wir waren hier überrascht von der so verschiedenen Anordnung der Blätter, indem nämlich bei jeder dieser Unterabtheilungen eine andere Zusammenstellung der Blattformen zu finden ist. Im Anfange der Untersuchung dieser Formen glaubten wir, sie seien vielleicht nicht beständig, allein zu unserer Freude zeigten alle Genera, welche in eine oder die andere dieser Unterabtheilungen gehören, fast immer ganz gleichartige Beblätterung.

Dass diese vier Unterabtheilungen sich nicht vollkommen abgegrenzt finden, ist natürlich; denn es finden sich hier wie bei allen Gebilden „Uebergangsformen.“

Nur bei *Dendrobium (Sw.)* trifft man zwei ganz ausgesprochen verschiedene Formen, nämlich: der grösste Theil dieses reichen Genus gehört in die III. Unterabtheilung; einige Species aber, wie *Dendrobium aggregatum (Roob.)* — *Jenkinsii (Lindl.)* — *Speciosum (Sm.)* gehören ohne Frage in die IV. Unterabtheilung. Wir fanden uns aber dennoch bewogen, *Dendrobium* in die III. Unterabtheilung einzureihen, indem diese einigen Species nur dann ihrem Werthe nach einige Berücksichtigung fänden, wenn man sie ganz von *Dendrobium* trennt. Solche Trennungen aber, deren wir bei dieser Bearbeitung einige Male erwähnen, liegen ausser unserem Willen, indem wir lieber mehrere Genera in eines vereinen, als neue Genera zu schaffen.

Der denkende Kultivateur wird diese vier Unterabtheilungen der beblätterten Knollenformen sich leicht merken und hierdurch allein schon eine Menge Genera kennen lernen.

Der Versuch, den Unterschied der Vegetation der Erdknollen zu den Luftknollen zu erklären, war eine schwierige Aufgabe, da hierüber noch gar keine Anhaltspunkte bestehen. Wir
haben was uns nur immer zugänglich war und über diesen
Punkt abhandeln konnte, gelesen, allein nirgends etwas Befriedi-
gendes gefunden. Um wo möglich die Verständigung zu erleich-
tern, haben wir hierüber Zeichnungen angefertigt und dem Buche
beigegeben (siehe Tafel). Eine Zeichnung ist mehr werth als
lange Beschreibungen, welche nur zu oft die Geduld des Lesers
ermüden und ihn manchmal in ein Wirrniss von Begriffen bringen, welches durch einfache Zeichnungen leicht vermieden wird.
Diese Abbildungen haben aber nach zwei Richtungen hin Ver-
ständniss zu bezwecken: einmal für den Botaniker wegen d e r
K n o l l e n v e r ä n d e r u n g e n, dann für den Cultivateur zur E r-
k e n n t n i s s d e r K n o l l e n f o r m e n und durch diese zur E r-
k e n n t n i s s v i e l e r G e n e r a.

Der freundliche Leser wolle bedenken, dass hier Tausende
der verschiedensten Formen verglichen werden mussten, um d i e
G l i e d e r u n g b e w e r k s t e l l i g e n z u k ö n n e n. Ein Orchideen-
Kenner wird es zu würdigen wissen, wenn wir ihm die Freude
schildern, welche wir bei der ersten Ansicht von Cymbidium
Gibsonii als Verbindungsglied hatten. — Nun wollen wir zur
Abhandlung selbst schreiten.

Knollen-Formen

bei der Familie der Orchideen.

Sie bilden zwei Abtheilungen:

I. Abtheilung: Unbeblätterte Knollen (Erdknollen).

II. Abtheilung: Beblätterte Knollen (Luftknollen).

Die Erdknollen-Formen zerfallen in zwei Unterabtheilungen:

I. Unterabtheilung:

Wo die Keimknospe an der Erdknolle sichtbar ist.

II. Unterabtheilung:

Wo die Keimknospe, von den hohlen, schlauchartigen Verbindungsorganen eingeschlossen, auf der jungen Erdknolle aufsitzt (Ophris).

Fig. III.

Gongora. (R. P.)

Die Luftknollenformen zerfallen in vier Unterabtheilungen:

I. Unterabtheilung.

Eiförmigrunde Luftknollen.

Diese bilden zwei bis vier wahre Laubblätter und blattlose Scheiden, welche letztere selbst im trockenen Zustande ganz oder theilweise an der Knolle sichtbar sind. Laubblätter lederartig, haben mehrere Längsrippen.

16

Fig. IV.

II. Unterabtheilung.

Eiförmig plattgedrückte Luftknollen.

Diese bilden blattlose Scheiden, blatttragende Scheiden und wahre Laubblätter; sie sind die ausgebildetste Form einer tropischen Orchidee mit Luftknollen.

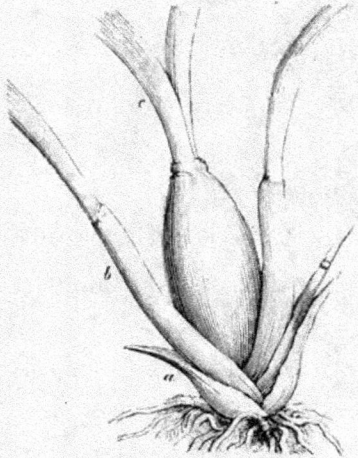

Miltonia. (*Lindl.*)

Fig. V.

III Unterabtheilung.

Walzenförmige Luftknollen.

Bilden nur blattlose Scheiden und blatttragende Scheiden.

Catasetum (*Rich.*)

Fig. VI.

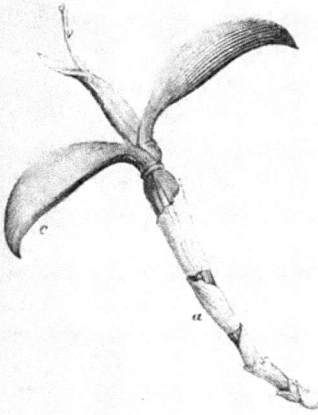

Cattleya. *(Lindl.)*

IV. Unterabtheilung.

Langgestreckte, mehr oder minder plattgedrückte Luftknollen.

Bilden keine blatttragenden Scheiden, sondern nur blattlose Scheiden und ein bis vier wahre Laubblätter. Laubblätter glatt, fleischig mit einer Mittelrippe (Längsrippe).

In den gemässigten Regionen kommen mit ganz geringer Ausnahme nur Orchideen, welche Erdknollen bilden, vor. Jene Formen, welche sich bei unsern einheimischen Orchideen durch die Bildung von Luftknollen an die tropischen Orchideen anschliessen, sind wohl nur sehr wenige, jedoch diese Genera bieten auch ohne Berücksichtigung der Blüthe, den unumstösslichen Beweis der Gleichartigkeit dieser Gewächse auf der ganzen Erde.

Der Unterschied der Vegetation der Erdknolle zur Luftknolle, welche letztere die tropischen Orchideen so sehr auszeichnet, erklärt sich dadurch: dass bei jenen Orchideen, welche Erdknollen bilden, die Knolle nach unten, der Trieb aber nach oben wächst, — bei den Luftknollen bildenden Orchideen hingegen sich Trieb und Knolle nach oben bildet.

Eine Uebergangsform dieser beiden Gebilde sehen wir bei *Microstylis histionantha (Lindl).* Hier finden wir nie mehr als zwei Luftknollen bei einer alten Pflanze, beim Erscheinen des jungen Triebes aber wird die ältere Knolle dürr und fällt endlich ganz ab. Eine Pflanze von *Microstylis hist.*, welche wir durch zehn Jahre kultiviren, besitzt nie mehr als eine Luftknolle und den jungen Trieb, oder in der Ruhezeit zwei Luftknollen.

Wir sehen hier genau dieselben Wachsthums-Verhältnisse, wie sie bei den Erdknollen bildenden Orchideen vorkommen. — Aber die Luftknollen bei *Microstylis hist.* sind von den Blättern ganz umgeben. Die Scheiden haben, vertrocknet, eine eigenthümlich filzige Beschaffenheit. Von dieser sehr·seltenen Pflanze, welche wir von Henri Galeotti in Brüssel erhielten, ist eine Abbildung im *Botanical Magacine* 1844. *t.* 4103. In diesem an prachtvollen Orchideen·Abbildungen reichen Bande wird die Pflanze auch als *Malaxis Parthoni?* erwähnt.

Die Orchideen haben Verbindungs·Organe von einer Knolle zur andern. Diese Organe besitzen verschiedene Dicke, Länge u. s. w. Als Hauptmerkmal mag dienen, dass˙sich an den Verbindungs·Organen gewöhnlich keine Wurzeln bilden.

Die Wurzelbildung findet sich bei den Orchideen mit Erdknollen nahe am Triebe, sie scheinen nur zur Ernährung desselben angewiesen. Bei den Orchideen mit Luftknollen aber erscheinen die Wurzeln immer am untersten Theile der Knolle, da sie hier die Knolle und den Trieb zu bilden haben. Je nachdem die Scheiden an der Luftknolle mehr oder weniger von einander entfernt sind, erscheinen auch die Wurzeln mehr oder weniger entfernt von einander.

Der Unterschied der Wurzelbildung bei den Erdknollen und Luftknollen bildenden Orchideen ist: dass bei den Erdknollen bildenden sich die Wurzeln mit dem jungen Triebe bilden, bei den Luftknollen bildenden aber Wurzelbildung, Laub·und Knollenbildung gleichzeitig geschieht.

Die Erdknollen der Orchideen sind weisslich, braun oder erdfarb. Die Luftknollen hingegen sind alle schön grün wie ihre Blätter.

Je mehr sich jedoch die Erdknolle am Lichte bildet, desto mehr geht auch eine entschiedene Veränderung mit derselben vor, nämlich sie wird endlich grün, bekömmt eine glatte Oberfläche, die Knollensubstanz wird derb und oft sehr hart anzufühlen. Man beobachte nur die Knollen von *Solanum tuberosum* welche zufällig an der Oberfläche der Erde wachsen.

Wir sehen daher die wirklichen Luftknollen von *Sturmia*

Lössellii, Microstylis monophyllos, Callipso borealis — fahl, weiss-lich, weil sie sich ohne Licht im Moose u. s. w. bilden. Aber *Malaxis paludosa* hat eine sehr schöne grüne Luftknolle, welche selbst ihre Farbe in unsern Herbarien gut behält. Es ist ganz natürlich, dass diese Luftknolle schön grün gefärbt erscheint — sie wächst ja mit der Oberfläche des sie schützen-den Mooses in gleicher Höhe, sie geniesst Licht, Wärme, Thau u. s. w. Diess allein färbt sie grün — diess allein färbt auch alle Luftknollen der Orchideen der tropischen Länder so schön grün wie ihre Blätter.

Die verschiedene Länge des Verbindungs-Organes von einer Knolle zur andern bei *Malaxis paludosa* ist bedungen durch den Jahreswuchs des Mooses, in welchem die Pflanze vegetirt, näm-lich: so lange der Jahreswuchs des Mooses ist, eben so lang gestreckt erscheint das Verbindungs-Organ der Orchidee. Diess erklärt auch, warum gerade hier die Verbindungs-Organe so sehr verschieden in der Länge sich bilden.

Wir haben über die grüne Färbung der Luftknollen häu-fige Versuche gemacht. Wenn man eine gesunde Pflanze mit schön grünen Luftknollen dergestalt in Erde einsetzt, dass die Luftknolle ganz mit Erde bedeckt und nur die Blätter aus der-selben hervorstehen, so vegetirt die Pflanze freudig fort. Die Luftknolle wird bald fahl, lichtgrün, dann aber bekömmt sie endlich stellenweise eine braune, rauhe, rindenartige Oberfläche. Von einer Wurzelbildung an einem andern als dem gewöhnlichen Platze war jedoch nichts zu bemerken.

Dass die Erdknollen verschiedene Umstaltungen erleiden, haben wir durch das Folgende zu bekräftigen versucht.

Wir haben die inländischen Orchideen in eine Reihenfolge gebracht, welche das Verbindungsglied der europäischen Orchi-deen mit jenen der Tropenländer bildet. Sie beginnt mit *Malaxis paludosa*, einer aufrechten, Luftknollen bildenden Pflanze, welche von einer Knolle zur andern lange Verbindungs-Organe besitzt, dann folgen *Sturmia Lössellii*, oder *Microstylis monophyllos* mit ebenfalls aufrechter Luftknolle, aber kurzem Verbindungsorgane von einer Knolle zur andern. Dann folgt *Herminium monorchis*, eine Pflanze mit langem, wagrechtem Verbindungs-Organe und Erdknollen, und nun folgen alle, welche eine oder zwei Erd-

2 *

knollen bilden, wie *Orchis*, *Ophris* u. s. w. Hierauf kommt *Spiranthes autumnalis*, eine Pflanze, welche fleischige, wurzelförmig verlängerte Erdknollen hat; dann reiht sich *Himanthoglossum viride* an, bei welcher jede der zwei Erdknollen am untern Ende wurzelförmig getheilt erscheint; dann folgt *Nigritella angustifolia*, deren Erdknolle in fleischige Wurzel getheilt erscheint; ferner folgt *Corallorrhiza innata*, deren Erdknolle wie Korallenstämme gebildet ist, und schliesslich *Listera cordata*, bei welcher die Erdknolle ganz in fleischige Wurzeln aufgelöst erscheint. Wir haben nun bei *Malaxis paludosa*, einer Pflanze, welche den tropischen, Luftknollen bildenden Orchideen am nächsten steht, angefangen, und endeten bei *Listera cordata*, bei welcher die Erdknolle förmlich zur Wurzel umgestaltet erscheint. Diese Pflanze gleicht aber ebenfalls einer Menge tropischer Orchideen, besonders den Sphirantideen.

Es theilt sich in dieser Reihenfolge die Erdknolle sichtbar, erstlich in zwei Theile, dann in drei u. s. w. In diesem getheilten Zustande gleichen sie fleischigen Wurzeln. Die Enden derselben sind stets sehr stumpf. Wir erlauben uns hierüber folgenden Grundsatz aufzustellen. Die in fleischige Wurzeln veränderten Erdknollen sind b l e i b e n d und befinden sich stets nur am untersten Theile der Pflanze. Die gewöhnlichen Wurzeln aber h i n f ä l l i g, und umgeben den jungen Trieb gewöhnlich s t r a h l e n f ö r m i g.

Bei Pflanzen, deren Erdknollen in fleischige Wurzeln umgestaltet sind, finden sich häufig ober und zwischen diesen fleischigen auch hinfällige Wurzeln. Diese Pflanzen wachsen aber gewöhnlich schon parasitisch auf der Erdoberfläche zwischen Moos auf Baumwurzeln u. s. w.

Wir finden alle hier genannten Erdknollen-Formen und Umstaltungen derselben in den meisten Ländern, wo Orchideen vorkommen. Hierzu ist *Roberth Wight Icones Pl. Ind. orientalis* (*Madras 1851*) ein guter Beleg.

Die Formen der Erdknollen sind eben so verschieden in der Gestalt als jene der Luftknollen. Die Gestalt der Luftknollen ist gewöhnlich durch die ungleichen Anschwellungen derselben, aber hauptsächlich durch die so verschiedene Stellung der blattlosen und blatttragenden Scheiden gebildet. Je nachdem die Blätter und Scheiden in grösserer oder geringerer Anzahl, im Entfernteren oder Näheren zusammenstehen, in gleichartiger oder ungleichartiger Vertheilung sich an der Luftknolle finden, ist hiedurch die Gesammtform derselben bedungen.

Selbst wenn die verschiedenen Blätter abgefallen sind, bleiben die gewöhnlich braunen Ringe, welche dieselben an der Luftknolle bildeten, noch formgebend. Wir werden weiter unten ausführlich auf diese verschiedenen Formen der Luftknollen zurückkommen.

Gute Repräsentanten der ganz unveränderten Erdknollenformen sind *Orchis morio*, *globosa* u. m. a. An *Orchis augustifolia*, *incarnata*, bei den Platantheren und Gymnadenien sind die hinfälligen Wurzeln von der in Wurzel verwandelten Erdknolle sehr gut zu unterscheiden. *Corallorrhiza*, *Epipogon* haben ihre Erdknollen in seltsam aussehende Lappen verwandelt. Bei *Cypripedium* treffen wir nun eine Form, welche vielen tropischen Orchideen mit langgedehnter Luftknolle vollkommen gleicht.

Wir wollen nun *Cypripedium Calceolus* — lebend — im Monat Juli untersuchen. Wir betrachten die ganze Pflanze. Sie trägt 4 blattlose Scheiden, dann folgen 5 blatttragende Scheiden. Die blattlosen Scheiden finden sich vertrocknet, die blatttragenden aber an der Stelle der Scheide zur Scheideblattbildung mit der unterliegenden Scheide verwachsen. Bei jeder Scheide bildet sich ein sichtbarer Knoten. Die oberste blatttragende Scheide umgibt die Samenkapsel. Zwischen der untersten vertrockneten blattlosen Scheide brechen die Wurzeln hervor, aus der zunächst stehenden zweiten blattlosen Scheide entwickelt sich der junge Trieb, welcher auch schon selbstständig eine Wurzel treibt, die den jungen Trieb ernährt. Wir durchschneiden nun die Pflanze der ganzen Länge nach. Ueberall auf diesem Durchschnitte sind verholzende Gefässbündel sichtbar, welche theilweise in die blatttragenden Scheiden übertreten. Die Verbindungs-Organe von einem Jahrtriebe zum andern sind deutlich, die Grenze derselben sehr gut sichtbar. Sie sind kurz, dünn und bilden sich gegen unten herab knieförmig gebogen.

Der Jahrestrieb ist seiner ganzen Gestalt nach keilförmig und es steckt gewissermassen ein Jahrestrieb in dem andern.

Endlich erhebt sich kaum 4 Linien lang der abgeblühte, sehr holzige Jahrestrieb und endet in einer runden, schwarzen Masse — nämlich an dem Platze, wo die verlängerte Luftknolle abfaulte.

Alles hier Gesagte ist — mit Ausschluss des Abfaulens der verlängerten Luftknolle, welches, wie wir sahen, bei *Cypripedium Calceolus* stattfindet — die ganze Wachsthumsgeschichte einer *Sopralia* oder eines *Epidendrums* mit langgestreckter Luftknolle, wie *Epidendrum floribundum* u. s. w.

Wir haben uns bemüht, Formengruppen der Knollenbildungen der Orchideen zusammenzustellen. Jede dieser Gruppen beginnt mit einer in Europa einheimischen Orchidee, umfasst tropische Formen bis zu den grösstausgebildeten Luftknollen und kehrt wieder zurück zu einer europäischen Pflanze, welche dann ebenfalls stufenweise durch die Reihenfolge der inländischen Orchideen, welche wir früher besprachen, bis zur Eingangsform führt. (Siehe Tafel am Ende des Buches.)

Als wir an diese Arbeit gingen, fanden wir dieselbe im Anfange sehr schwer durchführbar, allein bei dem reichen Materiale, welches wir täglich vor Augen hatten, lichteten sich bald die Zweifel und ein Verbindungsglied fand sich nach dem andern. Wir gestehen gerne, dass man nur dann im Stande ist, sich einer solchen Arbeit zu unterziehen, wenn man alle Orchideen-Formen frisch im Gedächtnisse hat, da diese aus allen Welttheilen zusammengesucht werden mussten.

Die erste Formengruppe fängt mit *Goodiera repens* an. Hierbei hat *Peristeria elata* die grösste Knollenform. Endlich schliesst sich diese Gruppe über *Malaxis paludosa* und den europäischen Formen wieder bei *Goodiera repens* (*Listera cordata*).

Die zweite Formengruppe geht über die europäischen Formen zu *Microstylis monophyllos*. Hier ist die grösste Knollenform *Laelia superbiens*. Diese Reihenfolge endigt bei *Malaxis paludosa*. Um diese Gruppe zu schliessen, darf man nur die europäische Formenreihe zurückgehen.

Die dritte Formengruppe beginnt bei *Sturmia Loessellii*. Hier ist die grösste Knollenform bei *Cyrtopodium puncttatum*. Dann geht die Reihe durch *Cypripedium Calceolus* zu den europäischen Orchideen-Formen über.

Reihenfolge der ersten Formengruppe. (Tafel *a*.)

(Die Höhe der Luftknollen ist nach Wiener Zoll angegeben.)

1. Goodiera repens, *R. Br.*
2. Neottia elata. *Sw.*
3. Calanthe veratrifolia, *R. Br.*
4.   „   plantaginea, *Lindl.* $\frac{2}{3}$ Z.
5.   „   Perothelii, *Lindl.* 2 Z.
6.   ..   vestita, *Lindl.* 3 Z.
7. Peristeria elata, *Hook.* $5\frac{1}{2}$ Z.
8.   „   pendula, *Hook.* $3\frac{1}{2}$ Z.
9. Peristeria Barkerii, *Lindl.* $4\frac{1}{2}$ Z.
10. Coryanthes Albertinae, *Warcz.* $4\frac{1}{2}$ Z.
11. Gongora maculata, *Lindl.* 3 Z.
12. Stanhopea tigrina, *Bat.* 2 Z.
13. Brassia macrostachya, *Lindl.* 4 Z.
14. Miltonia spectabilis *Lindl.* 3 Z.
15. Burlingtonia rigida, *Lindl.* 1 Z.
16. Malaxis paludosa. *Sw.*

Reihenfolge der zweiten Formengruppe. (Tafel *b*.)

1. Microstylis monophyllos, *Reich.*
2.   „   histionantha, *Lindl.* 2 Z.
3. Epidendrum pyriforme, *Hook.* $1\frac{1}{2}$ Z.
4.   ..   Hellerii, *Fuzl.* 4 Z.
5.   „   phoeniceum, *Lindl.* $3\frac{1}{2}$ Z.
6.   „   ciliare, *L.* 6 Z.
7.   „   Stammfordianum, *Lood.* 12 Z.
8.   „   floribundum, *H. B.* 26 Z.
9.   „   cinnabarinum, *Salz.* 20 Z.
10. Dendrobium transparens, *Lindl.* 10 Z.
11.   „   erumenatum, *Sw.* 16 Z.
12.   „   moniliforme, *Sw.* 12 Z.
13.   „   albo sanguineum, *Lindl.* 13 Z.
14.   „   cretaceum, *Lindl.* 14 Z.
15.   „   densiflorum, *Wall.* 11 Z.
16. Dendrobium Farmerii, *Lindl.* 5 Z.
17.   „   compressum, *Lindl.* $3\frac{1}{2}$ Z.
18.   ,.   aggregatum, *Rorb.* 3 Z.
19.   .,   speciosum. *Sw.* 6 Z.
20. Cattleya (Laeliopsis) Domingensis *Lindl.* 3 Z.
21.   „   Skinnerii, *Lindl.* 13 Z.
22. Laelia superbiens, *Lindl.* 16 Z.
23.   „   aurantiaca. *Rich.* 7 Z.
23.   „   Perrinii, *Bat.* $8\frac{1}{2}$ Z.
25.   „   anceps Barkerii, *Lindl.* 4 Z.
26. Cattleya Mossiae, *Hook.* $5\frac{1}{2}$ Z.
27.   .,   superba, *Schomb.* $7\frac{1}{2}$ Z.
28.   „   tigrina, *Rich.* 16 Z.
29. Laelia Galleotiana, *Hort.* 5 Z.
30.   „   acuminata, *Lindl.* $1\frac{3}{4}$ Z.
31. Ornithidium coccineum, *Salisb.* 2 Z.
32. Malaxis paludosa. *Sw.*

Reihenfolge der dritten Formengruppe. (Tafel *c*.)

1. Sturmia Loessellii, *Reich.*
2. Bletia Shephertii, *Hook.* 1 Z.
3. Acanthophippium Silhetense, *Lindl.* 2 Z.
4.   „   bicolor, *Lindl.* $4\frac{1}{2}$ Z.
5. Catasetum tritendatum, *Hook.* $4\frac{1}{2}$ Z.
6. Mormodes unicolor, *Hook.* 9 Z.
7. Cycnoches chlorochylon, *Kl.* 9 Z.
8. Cyrtopodium punctatum, *Lindl.* 28 Z.
9. Cymbidium Gibsonii, *Lindl.* 5 Z.
10.   „   giganteum, *Wall.* $3\frac{1}{2}$ Z.

11. Cymbidium Mastersii. *Lindl.* 2½ Z. 15. Cypripedium Lowii, *Lindl.*

12.   „   aloifolium, *Sw.*   16.   „   Irapaeanum, *Lindl.*

13. Cypripedium insigne, *Wall.*   22 Z.

14.   „   caudatum, *Lindl.*   17.   „   Calceolus, *L.*

Die Formen-Verschiedenheit der Luftknollen unter einander ist selbst in ein und demselben Genus erstaunlich gross. Welch grosser Unterschied ist nicht zwischen *Dendrobium speciosum* und *Dendrobium Devonianum!* — Die eine Species bildet eine fast schuhlange, sehr dicke, keulenförmige — die andere eine der ganzen Länge nach beblätterte, stark federkieldicke, bei 2 Schuh lange Luftknolle! Ferner bei *Calanthe viridi fusca* und *Calanthe veratrifolia*; die erstere dieser Pflanzen hat eine birnförmige, etwas plattgedrückte Luftknolle und nur ein sehr langes, schmales, spitz zulaufendes Laubblatt; die andere bildet eine kaum haselnussgrosse Luftknolle, welche von einer Menge grosser, tiefgefalteter Blätter ganz bedeckt ist.

Cymbidium Gibsonii und *Cymbidium lancifolium* bilden eben so grosse Kontraste in der Tracht. *Cymbidium Gibsonii* hat die Gestalt eines kleinen Cycnoches, *Cymbidium lancifolium* hingegen treibt nur ein Büschel schmaler, spitzer Blätter. Das so herrliche Geschlecht der Cattleyen ist wohl leicht an seinen Luftknollenformen erkenntlich, obwohl auch hier sich grosse Verschiedenheit in der Gestalt findet; — so hat *Cattleya pumila* eine kaum einen Zoll lange, runde, glatte Luftknolle, *Cattleya bicolor* und *tigrina* aber bis zwei Schuh lange Luftknollen.

Phajus albus bildet eine über zwei Schuh lange, kleinfingerdicke, der ganzen Länge nach beblätterte Luftknolle, alle anderen Species aber haben walzenförmige, gedrückte Luftknollen mit mehrere Schuh langen, breiten, sehr schön gefalteten Blättern.

Peristeria elata bildet eine eiförmig glatte Luftknolle, welche die Grösse eines Gänse-Eies oft übertrifft. Der Blüthenstand ist hier aufrecht. Dagegen haben alle anderen Species von *Peristeria* mehr oder minder scharfgerippte, eiförmige Luftknollen, welche selten die Höhe von drei Zoll überschreiten. Der Blüthenstand aber ist hier immer hängend.

Bei dem Genus *Oncidium* finden sich jedenfalls die verschie-

densten Knollenformen. Die einen bilden eine kaum sichtbare
Knolle und lange, stielrunde Blätter (*O. Cebolleta*). Andere bilden eine kaum haselnussgrosse Luftknolle und ein ungewöhnlich
dickes, langes Laubblatt (*O. luridum*). Auch fast kreisrunde,
sehr plattgedrückte, gekrauste Luftknollen sehen wir bei *Oncidium
Papilio*. Endlich bildet die grösste Masse der Species von *Oncidium* eiförmige, plattgedrückte Luftknollen.

Epidendrum *equitans* und *Epid. pyriformis* sind ebenfalls so
verschiedene Formen, bei welchen man kaum glaubt, dass sie
einem Genus angehören; denn *Epidendrum equitans* gleicht dem
Wuchse und dem Blüthenstande nach einer Iridee (*Marica*),
wohingegen *Epidendrum pyriformis* eine glatte, runde Luftknolle
bildet.

Es ist bewunderungswürdig, die Luftknollen von der Grösse
und Schwere einer *Schomburgkia tibicinis*, *Laelia superbiens* oder
Cattleya Skinerii zu beobachten, wie sie sich bei sehr geringem
Wurzelvermögen dennoch, an einem Stück Holz vegetirend, vollkommen ausbilden.

Diese grosse Mannigfaltigkeit der Formen ist unsere beste
Lehrmeisterin, denn an den Formen der lebenden Pflanzen muss man deren Kultur studiren, nicht an den
todten Namen!

So wie die Pflanzen sich uns in ganz verschiedener Tracht
zeigen, eben so wollen sie auch verschieden behandelt sein, und
es ist daher die Hauptaufgabe, welche wir uns gestellt haben,
den Cultivateur nach Möglichkeit mit den so verschiedenen Formen dieser herrlichen Pflanzen-Familie bekannt zu machen; dann
aber erst die Kultur-Regeln diesen Formen anzupassen.

Die hier nun durchgeführte Abhandlung über die „Knollen-
Formen" hat wohl vielleicht die Geduld des geehrten Lesers
etwas angegriffen. Der Gegenstand war jedoch zu wichtig, die
Behandlung desselben vielleicht neu. Wir mussten hierbei unsere
wenigen Kräfte nach Möglichkeit anstrengen, um mit unseren
Ansichten nicht gar zu sehr ins Gedränge der hierüber bestehenden Meinungen zu gerathen.

Wir haben nun einen Theil des Ernsteren und Trockneren

dieser Pflanzen-Familie besprochen, und freuen uns, nunmehr
zu der Betrachtung der Blüthen zu gelangen, deren Schönheit
und Anmuth sich zu den bereits besprochenen Pflanzentheilen so
verhalten, wie sich das zarte Geschlecht der Frauen zu dem rau-
heren der Männer verhält. Hier scheint uns unsere ungelenke
Feder wie mit Flügeln beschwingt zu werden, und wir müssen
uns zügeln, um nicht von unserer Vorliebe für die wundersamen
Gestaltungen der Orchideen-Blüthen zu weit hingerissen zu werden! Auch hier wollen wir dennoch mit dem geneigten Leser,
nach Möglichkeit auf praktischem Wege bleiben und nicht Worte
bringen, sondern auf das Unmittelbare, auf die herrliche Natur
selbst, hinweisen.

Der Blüthenstand.

In dem grossen weiten Gebiete der Blüthenschöpfung steht die Familie der Orchideen an Mannigfaltigkeit der Formen und Farbenpracht einzig und unerreicht da. Keine andere Pflanzen-Familie ist uns bekannt, wo die Blüthenform von einem Genus zum andern so sehr verschieden wäre, als es hier fast durchgehends der Fall ist. Und doch wer nur einmal eine Orchideen-Blüthe mit Aufmerksamkeit betrachtete, wird sie alle leicht wieder erkennen, da die Lippe (*Labellum*) der Orchideen - Blüthen, welche ein zu den verschiedensten Formen ausgebildetes Blumenblatt ist, sich am meisten bemerkbar macht. Die übrigen fünf Blätter, wovon die drei äusseren *Sepala*, und die zwei inneren *Petala* heissen, sind gewöhnlich in der Färbung wenig von einander unterschieden. Die Geschlechtstheile sind gemeinschaftlich zusammenstehend und gewöhnlich unter einem schalenartigen Organe am oberen Ende der Säule versteckt. Die Säule bildet den Mittelpunkt der Blume. Die Lippe ist fast immer nach unten gerichtet und durch ihre höchst mannigfaltige, seltsame Form, wie auch durch ihre stets entschieden hervortretende Farbenpracht der ausgezeichnetste Theil dieser meist prachtvollen Blüthen. Der Blüthenstengel erhebt sich gerade oder zierlich gebogen, oder senkt sich nach unten. Er wächst, je nachdem sich die Anzahl der Blüthen mehrt, sehr langsam, ist fest, holzig und immer mit wechselständigen Scheiden bekleidet. Jede Verzweigung am Blüthenstengel trägt ihr Scheideblatt. Die Länge der Blüthenstengel varirt bei den verschiedenen Genera von 1 Zoll Länge bis zu 8 Schuh Länge. Der Blüthenstengel ist manchmal ausdauernd, wie z. B. bei *Oncidium Papelio, Phalenopsis amabilis* und mehrere Species von *Epidendrum*, d. h. die Blüthenstengel dieser hier genannten Pflanzen bleiben mehrere Jahre lang frisch und treiben jedesmal zur Blüthezeit der Pflanze aus dem alten Blüthenstengel neue Blumen.

Gewöhnlich vertrocknet aber der Blüthenstengel, wenn keine Befruchtung stattgefunden, nach dem Abblühen, und bleibt sodann im vertrockneten Zustande an der Luft- oder Erdknolle festsitzen. Die Oncidien treiben die längsten Blüthenstengel und prangen mit Hunderte von Blüthen. Die einblumigen Species haben gewöhnlich grosse Blumen. Die Grösse der Blüthen der Orchideen ist von einer Linie bis zu acht Zoll Durchmesser. *Aeranthus sesquipetalis* soll Blüthen von achtzehn Zoll (?) Durchmesser haben. Wir kennen jedoch nicht einmal eine Abbildung dieser Pflanze.

Die so verschiedenen Formen der Blüthen der Orchideen sind nicht verständlich zu beschreiben, obwohl die Gesammtform der Blüthe leicht erkenntlich ist. Die Mannigfaltigkeit der Blüthen bei jedem Genus ist wahrhaft bewunderungswerth und man kann wirklich sagen, dass jede Species eine entschieden andere Blüthenform trägt.

Es gibt bei den Orchideen-Blüthen der I. Abtheilung bis auf die rein blaue Farbe (die blaugefärbte Lippe bei *Warrea cyanea* ausgenommen) alle anderen Farben und deren Mischungen. Im Ganzen betrachtet, sind die Farben (mit Ausnahme der Schattirungen von Lackroth) nicht sehr rein und feurig. Lederbraun, blutroth, olivengrün, hellgrün, reingelb in vielen Schattirungen, rosenfarb und reinweiss, das sind die Haupttöne, welche bei den Blüthen dieser Orchideen vorkommen. Aber die seltsame Form der Blüthen, der Farbenwechsel, da zumal die Orchideen-Blumen gefleckt, gestrichelt, punktirt oder gebändert erscheinen, die Fülle und Grösse, der Wohlgeruch, die lange Dauer, der zierliche, dünne, schöngefärbte Blüthenstengel, welcher die herrlich grossen Blumen oft wie fliegend erscheinen lässt; dann die Freude, das ganze Jahr hindurch sich an Blüthen ergötzen zu können, sind Vorzüge, welche keine andere Pflanzen-Familie zu bieten vermag!

Wahrlich, wer sich den Genuss verschaffen kann, in den starren, eisigen Wintermonaten eine gutgehaltene Sammlung tropischer Orchideen besuchen zu können, und sich in dem angenehm warmen Hause mit Muse die herrlichen Blüthen-Gebilde zu betrachten, welche sich wie prächtige Schmetterlinge an dünnen, langen Blüthenstengeln sanft bewegen (*Oncidium Papilio*), oder in lieblich duftenden Blumensträussern herabhängen (*Stanhopea, Peristeria*), oder in stolzer Majestät in schuhlangen Blüthen-Achren prangen (*Dendrobium*): der wird dann auch gerne das ganz kleine *Bulbophyllum saltatorium* mit seinen hüpfenden zarten Blümchen, dann das von dem leichtesten Lufthauche nach allen Richtungen bewegte *Bulbophyllum barbigerum* bewundern und staunen über die hundertblüthigen Oncidien.

Da bilden *Saccolabium guttatum*, die *Aerides* u. m. a. förmliche Blüthen-Fontainen; und daneben steht mit starrem Blüthen-stengel *Peristeria elata*, jede Blume eine fliegende weisse Taube. Dort blüht *Phalenopsis amabilis*; wie Nachtfalter hängen die grossen, schneeweissen, durchsichtigen Blumen über die riesigen, rothen Blüthen der *Sobralia macrantha*.

Gleich Schwanenhälsen strecken die herrlichen Blüthen von *Cycnoches* ihre Säulen hervor, in langen Locken zieren die *Gongoras* mit ihren zahlreichen zarten Blumen die Baumstämme, und in der Luft wiegt sich der Blüthenstengel von *Vanda peduncularis* mit Blüthen wie unsere schönste *Ophris*.

Auf starrem Stengel steht wie von Wachs gebildet die wundervolle Blume *Lycaste Skinnerii*, und daneben prangt sorgsam gepflegt das golddurchwirkte Sammtblatt von *Anaectochilus*. Im zierlichen Gelässe aufgehangen, erregt *Coryanthes* durch die prachtvollen grossen, roth und gelb gefärbten Blüthen, deren mächtige Lippe einem kleinen Trinkgefässe gleicht, unsere gerechte Bewunderung. *Cypripedium caudatum* mit seinen langen, schmalen, zierlich gewundenen zwei Blüthen - Blättern lässt uns wahrlich vergessen, dass wir vor einer Blume stehen; und trotz aller dieser Herrlichkeiten haben wir noch schöne Hoffnungen zu befriedigen — wir nennen nur: *Latouria spectabilis, Arachnanthe moschifera, Aggeianthus marchantioides, Dendrobium filiforme, Lichenora Jerdoniana* u. s. w., welche noch nicht lebend nach Europa gelangten.

Wenn auch die kleinste Blüthe der Orchideen nicht ohne Interesse ist, so bleibt dennoch eine ziemliche Anzahl von solchen übrig, die nur in jenen Sammlungen angenehm sind, welche auf möglichste Vollständigkeit der eingeführten Genera und Species sehen.

Obwohl unsere einheimischen Orchideen der Gestalt und Blüthe nach den tropischen Orchideen ganz gleich sind, so stehen sie doch hinsichtlich der Grösse und Farbenpracht der Blüthen den tropischen Orchideen-Blumen bei Weitem nach. Desshalb bleiben sie aber doch unsere lieben, zarten, schönduftenden Frühlingsgenossen, welche uns auf Berghöhen, im Walde und auf Moorwiesen begrüssen, und uns von jenen gigantischen Formen der Tropenwelt ein freilich oft nur schwaches Gleichniss gestatten!

Aber an Absonderlichkeit der Blüthenformen stehen unsere einheimischen Orchideen-Blüthen den tropischen nicht nach. Wer erinnert sich nicht bei dem hier Gesagten an *Himantoglossum hyrcinum (Aceras Reich.)*!

Das Gesetz, welches sich bei allen Vegetabilien geltend macht, nämlich: Jene Gewächse, welche mit besonders schön gezeichneten Laubblättern prangen, haben immer kleine (wenn auch zahlreiche) unscheinbare Blüthen — ist auch bei den Orchideen geltend — wir sehen es an *Anoectochilus, Dossinia, Spyranthes* u. s. w.

Wenn ich oben auf *Himantoglossum* hingewiesen, bei welchem Genus die Lippe mit ihren bandartig gedrehten Verlängerungen, welche sie so sehr auszeichnet; so will ich gern hier noch einige Species nennen, welche die europäische Flora durch ihre Schönheit zieren. Hierher gehören: *Ophrys, Orchis incarnata, carnosa, provincialis, maculata, Cypripedium Calceolus, Limodorum aportirum, Serapias triloba, Epipogon aphyllum* und noch so viele andere!

Immer aber sind selbst unsere einheimischen Orchideen durch ihre Einsamkeit in dem Waldesdunkel, oder durch ihr Hervortreten auf den Wiesen, durch ihre zierliche Gestalt die Freude eines jeden Beschauers. Man wird stets finden, dass sie die Aufmerksamkeit eines jeden Beobachters durch die Seltsamkeit ihrer Erscheinung fesseln. Um wie viel mehr Erstaunen erregt es aber, wenn man die Freude hat, eine tropische Orchideen-Blüthe zum ersten Male bewundern zu können!

Wir erlauben uns nun über die Pflanzen und den Blüthenstand jener Genera und Species, welche unserer zweiten Abtheilung (Repräsentant *Vanda*) angehören, einige Worte zu sagen.

Unsere zweite Abtheilung, nämlich der Pflanzen, welche die Tracht von *Vanda* haben und mit geringer Ausnahme nur Asien bewohnen, umfassen das meiste Wünschenswerthe für unsere Sammlungen. Bei Weitem der grösste Theil dieser Gewächse erzeugt grosse Blüthen, aber ausserdem erscheinen sie durch ihren kräftigen Wuchs, durch die ausdauernd schöne Belaubung und dadurch, dass sie mit Ausschluss von aller Erde und Moos, blos am Holz vegetiren, höchst merkwürdig. Mit Staunen sieht der Neuling eine Pflanze im kräftigen Wuchse, welche schöne, lange, grüne Blätter, dicke, silberweisse Wurzeln in die Luft sendet, und so frei schwebend in voller Pracht blüht! Die Blüthen der Pflanzen dieser zweiten Abtheilung haben alle Farben in vollster Kraft und Reinheit. Hier findet sich himmelblau, das feurigste Roth, reines Goldgelb, brennendes Violett, herrliches Rosa und reinweisse, fast durchsichtige Blüthen.

Die Blüthenstengel sind immer zierlich gebogen und reiche Blüthen-Aehren, meist über einen Schuh lang, verleihen diesen Pflanzen eine unbeschreibliche Fülle und Pracht. Die Farbenmischungen sind stets frisch und stehen oft keck beisammen. Die Blüthen sind meist von sehr langer Dauer und bleiben bis an's Ende in ihrer vollkommenen Frische und Schönheit.

Die Blüthen der Pflanzen dieser zweiten Abtheilung sind sehr leicht von den Blüthen der Pflanzen der ersten Abtheilung zu unterscheiden, nämlich: durch die gänzliche Ausbreitung der Blumenblätter, durch deren Glätte und meist fleischige Beschaffenheit; durch die reine und prachtvolle Färbung; durch die freie, aufrechte Säule, welche gewöhnlich an dem oberen Theile mit einer kleinen Spitze endet und dort einem Vogelkopfe gleichsieht, wie auch durch die sehr verschieden geformte gespornte Lippe. Der Sporn der Lippe hat hier wirklich die seltsamsten Gestaltungen. So sieht er bei *Angraecum caudatum* dem langen, glatten, braunen Schwanze eines kleinen Säugethieres ähnlich; bei *Aerides* hingegen gleicht der Sporn der Lippe einer phrygischen Mütze.

Es erscheint merkwürdig, dass die Lippe bei den Blüthen der Pflanzen der zweiten Abtheilung gewöhnlich die Farbentöne der ganzen Blüthe trägt, wohingegen sich die Blüthen der ersten Abtheilung durch die von den anderen Blumen-Blättern verschiedene Färbung der Lippe auszeichnen.

Die Pflanzen dieser zweiten Abtheilung sind daher durch ihre Gesammttracht, wie nicht minder durch ihre Blüthengestaltung sehr leicht erkenntlich, und es ist bei der geringsten Kenntniss dieser Pflanzen-Familie gar nicht möglich, sich bei der Einreihung der Pflanze in die eine oder die andere Abtheilung zu irren.

Eintheilung des Blüthenstandes.

(Enthält bloss tropische Orchideen.)

Genera.

Erste Abtheilung.

Vielblumig, mit seitlicher Blüthenähre.

Acrides.

Angraecum.

Camerotis.

Cycnoches.

Dendrobium.

Cleisostoma.

Vanda.

Saccolabium.

Gunia.

Phalaenopsis.

Renanthera.

Sarcanthus.

Oeceoclades.

Trichocentrum.

Comparettia u. s. w.

Zweite Abtheilung.

Vielblumig, mit oder aus dem jungen Triebe blühend.

Bromheadia.

Coelia.

Epidendrum.

Zygopetalum.

Neottia.

Miltonia.

Pterostilis.

Cypripedium.

Uropedium.

Phajus.

Microstylis.

Galleotia.

Cattleya.

Laelia.

Acanthophyppium.

Pleurotalys.

Octomeria.

Stelis.

Oberonia.

Physosiphon.

Speglynia.
Lyparis.
Dendrochilum.
Pholidota.
Eria.
Aporum.
Polystachia.
Isochilus.
Arpophyllum.
Schomburgkia.

Mormodes.
Rodriguezia.
Barkeria.
Aspasia.
Ornithidium.
Chysis.
Cyrtopodium.
Isochilus.
Cyrtopera.
Notylia.

Mastevalia u. s. w.

Dritte Abtheilung.

Vielblumig, unmittelbar an der ausgebildeten Knolle blühend.

Maxillaria.
Lycaste.
Bifrenaria.
Gongora.
Odontoglossum.
Peristeria.
Dossynia.
Jonopsis.
Burlingtonia.
Cyrrhopetalum.
Bulbophyllum.
Megaclinium.
Stanhopea.
Bletia.
Acropera.
Promenaea.
Cirrhaea.

Sarcochilus.
Aganisia.
Coryanthes.
Cymbidium.
Grammatophyllum.
Geodorum.
Sobralia.
Eulophia.
Galeandra.
Brassia.
Fernandezia.
Scaphyglottis.
Hartwegia.
Leptotes.
Coelogyne.
Pleione.
Epidendrum u. s. w.

Vierte Abtheilung.

Vielblumig, mit senkrecht herabhängendem Blüthenstande.

Coryanthes. Stanhopea.

Peristeria (mit Ausschluss von Peristeria elata).

———

Unsere Abhandlung über den Blüthenstand haben wir nach Möglichkeit zu erschöpfen gesucht, und es freute uns, alle diese schönen, herrlichen Blüthenformen besprechen zu können. Jetzt gehen wir über zu den „Verbildungen bei den Orchideen". Wie häufig mögen wohl Verbildungen im Pflanzenreiche vorkommen! Was wir an den tropischen Orchideen beobachteten, sind die Ergebnisse von kaum zwei Jahren; uns fielen früher diese Zustände an den Pflanzen gar nicht auf, was uns aber den klarsten Beweis lieferte, dass man nur zu oft erst sehen lernen muss! Nachdem wir einmal auf diese abnormen Zustände bei den Orchideen aufmerksam wurden, fand sich bald eine Thatsache nach der andern. Es sind aber leider noch nicht viele! — Wir haben jene Verbildungen bei Orchideen, welche in verschiedenen Werken besprochen werden, hier auch zugezogen. Man sieht aber, dass nur ganz auffallende Erscheinungen aufgezeichnet wurden, welche den Blüthenstand betreffen. Die bemerkenswertheste Verbildung, welche wir beobachteten, war bei *Rodriquezia Barkerii*. Diese Pflanze bildet gewöhnlich alle drei Blattformen sehr regelmässig. Bei der Verbildung des Blüthentriebes in einen Blatttrieb bildete die *Rodriquezia Barkerii* an einer Seite nebst der einen blatttragenden Scheide noch drei blatttragende Scheiden.

Bei *Cattleya* kömmt die Verbildung der Blüthe in ein Laubblatt nicht selten vor, aber dieses unregelmässige Laubblatt hat eine auffallend andere Gestalt, als die echten Laubblätter besitzen.

Es scheint sich hier die Scheide, welche die Blüthen umgibt, auf Kosten des ganzen Blüthenstandes in ein Laubblatt zu verwandeln.

Die nun folgende kurze Abhandlung bitten wir nur als einen Anfang der Beobachtung zu betrachten, welchen wir aber für wichtig genug hielten, um ihm in diesem Buche einen kleinen Raum zu gönnen.

Verbildungen

bei den

Wachsthumszuständen der tropischen Orchideen.

Wenn sich der Blüthenstand durch irgend eine Störung nicht entwickeln kann, treibt die Pflanze statt des Blüthenstengels eines oder mehrere Blätter. Wir beobachteten diese Verbildungen bei:

Schomburgkia tibicinis (Cattleya). *(Bat.)*

Sie hat gewöhnlich drei Laubblätter und bildet statt des Blüthenstandes ein viertes Laubblatt.

Laelia aurantiaca. *(Rich.)*

Hat gewöhnlich ein Laubblatt und bildete statt des Blüthenstandes ein zweites Laubblatt.

Cattleya Mossieae. *(Hook.)*

Hat gewöhnlich ein Laubblatt und bildete statt des Blüthenstandes ein zweites Laubblatt.

Epidendrum cinnabarinum. *(Salz.)*

Trieb aus der Blüthenscheide statt der Blüthe vier Blätter.

Rodriguezia Barkerii. *(Hook.)*

Bildete statt des Blüthenstandes drei blatttragende Scheiden.

Cycnoches ventricosum. *(Bat.)*

Bildete statt des Blüthentriebes einen Blatttrieb, welcher schnell zur jungen Pflanze heranwuchs.

Bei dem *Dendrobium* mit langen, walzenförmigen Luftknollen findet es sich häufig, dass an dem Platze, wo am oberen Ende der Luftknolle die Blüthenstengel zu erscheinen pflegen, bei gestörtem Fortschreiten in der Bildung statt derselben sich Triebe bilden, welche sehr schnell selbstständig werden.

Wenn die Luftknolle am unteren Theile beschädigt, die Wurzel faul, oder die jungen Triebe an derselben zerstört wurden, bildete sich auf der Luftknolle zwischen den Ringen, wo die Laubblätter standen, eine junge Knolle. Ja selbst ein Blüthenstand lässt sich hier, obwohl höchst selten, bemerken.

(Beobachtet bei *Cyrtochilum filipes. Lindl.)*

3 *

Bei einem *Catasetum tridentatum* (*Hook.*) bildete sich an der Wurzelspitze eine vollkommene junge Pflanze.

Cycnoches ventricosum blühte (beim Herzoge von Devonshire in England) an einem Blüthenstengel mit Blumen von *Cycnoches ventricosum* und von *Cycnoches Egertonianum*. Zwei Blüthen trugen Merkmale von beiden Pflanzen.

In B a t e m a n n's prachtvollem Orchideen - Werke ist eine Pflanze abgebildet, welche zwei Blüthenstengel an einer Luftknolle trägt. Ein Stengel ist mit Blumen von *Cycnoches ventricosum*, der andere mit Blüthen von *Cycnoches Egertonianum* reichlich geziert.

Sir Robert S c h o m b u r g k beobachtete in British - Guiana am Demerara bei einer Pflanze an e i n e m Blüthenstengel Blumen von drei verschiedenen Genera, nämlich Blüthen von *Monachanthus viridis*, *Myanthus barbatus*, und von einem unbenannten *Catasetum*.

Wir beschliessen diese Abhandlung mit einer Pflanze, welche drei verschiedene Blüthenformen an einem Blüthenstengel trug. Es darf aber nicht unberührt bleiben, dass die drei hier genannten Genera, nämlich *Monachantus*, *Myanthus* und *Catasetum*, sich in der Gesammtgestalt sehr gleichen.

Wir kommen nun zu einer Abtheilung von grosser Wichtigkeit, nämlich zur „Eintheilung sämmtlicher Orchideen-Blüthen in sechs Sippen (Tribus)."

Wir erlauben uns den Ideengang anzudeuten, welcher uns Muth machte, an diese neue Eintheilung zu schreiten.

L i n n é e war der Schöpfer der Blüthen-Erkenntniss.

J u s s i e u aber der Schöpfer der Pflanzen-Erkenntniss.

Der Eine betrachtete blos die Geschlechts-Organe und schuf ein Princip von unvergänglicher Dauer. Der Andere beachtete Blüthe und Pflanze und suchte mit genialem Geschicke, nämlich durch Auffindung gleichartiger und gut bemerkbarer Merkmale, viele verschiedene Gewächse zu vereinen und hierdurch Pflanzen-Familien zu bilden.

Es ist gewiss auffallend, dass die herrliche, so weit verbreitete Familie der Orchideen — freilich damals noch nicht so bekannt wie jetzt — dass gerade diese nicht mit in die Reform aufgenommen wurde, dass man hier die Eintheilung nach den

Pollenmassen aufstellte, wo man selbe, ohne die Pflanze zu verletzen, mit geringer Ausnahme gar nicht sehen kann!

Die meisten Botaniker klagen über die so unsichere Weise, die Orchideen nach den Pollenmassen zu bestimmen. Einem gebildeten Cultivateur ist das Bestimmen einer Orchideen-Blüthe nach den Pollenmassen nur zu oft gar nicht möglich.

Das Erkennen dieser Pflanzen leidet aber hierdurch fühlbar, und so gibt es in jeder grossen Orchideen-Sammlung manche Pflanze, welche schon geblüht hat, aber noch nicht bestimmt werden konnte.

Die Wissenschaften aber sollen geistige Fortschritte begünstigen. Wenn ein Theil derselben unklar ist, dann ist es einem Jeden erlaubt, ja es ist jedem hierbei Betheiligten seine Pflicht, nach Kräften mitzuwirken, um endlich den trüben Theil derselben klar und für jeden Gebildeten im Fache zugänglich zu machen. Dies erlaubt auch uns auf Unzugänglichkeiten in der Botanik hinzuweisen, und wir bitten, hinsichtlich der Eintheilungsweise, wie sie jetzt besteht in Dr. Reichenbach's Werke über Orchideen (*Orchideae in Flora Germaniae recentsiae* u. s. w.), die Abhandlung über „*Vandeae*" aufzuschlagen.

In dieser einen Abtheilung der Eintheilung der Orchideen kommen fünf von unseren sechs Hauptformen der Orchideen-Blüthen vor, nämlich: *Oncidium*, *Maxillaria* (*Lycaste*), *Stanhopea*, *Catasetum* (*Cypripedium*) und *Angraecum*.

Warum aber zur ersten Eintheilung die Gesammt-Formen der Blüthen vernachlässigen, wenn sie so erklärend, gut und leicht unterscheidbar sind!

Dies bewog uns auch, der Blüthenform eine besondere Aufmerksamkeit zu schenken, und da fanden wir, dass die Orchideen-Blüthen sich vorzüglich durch die so mannigfaltige Form der Lippe (*Labellum*) auszeichnen.

Bei unserer Eintheilung ist daher auch die Lippe mit ihren so entschieden verschiedenen Formen die Grundlage; nebstdem ist die Stellung der Säule (*Columna*) und der zwei unteren *Sepala* — jedoch diese nur einmal — zugezogen.

Wir haben es uns zum Gesetze gemacht, nur dann mit dieser Eintheilung der Orchideenblüthen vor die Oeffentlichkeit zu treten, wenn die bestehenden Genera der Familie der

Orchideen nicht zerrissen werden dürfen. Aber eben das war nach Auffindung der Erkennungsformen die Hauptschwierigkeit, und so wie uns der erste Entwurf ganz leicht und schnell gelang, ebenso bedurfte manches sich später zeigende Hinderniss reiflicher, neuer Studien und Ueberlegung, um sie endlich alle giltig zu beseitigen, zumal einige Genera der Orchideen-Familie über hundert Species enthalten, jedoch jede Species für sich besehen und geprüft werden musste.

Unsere Arbeit hat aber nur den Zweck, sich an die früheren Arbeiten auf dem Felde der Orchideen-Kunde anzureihen.

Wir verhehlen es nicht, dass wir sehr erfreut sind, durch diese neue Eintheilung nach der Blüthenform eine wesentliche Erleichterung geschaffen zu haben.

Desshalb aber bleiben alle früheren Arbeiten über die Familie der Orchideen nicht allein unberührt, sondern auch zum ferneren Erkennen der verschiedenen Genera durchaus nothwendig.

Der Einklang der Formen der Blüthen mit den Pollenmassen ist jedoch ein Beweis von feststehenden Gesetzen, welche, wenn sie einmal gut erkannt sein werden, jedenfalls die Eintheilung nach den Pollenmassen ganz entbehrlich machen werden.

Der Leser und Beurtheiler wolle daher das hier Gebotene keineswegs als vollendet betrachten.

Der Nutzen dieser Eintheilung nach den Blüthenformen dürfte jedoch gross genug sein, um allgemeine Beachtung zu verdienen, denn Jeder, welcher Orchideen-Blüthen untersucht, ist wenigstens hierdurch im Stande, eine Orchideen-Blüthe, ohne sie berühren zu müssen, in eine der sechs Sippen leicht und bestimmt einzureihen. Der Untersucher hat einen festen Begriff von der Blüthe erlangt und wird dann bei der Abtheilung „die Genera in diese sechs Sippen eingetheilt" die untersuchte Pflanze einstweilen unterbringen. Für den Cultivateur werden die „Knollenformen" ebenfalls gute Dienste leisten, indem der Suchende, die Blüthe und Pflanze betrachtend, endlich doch manchmal schon ohne Berücksichtigung der Pollenmassen das eine oder das andere Genus herausfinden wird.

Eintheilung

sämmtlicher

Orchideen - Blüthen in sechs Sippen (Tribus).

Die Schwierigkeit bei Durchführung unserer neuen Classification war durch manche Blüthen desselben Genus, welche aber verschiedene Lippenformen haben, beträchtlich erschwert. Wir wollen hier einige, glücklicher Weise von jene wenigen Genera anführen, bei denen die Verschiedenheit der Lippe untereinander am auffallendsten ist.

Wir beginnen mit *Dendrobium!* In diesem Genus, welches so reichhaltig ist — so prachtvolle Blüthen enthält, denen nur der Wohlgeruch fehlt, um alle Eigenschaften von Schönheit und Lieblichkeit zu vereinen — sind folgende Lippenformen zu finden: sackförmig, lappig, muschelförmig, spitz, glatt und kraus. Aber die zusammengeneigten, sackartig aufgetriebenen Sepala, welche alle Species von *Dendrobium* besitzen, halfen uns aus diesem Labyrinth und erlaubten uns sowohl dieses, so wie noch viele andere Genera, welche gleiche Merkmale an den Sepala tragen, mit allen ihren Species beisammen zu lassen, und hierdurch sehen wir uns in die angenehme Lage versetzt, nicht eines der bestehenden Genera der so reichen Familie der Orchideen zerreissen zu müssen.

Nicht weniger behutsam und vorsichtig mussten wir bei Aufstellung der sechsten Sippe (*Cattleya* Repräsentant) sein, und das hauptsächlich wegen den Genera *Epidendrum*, *Barkeria* u. s. w. Auch in diese Sippe fallen eine grosse Anzahl von Genera. Bei *Epidendrum* ist die Lippenform wieder sehr verschieden; wir haben hier Species, deren Lippe die Säule mit zwei langen Lappen ganz umhüllt; dann welche, wo die Säule nur mit zwei kleinen Lappen theilweise bedeckt ist; endlich aber eine Menge, wo die Säule mit der Lippe förmlich verwachsen erscheint, und zuletzt einige, wo die Säule auf der Lippe frei aufliegt (*Barkeria*).

Bei den anderen vier Sippen war kein besonderer Nachsatz
nöthig, es wäre denn bei der vierten Sippe *(Stanhopea* Repräsentant), wo — „oder aufrecht" — sich auf das Genus Catasetum
bezieht.

Bei der Einreihung der europäischen Orchideen waren wir
Anfangs der Meinung, für die Erd-Orchideen noch ein leicht
erkennbares Merkmal suchen zu müssen. Wir fanden hier als
gutes Unterscheidungs - Merkmal „F r u c h t k n o t e n v o r d e r
E r ö f f n u n g d e r B l ü t h e a n g e s c h w o l l e n."

Es wäre dann für die Erdknollen bildenden Orchideen folgende Eintheilung entstanden:

A. Lippe gespornt.

B. Lippe und Säule frei.

C. Lippe mit zwei Seitenlappen, die Säule theilweise um-
hüllend.

D. Fruchtknoten vor der Eröffnung der Blüthe angeschwollen.
Also z. B.: A. *Orchis.* — B. *Ophris.* — C. *Cephalanthera.*
D. *Epipactis.*

Tribus II., III., V. und VI. sind aber hinlänglich, um alle
europäischen Formen unterzubringen.

Classification der Familie der Orchideen.

Fig. VII.

Sippe (Tribus) I.

A. Die unteren Sepala zusammengeneigt, öfters verwachsen, am Grunde sackartig
aufgetrieben.
Dendrobium.

B. Alle Sepala ausgebreitet, nie
sackartig aufgetrieben.

Dendrobium.
a) Dendrobium, *b)* Maxillaria, *c)* Eria.

Sippe (Tribus) II

a) Lippe gespornt.

Fig. VIII.

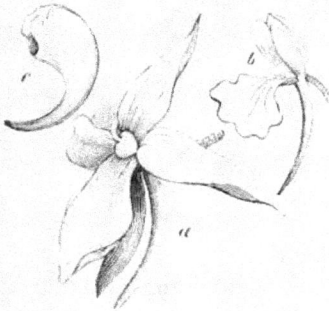

Angraecum. Orchis.

a) Angraecum. *b)* Camarotis. *c)* Aerides.

Sippe (Tribus) III

b) Lippe sackförmig herabhängend oder aufrecht.

Fig. IX.

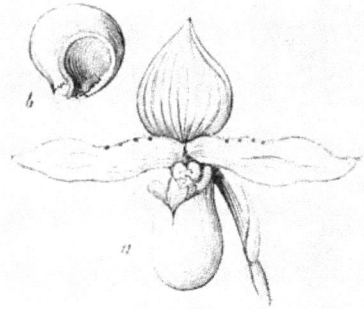

Cypripedium.

a) Cypripedium. *b)* Catasetum.

Sippe (Tribus) IV.

c) Lippe fleischig,
glänzend.

Fig X.

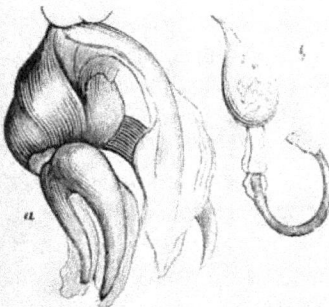

Stanhopea.

a) Stanhopea. *b)* Cycnoche-

Sippe (Tribus) V.

d) Lippe ausgebreitet, am untern
Theile muschelförmig oder wellig.
Säule aufrecht, freistehend, oft
geflügelt.

Fig. XI.

Oncidium. Ophris

a) Oncidium, *b)* Aspasia. *c)* Cyrtopodium

Fig. XII.

Sippe (Tribus) VI.

e) Lippe mit seitlichen Lappen, die herabgebogene Säule ganz oder theilweise einhüllend, oft mit der Säule verwachsen. Die Säule zuweilen auf der Lippe frei aufliegend.

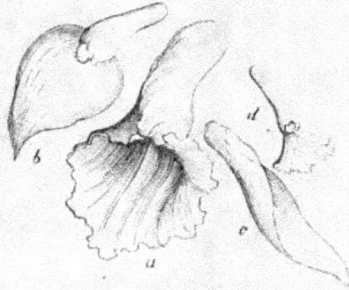

Cattleya, Cephalanthera.
a) Cattleya, *b)* Barkeria, *c)* Sophronitis, *d)* Epidendrum.

Die nothwendige Folge der Eintheilung der Blüthen der Orchideen in diese sechs Sippen ist die Abhandlung: „die Genera der Orchideen in diese sechs Sippen eingereiht".

Es finden sich in der folgenden Abhandlung in den Sippen mehrere Genera eingereiht, welche noch nicht lebend in Europa eingeführt wurden; allein sie werden eingeführt werden, und wir glauben durch die Aufnahme dieser Genera Jenen, welche unser Buch zur Hand nehmen, einen angenehmen Dienst erwiesen zu haben, indem sie hierdurch in den Stand gesetzt werden, auch wegen der neuen Ankömmlinge hier nachsehen zu können.

Die folgende Abtheilung umfasst nur eine Aufzählung der Genera der Orchideen. Um aber bei dieser Einreihung der Genera sicher zu gehen, musste jede Species dieser vielen Genera untersucht werden, und wahrlich durch diese mühevolle Arbeit stieg unsere Hochachtung für die Botaniker wenn möglich noch höher.

Ist es nicht ein Beweis der Tüchtigkeit und Vollkommenheit der Arbeiten, welche über die Familie der Orchideen bestehen und an der sich so viele Kräfte betheiligten, dass unter den mehreren Tausenden von Species, welche wir untersuchten, nur so wenige Species sich fanden, welche in die Genera, in denen sie eingereiht sind, nicht zu gehören scheinen!

Wahrlich, wir bedürfen keines besseren Beweises von Geistesschärfe bei Aufstellung der Genera und Anreihung deren Species, und wir Alle sind daher den gefeierten Namen eines Klotzsch, Hooker, Lindley, Reichenbach filius, Morren, Lemaire u. s. w. den grössten Dank schuldig.

Die

Genera der Orchideen

in diese sechs Sippen (*Tribus*) eingereiht.

Erste Sippe *(Tribus)*.

A. Die unteren Sepala zusammengeneigt, öfters verwachsen, am Grunde
sackartig aufgetrieben.

(Dendrobium.)

B. Alle Sepala ausgebreitet, nie sackartig aufgetrieben.

Genera der ersten Sippe.

Repräsentant: Dendrobium.

Acanthophippium, *Bl.*

Acropera, *Lindl.*

Ania, *Lindl.*

Anguloa, *Fl. Per.*

Aporum, *Bl.*

Appendicula, *Bl.*

Aggeianthus, *R. W.*

Batemannia, *Ach. Rich.*

Bletia, *Fl. Pers.*

Bifrenaria, *Lindl.*

Burlingtonia, *Lindl.*

Bolbophyllum, *Thouars.*

Chysis, *Lindl.*

Chilochista, *Lindl.*

Cheirostylis, *Bl.*

Clowesia, *Lindl.*

Coelia, *Lindl.*

Coelogyne, *Lindl.*

Cirrhopetalum, *Lindl.*

Cadetia, *Gaudich.*

Dendrobium, *Sw.*

Dipodium, *R. Br.*

Didactyle, *Lindl.*

Eria, *Lindl.*

Estochylos, *Lindl.*

Govenia, *Lindl.*

Huntleya, *H. & Kth.*

Ipsea, *Lindl.*

Jonopsis, *H. & Kth.*

Josephia, *R. W.*

Latouria, *Bl.*

Lichenora, *R. W.*

Lycaste, *Lindl.*
Maxillaria, *Fl. Pers.*
Megaclinium, *Lindl.*
Mycaranthus, *Lindl.*
Monomeria, *Lindl.*
Oxysepalum, *R. W.*
Oxystophyllum, *Bl.*
Pelexia, *Poit.*
Pleurothalis, *R. Br.*
Pleione, *Don.*
Promenaea, *Lindl.*
Petochilus, *R. W.*
Pogonia, *Juss.*
Phreatia, *Lindl.*
Polystachia, *Hooker.*
Ponera, *Lindl.*

Prescottia, *Lindl.*
Paphinia, *Lindl.*
Phalaenopsis, *Bl.*
Podochilus, *Bl.*
Scuticaria, *Lindl.*
Scelochilus, *Klotsch.*
Spatoglottis, *Bl.*
Spiranthes, *Rich.*
Sarcopodium, *Lindl.*
Scaphyglottis, *P. & End.*
Stenorhynchus, *Rich.*
Trichosma, *Lindl.*
Trigonidium, *Lindl.*
Warrea, *Lindl.*
Xylobium, *Lindl.*
Zosterostylis, *Blume.*

Zweite Sippe *(Tribus).*

a) Lippe gespornt.

Genera der zweiten Sippe.

Repräsentant: Angraecum, Orchis.

Aceras, *Reich.* (Hymantho-
    glossum).
Aerides, *Lour.*
Anoectochilus, *Blume.*
Angraecum, *Thouars.*
Anacamptis, *Rich.*
Calanthe, *R. Br.*
Comparetia, *Pöpp. & Endl.*

Cyrtopera, *Lindl.*
Cytheris, *Lindl.*
Cynorchis, *Lindl.*
Cleisostoma, *Blume.*
Corallorhiza, *Hall.*
Diplocentrum, *Lindl.*
Eulophia, *R. Br.*
Epipogum, *Gmel.*

Galeandra, *Lindl.*
Gymnadenia, *R. Br.*
Habenaria, *Willd.*
Herminium, *R. Br.*
Lisochylus, *R. Br.*
Limodorum, *Tourn.*
Limatodes, *Bl.*
Microchilus, *Presl.*
Nigritella, *Rich.*
Orchis, *L.*
Orthochyllus, *Hochst.*
Oceocladus, *Lindl.*
Perularia, *Lindl.*

Platanthera, *Rich.*
Peristylus, *Blume.*
Pesomeria, *Lindl.*
Phajus, *Lour.*
Renanthera, *Lour.*
Saccolabium, *Bl.*
Sarcanthus, *Lindl.*
Satirium, *Swz.*
Sturmia, *Reich.*
Schoenorchis, *Bl.*
Thunia, *Reich.* (Phajus albus).
Trichocentrum, *Popp. & Endl.*
Vanda, *R. Br.*

Dritte Sippe *(Tribus).*

b) Lippe sackförmig. Herabhängend oder aufrecht.

Genera der dritten Sippe.

Repräsentant: Cypripedium.

Calypso, *Salisb.*
Catasetum, *Rich.*
Coryanthes, *Hooker.*
Cypripedium, *L.*
Goodiera, *R. Br.*

Jaeniophyllum, *R. W.*
Monachanthus, *Lindl.*
Otochilus, *Lindl.*
Schlimmia, *Planch. & Lindl.*
Stenia, *Lindl.*

Uropedium, *Lindl.*

Vierte Sippe *(Tribus)*.

c) Lippe fleischig, glänzend.

Genera der vierten Sippe.

Repräsentant: Stanhopea.

Arachnanthe, *Bl.*	Megaclinium, *Lindl.*
Cirrhaea, *Lindl.*	Macdonaldia, *Gunn.*
Cycnoches, *Lindl.*	Malachadenia, *Lindl.*
Chryptochilus, *Wall.*	Myanthus, *Lindl.*
Disa, *L.*	Neippergia (Peristeria).
Drimoda, *Grfft.*	Peristeria, *Hooker.*
Ephippium, *Bl.*	Restrepia, *Kth.*
Fieldia, *Gaud.*	Sarcochyllus, *R. Br.*
Gongora, *Fl. Per.*	Sarcoglossum (Cirrhaea) *Ldl.*
Houlletia, *Brogniart.*	Stanhopea, *Hooker.*
Mormodes, *Lindl.*	Tribrachia, *Lindl.*

Fünfte Sippe *(Tribus)*.

d) Lippe ausgebreitet, am unteren Theile muschelförmig oder wellig. Säule aufrecht, freistehend, oft geflügelt.

Genera der fünften Sippe.

Repräsentant: Oncidium, Ophris.

Apaturia, *R. W.*	Brassia, *R. Br.*
Aspasia, *Lindl.*	Bifrenaria, *Lindl.*
Acriopsis, *Blume.*	Cottonia, *R. W.*
Acriopsis, *R. W.*	Cyrtochylum, *H. B. K.*
Aganisia, *Lindl.*	Cyrtopodium, *R. Br.*
Apetalon, *R. W.*	Chloraea, *Lindl.*
Aspegrenia, *Pöpp. & Endl.*	Caladenia, *R. Br.*
Asarca, *Pöpp.*	Calochilus, *R. Br.*

Disperis, *R. W.*

Dinema, *Lindl.*

Drakea, *Lindl.*

Diothonea, *Lindl.*

Encyclia, *Hooker.*

Epipactis, *Camer.*

Euphrobosces, *Grifft.*

Helcia, *Lindl.*

Hypodematium, *A. Rich.*

Liparis, *Rich.*

Listera, *R. Br.*

Luisia, *Gaudich.*

Malaxis, *Sw.*

Mycrostylis, *Nutt.*

Monochilus, *Wallich.*

Micaranthus, *Lindl.*

Miltonia, *Lindl.*

Microstis, *R. Br.*

Oberonia, *Lindl.*

Odontoglossum, *H. & Kth.*

Oncidium, *Sw.*

Ophris, *Sw.*

Otochilus, *Lindl.*

Pattonia, *R. W.*

Paxtonia, *Lindl.*

Ponthieva, *R. Br.*

Pterostylis, *R. Br.*

Serapias, *L.*

Solenidium, *Lindl.*

Spiculaea, *Lindl.*

Rodriguezia, *Fl. Per.*

Thelimitra, *Forst.*

Zygopetalum, *Hooker.*

Sechste Sippe *(Tribus)*.

e) Lippe mit seitlichen Lappen, die herabgebogene Säule ganz oder theilweise einhüllend, oft mit der Säule verwachsen. Die Säule zuweilen auf der Lippe frei aufliegend.

Genera der sechsten Sippe.

Repräsentant: Cattleya, Cephalanthera.

Aretusa, *Gron.*

Ansellia, *Lindl.*

Arundina, *Bl.*

Brassavola, *R. Br.*

Bromheadea, *Lindl.*

Broughtonia, *R. Br.*

Barkeria, *Lindl.*

Cephalanthera, *Rich.*

Camarotis, *Lindl.*

Cyathoglottis, *Pöpp. & Endl.*

Cymbidium, *Sw.*

Cattleya, *Lindl.*

Cyclosia, *Lindl.*

Diuris, *Smith.*

Epidendrum, *L.*
Eriopsis, *Lindl.*
Geodorum, *Jacks.*
Grammatophyllum, *Bl.*
Laelia, *Lindl.*
Lacaena, *Lindl.*
Lissochilus, *R. Br.*
Leptotes, *Lindl.*
Liparis, *Rich.*
Lepanthes, *Sw.*
Laeliopsis, *Lindl.*
Monochilus, *Wallich.*

Neottia, *L.*
Ornithidium, *Salisb.*
Pilumna, *Lindl.*
Pogonia, *Juss.*
Serapias, *L.*
Sophronitis, *Lindl.*
Schomburgkia, *Lindl.*
Spathoglottis, *Bl.*
Sobralia, *Fl. Per.*
Trichopilia, *Lindl.*
Vanilla, *Plumier.*
Xeuxine, *Lindl.*

Nachdem nun die meisten Genera der Orchideen in diese sechs Sippen hier eingereiht erscheinen, wollen wir zur Betrachtung jener Species schreiten, welche nicht in die betreffenden Genera zu gehören scheinen.

Aber es ist ein kräftiger Beweis für die Giltigkeit unserer neuen Eintheilung nach der Gesammt-Bildung der Blüthen, und zeigt klar die Einheit der einzelnen Theile derselben in Beziehung zur ganzen Blüthenform; — genug, dass wir nicht e i n G e n u s fanden, bei dem sich nicht bei der ersten Ansicht k l a r u n d d e u t l i c h z e i g t e, in welche der sechs Sippen das Genus gehört.

Species,

welche nicht in die betreffenden Genera gehören.

Wer tropische Orchideen häufig besieht, hat schon durch Jahre her bei Ansicht einer neublühenden Pflanze in derselben durch die Gesammttracht, ohne die Pollenmassen untersucht zu haben, ein *Oncidium*, eine *Maxillaria*, ein *Dendrobium*, eine *Stanhopea* u. s. w. erkannt.

Es scheint hier wahrlich überflüssig, auf die Gestalt der Pollenmassen noch Rücksicht zu nehmen, obwohl bei der Genauigkeit der Botaniker es gar nicht anders zu erwarten ist, als dass sie nicht eher an die Beschreibung einer neuen Species schreiten, bevor sie sich nicht durch vollendete Untersuchung überzeugt fühlen — die Pflanze sei neu — gehöre diesem oder jenem Genus an.

Nun sind aber unter den Tausenden von Species, welche wir untersuchten, etliche — wenn auch nur sehr wenige Species — welche in die betreffenden Genera nicht zu gehören scheinen.

Wer wie wir vom praktischen Standpunkte aus Pflanzen studirt, der sieht erstlich auf die Gesammtgestaltung der Blüthe, dann aber beachtet er erst die einzelnen Theile derselben.

Wir erlauben uns nun diese wenigen fraglichen Species aufzuführen, sie sind:

Brassavola elegans, *Hook.*
scheint zu *Oncidium* zu gehören.

Cymbidium triste, *Willd.*
scheint zu *Sarcanthus* zu gehören.

Stanhopea ecornuta, *Ch. Bm.*, St. cirrhata, *Lindl.*,
St. tricornis, *Lindl.*
scheinen zu *Coryanthes* zu gehören.

Miltonia candida, *Lindl.*
gleicht der Lippenform nach einer *Cattleya.*

Calanthe gracilis, *Lindl.* (?)

Wir sehen also unter der so grossen Anzahl von Species
nur äusserst wenige, welche nicht zu unserer neuen Eintheilungsweise passen: dies hat aber wahrlich nach keiner Richtung hin
eine Bedeutung, es stört weder die Richtigkeit der bestehenden,
noch die Richtigkeit der von uns versuchten neuen Eintheilungsweise.

Wir wollen nun die Mängel der fraglichen Species betrachten, welche die fernere Einreihung in das ihnen bis jetzt angewiesene Genus unzulässig macht.

Alle Brassavolen haben: die Lippe mit zwei Lappen, die
herabgebogene Säule ganz einhüllend; die fragliche Species aber
hat eine aufrechte Säule und eine ausgebreitete Lippe.

Alle Cymbidien haben ungespornte Lippen, nur die fragliche Species allein hat eine gespornte Lippe.

Alle Stanhopeen haben fleischige, glatte, langgehörnte Lippen; die fraglichen Species aber haben sackförmige Lippen.

Miltonia candida ist die einzige Species dieses Genus, bei
welcher die Lippe die herabgebogene Säule mit zwei Lappen umhüllt, alle anderen Species von *Miltonia* haben die Gestalt eines
Oncidium. Die Gesammttracht der *Miltonia candida*, nämlich Knollenform, Blatt- und Blüthenstand gleichen aber so auffallend allen
anderen Species von *Miltonia*, dass wir uns hierdurch veranlasst
fühlten, sie bei *Miltonia* mit dem Bemerken — „mit abnormer
Lippe" — zu belassen.

Calanthe gracilis hat keine gespornte Lippe.

Es ist wahrscheinlich, dass eine oder die andere dieser fraglichen Species ihre Berichtigung schon gefunden hat, wir fanden
jedoch solche Berichtigungen in den botanischen Werken, welche
uns zu Gebote stehen, nicht aufgeführt.

Sie sehen, geehrte Leser, dass diese wenigen Species gegen die Tausende von Species, welche alle in ihrer Art gleichgebildet erscheinen, eigentlich nicht der Erwähnung werth sind, allein wo möglich soll Jeder, welcher mit seinen Bestrebungen in die Oeffentlichkeit tritt, Alles zu erschöpfen suchen, besonders aber das anführen, was wider seine Ansicht ist — so weit es nämlich das Befangensein von einer eigenen Idee zulässt.

Bis jetzt haben wir uns auf dem ruhigen Felde der Selbstbetrachtungen bewegt, haben deren Ergebnisse aufgezeichnet und waren erfreut, immer an der Seite — wenn auch nicht mit den bestehenden Arbeiten über die Familie der Orchideen — zu gehen.

Nun erlauben wir uns aber in der nächsten Abhandlung — „Zusammengezogene Genera" — etwas weiter auszugreifen. Wir werden alle Umschweife vermeiden und von unserem praktischen Standpunkte aus auch hierin vorgehen.

Zusammengezogene Genera.

Wir erlauben uns folgende Genera, welche sich bei Betrachtung der Gesammtformen, besonders aber der einzelnen Species, der verschiedenen Genera unter einander gleichen, zu einem Genus zu vereinigen, und wählen zum Repräsentanten jedesmal jenes Genus, welches die meisten Species besitzt.

Wir ziehen daher zu dem Genus

Cattleya:
Schomburgkia, Laelia, Sophronitis.

Zu dem Genus

Maxillaria:
Lycaste, Xylobium, Warrea, Bifrenaria, Prescottia, Scuticaria, Polistachia.

Zu dem Genus

Oncidium:
Cyrtochilum, Odontoglossum, Miltonia, Brassia, Helcia, Solenidium.

Bei dieser Vereinigung der Genera ist nur die Blüthenform berücksichtigt, nicht aber die Blüthenfarbe. Auch der Blüthenstand ist kein gutes Merkmal, denn z. B. haben alle Oncidien an einem Blüthenstengel immer viele, selbst bis zu Hunderten von Blumen, während *Oncidium uniflorum* am aufrechten Blüthenstengel eine, äusserst selten zwei Blüthen trägt.

Diese Vereinigung der Genera erscheint theilweise durch die Botaniker selbst schon gerechtfertigt, denn es findet sich, dass ein und dieselbe Pflanze als ein *Oncidium, Odontoglossum* und *Cyrtochilum* erkannt wurde. So heisst das *Cyrtochilum bic-*

toniense (Bat.) auch *Odontoglossum bictoniensis* (Lindl.) und selbst
Zygopetalum africanum (Hook). Derselbe Fall ist es bei *Cyrtochilum* und *Miltonia*, nämlich *Miltonia stellata* (Lindl.) wurde auch
Cyrtochilum stellatum (Lindl.) genannt; die Blüthe dieser Pflanze
sieht doch wahrlich auf den ersten Blick einem *Cyrtochilum* ähnlich. Ferner bei *Laelia Perrinii* (Bat.), welches gleichbedeutend
mit *Cattleya Perrinii* (Lindl.) ist. — *Maxillaria Stellii* (Hook.) hat
auch den Namen *Scutticaria Stellii* (Lindl.), und in neuerer Zeit
ist eine Pflanze *Bifrenaria Hadwenii* (Hort.) genannt worden,
welche doch wahrlich von *Scutticaria Stellii* kaum zu unterscheiden ist!

Von dem Genus *Maxillaria* wurden *Lycaste*, *Warrea*, *Prescottia*,
Xylobium u. s. w. getrennt. Aber bei diesen von Maxillarien
getrennten Genera beruht der Unterschied auf zu subtilen Merkmalen an den Pollenmassen.

Die Gestalt der Blüthe ist jedoch bei all diesen getrennten
Genera von *Maxillaria* so auffallend ähnlich, dass wir uns bewogen fühlen, den Versuch zu wagen und sie wieder mit dem
Genus *Maxillaria* zu vereinigen, und zwar aufgemuntert durch
genaue Untersuchungen, welche wir an den Blüthen dieser verschiedenen Genera anstellten.

Wir haben unter andern an Blüthen von *Maxillaria* und
Lycaste, die wir genau nach ihren äusseren Formen und im
Durchschnitte beschauten, durchaus keinen Unterschied finden
können. Die Blüthen, welche wir untersuchten, waren unter
mehreren anderen von *Lycaste balsamea* (Hort.), *Lycaste aromatica* (Grah.) und *Maxillaria atropurpurea* (Lood.). Das End-
Resultat unserer Untersuchungen war aber kein anderes, als dass
sämmtliche Species von *Lycaste* grossblumig, jene der Maxillarien
aber kleinblumig waren.

Ist ein Unterschied zwischen dem Blüthenstande und der
Blüthe bei *Xylobium squaliens* (Lindl.) und *Maxillaria decolor* (L.)
und *fulva* (Hook.)?

Ferner erlauben wir uns auf die zu *Cattleya* gezogenen
Genera zurückzukommen. Wir werden, um uns kurz zu fassen,
auch hier fragweise unsere Ansichten mittheilen. — Ist *Laelia
purpurata* (Lindl.) nicht eine vollkommene *Cattleya*? — Man betrachte nur *Cattleya pallida* (Lindl.), man besehe in Paxton's

Flower Garden die Varietät von *Cattleya labiata*, um sich von dem Gesagten Ueberzeugung zu verschaffen. Ist zwischen der *Cattleya Walkeriana* (Gardner) und *Laelia superbiens* (Lindl.) von *Sophronitis grandiflora* (Lindl.) und *Laelia Perrinii* ein beachtenswerther Unterschied?

Wir finden bei allen diesen hier genannten Pflanzen nur eine kleine Verschiedenheit der Lippenbildung, und zwar meistens am unteren Theile derselben, allein alle diese verschiedenen Blüthenformen finden sich bei dem Genus *Cattleya* schon repräsentirt. Die Gesammtgestalt der hier zu *Cattleya* gezogenen Genera ist nur zu oft gar nicht von einander zu unterscheiden.

Bei den zu Oncidien gezogenen Genera ist noch der angenehme Umstand, dass sie sich wie auch jene Genera, welche zu *Cattleya* gezogen wurden, in der Gesammttracht sehr ähnlich sehen.

So wird man die Gestalt von *Odontoglossum hastilabium* (L.) und von *Cyrtochilum maculatum* (Kn. et W.) bei dem Genus *Brassia* wiederfinden. Ebenso gleicht sich *Miltonia Clowesii* (Lindl.) und *Oncidium Bauerii* (Lindl.). Dieselbe Gleichheit der Tracht ist bei *Oncidium deltoideum* (Lindl.) und *Odontoglossum pulchellum* (Bat.) zu beobachten.

Was die Blüthenformen der zu *Oncidium* gezogenen Genera betrifft, erlauben wir uns wieder fragweise vorzugehen.

Ist ein bemerkenswerther Unterschied zwischen den Blüthen von *Brassia Wrayae* (Skin.) und *Miltonia stellata* (Lindl.) — von *Odontoglossum hastilabium* und *Cyrtochilum maculatum* — von *Oncidium serpens* (Lindl.) und *Brassia Wrayae* — von *Oncidium deltoideum* und *Helcia sanguinolenta* (Lindl.) — von *Oncidium Karwinsky* (Lindl.) und *Cyrtochilum maculatum* — von *Oncidium unguiculatum* (Lindl.) und *Miltonia Clowesii*? — Man betrachte Säule und Lippe von *Oncidium biccallosum* (Lindl.) und *Miltonia spectabilis* (Lindl.) u. s. w.

Diese Fragen könnten wir noch fortsetzen, wenn wir nicht befürchteten, hierdurch den Leser zu ermüden.

Jede Species aus irgend einem Genus dieser herrlichen Familie hat ihre entschieden eigene Gestalt, die so grosse Verschiedenheit der Blüthenformen ist daher im hohen Grade berücksichtigungswerth, und das Studiren derselben der einzige Weg, um nebst einem guten Cultivateur auch ein Pflanzenkenner zu werden.

Bei der Beschreibung der schön blühenden Orchideen in diesem Buche findet der geehrte Leser, um jede Irrung zu vermeiden, alle Genera- und Species-Namen, wie sie jetzt gebräuchlich sind, aufgeführt; bei jedem Genus aber findet sich unsere neue Eintheilungsweise der Pflanze und Blüthe untergeordnet mit durchgeführt, und wir hoffen hierdurch dem Vorwurfe voreiliger Neuerungen zu entgehen.

Der geehrte Leser sieht aus diesen Schlussworten, dass wir das über die Familie der Orchideen schriftlich Bestehende in seinem ganzen Umfange achten, und unsere Meinungen gerne der herrschenden Anschauungsweise unterordnen.

Wir wollen von theilweise fremdem Boden nun wieder auf unser Feld der Selbstbetrachtung zurückkehren, und kommen jetzt zu einer Abhandlung, welche den Titel führt: „Die Genera der Luftknollen bildenden Orchideen in die vier Unterabtheilungen der Knollenformen eingereiht u. s. w."

Die gezeichneten vier Knollenformen sind aber nur als gute Repräsentanten der Unterabtheilungen zu betrachten. Man darf daher nicht annehmen, dass alle Genera, welche sich hier eingereiht finden, die Knollenformen vollkommen so gebildet haben, wie sie sich gezeichnet darstellen. Wir haben zu Figur 3 *Gongora maculata* (Lindl.) — zu Figur 4 *Miltonia Clowesii* (Lindl.) — zu Figur 5 *Catasetum tridentatum* (Hook.) — und zu Figur 6 *Cattleya superba* (Schomb.) gewählt. Aber die drei Blattformen, welche sich bei diesen vier Unterabtheilungen der Knollenformen so verschieden zusammengestellt finden, so wie auch, dass die Laubblätter der ersten Unterabtheilung alle mehrere Längsrippen, die Laubblätter der vierten Unterabtheilung aber alle fleischig glatt sind und nur eine Längsrippe besitzen, sind sehr gute Merkmale zum Erkennen der Knollenformen. — Jedenfalls beachte man nur Knollen, welche vollkommen ausgebildet sind. So wird man z. B. bei *Maxillaria densa* (Lindl.) auf den ersten Blick wohl kaum blatttragende Scheiden bemerken, aber bei genauer Besichtigung wird sich die blattragende Scheide durch das Abfallen des äussersten Scheideblattzipfels deutlich zeigen.

Die walzenförmigen Luftknollen sind scharf von allen andern Knollenformen geschieden. Wir erlauben uns hier eine Reihenfolge der verschiedenen Gestaltungen dieser Form bei dem Genus *Eria* nachzuweisen. *Eria restita* (Lindl.) ist jene Species, welche die längste, dünnste Luftknolle bildet; dann besehe man *Eria polyura* (Lindl.), dann *Eria floribunda* (Lindl.), dann *Eria convallarioides* (Lindl.), dann *Eria bractesiens* (Lindl.), dann *Eria rosea* (Lindl.) und endlich *Eria reticosa* (R. W.). Man wird durch diese Reihenfolge der Knollengebilde bei dem Genus *Eria* sich eine leicht fassliche Uebersicht für die anderen Genera dieser Unterabtheilung aneignen.

Grosse Formenverschiedenheiten finden sich aber bei dem Genus *Oncidium*, bei *Epidendrum* und *Dendrobium*. Ueber die zwei letztgenannten Genera bedürfen wir keiner besonderen Bemerkungen, da sich deren verschiedene Knollenformen auf der Tafel am Ende dieses Buches gezeichnet finden. Aber man habe die Grössenverhältnisse hierbei gut im Auge. Das Genus *Oncidium* findet in der ersten und zweiten Unterabtheilung seine Plätze. Viele Species von *Oncidium* sind durch ein grosses, flaches, stumpfes, fleischiges Laubblatt sehr leicht erkenntlich. Bei diesen Pflanzen ist die runde Luftknolle oft kaum bemerkbar, indem hier die Laubblatt-Entwicklung alle Kräfte an sich zu ziehen scheint. (Siehe *Oncidium Carth. luridum* (Lindl.). Stielrunde Blätter bildet *Oncidium Cebolleta* (Sw.). Die meisten Species von *Oncidium* bilden sich aber dergestalt aus, dass sie vollkommen in die erste oder zweite Unterabtheilung der Knollenformen passen. Nach diesen uns nothwendig scheinenden Erläuterungen mag nun die Abhandlung selbst folgen.

Die Genera der

Luftknollen bildenden Orchideen

in die

vier Unterabtheilungen der Knollenformen eingereiht,

und

Aufzählung der Genera der stammbildenden Orchideen.

Erste Unterabtheilung.

Eiförmig runde Luftknollen (Figur 3.).

G e n e r a.

Acropera, *Lindl.*

Acriopsis, *Rw.*

Aganisia, *Lindl.*

Bolbophyllum, *Thouars.*

Batemannia, *A. Rich.*

Cytheris, *Rw.*

Coelogyne, *Lindl.*

Coryanthes, *Hook.*

Cirrhaea, *Lindl.*

Cyrhopetalum, *Lindl.*

Cryptochilus, *Wall.*

Dinema, *Lindl.*

Diothonea, *Lindl.*

Dienia, *Lindl.*

Epidendrum, *L.*

Eriopsis, *Lindl.*

Euphrobosces, *Griff.*

Ephippium, *Blume.*

Gongora, *H. Per.*

Houlletia, *Brong.*

Liparis, *R. W.*

Macradenia, *Lindl.*

Megaclinium, *Lindl.*

Microstylis, *Lindl.*

Oncidium, *Sw.*

Pleione, *Don.*

Polistachia, *Hook.*

Prescottia, *Lindl.*

Paphinia, *Lindl.*

Pholidota, *Hook.*

Phreatia, *R. W.*

Sarcoglossum, *Lindl.*

Stanhopea, *Hook.*   Spathoglottis, *Reich.*
Schlimmia, *Planch. Lind.*   Sturmia, *Reich.*
Sarcopodium, *Lindl.*   Tribrachia, *Lindl.*

Xylobium, *Lindl.*

Coelia (Lindl.) und *Grobya* (Lindl.) sind Uebergangsformen von den eiförmig runden zu den walzenförmigen Luftknollen.

Zweite Unterabtheilung.

Eiförmig plattgedrückte Luftknollen. (Figur 4.)

Aspasia, *Lindl.*   Lacaena, *Lindl.*
Burlingtonia, *Lindl.*   Maxillaria, *Fl. Pers.*
Brassia, *R. Br.*   Malaxis paludosa, *Rich.*
Bifrenaria, *Lindl.*   Miltonia, *Lindl.*
Brougtonia, *Hook.*   Oncidium, *Sw.*
Cyrtochyllum, *H. B. K.*   Odontoglossum, *H. et Kth.*
Camaridium, *Lindl.*   Peristeria, *Hook.*
Comparettia, *Lindl.*   Promenaea, *Lindl.*
Galleotia, *Rich.*   Rodriguezia, *Fl. Per.*
Helcia, *Lindl.*   Solenidium, *Lindl.*
Jonopsis, *Kunth.*   Trigonidium, *Lindl.*
Lycaste, *Lindl.*   Zygopetalum, *Hook.*

Peristeria elata hat eine vollkommen runde Luftknolle.

Dritte Unterabtheilung.

Walzenförmige Luftknollen. (Figur 5.)

Anselia, *Lindl.*   Clowesia, *Lindl.*
Appendicula, *Bl.*   Calanthe, *R. Br.*
Arundina, *Lindl.*   Catasetum, *Rich.*
Bromheadia, *Lindl.*   Cycnoches, *Lindl.*
Chysis, *Lindl.*   Cyrtopodium, *R. Br.*

Cymbidium, *Sw.*
Cyclosia, *Klotzsch.*
Dendrobium, *Sw.*
Epidendrum, *L.*
Eria, *Lindl.*
Eulophia, *R. Br.*
Galeandra, *Lindl.*
Grammatophyllum, *Bl.*
Hypodematium, *A. Rich.*
Huntleya, *H. Kth.*

Latouria, *Bl.*
Monachanthus, *Lindl.*
Mormodes, *Lindl.*
Myanthus, *Lindl.*
Paxtonia, *Lindl.*
Pesomeria, *Lindl.*
Phajus, *Lour.*
Sobralia, *Fl. Pr.*
{ Thunia, *Reich.*
{ Phajus albus, *Lindl.*

Vierte Unterabtheilung.

Langgestreckte, plattgedrückte Luftknollen.
(Figur 6.)

Barkeria, *Lindl.*
Brassavola, *R. B.*
Cadetia, *Bl.*
Cattleya, *Lindl.*

Dendrobium, *Sw.* (wie *speciosum*).
Laelia, *Lindl.*
Laeliopsis, *Lindl.*
Schomburgkia, *Lindl.*

Aufzählung der Genera

der

stammbildenden Orchideen.

Aerides, *Lour.*
Arachnanthe, *Bl.*
Armodorum, *Lindl.*
Angraecum, *Thouars.*
Cleisostoma, *Bl.*
Camarotis, *Lindl.*

Chilochista, *Lindl.*
Diplocentrum, *Lindl.*
Luisia, *Gaudich.*
Oeceoclades, *Lindl.*
Polychilos, *Lindl.*
Phalenopsis, *Bl.*

Renanthera, *Lour.*   Sarcochylus, *Lindl.*

Saccolabium, *Bl.*   Schoenorchis, *Bl.*

Sarcanthus, *Lindl.*   Vanilla, *Plumier.*

Vanda, *R. Br.*

Die folgende Abhandlung nennen wir selbst nur einen Versuch, nämlich: die Genera nach deren auffallendsten Merkmalen
zu beschreiben. Aber bei der grossen Verschiedenheit, welche
die Familie der Orchideen an Knollenformen, Blattformen u. s. w.
bietet, ist die Beschreibung der Genera nach diesen so verschiedenen Merkmalen vielleicht durchführbar. Wir haben, wie er-
sichtlich, hiermit einen Anfang gemacht, und werden diese Versuche fortsetzen und von Zeit zu Zeit veröffentlichen.

V e r s u c h

einer

Beschreibung mehrerer Genera

nach deren

auffallendsten vegetativen Differenzial - Charakteren.

(Man berücksichtige hierbei die Abhandlung „Knollenformen".)

Einige Genera mit

e i f ö r m i g r u n d e n L u f t k n o l l e n.

A c r o p e r a.

Bildet immer nur zwei Laubblätter. Die Luftknolle ist schön grün, stark nussgross, gleichförmig gerippt, glänzend, die Laubblattringe an derselben stumpf, unregelmässig. Die Laubblätter sind am Rande wellig, stumpf-spitz und haben drei Längsnerven. Der Blüthenstengel ist sehr dünn, hängend, reichblumig und erscheint nur an der ausgebildeten Luftknolle.

B u l b o p h y l l u m.

Sind kleine kriechende Pflanzen, welche von einer Luftknolle zur andern lange Verbindungsorgane bilden. Die Luftknollen haben eine Länge von 1 Zoll bis 1½ Zoll, sie haben beiderseits eine scharfe Kante, sind gewöhnlich dunkel-olivgrün und tragen ein derbes Laubblatt mit stark entwickeltem Mittelnerv. Der Blüthenstand ist aufrecht und erscheint nur an der ausgebildeten Luftknolle.

Bletia *(Phajus)*.

Diese Genera bilden Luftknollen und sind Uebergangsformen dieser ersten Unterabtheilung zur dritten Unterabtheilung (w a l z e n f ö r m i g e   L u f t k n o l l e n).   Die zwei Genera, welche auf der Erde vegetiren, bilden Luftknollen, welche oben h a l b r u n d, unten aber v e r d i c k t erscheinen; diess macht, dass die Pflanzen auf der Erde sehr fest aufsitzen.   Sie sind der ganzen Länge nach mit u n r e g e l m ä s s i g e n Blattringen besetzt; diese Ringe bilden bei *Phajus Wallichii giganteus* und *longifolius* s t u f e n f ö r m i g e   A b t h e i l u n g e n a n d e r L u f t k n o l l e, wohingegen *Phajus maculatus* und *Woodfortii* u. s. w. d u n k e l b l a u g r ü n e, g l a t t e   L u f t k n o l l e n bilden, an denen die Blattringe wie bei den Knollen von Bletien fast gänzlich verschwinden. Die Knollen von *Bletia* haben gewöhnlich grosse Aehnlichkeit mit den Knollen von *Gladiolus Gandavensis* u. s. w.   Der junge Trieb bei *Bletia* und *Phajus* z e i g t   d i e   ü b e r i r d i s c h e K n o l l e n b i l d u n g   e r s t   b e i   s e h r   v o r g e s c h r i t t e n e m W u c h s e.   Der Blüthenstand entwickelt sich beim Erscheinen des jungen Triebes, er ist immer aufrecht und stets vielblumig.

Cirrhopetalum.

Sind kriechende Pflanzen mit langen Verbindungsorganen von einer Luftknolle zur andern. Die Luftknolle i s t g a n z f r e i, über einen Zoll lang, und bei mehreren Species f a s t v i e r e c k i g, sie sind gewöhnlich schmutzig-braun und runzlich.   Sie tragen e i n   L a u b b l a t t, welches am untern Theile s t i e l r u n d v e r w a c h s e n i s t und endlich Knolle und Blattstiel dergestalt vereint erscheinen, d a s s m a n d e n O r t, wo K n o l l e u n d B l a t t v e r w a c h s e n   s i n d,   k a u m   s e h e n   k a n n.   Der Blüthenstand ist stets aufrecht, die Blöthen stehen immer an der Spitze desselben vereint beisammen. Nur an der susgebildeten Knolle entwickelt sich der Blüthenstengel.

Cirrhaea *(Sarcoglossum)*.

Ist von *Acropera* sehr leicht zu unterscheiden, und zwar schon an der Luftknolle. Die Luftknolle von *Cirrhaea* i s t f a s t viereckig, sehr scharfkantig, im Ganzen etwas nach auswärts gebogen, zierlich, schlank und stumpf-spitz endend. Die Laubblätter sind lang, am Rande gerade und haben fünf Blattrippen. Die ganze Laubblattfläche ist rein ausgebreitet, und der Zahl nach sind zwei bis drei Blätter an einer Luftknolle. Die Ringe an der laublosen Luftknolle richten sich nach der Anzahl der abgeworfenen Laubblätter und stehen entfernter von einander, als diess bei *Acropera* der Fall ist. Der Blüthenstand ist wie bei *Acropera*.

Coelogyne.

Alle Species dieses Genus haben einen kriechenden Wuchs, sie bilden sehr harte, tief und unregelmässig gerippte Luftknollen. Die Laubblätter sind von lederartiger Beschaffenheit, sie sind dunkelgrün, spitz, ganzrandig. Ein Hauptkennzeichen der Coelogynen ist, dass die Luftknolle sich immer an den harten, derben Verbindungsorganen angelehnt findet. Der Blüthenstand ist stets aufrecht, vielblumig.

Coelia.

Sind leicht erkenntlich durch die ganz kugelrunde, lichtgrüne, glatte Luftknolle. Die Laubblätter stehen am Ende derselben nahe beisammen und bilden durch ihre aufrechte Haltung eine stengelartige Vereinigung. Diese ganz glatte Verwachsung der Laubblätter am untern Theile ist ein Hauptkennzeichen dieses Genus.

Coelia ist eine Uebergangs-Pflanze zur dritten Unterabtheilung.

Coryanthes.

Dieses Genus ist ebenfalls an der Luftknolle sehr leicht erkenntlich. Die Luftknollen sind bis 4½ Zoll lang, sehr schlank, und wenn auch kürzer, immer zierlich, gleichmässig gerieft. Sie erscheinen am Grunde am dicksten und werden dann allmälig dünner; die Rippen der Knolle sind tief und haben immer

eine schwächere Zwischenrippe. Die blattlose Luftknolle
endet oben gerade, etwas zackig, und trägt hier einen schmalen, jedoch regelmässigen braunen Reifen. Ein Hauptkennzeichen dieser Formen ist: dass der Platz, wo die
Laubblätter mit der Luftknolle vereinigt sind, wenig zu bemerken ist, da die Laubblätter unten sich
ausbreiten und knollenumfassend sind. Die Laubblätter haben drei stark und fünf schwach entwickelte Blattrippen, sie sind zwei Zoll breit und von verschiedener Länge.
Die Blattfläche ist ziemlich ausgebreitet und spitz zulaufend.
Bei guter Kultur sieht man an der laubblattlosen Luftknolle zwei
lange, spitze, vertrocknete, blattlose Scheiden.

Epidendrum.

Bei den abgebildeten Knollenformen wird sich Jeder leicht
überzeugen können, dass es unmöglich ist, hier Grundsätze aufzustellen, welche auf alle Species passen. Bei dem Genus *Epidendrum* finden wir zwei verschiedene Knollenformen,
nämlich die eine Hälfte bildet eiförmigrunde Luftknollen,
die andere aber walzenförmige Luftknollen. Der Blüthenstand hingegen ist hier auch ein gutes Merkmal, indem
alle Species, welche runde Luftknollen bilden, lange,
zierlich gebogene Blüthenstengel treiben, welche oft
Verzweigungen bilden und der ganzen Länge nach mit
sparrig vertheilten Blüthen erscheinen. Hingegen die
Species von *Epidendrum*, welche walzenförmig verlängerte Luftknollen bilden, treiben am Ende der Knolle aus der letzten blatttragenden Scheide einen meistens gerade aufstrebenden, oft sehr
langen Blüthenstengel, an dessen Ende alle Blüthen dicht
beisammen stehen und der Form nach einer Dolde gleichen.
Die Species von *Epidendrum*, welche eiförmige Luftknollen
bilden, haben glatte oder runzliche dunkelgrüne Luftknollen; bei
allen diesen Gebilden ist es aber ein Hauptmerkmal, dass
sie immer mit den Rudimenten (Ueberresten) ihrer
vertrockneten blattlosen Scheiden theilweise bedeckt
sind. Jene Species von *Epidendrum*, welche walzenförmige
Luftknollen bilden, sind von den ähnlich gebildeten Dendrobien

leicht zu unterscheiden, indem bei den Dendrobien mit walzenförmigen Luftknollen sich die Knolle bis zur Spitze ganz
ausbildet und alle Blätter der ganzen Länge nach
fast gleichzeitig abwirft. Die Species von *Epidendrum* mit
walzenförmigen Luftknollen hingegen behalten ihre blatttragenden Scheiden selbst nach dem Abblühen der Pflanze
noch lange im frischen Zustande. Ein Hauptmerkmal
ist jedoch, dass der obere Theil dieser Knollen selbst nach dem
Blüthentriebe sich nicht vollkommen ausbildet, indem
immer an diesem Theile Blatt-Ueberreste sitzen bleiben,
welche die Pflanze als ein *Epidendrum* leicht erkenntlich machen.

Eriopsis.

Dieses Genus zeichnet sich vorzüglich durch grosse, rauhe
Luftknollen aus. Kein Genus der Orchideen hat ausser dem
Genus Eriopsis rauhe Luftknollen, dieser Zustand wird durch
rauhe Fältchen und Auswüchse, welche die ganze Knolle bedecken, gebildet.

Grobya.

Ist eine Uebergangsform der ersten zur dritten Unterabtheilung der Knollenformen. Die kleine, reich beblätterte, etwas über
einen Zoll lange, birnförmige Luftknolle ist nebst den Blättern
lebhaft dunkelgrün. Die langen, schmalen Blätter sind auf der
ganzen Unterfläche blasenartig, rauh. Da diese Blatt-
zustände bei keinem andern Genus vorkommen, so ist auch eine
fernere Beschreibung dieser Pflanzen unnöthig.

Gongora.

Dieses Genus ist leicht an den Luftknollen zu erkennen,
die Knolle ist sehr schön und regelmässig gerippt,
etwas verlängert, eiförmig. Die blattlose Luftknolle trägt am
obern Ende zwei herzförmige Ringe, wo die
Spitze der Herzform immer gegen den äussern

Rand stehen. Sie trägt zwei Laubblätter, welche drei starke und zwei schwächere Blattrippen zieren; die drei ersteren gehen bis an das Blattende herab. Die Blattfläche ist ziemlich glatt, der Blattrand aber sehr stark wellig gebildet, und es finden sich hier oft ganz fein gekrauste Stellen. Die zwei Rippen an der Luftknolle, welche in die Laubblätter übergehen, sind sichtbar stärker ausgebildet. Der Blüthenstand ist hängend und erscheint an der ausgebildeten Luftknolle.

Houlletia.

Zeichnet sich durch birnförmige Luftknollen aus, welche der ganzen Länge nach regelmässig tief gefurcht erscheinen. Ein gutes Erkennungszeichen ist hier der breite, gezackte, braune Ring am oberen Ende der Knolle. Die ganze Pflanze ist fest aufsitzend gerade aufgerichtet, und trägt ein bei zwei Schuh langes, etwas gefaltetes spitzes Laubblatt. Der Blüthenstand entwickelt sich an der ausgebildeten Knolle, ist aufrecht und vielblumig.

Pleione.

Sind kleine Pflanzen, deren Luftknollen oft dicht neben einander sich bilden. Sie sind leicht erkenntlich durch die Knollen-Bildung, welche im Kleinen wie Flaschen-Kürbisse oder wie die Früchte von *Ficus stipulata* (Thb.) aussehen. Kein anderes Genus der Orchideen hat auch nur nahestehend solche Knollenformen.

Pholidota.

Ist leicht erkenntlich durch die sehr stumpfen, entschieden viereckigen Luftknollen.

Sarcoglossum. (Siehe *Cirrhaea*.)

Stanhopea.

Die Knollenformen von *Stanhopea* sind birnförmig, unregelmässig gerieft und gefaltet, dunkelgrün und gewöhnlich nach einer Seite gebogen, sie sind sehr hart anzufühlen. Vorzüglich leicht erkenntlich sind diese herrlichen Gewächse an den Laubblättern. Die Luftknollen von *Stanhopea* tragen stets nur ein grosses Laubblatt, welches am untern Theile stielrund erscheint. Durch die ganze Länge des Blattes zieht sich eine tiefe Furche, welche für *Stanhopea* sehr bezeichnend erscheint. Die Blattspreide ist lederartig, breit, am Rande wellig und mit fünf starken Blattrippen versehen. Die mittlere Blattrippe ist der ganzen Länge des Blattes nach bis zu der Vereinigung mit der Luftknolle sichtbar. Die blattlose Luftknolle hat oben einen breiten, glatten Ring.

Einige Genera mit

eiförmig plattgedrückten Luftknollen.

Burlingtonia.

Hat kaum einen Zoll lange, sehr zusammengedrückte Luftknolle und bildet an einer Seite eine grosse blatttragende Scheide. Die Luftknolle trägt ein lanzettförmig glattes spitzes Laubblatt. Diese zierlichen Gewächse bilden die längsten Verbindungsorgane von einer Knolle zur andern, indem diese oft bis zu fünf Zoll Länge erreichen.

Camaridium.

Gleicht dem Wuchse nach einer *Brassia maculata*. Sie sind jedoch dadurch sehr leicht von *Brassia* zu unterscheiden, dass die drei Blattformen die Luftknolle dergestalt bedecken, dass sie kaum zu sehen ist. Nebstbei ist hier ein gutes Kennzeichen, dass sämmtliche Blätter steif in die Höhe stehen.

Comparettia.

Bildet sehr kleine zusammengedrückte, oben sehr stumpf, schief endende, der Länge nach schwach gerippte Luftknollen. Das beste Kennzeichen ist hier, dass die Unterfläche sämmtlicher Blätter schön hell-lilla gefärbt erscheint.

Dicrypta.

Dieses Genus bildet sehr plattgedrückte, lichtgrüne, glatte Luftknollen. Durch den Umstand, dass die blatttragenden Scheiden dergestalt verlängert erscheinen, dass diese weit über die Knolle vorragen und dieselbe ganz umgeben, ist *Dicrypta* sehr leicht erkenntlich, da diese dergestalt verlängerte Scheideblattbildung bei keinem andern Genus der Orchideen zu finden ist.

Rodriguezia.

Bilden an den eiförmigen, verlängerten, sehr dünnen, glatten Luftknollen alle drei Blattformen vollständig aus. Als Merkmal ist zu beobachten, dass die beiden Scheidenblattformen immer von der Luftknolle abstehen; ferner, dass die eine blatttragende Scheide — nämlich jene, woraus sich später der Blüthenstand entwickelt — um vieles länger und stärker ausgebildet erscheint, als die andere blatttragende Scheide der Knolle. Die zwei Laubblätter haben der ganzen Länge nach schöne gleichlaufende Längslinien.

Zygopetalum.

Die Species dieses Genus unterscheiden sich (mit Ausnahme von *Zygopetalum rostratum*, die eine kleine Pflanze mit kriechendem Wuchse ist,) von allen andern tropischen Orchideen, welche alle drei Blattformen bilden, sehr erkenntlich durch die langen schmalen Laubblätter. Die drei Blattformen sind hier stets vollkommen ausgebildet; die Luftknollen sind glatt, hellgrün, und nebst den sehr langen Laubblättern ist dieses Genus auch dadurch ausgezeichnet, dass die beiden Scheidenblattformen so lang grün bleiben als die Laubblätter, und dass sie die Knolle bis zum Grunde nur sehr wenig bedecken. Mehrere davon haben sehr lange Verbindungsorgane von einer Knolle zur andern (*Zygopetalum maxillare*), aber der ganz aufrechte Wuchs der Knolle deutet darauf hin, dass selbst diese, sowie alle andern Species, auf der Erde vegetiren.

Einige Genera mit

walzenförmigen Luftknollen.

Acanthophippium. (Siehe Abbildung.)

Hat unförmliche, verkehrt keulenförmige Luftknollen. An der ausgebildeten Knolle sieht man deutlich in der Mitte derselben den Platz, wo der Blüthenstengel stand. Die blattlosen und blatttragenden Scheiden sterben sehr ungleich ab, und die Pflanze erhält hierdurch im Einziehen ein sehr unreinliches Ansehen. Ein gutes Merkmal bei diesem Genus ist, dass die erste blatttragende Scheide am untern Theile verwachsen ist, und hierdurch alle andern blatttragenden Scheiden umgibt und einschliesst. Der Blüthenstand erscheint am jungen Triebe, ist kurz, aufrecht, und die Blüthen stehen sehr nahe beisammen.

Arpophyllum.

Gleicht der Gesammtgestalt nach einem *Mormodes*, durch die sehr langen, schmalen, hängenden, etwas gedrehten blatttragenden Scheiden ist dieses Genus jedoch leicht und sicher von *Mormodes* zu unterscheiden.

Cyrtopodium. (Siehe Abbildung.)

Die schöne gleichmässige Vertheilung der blatttragenden Scheiden, sowie nicht minder der Umstand, dass dieses Genus die längsten Luftknollen unter den knollenbildenden Orchideen bildet, sind an und für sich schon Erkennungsmerkmale genug, und es hat diesem Genus sein schöner Wuchs den Ruf eines palmenartigen Gewächses zugezogen. Die blattlose Luftknolle ist gleichförmig rund, oben verloren, stumpf, spitz endend. Die Ringe an der Knolle, wo die Blätter standen, sind ganz regelmässig vertheilt. Der Blüthenstand entwickelt sich aus dem jungen Triebe und ist wie die ganze Pflanze aufrecht.

Chysis.

Die wahrhaft keulenförmige Gestalt der Luftknollen macht alle Species dieses Genus sehr leicht erkenntlich. Die Knolle ist unten kaum kleinfingerdick, wird dann gegen oben keulenförmig, und endet stumpf-spitz. Die blatttragenden Scheiden sind lang, spitz endend, hängend, am Rande schön wellenförmig. Die ganze Pflanze ist hängend. Der Blüthenstand entwickelt sich aus dem jungen Triebe, und obwohl die Blätter endlich die Luftknolle der ganzen Länge nach bedecken, so ist dennoch der abgeblühte Blüthenstengel, welcher lange Zeit schön grün bleibt, auffallend sichtbar.

Cycnoches. (Siehe Abbildung.)

Die runde, über einen Schuh lange Luftknolle trägt den überhängenden Blüthenstengel am oberen Theile derselben. Dieser Platz, wo der Blüthenstengel stand, ist fortwährend an der alten Knolle leicht erkenntlich und daher ein gutes Merkmal. Die alte Knolle erscheint am obern Theile fast rund endend. Die Ringe, wo die Blätter abfielen, sind unregelmässig, und zwar so, dass sie zusammengeneigt und von einander entfernt stehend erscheinen. Die beblätterte grüne Knolle ist bei jedem Blatte theilweise sichtbar.

Catasetum. (Siehe Abbildung.)

Verkehrt keulenförmige, runde, sehr dicke Luftknollen, oben stumpf, spitz endend. Die ganze Knolle ist von den Blättern eingehüllt. Die blatttragenden Scheiden sind hier sehr stark markirt. Die ausgebildete Luftknolle wirft die Blätter sehr unvollständig ab, und es ist hier ein gutes Merkmal, dass sich an der ganzen Knolle und besonders am obern Theile derselben, vertrocknete Scheidenreste finden, welche der Pflanze keineswegs zur Zierde dienen. Der Blüthenstengel erscheint am untern Ende der blätterlosen Luftkolle und ist aufrecht oder überhängend.

Cymbidium. (Siehe Abbildung.)

Die meisten Species von *Cymbidium* zeichnen sich durch kurze, runde, etwas zusammengedrückte Luftknollen aus. Die reitenden, schmalen, langen, blatttragenden Scheiden stehen alle vom Grunde aus aufrecht in die Höhe und bilden daher mit den Blattenden einen Halbzirkel. Die Luftknollen haben eine sehr breite Basis, und diess verursacht auch die strahlenförmige Stellung der Blätter. Der Blüthenstengel erscheint am obern Theile der Pflanze und ist aufrecht. *Cymbidium sinense*, *aloifolium* u. s. w. sind Pflanzen, bei denen die sehr kleine Luftknolle von den langen, derben, steifen Blättern ganz bedeckt erscheint. Der Blüthenstengel ist hier ebenfalls aufrecht oder zierlich gebogen.

Eria.

Gleichen dem Wuchse und Blüthenstande nach dem *Cycnoches* und *Dendrobium*, nur mit dem Unterschiede, dass die Luftknollen oft kleiner sind. Ein gutes Merkmal ist, dass die Knollen mehrerer Species nicht lebhaft grün, sondern behaart, schmutzig weiss, lichtbraun oder röthlich gefärbt erscheinen.

Dendrobium. (Siehe Abbildung.)

Dieses Genus sind wir genöthigt in zwei Unterabtheilungen unserer Knollenformen unterzubringen. Die Species wie *Dendrobium aggregatum*, *speciosum* u. s. w. gehören in die vierte Unterabtheilung. Aber sie sind desshalb doch sehr leicht als Dendrobien zu erkennen, und zwar durch ihre mehr verlängerten Luftknollen, welche an die Walzenform erinnern; und dann, dass die ganze Luftknolle in gleichen Abständen mit Scheiden bedeckt sind.

Die Dendrobien mit walzenförmiger Luftknolle, wie *Dendrobium Calceolaria, formosum, albo sanguineum, chrysanthum* u. s. w. bilden immer runde Luftknollen, sie haben aber alle bei jeder blatttragenden Scheide eine starke Einschnürung, welche endlich bei *Dendrob. moniliforme* zwischen je zwei blatttragenden Scheiden bedeutende Anschwellungen bildet. Bei diesen Dendrobien fallen alle Blätter bis an die Spitze der Luftknolle rein ab, so zwar, dass die Luftknolle endlich ganz nackt erscheint; hier nun an diesen ausgebildeten blattlosen Luftknollen erscheinen endlich am oberen Theile derselben die Blüthenstengel. Alle hier genannten Zustände, welche sich bei dem Genus *Dendrobium* finden, kommen bei keinem andern Genus der Orchideen vor, und es ist daher jede Species leicht erkenntlich.

Grammatophyllum.

Sind stattliche grosse Pflanzen mit schönen herabgebogenen, langen Blättern; die Farbe der ganzen Pflanze ist ein bräunliches Grün. Sie gleichen dem ganzen Wuchse nach einem *Myanthus*, allein einige gute Merkmale lassen sie leicht erkennen, denn die derbe, starke Luftknolle ist bei *Grammatophyllum* nicht rund, sondern etwas plattgedrückt.

Die blatttragenden Scheiden sind knollenumfassend, reitend und stehen sehr nahe beisammen. Der Blüthenstand erscheint aufrecht am obern Theile der Pflanze.

Mormodes. (Siehe Abbildung.)

Die aufrechte, gleichförmig runde, bei einen Schuh lange Luftknolle ist durch die von unten bis oben ganz regelmässig und gleichförmig gestellten blatttragenden Scheiden, welche die ganze Knolle bedecken, sehr gut erkenntlich. Die Blätter fallen hier gleichzeitig ab und die vertrockneten Scheiden derselben bedecken die Luftknolle fortwährend. Die ausgebildete Luftknolle treibt am untern Ende oft mehrere zierliche überhängende Blüthenstengel.

Monachanthus.

Erinnert der Tracht nach an *Catasetum*. Aber es finden sich hier Merkmale, welche *Monachanthus* von *Catasetum* sehr leicht unterscheiden lassen. Die Merkmale sind: dass *Monachanthus* alle Blätter rein abwirft, und dass deren Scheiden im vertrockneten Zustande so dünn werden, dass die grüne Knolle überall durchsieht. Die Knolle selbst ist immer etwas gebogen und gleicht einem kurzen Kuhhorn. Der Blüthenstengel erscheint am untern Ende der ausgebildeten Knolle und ist aufrecht.

Myanthus.

Sind kräftige, reichbeblätterte, stattliche Pflanzen, man erkennt sie leicht an den starken reitenden Blättern, welche pyramidenförmig zusammenstehen. So lange die Pflanze Blätter trägt, ist von der Luftknolle gar nichts sichtbar. Der Blüthenstand erscheint zwischen den untern blatttragenden Scheiden, er wächst anfangs aufrecht, dann aber zierlich herabgebogen. Endlich fallen die Blätter und deren Scheiden von der Knolle ab, diese erscheint nun auf breiter Basis kegelförmig, stumpf spitz endend und mit regelmässigen Blattringen geziert.

Einige Genera mit

langgestreckten, mehr oder minder plattgedrückten
Luftknollen.

Cattleya.
Laelia, Schomburgkia.

In der Gesammttracht sind diese Genera nicht von einander
zu unterscheiden. Ueberall kommen dieselben Blattformen, überall
die mehr oder minder plattgedrückten, langgestreckten Luftknollen
vor. Bei allen diesen Genera vertrocknen die blattlosen Scheiden
an der Luftknolle sehr schnell, und bleiben im ganzen oder zerrissenen Zustande an der Knolle fest kleben. Der Blüthenstand
ist hier immer mit einer blasenartigen Scheide umgeben, welche
sich gleichzeitig mit der Laubblattentwicklung zeigt. Erst nach
sehr vorgeschrittener Ausbildung der Luftknolle erscheinen die
Blüthen zwischen der verwachsenen Scheide, welche sie
endlich am obern Ende durchbrechen.

Diese Scheide und Blüthenstengel - Bildung kömmt selten
bei anderen Genera der Orchideen vor, und ist daher ein
sehr gutes Merkmal. Bei anderen Genera, z. B. *Epidendrum
chochleatum*, ist die Scheide, welche den Blüthenstand umgibt,
niemals verwachsen. Die Luftknollen sind bei *Cattleya* und
den hier zugezogenen Genera immer langgedehnt und breitgedrückt, denn selbst *Laelia autumnalis, anceps* u. s. w. bilden Luftknollen, welche die hier aufgestellten Grundsätze erfüllen. Sie
sind nämlich plattgedrückt, haben eine Anschwellung der Knolle
in der Mitte und eine Verlängerung am untern Theile, welche
sie langgedehnt erscheinen lässt. Die Luftknollen dieser Genera
sind immer der Länge nach mehr oder minder gerippt.
Die Laubblätter, welche hier nur an der Spitze der Knolle und
zwar sehr nahe beisammenstehend gefunden werden,
haben alle edle, einfache Formen und unterscheiden sich vorzüglich von den Blättern der andern Genera der Orchideen durch
Steife und Glätte dergestalt, dass man, wenn man nur ein

Blatt sieht, sich nicht mehr irren' kann, zu welchem Genus dasselbe gehört.

Laelia superbiens (Lindl.), *Cattleya Skinnerii* (Lindl.), *Schomburgkia tibicinis* (Bat.) sind Species von drei Genera, welche wohl die grössten und schwersten Luftknollen bilden, die bei der Familie der Orchideen vorkommen; aber wenn man sie neben einander stellt, so muss man diese kräftigen Gebilde doch alsogleich als zum Genus *Cattleya* gehörend erkennen. Zur Erkenntniss dieses reichen Genus werden jedenfalls die Abbildungen mehrerer Species dieser Genera beitragen. (Siehe Tafel.)

Beschreibung einiger Genera,
welche zur zweiten Abtheilung gehören.
(Stammbildende Orchideen. Repräsentant *Vanda*.)

Bilden nur

blatttragende Scheiden und blattlose Scheiden.

Angraecum.

Haben gewöhnlich löffelförmige, am Ende oft seltsam zerschlitzte oder ausgebuchtete Blätter. Es finden sich hier auch einige Species mit spitzen, etwas gefalteten Blättern. *Angraecum caudatum* hingegen ist ihres kräftigen Wuchses, wie auch hinsichtlich der Blattform einer *Vanda* sehr ähnlich. Der Stamm dieser Gewächse ist kräftig, die wechselständigen Blätter stehen in gleichen Abständen von einander. Blattlänge und Blattform sind ganz gleich. Hier gibt es keine hinfällige Scheide, und wenn endlich ein Blatt abfällt, so bleibt die Scheide desselben vertrocknet am Stamme sitzen. Die Blattbildung geht am oberen Ende der Pflanze ohne Unterbrechung vor sich, und endlich erscheint am untern Theile der Pflanze ein neuer Zweig, dessen Entwicklung ganz einfach durch das Hervordrängen eines Blattes geschieht, dem dann die andern Blätter der Reihe nach folgen. Die dicken, fleischigen Wurzeln brechen längs der ganzen Pflanze an beliebigen Stellen hervor, und mit diesen ernährt und befestigt sich die Pflanze. Der Blüthenstand erscheint ebenfalls an einem beliebigen Platze am oberen Theile derselben.

Diese Beschreibung ist genügend für alle folgenden Genera dieser zweiten Abtheilung, indem sie sich in ihren Wachsthums-Verhältnissen vollkommen gleichen.

Aerides.

Zeichnet sich durch hellgrüne Färbung der Pflanze, wie nicht minder durch dünne, meistens hängende, lange Blätter aus. *Aerides Brokeii* (Bat.) hingegen hat einen sehr kräftigen Wuchs, kurze, aufrecht stehende, tiefrinnige Blätter, welche am Ende eine kleine Ausbucht zeigen. Ein gutes Merkmal dieser Species ist, dass alle Scheiden der ganzen Länge nach schmutzig-weinroth erscheinen, hingegen deren Blätter kräftig grün gefärbt sind. Es sind demnach *Aerides crispum* (Lindl.) und *Aerides Brokeii* entschieden verschiedene Pflanzen, indem erstere im Wuchse viel zarter ist und ganz hellgrün gefärbt erscheint.

Arachnanthe.

Gleicht dem Wuchse nach der *Renanthera coccinea*, sie ist jedoch durch folgende Merkmale leicht erkenntlich, und zwar hauptsächlich durch die Form der Blätter. Die Blätter bei *Arachnanthe* sind bei 5 Zoll lang, 1½ Zoll breit, hängend, sehr schmal und spitz endend. Der Stamm ist dünn, die Wurzel sehr lang und dünn. (Siehe Beschreibung.)

Armodorum, Cottonia, Cleisostoma.

Gleichen einer *Vanda*. (Siehe Beschreibung.)

Chilochista.

Diese merkwürdige Pflanze scheint nur aus fleischigen Wurzeln zu bestehen, und es wäre hier der merkwürdige Fall, ein Gewächs vor sich zu sehen, welches nur aus Wurzeln und Blüthenbildung besteht. Die Abbildung dieser Pflanze, welche wir in Robert Wight's Werk über Orchideen gefunden haben, erscheint uns jedoch nicht gut erklärend gezeichnet zu sein.

Diplocentrum.

Gleicht einer *Vanda*. (Siehe Beschreibung.)
Bei dieser seltenen Pflanze erscheinen die Wurzeln am Ende mit platten Auswüchsen versehen.

Luisia.

Gleicht der *Vanda terres*, jedoch erscheint diese Pflanze in allen Theilen viel kleiner.

Sarcanthus, Saccolabium.

Gleichen einer *Vanda*. (Siehe Beschreibung.)

Schoenorchis.

Gleicht der *Vanda terres*. (Siehe Beschreibung.)
Der Wuchs dieser Pflanze, sowohl Blätter, Blüthenstand und Stamm sind hängend.

Sarcochylus.

Gleicht einer *Vanda*. (Siehe Beschreibung.)

Renanthera.

Die Stämme dieser Pflanzen werden oft mehrere Klafter lang, sie sind gewöhnlich sehr dünn, die kräftigen Wurzeln

78

erscheinen immer zu drei zwischen je zwei Blättern; die Blätter sind breit, stumpf und gerade abstehend.

Camarotis.

Diese sehr zarten Pflanzen werden über einen Schuh hoch, die Stämme sind kaum Federkiel dick, die Blätter gerade abstehend, ¼ Zoll breit, mit tiefer Rinne längs der Mitte des Blattes versehen, und am Ende desselben tief eingeschnitten. Sie wachsen ganz gerade in die Höhe und treiben wenige, verhältnissmässig dicke Wurzeln.

Oecocladus.

Gleicht einer *Renanthera*. (Siehe Beschreibung.)

Polychilos.

Gleicht einem *Angrae um*. (Siehe Beschreibung.)

Phalaenopsis.

Diese prachtvollen Pflanzen bilden sehr wenige, bei 4 Zoll lange, breitlöffelförmige Blätter. Sie sind am Rande glatt, am Ende desselben verschiedenartig, wie ausgeschnitten. Der Stamm ist stark, jedoch bei alten Pflanzen kaum vier Zoll lang. Die Unterflächen der Blätter und der Scheiden sind hell-weinroth gefärbt, und selbst die Spitzen der silberweissen Wurzel haben eine dunkelweinrothe Farbe.

Vanilla.

Gleicht dem Wuchse nach einer *Renanthera*, obwohl hier die Blätter in grösseren Abständen von einander stehen. Die Blätter sind stets fleischig, spitz, hellgrün, und bei einigen Species ist der Stamm bei jedem Blatte hin- und hergebogen.

Vanda.

Die Species dieses Genus zeichnen sich vor jenen der *Aerides* durch einen viel kräftigeren Wuchs aus, die Blätter sind gewöhnlich steif, aufrecht oder wagrecht stehend, und am Ende derselben wie ausgebissen oder sonst mit buchtigen Zeichnungen gestaltet. Die starken Stämme stehen gewöhnlich aufrecht, und bei zwei oder drei Fuss Höhe fängt die Verzweigung der Pflanze an. Sehr alte Pflanzen bilden endlich Büsche mit fünf bis sechs Aesten. Einen bedeutenden Unterschied im Wuchse macht aber

Vanda terres.

Diese zarte, schöne Pflanze erreicht eine Länge von acht bis zehn Schuh, und trägt stark - fäderspuhldicke, stielrunde Blätter, auch findet sich hier die auffallende Erscheinung, dass der Stamm nie dicker wird, als seine Blätter.

Es hat sich nun hier wieder giltig herausgestellt, welch ein auffallender Unterschied zwischen den Pflanzengebilden unserer ersten Abtheilung (knollenbildende Orchideen) und jener unserer zweiten Abtheilung (stammbildende Orchideen) ist.

Ueber die Pflanzen dieser zweiten Abtheilung ist immer ganz Anderes zu bemerken und zu beschreiben, als bei den Pflanzen-Formen der ersten Abtheilung, indem bei den Hunderten der verschiedensten Formen, welche die erste Abtheilung bietet, sich nicht eine einzige Form findet, die bei der zweiten Abtheilung unterzubringen wäre. Nur in der Blüthenform gleichen sich Alle.

Wir ersuchen den geehrten Leser, in der nun folgenden Abhandlung hauptsächlich Vergleichungen der Familie der Orchideen unter einander zu suchen.

Diese Aufgabe war für uns nicht minder schwierig, als manche andere Abhandlung dieses Buches, denn wir fanden auch über diese hochwichtige Frage sehr wenig Erläuterndes geschrieben. Wie schwierig es ist, ein fast ganz unkultivirtes Feld der Betrachtung fruchtbringend machen zu wollen, ist Jedem bekannt, und wir nehmen daher auch bei Bearbeitung dieser Abhandlung die Nachsicht der Leser und Beurtheiler gewiss nicht wenig in Anspruch!

Wir fanden in dieser Abhandlung wieder nöthig, manchen Satz fragweise durchzuführen. Wir fühlen sehr gut, dass diese Fragen ganz dürr hingestellt sind. Aber wir glaubten, da sie die Beweise für unsere Ansichten bilden sollen, durch Kürze und Schärfe des Ausdruckes uns am leichtesten verständlich zu machen.

Wenn wir über den Stoff dieser Abhandlung Vorarbeiten gefunden hätten, dann wäre es wahrscheinlich möglich gewesen, dieselbe befriedigender durchzuführen; — es hätte zu berichtigen, anzuhängen u. s. w. gegeben; — allein wir fanden leider keine Anhaltspunkte, welche uns hätten dienen können.

Ueber Wurzelbildung beliebe man im zweiten Theile nachzusehen.

Nachweis der Uebereinstimmung

der

ueropäischen und tropischen Orchideen

in ihrer

Organisation und Lebenserscheinung.

Unser Haupsbestreben geht dahin, die Gebilde der einheimischen und tropischen Orchideen einer gänzlichen Vereinigung zuzuführen, und durch Beweise zu zeigen, dass gar kein Unterschied zwischen den verschiedenen Formen dieser Pflanzen auf der ganzen Erde ist.

Dass früher sich Niemand an diese Vergleichungen wagte, ist ganz natürlich. Man hatte die inländischen Orchideen in dieser Beziehung wenig beachtet, andererseits waren die tropischen Orchideen-Sammlungen oft schwer zugänglich, die wenigen Sammlungen derselben aber so zerstreut, dass nur selten die Botaniker in der Lage waren, diese Pflanzen oft mit dem Verluste derselben durch Zerschneiden u. s. w. zu studiren.

Wir haben in Deutschland Dr. Reichenbach fil., Thilo Irrmisch, nebst vielen andern Botanikern, welche sich mit der Bearbeitung dieser Familie beschäftigen.

Es hat Dr. Reichenbach fil. durch seine Werke und zerstreuten Aufsätze über die Familie der Orchideen Arbeiten geliefert, welche ihrem Werthe nach von unvergänglicher Dauer sein werden.

Thilo Irrmisch hat nebst vielen in den botanischen Zeitschriften zerstreuten Aufsätzen und grösseren Arbeiten in letzter Zeit ein Werk geliefert: „Beiträge zur Biologie und Morphologie der Orchideen", welches den Bildungsgang mehrerer

inländischen Orchideen und auch von drei tropischen Formen
liefert. Dieses Buch enthält Beweise seines ausserordentlichen
Scharfblickes in grösster Menge.

Der Titel unseres Buches erlaubt uns aber die Familie der
Orchideen nach allen Richtungen hin, nach unserer praktischen
Weise zu besprechen, und das hat uns auch in dieser Abhandlung veranlasst, unsern einmal begonnenen Weg selbständig zu
verfolgen, und zu versuchen, folgende Eintheilung aufzustellen.

Alle Orchideen, welche Erdknollen bilden — sie mögen
wachsen wo sie wollen, lassen sich ihrem Wuchse nach in zwei
Abtheilungen bringen, nämlich:

1. In jene, bei denen die Keimknospe an der Knolle
   sichtbar ist, und dann
2. wo die Keimknospe, von dem hohlen, schlauchartigen Verbindungs - Organe eingeschlossen,
   auf der jungen Knolle aufsitzt, wie bei *Ophris*.

Bei der ersten Abtheilung wächst der junge Trieb auf ganz
gewöhnliche Weise empor.

Bei der zweiten Abtheilung aber dringt der junge Trieb in
der Mitte des Verbindungs - Organes, welches innen schlauch-
förmig ist, sich verlängernd durch und zieht das Verbindungs-
Organ hierdurch etwas verkürzend, faltig zusammen. Endlich
durchbricht der junge Trieb nahe an der alten Knolle das Verbindungs - Organ, um dann an das Licht zu gelangen und fort-
zuwachsen. (Wir beobachteten dies sehr gut und deutlich bei
einer jungen Pflanze von *Ophris aranifera*, indem diese Pflanze
aus der neugebildeten Knolle schon jetzt (Juni 1853) einen obwohl sehr schwachen Trieb mit nur einer Scheide und einem
Blatte bildete. Hier sahen wir das oben Gesagte ganz deutlich.
Wurzeln sind an diesem jungen, eine ganze Wachsthums-Periode
voreilenden Triebe keine zu bemerken.)

Auch hier, wie bei den tropischen Orchideen mit Luftknollen,
wächst das Verbindungs - Organ, woran sich die junge Knolle
bildet, zwischen den Scheiden bei der obersten Wurzel hervor.
Die längeren Verbindungs - Organe der jungen Knollen gegen
jene so bedeutend kürzeren an den alten Knollen, wie bei *Ophris*
u. s. w., scheinen zum grösseren Schutze der jungen Knolle und
der Keimknospe gegen eindringende Kälte geschaffen zu sein,

und es befindet sich hierdurch die junge Knolle bedeutend tiefer in der Erde, als die alte. Ein Zoll tiefer in der Erde ist aber im Winter schon bedeutend mehr Schutz für die junge Knolle, und so hat die gütige Natur gesorgt, dass die saftige, weiche, junge Knolle den nöthigen Schutz sich selbst sucht.

Bei den tropischen Orchideen mit Luftknollen ist der Schutz, welchen die Erdknollen in der Erde finden, nicht nöthig, denn an einem Standorte, wo die Temperatur wirklich Tage lang unter Null kömmt, wächst gewiss keine Orchidee mit Luftknollen. Eher schadet diesen Gebilden die trockene Hitze, aber dafür haben sie eine sehr feste Oberhaut, welche das Verdunsten der Feuchtigkeit der Pflanze (wie bei den Cacteen) verhindert. Die Luftknollen bildenden Orchideen ruhen gewöhnlich in der trocknen Jahreszeit, in den Laubblättern tritt der Saft zurück, sie werden endlich dürr und fallen ab. Die Vertrocknung der Laubblätter geht von der Blattspitze aus, die Luftknolle sammelt demnach alle Kräfte, um in der dürren Jahreszeit ihr Leben fristen zu können.

Es ist eine irrige Meinung, zu glauben, dass in den Tropen-Gegenden alle Bäume ihr Laub das ganze Jahr über behalten — im Gegentheil — ein bedeutender Theil derselben wirft die Blätter ebenso ab, wie es bei uns geschieht. Die Veranlassung hierzu ist aber eine andere. Bei uns ist es das Sinken der Temperatur, welches die Blätter abfallen macht; in den tropischen Gegenden aber die Abnahme von Feuchtigkeit und die erhöhte Temperatur. Dazu kommen häufig Stürme, von deren Heftigkeit wir glücklicher Weise keine Ahnung haben. Dies sind die Ursachen, warum in den Tropenländern viele Bäume die Blätter verlieren, und dort ein grosser Theil der Vegetation von der Erdoberfläche förmlich verschwindet.

Wie aber der tropische Frühling beginnt, fällt regelmässig Nachmittag, oft aber auch mehrere Tage nach einander, der Regen in so dichten Strömen herab, dass man den nächsten Gegenstand nicht zu sehen vermag.

Nun dampft der ganze Boden, und die so grosse Masse Feuchtigkeit und fast unerträgliche Wärme belebt wie mit einem Zauberschlage die ganze Natur. Dann überdecken sich die Bäume und Sträucher förmlich mit Blüthen, das Laub erscheint in tro-

6 *

pischer Fülle, Grösse und Pracht — ein magisches Dunkel verbreitet sich in den Wäldern. Hier ist nun die Zeit auch für das Wachsen und Blühen der Orchideen eingetreten, und in fabelhafter Fülle und Schönheit prangen sie, durchflochten von blühenden Guirlanden der Schlingpflanzen und in Gesellschaft von herrlich blühenden Bromeliaceen an und auf den Riesenstämmen der Bäume mit ihrer unübersehbaren Blüthenpracht!

Endlich lassen die periodischen Regengüsse wieder nach, und es ist die Zeit gekommen, wo die Knollen der Orchideen zur Reife gelangen.

Es wird nicht in Abrede gestellt, dass alle Orchideen der tropischen Gegenden übermässige Trockenheit und eben solche Feuchtigkeit an ihren Standorten zu ertragen haben. In den Schluchten der Gebirgszüge, welche einen besonders günstigen Aufenthalt für die Orchideen darbieten, gibt es wohl viele Plätze, wo die Feuchtigkeit sich fortwährend erhält, und wo daher auch die Orchideen mit ganz kurzen Unterbrechungen stets im Wachsen und Blühen begriffen sind. Die Anzahl jener Orchideen aber, welche im Sonnenlichte, an freistehenden Bäumen vegetirend, gefunden werden, ist wahrlich sehr gering. — Die herrlichen Sobralien wachsen wohl auf Hochebenen, ganz der Sonne ausgesetzt, aber man findet sie nur auf feuchten, unsern Bergwiesen ähnlichen Plätzen. *Cypripedium Yrapaeanum* wächst hingegen an sehr trockenen, der Sonne vollkommen ausgesetzten Plätzen, zwischen Steinen und Schutt.

Mit Ausschluss des Wachsens an Bäumen sind die hier genannten Standorte auch für unsere heimischen Orchideen die günstigsten, und wir sehen durch alles hier Gesagte, dass der Unterschied, welcher scheinbar im Wuchse zwischen den unsrigen und jenen Orchideen der tropischen Gegenden herrscht, nur durch den Trieb der Selbsterhaltung bedungen erscheint.

Wo unsere heimischen Orchideen ausser der Erde einen Schutz finden, wird er von ihnen gleich ergriffen, und diese Pflanzen bilden sich dann auch ganz ähnlich den tropischen Formen mit Luftknollen. Wir erinnern hier an *Malaxis paludosa*, *Microstylis monophyllos* und *Sturmia Loesellii*. Diese niedlichen Pflänzchen finden zwischen der dichten Moosdecke u. s. w. hinlänglichen Schutz. Je niedriger jedoch das Moos wächst, welches unseren heimischen Orchideen zum Standorte angewiesen ist, desto weniger aufrecht ist dann auch der Wuchs der Knolle der Pflanze, bis sie endlich wie *Goodiera repens* im Moose fortkriechen, oder mit in fleischige Wurzel veränderten Knollen auf altem Holze oder Baumwurzeln nahe der Erdoberfläche vegetiren. Der gewöhnlichste Standort unserer Orchideen aber ist auf feuchten Bergwiesen, auf Moorgründen, in Wäldern u. s. w., wo sie genöthigt sind, sich ganz in die Erde zu verbergen, um unsere heftigen Winter durchleben zu können. Hier in der Erde sammeln sie in ihren Knollen ebenfalls, wie die tropischen Orchideen mit Luftknollen, alle Bestandtheile im Ueberflusse, und ihr geschützter Standort erlaubt ihnen, schon zeitig im Frühjahre ihre Blätter und Blüthenstengel zu treiben, und uns mit ihren phantastischen Blüthen zu begrüssen. Die Oberhaut, welche unseren einheimischen Orchideen-Knollen umgibt, ist wohl nicht so hart und auch nicht so gestaltet, wie jene der tropischen Luftknollen, allein im Innern der Knolle findet sich nur der Unterschied, dass bei den tropischen Orchideen mit Luftknollen die Zellenmasse sehr dicht und die verholzenden Gefässbündel besonders stark ausgebildet erscheinen, und bei der Luftknolle selbst formgebend sind. Unsere Orchideen-Knollen aber entbehren die lignose Masse keineswegs, denn auch hier ist diese formgebend. Man betrachte nur die getrockneten Knollen unserer heimischen Orchideen genau, und man wird nicht selten an denselben Längsstreifen sehen, welche von der holzigen Masse herrühren und auffallend an die gerippten Luftknollen der tropischen Orchideen erinnern.

Wir erlauben uns nun einige Fragen: Wo ist der Unterschied zwischen *Microstylis monophyllos* und *Microst. hystionantha* — *Goodiera repens* und *Spiranthes argentea* — *Cypripedium Calceolus* und *Cypriped. Yrapaeanum* — *Malaxis paludosa* und *Burlingtonia rigida*? Ist nicht *Microstylis hystionantha* die Uebergangsform der Erdknollen bildenden zu den Luftknollen bildenden Orchideen? Hat nicht *Spiranthes autumnalis* als Erd-Orchidee den seitlichen Blüthenstand, welcher sich aus einer Scheide gerade so wie bei den meisten der tropischen Orchideen mit Luftknollen entwickelt? Hat nicht *Orchis bicornis* vom Cap eine aufrechte Knolle und den Wuchs von *Cattleya superba*? Hat nicht *Liparis elliptica* (R. W.) Luftknollen, genau wie *Laelia acuminata*? Ist nicht *Dienia cylindrostachia* von *Simla* vollkommen der *Microstylis monophyllos* ähnlich? Hat nicht *Vanda peduncularis* eine Blüthe wie *Ophris*? Sehen wir nicht *Cephalanthera* mit Blüthen wie bei *Cattleya*? Sind nicht *Eria* aus Asien, *Anselia* aus Afrika und *Cycnoches* aus Amerika, *Latouria* und *Schomburgkia*, *Ephippium* und *Coryanthes* in der Gesammttracht sich gleich? Finden sich nicht in Asien fast alle Gebilde unserer inländischen Orchideen repräsentirt?

Wer die Blattformen einer inländischen Orchidee genau betrachtet, erkennt daran auch die Blattformen der tropischen Orchideen. Wer die Knollenformen genau beschaut, findet ebenfalls dieselben Formen bei den tropischen Pflanzen. Bei der Blüthe sämmtlicher Orchideen ist aber eine so vollständige Uebereinstimmung, dass wenn man nur e i n e Blüthe einer Orchidee, sie mag wachsen wo sie will, genau betrachtet, a l l e z u e r k e n n e n v e r m a g.

Wir sehen bei den Orchideen, welche uns bekannt sind, gleiche Formen, gleiche Standorte, gleiche Lebensweise, gleiche Blüthe, und doch zögert man, dieselben (nämlich die inländischen und tropischen Orchideen-Formen) einer gänzlichen Vereinigung zuzuführen. Wir haben diese Vereinigung mit unseren schwachen Kräften versucht. Gerne überlassen wir einer geübteren Feder, einem tiefer eindringenden Geiste den Fortbau unserer in diesem Theile mitgetheilten Ansichten.

———✻———

NB. Das Seite 45 der dritten Sippe eingefügte Uropedium (Lindl.) ist auf Seite 46 der fünften Sippe einzureihen.

Zweiter Theil.

Die Kultur.

Einleitung.

Der zweite Theil dieses Buches ist der Kultur der tropischen Orchideen gewidmet.

Wer inländische Orchideen kultiviren will, der wird nur durch häufige Versuche zu einigem Resultate gelangen. — Wir geben die inländischen Orchideen, indem wir sie an ihrem natürlichen Standorte sammeln und an einem andern Orte dem freien Grunde anvertrauen, doch nur wieder der mütterlichen Natur zurück. Wir können leider für diese herrlichen Gewächse sehr wenig thun, aber selbst der künstliche Schutz, welchen wir ihnen wohlmeinend im Winter bereiten, ist ihnen bei gelinden, nassen Wintern geradezu verderblich. Die Kultur der inländischen Orchideen in Töpfen ist auch nicht zulässig, indem mit sehr geringer Ausnahme die meisten bei dieser Behandlungsweise selten über das zweite Jahr lebend erhalten werden können. Wer die Vorsicht gebraucht, die Steinarten genau zu erkennen, worauf die Orchideen in der Erde wachsen (nämlich Kalk, Granit u. s. w.), der wird, wenn er die verschiedenen Steinarten auch bei der Kultur als Unterlagen u. s. w. anwendet, wohl manche Pflanze erhalten können. Aber nebstdem ist auch der Standort genau nachzuahmen, wie nasse Triften, zwischen Bäumen, auf Wiesen u. s. w. Trotz alledem wird gar manche Orchidee schon im dritten Jahre spurlos verschwunden sein.

In der nächsten Umgebung von grossen Städten ist noch weniger auf Erfolg zu rechnen. Für jene Liebhaber dieser schönen Gewächse, welche auf dem Lande wohnen, taugt aber keine allgemeine Kultur-Vorschrift, es muss Jeder für sich, seiner Umgebung nach, Versuche machen.

Wir wollen nun die Kultur der tropischen Orchideen vorläufig besprechen. — Die Kultur der tropischen Orchideen ist eine Aufgabe, an welcher ein jeder Gärtner seine Geschicklichkeit erproben kann, denn wir haben an den tropischen Orchideen wahre Glashaus-Gewächse vor uns, das will sagen, wir haben Pflanzengebilde vor uns, welche nur durch grosse Sorgfalt und vielfältigen Schutz gedeihen, schutzlos jedoch in Kürze zu Grunde gehen. Der Cultivateur hat aber noch mit einem Umstande zu kämpfen, welcher bei keiner anderen Pflanzenfamilie der Tropenländer vorkömmt. Es muss nämlich jede Species der tropischen Orchideen für sich einzeln kultivirt werden. Hier ist es nicht wie bei der Kultur von Camelien, Azaleen u. s. w. Es ist selbst noch bei weitem mehr Sorgfalt nöthig, als bei der Kultur von Palmen, Farren, Ericeen u. s. w., welche auch unter sich nicht gleichmässig behandelt sein wollen; aber es ist dennoch bei den hier genannten Familien im Ganzen mehr Gleichförmigkeit bei der Kultur, als dies bei der Kultur der tropischen Orchideen der Fall ist. Wir werden weiter unten oft Gelegenheit haben, die so grosse Verschiedenheit mancher Species aus einem Genus bei der Kultur ausführlich zu besprechen.

Wenn wir die Pflanzen-Familien betrachten, welche nach und nach zu Modepflanzen wurden, dann eine Reihe von Jahren sich als Lieblinge erhielten, aber endlich aus unerklärlichen Ursachen aus der Gunst der Garten-Liebhaber schwanden und sich allmälig in die einzigen Zufluchtsorte — die botanischen Gärten — zurückzogen: so finden wir, dass zu Lieblings-Kulturen sehr wenige reine Pflanzen-Familien mehr übrig sind, denn wir wüssten wahrlich nicht, welche reiche, schönblühende Pflanzen-Familie noch in den Gärten einzuführen wäre! Selbst die Wasserpflanzen, die herrliche *Victoria regia* u. s. w. sind für sich allein nicht sehr befriedigend; wir gestehen aber gerne, dass wenn die Möglichkeit vorhanden wäre, die Wasserpflanzen in einem Orchideenhause gut kultiviren zu können, hierdurch ein grosser, herrlicher Zuwachs von seltenen, prachtvollen Formen gewonnen wäre! Leider müssen wir auf diese Ausschmückung der Orchideen-Häuser verzichten, denn die Wasserpflanzen wollen fortwährend volles Sonnenlicht zu ihrem Gedeihen. Aber

andere, nicht minder prachtvolle Gewächse haben sich freundlich
in einem Orchideen-Hause angesiedelt und bilden eine wahre
Zierde derselben. Wir werden erst die herrliche Familie der
Bromeliaceen, welche sich so gut zur Orchideen-Kultur schickt,
kennen lernen. Sie werden unsere Lieblinge werden, und wir
rathen Jedem, welcher ein Haus zur Orchideen-Kultur hat, die
Bromeliaceen nach Möglichkeit zu sammeln. Man sehe gar nicht
auf die verschiedenen Namen, sondern man suche, wo nur
möglich, nach verschiedenen Formen, denn es ist keine
einzige Species unter den Bromeliaceen, welche
nicht verdiente, kultivirt zu werden. Wir bemerken
hier, dass wir uns eifrigst mit dieser Familie schon jetzt beschäftigen, und die Früchte unseres Fleisses seiner Zeit veröffentlichen
werden.

Nebst dieser hier besprochenen herrlichen Familie zieren ein
Orchideen-Haus noch besonders die verschiedenen Species von
Nepenthes, ferner Aroideen, Scitamineen, Asclepiadeen, besonders
Hoya, dann viele prachtvolle Schling-Gewächse, wie *Compretum*,
Stephanothus, *Bignonia*, *Passiflora* (besonders schön ist *Passiflora*
princeps racemosa), die herrliche Familie der Farren, die Gesne-
riaceen u. m. a.

Aber dies sind Pflanzen-Familien, welche durch die Kultur
der Orchideen auch erst wahrhaft gute, geeignete Plätze und ein
entsprechendes Kultur-Verfahren erhielten. Wir sehen also durch
die Aufnahme der Kultur der tropischen Orchideen auch eine
Menge anderer prachtvoller Pflanzen-Familien mit aufgenommen,
welche alle, trotz Blüthenpracht und Schönheit der Gesammttracht,
vernachlässiget werden mussten, indem sie, mit geringer Ausnahme, in den gewöhnlichen Warmhäusern nicht gedeihen konnten.

Es wurden desshalb nur zu oft die werthvollsten Pflanzen,
welche jetzt in den Orchideen-Häusern herrlich gedeihen, geradezu
vernichtet, da man im gewöhnlichen Warmhause nicht im Stande
war, sie gehörig zur Vegetation zu bringen — aber kränkliche
Individuen nicht Jahre lang vor Augen haben mochte! — Sie
sehen daher, geehrte Leser, dass wir der Verbreitung der tropischen Orchideen nach vielen Richtungen hin grosse Theilnahme
schuldig sind! Und so möge denn unser sehnlichster Wunsch
in Erfüllung gehen, nämlich zur Verbreitung der tropischen Or-

chideen auch unser Schärflein beigetragen zu haben! — Möge bald die Zeit kommen, wo jeder bedeutendere Garten, welcher auf Pflanzen-Kultur nur einigen Anspruch macht, seine, wenn auch nur kleine, aber sorgsam gewählte Orchideen-Sammlung aufzuweisen hat!

Diese herrlichen Gewächse sind wahrlich noch viel zu wenig verbreitet, die Blüthen derselben noch viel zu wenig bekannt; denn die Blumen-Ausstellungen bringen, mit geringer Ausnahme, alljährlich dieselben Genera und Species zur Schau, da die Ausstellungen gewöhnlich alljährlich zur selben Zeit stattfinden. Aber auch zu gleicher Zeit blühen alljährlich dieselben Orchideen, da sich bei den meisten dieser Gewächse die Blüthe nicht um eine Stunde treiben lässt. Das gebildete Publikum, welches gerade nicht in der Lage ist, gute Orchideen-Sammlungen zu allen Zeiten des Jahres besuchen zu können, glaubt aber nur zu oft, es gehe hier wie bei Camelien, Rhododendren, Azaleen, Rosen u. s. w., nämlich Viele glauben den ganzen Schmuck der tropischen Orchideen auf einer Frühlings-Ausstellung versammelt zu sehen — das wäre dann freilich sehr wenig von dieser herrlichen Pflanzen-Familie geleistet! Allein wir wissen, dass das ganze Jahr hindurch die tropischen Orchideen blühen; wir wissen, dass ausser der Familie der Ericeen die tropischen Orchideen die einzigen sind, welche fortwährend so herrliche Blüthen liefern. Die Engländer veranstalten grosse Ausstellungen in jedem Monate, das Pflanzen liebende Publikum sieht daher alle Blüthen, welche die Familie der Orchideen binnen einem Jahre erzeugt. Diess ist nebst den grossen Geldmitteln auch eine der Ursachen, dass es in England so viele gute Orchideen-Sammlungen gibt.

Kultur.

Wir wollen hier einige Vergleichungen der verschiedenen Temperaturen in den verschiedenen Welttheilen zusammenstellen, wozu uns nebst anderen Quellen „Berghaus's physikalischer Atlas" diente.

Dr. J. D. Hooker sagt in seinen „Forschungen im östlichen Himalaya" (Brief an Alexander von Humbold), dass sich dort parasitische Orchideen (also Luftknollen- und stammbildende) bis 10,000 Fuss (9383 Pariser Fuss) mit Asclepiadeen, Cucurbitaceen u. s. w. in Gesellschaft wachsend finden. Dr. Hooker spricht die Vermuthung aus, dass dieses wahrscheinlich der höchste Standort für Orchideen auf der Erde sei.

Professor Karl Heller sagte uns, dass er in Mexiko *Isochilus coronatus* in Gesellschaft mit *Pinus Laveana* 9000 Fuss hoch wachsend fand. Ferner *Epidendrum vitelinum* 7—8000 Fuss. *Oncidium Cavendishii* 5—6000 Fuss. — Wir sehen, dass das Aufsteigen der Orchideen in den Tropen-Ländern von Amerika und Asien sehr bedeutend und jedenfalls für uns erstaunenswerth ist.

Die Zone der „periodischen Regen" von 24 Grd. N. B. bis 24 Grd. S. B. umschliesst auch die Länder, wo die meisten Luftknollen bildenden Orchideen vorkommen. Wir sehen also hieraus, dass die Orchideen jener Länder periodisch grosser Feuchtigkeit ausgesetzt sind, dann aber eine mehr oder minder grosse Dürre zu erleiden haben, obwohl sich hier grosse Abweichungen finden. Alle Orchideen, welche aus dem tropischen Asien kommen, oder aus Ländern (*Sierra Leone*), deren Klima dieselben Verhältnisse hat, verlangen keinen entschiedenen Unterschied in der Kultur in ihrer Wachsthums- und Ruhe-Periode, da diese letztere gewöhnlich sehr kurz ist. Die Orchideen des tropischen Amerika haben aber eine entschieden lange, trockene Ruheperiode bei der Kultur nöthig, es ist diesen Pflanzen desshalb auch eine niedere Temperatur in deren Ruhe - Epoche sehr zuträglich. Dieser grosse Unterschied bei der Kultur ist auffallend, indem der Wärme-Unterschied in den gleichen Graden in den verschiedenen Welttheilen nicht sehr gross ist.

Die Tropen - Zone in Afrika ist die heisseste Gegend der Erde. — Der heisse Erdgürtel in Afrika ist um $1^0{}_2$ wärmer als Süd - Asien, — um $2^0{}_3$ wärmer als die Küstenländer, also der heissesten Gegenden im tropischen Amerika.

Die Tropen - Länder Asiens sind um $1^0{}_1$ wärmer als die Tropen Amerika's.

Die tropischen Küstenländer der alten Welt sind um $1^0{}_6$ wärmer als die tropischen Küstenländer des neuen Continents.

Der Unterschied der Wärme ist in den verschiedenen Welttheilen, wie schon gesagt, nicht sehr gross, aber doch schon verschieden genug, um bei der Kultur von Gewächsen, welche die genannten Welttheile bewohnen, wohl beachtet zu werden. Man kann daher mit Sicherheit annehmen, dass Orchideen, welche die Tropenländer von Asien und Afrika bewohnen, wärmer zu halten sind, als Orchideen des tropischen Amerika's.

Der Leser sieht nun aus den hier angeführten Daten die Verschiedenheiten, welche die Orchideen bei der Kultur beanspruchen. Man denke nur, welcher Unterschied findet in den Lebensbedingungen statt zwischen Orchideen, welche in Asien 10000 Fuss hoch wachsend gefunden werden, gegen jene Orchideen, welche Asiens heisse Küstenländer und Inseln bewohnen. Allgemein giltige Kultursangaben der Feuchtigkeitsgrade, Wärmegrade u. s. w. sind daher sehr selten richtig anzugeben, und es bleibt daher jedem Cultivateur selbst vorbehalten, seine Pflanze zu studiren, um endlich bei jenen Genera und manchen Species, welche in der Kultur oft sehr schwer lebend zu erhalten sind, alles das aufzufinden, was die Pflanze endlich doch zum Wachsen und endlich auch zur Blüthe bringt.

Sehr geschickte Gärtner haben es sich zum Gesetze gemacht, dass wenn eine Pflanze an einem, wenn auch gar nicht günstig scheinenden Orte im Hause dennoch freudig wächst, ja keine Veränderung mit der Pflanze vorzunehmen, sondern sie an dem Orte ruhig stehen zu lassen. Diese ganz gute, auf praktische Erfahrung gegründete Regel ist auch bei vielen schwierig wachsenden Orchideen anzuwenden, denn auch hier kömmt es vor, dass eine Pflanze, welche endlich zum wachsen anfängt, und der man einen besseren Platz anweisen will, hierdurch dermassen gestört wird, dass sie sogleich aufhört zu vegetiren, und obwohl selten, hierdurch zu Grunde geht.

Die Luftknollen bildenden Orchideen sind Gewächse, welche sich (nämlich ihre Knollen) und ihre Blattorgane sehr schwer bewegen können. Das ist auch die Hauptursache, warum diese Gewächse mit grösster Sorgfalt immer mit derselben Seite zum Lichte gekehrt gestellt werden müssen. Die Anstrengungen, welche die Orchideen mit Luftknollen machen müssen, um nur ein Laubblatt dem Lichte zuzuwenden, sind gewiss sehr gross, doch noch viel grösser ist die Störung im Wuchse, wenn sich die Luftknolle dem Lichte zuwendet. Die Luftknollen sind immer an der Seite, welche dem Lichte am meisten ausgesetzt ist, auch am härtesten und gewöhnlich kräftig dunkelgrün. Die Schattenseite der Knolle ist hingegen bleicher in der Farbe und auch weicher. Wenn nun eine Luftknolle so gestellt wird, dass die Seite, welche früher im Schatten war, mit einem Male ins volle Licht kömmt, so geht natürlich auch eine grosse Störung in der Knolle selbst vor, welche nicht selten faule Flecke bekommt und endlich ganz zu Grunde geht. Aber das hier Gesagte bezieht sich nur auf jene Luftknollen, welche in Geschirren gepflanzt, sich bilden. Orchideen, welche an Holzstöcke angebunden oder in Körbchen aufgehangen kultivirt werden, haben in dieser Beziehung weniger Sorgfalt nöthig, da diese Pflanzen von allen Seiten dem wohlthätigen Einflusse des Lichtes ausgesetzt sind. Man kann daher annehmen, dass alle Orchideen, welche eiförmig runde und eiförmig plattgedrückte Luftknollen bilden, einen bleibenden Standort lieben.

Dass aber Blätter und Luftknollen bei veränderter Stellung zum Lichte sich endlich doch dem Lichte zukehren, hat gewiss schon mancher Cultivateur bemerkt. Man kann hier die Luftknollen Biegungen machen sehen, welche bei der Steife der Luftknollen gewiss höchst interessant erscheinen, aber der Pflanze jedenfalls sehr grosse Anstrengungen verursachen müssen, es bedarf oft ein Jahr, bis man die Biegung wahrnimmt.

Wer überhaupt ein denkender Cultivateur ist, wird ohne

Leitung schon aus der Erkenntniss der Pflanze nach unserer
Weise im Stande sein, sich an die Kultur der tropischen Orchideen zu wagen, indem ein richtiges Sehen und ruhiges
Beurtheilen desjenigen, was die Pflanze zu bedürfen scheint, die ersten Bedingungen sowohl bei der Kultur
der Orchideen, wie auch bei jeder anderen zu kultivirenden
Pflanzen-Familie bilden.

Aber auf einen Umstand müssen wir den Gärtner aufmerksam machen, welcher sehr selten bei anderen Pflanzen vorkömmt,
nämlich dass oft erstaunlich alte Orginal-Pflanzen
von ihren natürlichen Standorten in unsere Sammlungen eingeführt werden. Hier ist nun ein grosser Unterschied bei der ersten Sorgfalt gegen jene Pflanzen,
welche wir von denselben Genera und Species aus
Handelsgärten beziehen. Die Original-Pflanze will lange
Ruhe und mässige Feuchtigkeit in der Luft. Dieselbe Species
aber, welche uns aus einem Handelsgarten übersendet wird, muss
gleich ordentlich gepflanzt und wie die anderen älteren Bewohner
sorgfältig kultivirt werden. Würde man die grosse Original-
Pflanze nach deren langer Reise, also im sehr angegriffenen Zustande, gleich nach gewöhnlicher Weise behandeln, feucht halten
u. s. w., so würde man sie unfehlbar vernichten, denn diese
Pflanzen bedürfen oft ein ganzes Jahr der Ruhe und Erholung,
bis sich Lebenszeichen zeigen; dann mag man anfangen, sie
nach gewöhnlicher Weise zu behandeln. Wir leben in einer
Zeit, wo der Handel mit Original-Orchideen-Pflanzen, besonders
von Borneo aus, sehr ausgebreitet betrieben werden wird. Wir
rathen aber Jenen, welche solche Wege benützen, um sich Pflanzen kommen zu lassen, nie grosse Mengen zu bestellen, oder
sie in mehrere kleine Kisten verpacken zu lassen, da eine
kleine Kiste immer eher auf den verschiedenen Schiffen Unter-
kunft findet. Uebrigens haben wir diesen Gegenstand schon einmal hier im Buche bedacht. Wer grosse Original-Pflanzen in
mehrere Stöcke theilen will, der sehe genau darauf, dass an jeder
Pflanze mindestens ein kräftiges gesundes Auge sich befindet.

Es wird nicht in Abrede gestellt, dass manche Original-
knolle, welche kein Treibauge besitzt, dennoch binnen ein paar
Jahren junge Triebe bildet. Man kann aber mit ziemlicher Ge-

wissheit annehmen, dass jene Knolle, welche keine Spur eines Auges an sich trägt, als eine werthlose Pflanze betrachtet werden muss.

Nur zu viele Pflanzen wurden in obigem Zustande noch vor mehreren Jahren verkauft, wo dann der Besitzer vergebens auf eine Lebensäusserung wartete.

Die Orchideen, welche in der Erde wachsen und dicke, fleischige Wurzeln bilden, werden eben so getheilt, wie Akströmerien, Comelinen u. s. w., die Theilung muss aber nur vor dem Triebe geschehen. Von den Orchideen unserer zweiten Abtheilung (Vanda) werden die Seitenzweige, wenn sich an denselben das vierte Blatt gebildet hat, von der Mutterpflanze abgeschnitten und für sich an ein Stück Holz angebunden.

Bei dem Verpflanzen der Orchideen müssen alle Vorrichtungen, seien es Thongefässe oder Holzklötze, Holzstücke, Kästchen u. s. w. ganz neu verwendet werden.

Alle jene Gefässe, welche einmal zur Kultur der Orchideen gebraucht wurden, müssen vernichtet oder einer anderen Bestimmung zugeführt werden. Die Wurzeln der Orchideen lieben die grösste Reinlichkeit. Die jungen Wurzeln der Orchideen saugen sich, wir möchten sagen, mit Begierde an die frischen neuen Vorrichtungen zur Kultur so fest und innig an, dass man sie, ohne sie zu zerreissen, gar nicht mehr loslösen kann. Diess ist aber sehr nöthig bei diesen Pflanzen, weil sie sich hierdurch selbst einen ruhigen, festen Standort bilden, was bei der ferneren Entwicklung vom grössten Belange ist.

Der Gärtner, welcher schon gebrauchte Thongeschirre u. s. w. zur Kultur der Orchideen verwendet, der wird nur zu oft die traurige Erfahrung machen, dass die Wurzeln, welche nicht vom Gefässe abstehen, so wie alle, welche sich an der inneren Seite der Gefässe befinden, keine grünen Wurzelenden bilden, oder dieselben verlieren und dann endlich die ganze Wurzel unthätig und notzlos wird.

Eben so schädlich ist es, die Oberfläche der Gefässe mit frischem Waldmoos zu belegen. Nur Sumpfmoos (*Sphagnum palustre*) darf hierzu verwendet werden, wenn man überhaupt die Erdoberfläche mit Moos belegen will. Wir finden es aber durchaus unnöthig und nie zuträglich.

Das Waldmoos ist wohl in den Sommermonaten frisch und grün zu erhalten, aber bei Abnahme von Feuchtigkeit im Hause und bei der Pflanze welkt das Moos und liegt dann als todte Masse den Winter über auf den Wurzeln der Pflanze und wird ihnen sehr schädlich. Die tropischen Orchideen wollen bei Frischen gedeihen, auch eine frische, gesunde Umgebung. Dasselbe gilt von der Erdmischung.

Wie die Erde anfängt, übel zu riechen, muss die Pflanze gleich und zu jeder Zeit, sei es Herbst oder Winter, ganz von der alten Erde befreit und in frische Erde gepflanzt werden. Man glaube ja nicht, dass ein behutsames Verpflanzen der Pflanze schadet — im Gegentheile, man merkt nach dem Verpflanzen nicht das Mindeste an der Pflanze, sie wächst freudig fort — aber man muss mit vollkommener Schonung aller Wurzeln die Pflanze versetzen. Nur durch das Versetzen werden die Wurzeln selbst mitten im Winter bei Pflanzen, welche in übelriechender Erde stehen, gerettet. Der Leser sieht, wie verschieden die Behandlungsweisen der Orchideen in mancher Beziehung gegen alle anderen Gewächse sind, denn es ist bekannt, dass man mit anderen Topf-Pflanzen im Winter bei weitem schonender umgehen muss.

Hinsichtlich der Vermehrungsweise der tropischen Orchideen wollen wir auch jener, welche durch Blüthenstengel erzweckt werden kann, gedenken.

Alle Blüthenstengel der Orchideen haben eine grössere oder kleinere Anzahl von Blattscheiden, der Länge nach vertheilt. Hier ruht nun zwischen diesen Blattscheiden-Achseln jedesmal eine oft kaum sichtbare Keimknospe.

Diese schlafenden Augen zum wachsen zu bringen, gelingt manchmal künstlich, manchmal treibt die Pflanze selbst ohne Anregung eine junge Pflanze bei den Blattscheiden hervor. Wir haben dies bei *Oncidium Cebolleta*, bei *Oncidium flexuosum* beobachtet. In England hat man von dem Blüthenstengel von *Phalaenopsis amabilis* ebenfalls schon öfter durch künstliches, behutsames Verfahren junge Pflanzen gezogen. Aber wir können aus Erfahrung noch nicht angeben, in welchem Stadium der Entwicklung sich der Blüthenstengel befinden muss, um mit Sicherheit ein günstiges Resultat zu liefern. Bei jenen Fällen, welche wir zu untersuchen Gelegenheit hatten, schien uns die junge Pflanze, welche sich am Blüthenstengel bildete, eine verbildete Verzweigung des Blüthenstandes zu sein.

Jene Genera der Orchideen, welche lange Verbindungs-Organe von einer Knolle zur andern bilden (*Cattleya*, *Bulbophyllum*, *Burlingtonia* u. s. w.), lassen sich, obwohl sehr langsam, aber sicher vermehren, indem man das Verbindungsorgan in der Mitte bis zur Hälfte des Durchmessers durchschneidet. Gewöhnlich im nächstfolgenden Jahre treibt dann das schlafende Auge, und wenn dieser Trieb sich ausgebildet hat, kann man an die gänzliche Durchschneidung des Verbindungsorganes und Trennung schreiten.

Wir rathen den ersten Theil dieses Verfahrens, nämlich das halbe Durchschneiden des Verbindungsorganes bei den genannten Genera, besonders aber bei *Cattleya (Laelia, Schomburgkia)*, jedoch nur bei gesunden Pflanzen, welche wenigstens sechs bis acht Luftknollen besitzen, indem man hierdurch in kürzerer Zeit stattliche, grosse Pflanzen erziehen kann. Hierbei ist es aber eine Hauptbedingung, dass die ganze Pflanze, selbst jede Wurzel geschont und alles auf seinem alten Platze ruhig stehen bleibe. Wir erinnern hier noch, dass dieses Verfahren bei Pflanzen, welche auf der Erde kultivirt werden, besser und schneller gelingt, als wenn die Pflanze an einem Holzstücke angebunden gezogen wird. Noch ist genau zu beachten, dass nur dort Einschnitte gemacht werden, wo hinter dem zu führenden Schnitte die Luftknollen ganz fest angewurzelt sind.

Man hat nun in mehreren grossen Sammlungen ein Verfahren begonnen, welches wir ebenfalls bei unseren Orchideen-Sammlungen auch schon häufig durchführten, und welches das Geheimniss mancher der riesigen Exemplare umschliesst, die auf den englischen Ausstellungen mit so vielem Rechte die Bewunderung der Pflanzenfreunde erregten. — Es ist nämlich das Zusammenpflanzen aller Orchideen, welche in der Sammlung sich finden und gleiche Species sind, in ein Gefäss. Fast in jeder Sammlung finden sich mehrere Pflanzen von *Zygopetalum intermedium*, von *Cypripedium venustum*, *purpuratum* und *barbatum*, von *Phajus maculatus*, *Phajus Tankerwillii* u. s. w. Man nehme alle gleichartigen Pflanzen der

7 *

Sammlung und pflanze sie nach der Blüthezeit in angemessene grosse seichte Gefässe von Holz. Manche werden wohl vier, auch fünf Schuh Durchmesser haltende Gefässe bedürfen, allein der Gewinn, den dieses Zusammenpflanzen bringt, ist wirkich sehr gross, denn man erzielt hierdurch Exemplare mit vielen Blüthenstengeln und erspart sich manche Mühe bei der Kultur.

Aber der Beschauer, welcher nicht in die Geheimnisse des Zusammenpflanzens gleichartiger Species eingeweiht ist, glaubt eine riesige Pflanze vor sich zu sehen und erstaunt über die treffliche Kultur, welche solche grosse, vielblühende Pflanzen zu erreichen wusste. Die Kulturbücher, welche wir bis jetzt über Orchideen-Kultur besitzen, sprechen gewöhnlich über das, was zu geschehen hat, um die Pflanze in Blüthe zu bringen, aber sie sagen nicht, was mit schwachen Pflanzen zu geschehen habe, um sie zur blühbaren Stärke zu ziehen. Es ist aber die erste Bedingung, dass man starke Pflanzen haben muss, wenn man die Blüthen in jener Menge und Pracht sehen will, wie sie die Pflanze zu bilden vermag. Die erste Sorge ist daher, jene Abkömmlinge, welche wir gewöhnlich als sehr schwache Pflanzen aus den Handelsgärten beziehen, erst mit Sorgfalt so lange zu kultiviren, bis sie zur blühbaren Stärke gelangt; man muss daher sorgen, kleine schwache Pflanzen so lange und wenn möglich auch unausgesetzt im Wachsen zu erhalten, bis sie durch kräftige Luftknollen endlich blühbar werden. Dann erst kann man mit all den Kultur-Regeln beginnen, welche die Blüthenbildung begünstigen. Wir erlauben uns auf ein Factum hinzuweisen, welches geeignet erscheint, auch bei schwachen Pflanzen der Orchideen-Familien beachtet zu werden. Jeder, der Zwiebelgewächse und Knollengewächse sorgsam aus Samen oder durch Brut (Kindeln) gezogen hat, wird wissen, dass die Samen-Pflanzen, wie auch manche abgenommene Brut, fortwährend vegetirt, bis sie einen gewissen Grad von Stärke erlangt haben. Dasselbe sollen wir bei schwachen Orchideen-Pflanzen zu erreichen suchen, man muss sie daher, wenn auch zur Ruhezeit mässiger, aber dennoch fortwährend zum Wachsen anregen. — Natürlich sind hier nur jene Genera gemeint, welche sich wirklich zum Wachsen anregen lassen, da wir sehr gut wissen, dass ein grosser Theil der tropischen Orchideen unter keiner

Bedingung während der Ruhe-Epoche zum Treiben gebracht werden kann.

Bei den schwachen Zweigen der Pflanzen unserer zweiten Abtheilung (*Vanda*) ist es mit der Kultur derselbe Fall. Diese Gewächse müssen auch nach Möglichkeit länger wie alte Pflanzen wachsend erhalten werden, obwohl es sich hier öfters trifft, dass eine kleine Pflanze mit nur vier oder fünf Blättern schon zur Blüthe gebracht werden kann. Aber wir bemerken ausdrücklich, dass nur grosse, alte Pflanzen über den Sommer der Sonne ausgesetzt werden dürfen, um sie zur Blüthe vorzubereiten. Schwache kleine Pflanzen würden jedenfalls die wenigen Wurzeln, welche sie gewöhnlich besitzen, durch dieses Verfahren einbüssen und jedenfalls nicht blühen, aber auch nicht fortwachsen; und sehr lange währt es, bis abgefallene Wurzeln bei diesen Pflanzen wieder durch frische ersetzt werden.

Jene Blüthenstengel, welche sehr klebrich anzufühlen sind, — wie bei *Epidendrum ciliare*, *Laelia anceps*, bei vielen Pflanzen der zweiten Abtheilung u. s. w. — bedürfen, um die Blüthen gehörig ausbilden zu können, und dass sich die Blüthen auch ungestört ganz öffnen, eine fortwährend hohe, trockene Temperatur. Es scheint diese klebrichte Masse, welche die Blüthenstengel und Blüthenknospen umgibt, wie bei Laubknospen der Bäume im Freien, nur dann das Oeffnen der Knospe und der Blüthe zu gestatten, wenn die klebrige Masse durch einen gewissen Wärmegrad flüssig gemacht oder wenigstens ganz nachgiebig wird. Solche Blüthenstände finden sich bei den Orchideen zum grossen Theile bei Pflanzen, welche im Winter blühen. Wenn daher die Wärmegrade zu nieder und die Luft sehr mit Wasserdünsten geschwängert ist, so bleibt die klebrige Masse steif, die Blüthen können den Widerstand nicht bewältigen, und die Knospe fällt unentwickelt vom Blüthenstengel endlich ab.

Manche tropische Orchidee bedarf während des Wachsens fortwährende grosse Feuchtigkeit; ja es gibt einige Genera und manche Species, welche ganz nass sein wollen, wie *Burlingtonia rigida*. Aber desshalb haben diese Gewächse doch auch eine Ruhezeit ohne besondere Feuchtigkeit.

Es gibt in den Tropen-Ländern eine Menge Orchideen,

welche an grossen Flüssen, Bächen und Wasserfällen, auf Bäumen am Ufer, auf der Erde oder zwischen Steinen wachsend, gefunden werden. Die oft bedeutenden Flüsse, Bäche und Wasserfälle verlieren aber in der trockenen Jahreszeit ihr Wasser dergestalt, dass viele davon in der trockenen Jahreszeit auch ganz wasserlos werden und ihr Beet endlich selbst austrocknet. Daher die Pflanzen, welche in der Regenzeit beständig mit Wasser selbst überfluthet werden, oder im beständigen Staubregen der Wasserfälle stehen, wie auch jene, welche die Ufer mit ihren herrlichen Blüthen zieren, sehen sich in der dürren Jahreszeit von aller Feuchtigkeit verlassen und den brennenden Sonnenstrahlen preisgegeben. Auch jene Orchideen, welche nur auf Bäumen wachsen, haben grosse, trockene Wärme zu ertragen, da viele Bäume ihre Blätter in der dürren Jahreszeit abwerfen, und manche grossblätterige Pflanze, welche in der Regenzeit der Orchidee freundlichen Schutz und Schatten gewährte, nun auch viele Blätter verliert. Wir sehen daher schliesslich, dass in der Regenzeit (Vegetations-Periode) Schatten, Feuchtigkeit und Wärme — hingegen in der dürren Zeit weniger Schatten, aber hohe, trockene Wärmegrade vorherrschend sind.

Diese paar Zeilen sagen uns wohl ganz bestimmt, was wir bei der Kultur der tropischen Orchideen zu thun und zu lassen haben.

Es gibt unter den Tausenden von Orchideen ein paar Pflanzen, welche, wir möchten sagen eigensinnig auf dem Kopfe stehend wachsen wollen, und auch nur auf die ihnen eigenthümliche Weise gepflegt, gedeihen. Diese sind *Cattleya citrina* und *Catasetum longifolium*.

Diese zwei Pflanzen wachsen und bleiben überhaupt nur lebend, wenn sie an ein Stück Holz angebunden und senkrecht nach unten hängend kultivirt werden.

Das herrliche Genus *Chysis* hängt gleich Guirlanden, sich blos mit den schwachen Wurzeln haltend, frei schwebend von einem Baume zum andern. Und doch sieht man die verschiedenen Species von *Chysis* häufig, selbst in guten Sammlungen, in Töpfen eingepflanzt, kultivirt.

So wenig hat man die Formen der Orchideen betrachtet, und aus der Form die richtige Pflanzweise erkannt!

Es mag als Grundsatz dienen, dass: Je kleiner die Pflanze ihrem ganzen Wuchse nach ist, desto feuchter will sie gehalten sein. Die grosswüchsigen Orchideen hingegen wollen weniger Feuchtigkeit.

Die vier von uns aufgestellten Unterabtheilungen der Knollenformen sind zum Verständnisse bei der Kultur der tropischen Orchideen für den Cultivateur von grossem Belange. Es fallen hierdurch Wiederholungen derselben Kulturangabe ohne Schaden weg, indem den gleichen Formen der Luftknollen auch mit geringer Ausnahme dieselben Kultur-Regeln gedeihlich sind. Besondere Ausnahmen in der Kultur sind, so weit wir sie gründlich beobachten konnten, umfassend angeführt.

Ehe wir aber zur praktischen Anwendung unserer vier Knollenformen schreiten, erlauben wir uns noch einige Worte über die Kultur der Orchideen in ihren Verschiedenheiten zu sagen.

Wer die sonderbare Laune hätte, alle tropischen Orchideen, welche Luftknollen bilden, an Holzstücke angebunden, kultiviren zu wollen, der würde, obwohl sehr langsam, aber doch endlich zum Ziele gelangen; nämlich er würde viele seiner Pfleglinge kümmerlich erhalten. Haben wir doch in einer grossen berühmten Sammlung *Cypripedium insigne* und *Huntleya Violacea*, an Holzstöcke angebunden und aufgehangen, kultiviren sehen! —

In Schottland hat man Stachelbeersträucher zum Blühen und Früchtetragen gebracht, welche ohne Erde frei im Hause aufgehängt waren. Um die Wurzel war ein loses Gewirre von Baumwollenfäden geschlungen, welche dann leicht zusammengedreht in ein Gefäss mit Wasser, spiralförmig den Boden des Gefässes bedeckend, endigten. Diese Fäden führten der Pflanze genug Feuchtigkeit zu, um Alles zu leisten, was die Pflanze vermag. Wir sehen hieraus, wie willig die Pflanzen sind, und dass sie bei ganz naturwidriger Behandlung doch einige Zeit fortleben. Aber solche Experimente haben gar keinen bleibenden Werth für die Kulturen.

Die Luft in den Orchideen-Häusern ist dermassen feucht, dass fast jede beliebige Pflanze in kurzer Zeit Luftwurzel treibt.

Um so mehr treiben Luftknollen bildende Orchideen, welche auf der Erde wachsend gefunden werden, an Holzstücken angebunden, eine Menge Wurzeln, und erhalten sich auch hierdurch oft lange Zeit lebend.

Im Gegensatze gibt es Sammlungen, wo alle Orchiden, sie mögen die verschiedensten Formen haben, in die Erde gepflanzt werden. Das ist ebenfalls ein Extrem bei der Kultur der tropischen Orchideen, obwohl wir gerne zugestehen, dass derjenige, welcher alle tropischen Orchideen in und auf die Erde pflanzt, keinen grossen Fehler begeht.

In England werden jetzt eine Menge jener Orchideen-Formen, welche früher nur auf Holzstücken angebunden kultivirt wurden, in Gefässe in leichte Erdmischung eingepflanzt. Die Ursache dieses Verfahrens beruht aber hauptsächlich darauf, dass in England die Cultivateure ihre Orchideen auf Stellagen und Tischen, ohne gefälliges Arrangement in Reihen neben einander aufstellen. Ueber diese in Gefässen stehenden Pflanzen bepflanzte Holzstücke aufzuhängen, ist jedenfalls wegen des Herabtropfens sehr gefährlich. Man pflanzt daher in England selbst eine langwüchsige *Vanda* oder eine *Chysis* in ein Gefäss und stellt dasselbe dann, wenn es die herabhängenden Wurzeln der Pflanze nöthig machen, auf eine Untersatz-Röhre von Thon, oder auf andere, oft sehr zierliche Vorrichtungen.

Allein durch diese Einförmigkeit in der Pflanzweise und Aufstellung der Gewächse verliert ein Orchideenhaus all den eigenthümlichen Reiz, welcher es so sehr vor den gewöhnlichen Pflanzen-Gruppirungen in Glashäusern auszeichnet.

In England werden die Orchideen auf folgende Weise in Töpfe gepflanzt. Die Gefässe zur Orchideen-Kultur sind gross, wenig tief, mit mehreren Löchern auf dem Boden und auch an den Seitenwänden. In dieses Gefäss stellt man einen kleinen Topf umgekehrt hinein. Der Raum zwischen den zwei Töpfen wird bis zur Höhe des kleinen Topfes mit Sandstein-Stückchen, Torfbrocken und Heideerde-Stücken ausgefüllt; man nimmt auch oft nur Topfscherben allein zum Ausfüllen. Dann wird erst der Topf mit der für die Pflanze geeigneten Erde ganz angefüllt, und zwar so, dass auf der Mitte des Gefässes ein bedeutender Hügel entsteht. Nachdem dieser Hügel mit der Hand ziemlich

festgedrückt ist, werden die Wurzeln der zu setzenden Pflanze
behutsam auf der Erdoberfläche auseinander gebreitet, und die
Pflanze mit Holzstiften auf der Erdmischung festgemacht.

Diese Pflanzweise ist bestens anzuempfehlen, und
wir haben nur beizufügen, dass das Material, welches uns hier
zu Gebote steht, so hohe Erdhügel, wie man in England mit
den grossen Heideerde-Stücken fest und sicher auf den Gefässen
aufbauen kann, mit unseren kleinbröcklichen Erdsorten nicht
fest und sicher zusammen zu legen im Stande ist; wir müssen
uns daher, um unseren tropischen Orchideen eine sichere und
feste Unterlage zu schaffen, auf ganz mässige Erhöhungen der
Erde beschränken.

Torfstücke allein zum Hügel auf dem Topfe zu verwenden,
ist den Pflanzenwurzeln sehr schädlich, denn es währt nicht lange,
und selbst ganz gesunde Wurzeln gehen hierdurch verloren.

Der aufmerksame Leser wird in diesem Buche finden, dass
wir selbst bei ein und demselben Gegenstande mehrere Wege zur
Verständigung einschlagen. So haben wir der Abtheilung: „Aus
der Tracht der Pflanze zu erkennen, welche Pflanzweise derselben am zuträglichsten sei," nochmals dieses hochwichtigen Gegenstandes gedacht, und zwar auf einem
ganz anderen Wege uns verständlich zu machen gesucht. Eben
so finden sich in diesem Buche mehrere Wiederholungen, welche
zu entfernen uns nicht rathsam schien, da sie überall, wo sie vorkommen, von erklärender Bedeutung sind. Auch hinsichtlich der
nöthigen Bestandtheile zur Erdmischung erlauben wir uns eine
Erklärung. Wir haben bei den verschiedenen Erdmischungen
der verfaulten Eichenholz-Sägespäne und der Baumrindenstücke von harzfreien Holzgattungen gar nicht
mit erwähnt, weil wir uns der Kürze halber es vorbehielten, hier
zu sagen, dass diese zwei Bestandtheile zu allen Erdmischungen beigegeben werden können.

Wir kommen nun auf die zweite Weise, und zwar durch
die vier Unterabtheilungen der Knollenformen (siehe Knollenformen), aus der Tracht der Pflanze zu erkennen, welche Pflanzweise derselben am zuträglichsten sei. Wir werden uns ganz
kurz fassen.

Eiförmig runde Luftknollen. (Fig. III.)

Gedeihen durchschnittlich in nahrhafter Erdmischung. Nur *Gongora* und *Stanhopea* werden in Kästchen gepflanzt und aufgehangen.

Eiförmig plattgedrückte Luftknollen. (Fig. IV.)

Gedeihen durchschnittlich sehr gut, in Reiserbündel gepflanzt und aufgehangen. Bei der Kultur in Gefässen muss die Pflanze, ehe sie in das Gefäss gepflanzt wird, an ein Stück Ast angebunden und dann erst gehörig eingepflanzt werden. Die Pflanzen dieser Abtheilung haben alle einen mehr oder minder aufsteigenden Wuchs. Das Aststück thut daher beim Fortwachsen der Pflanze grosse Dienste, indem sie sich, am Aste emporwachsend, mit den Wurzeln an demselben befestigen kann. Wir ziehen jedoch die Reiserbündel zur Kultur entschieden der Topf-Kultur vor.

Walzenförmige Luftknollen. (Fig. V.)

Gedeihen am besten, in Holzklötze gepflanzt. Einige Species von *Dendrobium* mit hängenden Luftknollen, dann *Chysis* und *Catasetum longifolium* werden an Holztücke angebunden und hängend kultivirt.

Langgestreckte, mehr oder minder plattgedrückte Luftknollen. (Fig. VI.)

Werden an Holzstücke, an Korkholzplatten, selbst an ganz glatte Brettstücke angebunden und hängend kultivirt. Man kann sie aber auch in Korkkörbchen einpflanzen und hochstellen, oder aufhängen.

Unser sehnlichster Wunsch ist, durch unsere in diesem Buche niedergelegten Bestrebungen den Gärtnern, welche Orchideen kultiviren, eine Arbeit in die Hände zu geben, worin sie sich über alle vorkömmenden Fälle Raths erholen können. Aber wir haben absichtlich keine geregelte Reihenfolge der Kulturszustände u. s. w. befolgt, da wir wünschen, dass unser Buch oft zur Hand genommen und fleissig darinnen gelesen werde.

Der junge Trieb.

Die Sorge für den jungen Trieb ist des Cultivateurs erste Aufgabe, denn nur mit ihm und durch ihn gelangt man allein zu günstigen Resultaten. Er ist es, was bei anderen Pflanzen der Steckling oder der Sämling werth hat, nämlich — eine neue Pflanze. Er ist die natürliche Vermehrung, und bei den Orchideen meiner ersten Abtheilung, nebst dem geringen Versuche, Pflanzen aus Samen zu erziehen, die einzige Vermehrungsweise. Desshalb bestrebte ich mich, nach Kräften und mit bestem Willen dieses Kapitel nach Möglichkeit erschöpfend durchzuführen.

Ich kann nicht genug aufmerksam machen, zu sorgen, dass der junge Trieb erhalten, unterstützt und die Pflanze hierdurch gekräftigt werde.

Die Sorge bei der Kultur der Orchideen ist gross, ja grösser, als Mancher sich einbildet, denn jede einzelne Pflanze bedarf ihrer eigenen Sorgfalt, ja selbst von ein und derselben Species, da unter ganz gleichen Pflanzen eine früher, die andere aus unbekannten Ursachen später treibt. Die Behandlung der Pflanze aber, welche einen drei bis vier Zoll langen Trieb hat, gegen jene, welche eben zu treiben beginnt, ist sehr verschieden, denn was dem älteren Trieb günstig ist, ist dem eben erscheinenden geradezu verderblich. Hier geht es wie bei der Thierzucht. Wie viel Sorgfalt bedürfen nicht unsere eben aus dem Ei geschlüpften Hausthiere? wie leicht gehen sie nicht durch Nässe zu Grunde? ganz dasselbe ist bei dem jungen Triebe der Orchideen der Fall. Einmal nur in der Entwicklungs-Periode zu nass geworden, und er fault unrettbar am Grunde zwischen den so hinfälligen Scheiden ab. Also nochmals Sorgfalt, das ist das Losungswort, und dann noch Glück auf! denn dennoch wird in den Wintermonaten die grösste Sorgfalt nicht vor Verlusten bewahren.

Nachdem die Luftknolle ausgebildet ist, beginnt die Ruhezeit, also jene Epoche, wo die Pflanzen sehr wenig Feuchtigkeit lieben. Der junge Trieb zeigt sich gewöhnlich, und selbst bei ganz trockenem Zustande der Pflanze, ohne künstliche Anregung.

von selbst. Es ist aber sorgsam und oft nachzusehen, dass der junge Trieb nicht über einen Zoll Länge erreicht, oder dass sich die Wurzeln zu entwickeln beginnen, ohne dass die Pflanze gehörig versetzt, oder wenn dieses nicht nöthig, sammt dem Gefässe in lauwarmes Regenwasser mit besonderer Schonung des jungen Triebes eingetaucht werde. Bei *Oncidium*, *Brassia* u. s. w., also bei jenen, deren junge Triebe schwach und mit dünnen Scheiden umgeben erscheinen, ist besondere Sorgfalt nöthig, dass sie nicht heissen Dämpfen ausgesetzt werden, da unter solchen Umständen mit Gewissheit anzunehmen ist, dass die wenn auch oft schon vier Zoll langen Triebe an der Basis abfaulen. Diese Pflanzen müssen in der ersten Wachsthums - Periode trocken, warm und nahe unter den Fenstern aufgestellt oder gehangen werden. Die gefährlichste Zeit für diese Pflanzen sind die Monate November und Dezember. Jene Triebe, welche solche Pflanzen vom Februar an zu treiben beginnen, sind gerade so robust, als die jungen Triebe an *Stanhopea*, *Peristeria* u. m. a.

Es scheint, dass das gänzliche Nachlassen der natürlichen Kräfte in den Monaten November und Dezember entschiedenen Einfluss auf diese Vegetations - Verhältnisse ausübt. Bei allersorgsamster Aufmerksamkeit wird man aber dennoch Verlust an jungen Trieben zu beklagen haben. Man darf jedoch bei solchen Uebelständen nicht muthlos werden, da die Pflanze durch den Verlust des jungen Triebes wohl geschwächt, jedoch keineswegs verloren geht. Wenn die Pflanze, welche den jungen Trieb in den ersten Wintermonaten verloren hat, gleich sorgsam licht und trocken gestellt wird, so wird sich binnen sechs oder acht Wochen an derselben Luftknolle, wo der erste Trieb zu Grunde ging, ein neuer bilden, welcher dann mit einiger Sorgfalt leicht zu erhalten ist, da er die bessere Jahreszeit zur Ausbildung vor sich hat. Es ist anzunehmen, dass Triebe, welche an eiförmigen Knollen verunglücken, leichter ersetzt werden, als dies beim Verluste junger Triebe an walzenförmigen Knollen der Fall ist. Wir sehen daher auch den Schaden an einem *Cycnoches*, an einem *Dendrobium* beim Verluste eines jungen Triebes von grosser Bedeutung; ja oftmals ist die Pflanze hierdurch rettungslos verloren, da die alte Knolle gewöhnlich nicht mehr im Stande ist, einen neuen Trieb zu bilden. Es geschieht hier öfters, dass bei der Knollenform, wie *Catasetum*, sich auf der Mitte derselben zwischen den Scheidenringen eine junge Pflanze bildet, vermuthlich sind die hier erscheinenden jungen Triebe „verwandelte Blüthentriebe." Die alte Knolle schrumpft gewöhnlich zusammen, wird lederartig und welk, und manchmal steht der junge Trieb auf der todten Knolle.

Man wird vorsichtig handeln, wenn man hier die junge Knolle bis zur halben Entwicklung gelangen lässt, und dann von der alten Knolle mit einem Theile derselben behutsam abschneidet. Gewöhnlich hat um diese Zeit der halben Entwicklung die junge Knolle schon ihre eigenen Wurzeln und ist daher ziemlich selbstständig geworden. Die Schnittwunde lässt man leicht abtrocknen und bestreut sie öfters mit Kohlenpulver. Nachdem die Wunde ganz trocken sich zeigt, wird die junge Pflanze an ein Stück Holz mit Unterlage von etwas trockenem Moose mittelst Bleidraht leicht angebunden und an einem lichten, trockenen Platze aufgehangen. Es steht nun ganz im Belieben des Cultivateurs, entweder die Pflanze am Holze fortvegetiren zu lassen, oder selbe auf eine andere passende Weise zu behandeln. Es gewährt gewiss mehr Nutzen als Schaden, wenn abgeschnittene oder getheilte Pflanzen, ebe solche ordentlich kultivirt werden, einige Zeit ganz ruhig an einem warmen, trockenen Orte liegen bleiben. Die Basis der Luftknollen bleibt bei dieser Behandlung gesund, was aber öfters bei frisch getheilten Pflanzen, welche alsogleich in Kultur genommen werden, sehr traurige Folgen nach sich zieht. Bei jenen Pflanzen, welche mit dem jungen Triebe auch gleichzeitig die Blumentriebe aus denselben entwickeln, ist der junge Trieb viel robuster, als wo dies nicht der Fall ist. Es wird selten vorkommen, dass z. B. der junge Trieb an *Lycaste Skinerii* u. m. a. abfault. Es scheint, dass der Trieb, welcher auch gleich den Blüthenstand mittreibt, mit mehr Lebenskraft begabt ist, als wo der Blüthentrieb sich an der alten Knolle entwickelt. Vielleicht ist es dadurch erklärlich, dass z. B. bei *Maxillaria* die alte Knolle blos für den jungen Trieb zu sorgen hat, und nicht, wie bei so vielen anderen, welche gleichzeitig aus der alten Knolle Trieb und Blüthenstengel, jedes für sich bilden müssen, wo dann für den jungen Trieb die Kraft getheilt erscheint. Jedenfalls ist anhaltende Feuchtigkeit, besonders Wasser zwischen den Scheiden allen jungen Trieben schädlich und bei fortdauerndem Uebelstande gleichfalls tödtlich. Nachdem aber zwischen den Scheiden des jungen Triebes sich eigene Wurzeln gebildet haben, ist deren Zärtlichkeit auch bedeutend vermindert. Sie vertragen dann selbst Nässe, denn in diesem Momente fängt die Knollenbildung an, die Pflanze bedarf mehr Nahrung, und die erhöhte Thätigkeit überwindet manche missliche Zustände. Sehr selten gehen die Triebe in dieser Entwicklungs-Periode zu Grunde, obwohl die Knollen öfters selbst weich anzufühlen sind. Bei den Dendrobien bilden sich häufig am obern Ende der Luftknollen junge Triebe, welche binnen mehreren Wochen eigene Wurzeln in Menge treiben. Diese jungen Pflanzen sind bei vier Zoll Länge schon vollkommen kulturfähig. Man gebrauche nur die Vorsicht, einen Knoten tiefer, als die junge Pflanze steht, die alte Knolle zu durchschneiden, und das nun getrennte Knollenstück sammt dem jungen Triebe an ein Stück Holz anzubinden und aufzuhängen. Man kann sie auch gleich neben die Mutterpflanze anbinden oder einpflanzen. Diese Vermehrungsweise ist hier einzig in seiner Art und gelingt jedesmal vollkommen. Bei allen anderen tropischen Ochideen hat der junge Trieb gar nicht die Macht, sich selbst zu erhalten, auch dann noch nicht, wenn die Knolle schon fast gänzlich ausgebildet ist. Wenigstens eine alte Knolle und ein junger Trieb, in welchem Stadium der Entwicklung er sich auch befinden mag, sind fähig, sich zu erhalten. Wenn eine alte Knolle ganz wurzellos ist, auch bei der Bildung eines jungen Triebes keine Neigung zur Wurzelbildung zeigt, wird wohl der junge Trieb einige Zeit fortwachsen, aber dann plötzlich im Wuchse stillstehen, endlich welk werden und dann gänzlich vertrocknen. Unter solchen Umständen ist gewöhnlich die ganze Pflanze rettungslos verloren. So sieht man öfters in Orchideen-Sammlungen Original-Pflanzen, welche mehrere gesund aussehende, aber gänzlich wurzellose Knollen haben, Jahre lang liegen, ohne dass selbe ein Lebenszeichen von sich geben. Gewöhnlich hat sich bei solchen Exemplaren auf der Reise der Trieb zu bilden angefangen, und ist dann in Folge des Mangels an Licht und Luft sammt den Wurzeln gänzlich verwelkt in Europa angekommen. Es trifft sich daher öfters, dass von ein und derselben Species eine Pflanze aus einem Han-

delsgarten, welche nur zwei Luftknollen und einen gesunden
Trieb hat, werthvoller und viel geeigneter zur Kultur sich zeigt,
als manche eben eingeführte Original-Pflanze derselben Species,
welche nicht selten zehn bis fünfzehn Luftknollen besitzt, aber
binnen drei Jahren von der kleineren Pflanze nicht allein in den
Wachsthums - Verhältnissen eingeholt, sondern selbst überragt
haben wird. Wenn der junge Trieb an der alten Knolle abfault
oder sonst auf eine Weise zerstört wird, erscheinen gewöhnlich
zwei junge Triebe an der Knolle, wovon sich aber der dem Beschauer links stehende Trieb besonders schnell entwickelt, der
rechts stehende aber selten zur vollkommenen Entwicklung gelangt. Mehrere Species, welche aufsteigend wachsen und Knolle
an Knolle mittelst eines verlängerten Verbindungsorganes bilden,
haben an der Seite der Knolle sogenannte s c h l a f e n d e A u g e n,
welche, wenn die Knollen gewaltsam von einander getrennt werden, sich manchmal entwickeln und ordentliche Triebe bilden.
Diese Augen (Knospen) sind bei *Schomburgkia rosea* u. m. a. sehr
deutlich zu sehen. Aber man hüte sich, auf das Gesagte hin
die Pflanze zu zerschneiden, in der Hoffnung, sie durch die
schlafenden Augen schnell vermehren zu können. Diese Knospen
entwickeln sich nur dann mit einiger Sicherheit zu Trieben, wenn
man sehr schonend und behutsam zu Werke geht.

Das Verfahren ist folgendes : Zwischen zwei gesunden
Knollen wird das Verbindungsorgan mit einem scharfen Messer
z u r H ä l f t e durchschnitten, die Pflanze bleibt, ohne sie ferner
zu stören, ganz ruhig im Gefässe stehen, oder am Holzstücke,
ohne Verletzung irgend einer Wurzel, angebunden.

Es dauert oft über ein Jahr, bis das sogenannte schlafende
Auge in Thätigkeit tritt. Wer grosse Schomburgkien, Cattleyen,
Laelien u. s. w. hat, der mag die hier angegebene Vermehrungs-
weise versuchen. Wir haben durch diesen Vorgang an starken
Cattleyen schon mehrere junge Triebe gewonnen, welche im
zweiten Jahre eben so schön blühten, wie der eigentliche Trieb.

Man kann durch dieses Verfahren, o h n e d i e P f l a n z e z u
s t ö r e n, selbe vortheilhaft vergrössern, jedoch darf es höchstens
im vierten Jahre wiederholt werden. Die Pflanze, welche eine
solche Behandlung zulässt, muss mindestens fünf Jahre früher
sorgfältig und gut kultivirt sein und schon öfters geblüht haben.

Es sind hier Pflanzen gemeint, welche zehn bis zwölf gemein-
schaftliche Knollen haben; bei Pflanzen, welche drei oder vier
Knollen haben, ist dieses Verfahren nicht anwendbar.

Vermuthlich wird sich diese Vermehrungsweise auf alle
Pflanzen mit Luftknollen anwenden lassen. Wenn ich *Schomburgkia rosea* hinsichtlich der schlafenden Augen nannte, so ge-
schah es nur desshalb, weil bei dieser Species diese Knospen-
gebilde gross und daher leicht zu erkennen sind. Ich bin überzeugt, dass sie bei allen Orchideen mit Luftknollen ganz in derselben Weise vorhanden sind, aber bei den meisten so klein,
dass sie nur bei genauer Besichtigung bemerkbar sind. Das
gänzliche Durchschneiden der halb durchschnittenen Verbindungs-
organe mag für jene, welche grosse Stöcke theilen und die einzelnen Stücke dann tauschen, verwerthen oder einzeln kultiviren
wollen, im dritten Jahre geschehen, jedenfalls aber in der Ruhezeit der Pflanze, zumal bei erneuerter Thätigkeit derselben die
Wunde schon trocken und die Säfte theilweise dem schlafenden
Auge zugeführt werden.

Jene Pflanzen, welche ihre Blüthen bei halber oder ganzer
Vollendung der Luftknolle treiben, sind zu verpflanzen (wenn es
nöthig erscheint), nachdem sich der junge Trieb zeigt und wenigstens einen Zoll Länge erreicht hat. Ganz anders verhält es
sich aber bei jenen, welche gleich mit dem jungen Triebe den
Blüthenstengel mittreiben, wie bei der schon öfters genannten
Lycaste Skinnerii, den Anguloen u. s. w. Diese Pflanze versetze
man, nachdem sich die Knolle vollkommen ausgebildet hat, und
halte die Pflanze trocken; erhöhe auch die Wärme nicht künstlich, wenn sich der junge Trieb zeigt. Die alte Knolle hat Lebenskraft genug, um ohne alle zugeführte Feuchtigkeit (Spritzen oder
Giessen) den jungen Trieb zu bilden. Erst nachdem derselbe
drei Zoll erreicht hat, darf, jedoch immer noch behutsam, bespritzt
und begossen werden. Die Pflanze muss ganz ruhig auf ihrem
Platze stehen bleiben, d. h. nämlich: wenn in einem Garten die
Sammlung in verschieden warm gehaltenen Häusern kultivirt wird, dürfen diese Pflanzen, da sie der kühler gehaltenen
Abtheilung angehören, nicht um sie anzutreiben, in ein wärmeres
Haus gebracht werden, sondern sie müssen trocken auf ihrem
Platze stehen bleiben, um dass sich der Trieb ungestört und

unangeregt entwickeln kann. Wer dieses nicht befolgt und die
Pflanze durch erhöhte Wärme und Feuchtigkeit unnatürlich an-
regt, der wird die Erfahrung machen, dass der junge Trieb mit
den Blüthenknospen stehen bleibt; es entwickelt sich dann gewöhnlich neben demselben ein neuer, kräftiger Trieb, welcher
sehr rasch fortwächst — aber Blüthen zeigen sich nicht mehr.
Das hier Gesagte lässt sich im folgenden Satze zusammenfassen.
Jene Pflanzen, welche bei vorgeschrittener Knollenbildung ihre Blüthenstengel treiben, sind beim
Erscheinen des Triebes zu verpflanzen.

Jene aber, welche die Blüthenbildung gleichzeitig mit dem jungen Triebe bringen, dürfen beim
Erscheinen derselben nicht mehr gestört werden.

Die auf der Erde wachsenden tropischen Orchideen, wie
*Spyranthes, Neottia, Phajus, Anoectochilus, Goodiera, Calanthe,
Pterostilis* u. s. w. sind in zwei grosse, gut unterscheidbare
Abtheilungen unterzubringen, nämlich in solche, welche ganz
einziehen, und dann in jene, welche blos einen Theil
ihrer Blätter verlieren. Zu den ersten gehören alle, die
scheinbar aus dem Herzen des Triebes den Blüthenstengel entwickeln; hier ist oft die Erdknolle in drei oder vier dicke, kurze,
stumpfe, fleischige Wurzeln umgebildet. Nachdem die Pflanze
geblüht hat, vertrocknet der Blüthenstengel, die Blätter welken
und fallen endlich nahe an den Wurzeln ab. Nun tritt eine völ-
lige Ruheperiode ein, wo die Pflanze ganz trocken und warm
gehalten werden muss. Nachdem man bemerkt, dass sich endlich der Trieb wieder zeigt, nimmt man die Pflanze aus der
Erde, rüttelt dieselbe ganz von den Wurzeln ab, entfernt, indem
man die Pflanze behutsam untersucht, alle welken und faulen
Wurzeln, und pflanzt dann das Gewächs nach bei „Kultur"
angegebener Weise.

Der Trieb ist hier sehr leicht dem Abfaulen unterworfen,
da er blos aus den dicht über einander liegenden zarten Scheiden und Blättern besteht. Erst nachdem sich die Blattknospe
geöffnet und sich die Blätter auszubreiten beginnen, darf die
Pflanze gehörig begossen werden. Wenn sich ein Blatt förmlich
gebildet hat, bedarf dann die Pflanze weniger Licht und kann
an eine schattige, mässig feuchte Stelle des Hauses gebracht werden.

Diese Pflanzen sind desshalb sehr schwer im freien Grunde
des Hauses zu erhalten, und die Topfkultur vorzuziehen, da selten Raum genug im Hause ist, um ihnen Standorte bieten zu
können, wo ober den Pflanzen sich keine andere Pflanze aufgehängt oder stehend befindet, und selbe daher gewöhnlich vom
Tropfenfall sehr zu leiden haben.

Die zweite Abtheilung, bei welcher *Phajus* als Repräsentant
dienen mag, ist für die Auspflanzung in den freien Grund des
Hauses eher geeignet, doch ist die Sorgfalt, dass sie von oben
her durch Tropfenfall nicht leiden, auch hier von grosser Wichtigkeit. Der junge Trieb ist an diesen Pflanzen wohl
sehr robust, aber der Blüthenstengel, welcher sich an der Knolle
entwickelt und aufrecht wächst, leidet nicht allein durch Nässe,
sondern selbst Bespritzen schadet denselben dermassen, dass er
sammt den Blüthen schwarze Flecken bekommt, die Blüthen-
Entwicklung verkrüppelt und oft endlich Stengel und Blüthe zu
Grunde gehen.

Es ist daher auch für diese Pflanzen die Kultur in Gefässen vortheilhafter, zumal es wenig Orchideen-Häuser geben wird,
wo man ihnen in dem freien Grunde luftige, lichte,
trockene Plätze anweisen kann. Wo es aber der Raum ge-
stattet, sie auf Erhöhungen von Erde und Steinen im Hause aus-
zupflanzen, wird überraschendere Resultate erziehen; denn *Phajus Wallichii* u. m. a. bilden, auf diese Weise gezogen, prachtvolle
Blüthen-Pyramiden von vier Schuh Höhe.

Es lässt sich auch alles das hier Gesagte auf eine Regel
zurückführen, nämlich: Pflanzen mit tiefgefalteten oder
gerippten Blättern haben kräftige junge Triebe, aber
durch Feuchtigkeit sehr leicht zerstörbare Blüthenstengel. Pflanzen mit glatten oder wenig gerippten
Blättern haben durch Feuchtigkeit sehr leicht zerstörbare junge Triebe, die Blüthenstengel hingegen
sind kräftig.

Nun sind noch jene jungen Triebe zu besprechen, welche
ein dickes, fleischiges Blatt, umgeben von mehreren kleinen, sehr
hinfälligen Scheiden, bilden. Dies sind die verschiedenen Species
von *Oncidium*, wie *Oncidium luridum* u. a. m. Die Luftknolle ist
hier sehr klein, das Blatt aber, was sie bildet, wird bis zwei Schuh

lang und erstaunlich kräftig. Der junge Trieb erscheint hier stark, die Spitze des Blattes tritt schnell hervor und theilt sich, um sich auszubreiten. Das Blatt wächst rasch, die Pflanze treibt sehr wenige Wurzeln. Man sollte wahrlich nicht glauben, dass gerade diese kräftige Vegetation so äusserst wenig Feuchtigkeit, aber hohe Wärmegrade und viel Luft bedarf.

Eine der Hauptursachen, dass man selbst in guten Samm- lungen wenig Oncidien in kräftigen Exemplaren sieht, ist, weil man auf die Entwicklungs-Periode des jungen Triebes nicht ge- nug Aufmerksamkeit und Sorgfalt verwendet. Die bei „Kultur" beschriebenen Reisigbüschel eignen sich sehr für diese Pflanzen und gewähren eine grosse Erleichterung. Der junge Trieb an Oncidien will ganz frei sein, er darf nirgends anstossen, sich nirgends anlehnen, denn bei jeder Hemmung in der Entwicklung ist der Trieb auch schon verloren.

Die Pflanze besitzt wohl die Kraft, den verlornen jungen Trieb durch einen andern zu ersetzen, allein ein Schaden bleibt, nämlich: die natürlich günstige Zeit des Triebes ist dann vor- über und der Nachtrieb kommt immer um fünf, auch acht Wo- chen später; diese schwächeren Triebe erfreuen auch nicht mehr mit den herrlichen und zahlreichen Blüthen, da die Zeit für die- selben gewöhnlich dann vorüber ist.

Wenn wir die hinfälligen Scheiden dieser Pflanzen nicht weiter beachten, so geschieht es, weil sie keine wichtige Rolle bei diesen Gewächsen durchzuführen haben; sie erscheinen, schü- tzen das Blatt in seinem ersten Fortschritte und fallen dann schnell ab, ohne weitere Dienste zu leisten.

Die Oncidien mit flachgedrückter Luftknolle (wie *Oncidium altissimum, bifolium, ornithorynchum, sphacelatum* u. a. m., so auch alle Brassien, Miltonien, Ornithidien u. s. w. wollen vollkommene Ruhe nach vollendetem Wachsthume, um dann den jungen Trieb mit der ganzen Kraft der erneuten Vegetations-Periode beginnen und durchführen zu können. So sieht man in mancher guten Sammlung *Brassia maculata* grosse Massen von aber immer klei- ner werdenden Luftknollen bilden, welche aus Schwäche nie Blüthenstengel treiben können. Da ist die Schuld an Cultivateur, welcher die Pflanze ohne Ruhezeit fortwährend in Vegetation erhält. Die Erschöpfung geht dann endlich so weit, dass die

Pflanze an unnützer Kraftzersplitterung zu Grunde geht. Das beste Mittel ist, solche verkümmerte, sich drängende Triebchen von der noch vorhandenen kräftigen Knolle ganz wegzu-schneiden, die Pflanze licht und trocken zu stellen und dann an jeder Luftknolle nur einen Trieb zu kultiviren, die anderen nachkommenden überflüssigen aber neuerdings zu entfernen.

Gut gezogene Pflanzen sollen alljährlich kräftige Luftknol-len bilden, was nur durch sorgfältig gut gehaltene junge Triebe möglich wird. Es trifft sich hierbei häufig, dass die Luftknollen der Kultur, die Originalknollen bedeutend an Grösse und Kräf-tigkeit überragen, aber nur bei einem Zustande der Vegetation, wie ich eben besprach, ist auf wahre Blüthenfülle und Pracht zu rechnen. Nur aus einer kräftigen Luftknolle ent-wickelt sich ein kräftiger junger Trieb, — nur aus einem kräftigen jungen Triebe ein kräfti-ger Blüthenstand.

Jene tropischen Orchideen, welche Erdknollen bilden und in der Gesammttracht unseren einheimischen Orchideen gleichen, nämlich die eine oder zwei Erdknollen bilden und einen Jahres-trieb machen, sind ganz so zu behandeln, wie unsere einheimischen Orchideen, d. h. mit andern Worten: sie sind äusserst schwierig lebend zu erhalten. Die so prachtvolle *Disa grandiflora* hat in Europa, wenn auch in sehr vielen Exemplaren und oftmals eingeführt, doch selten mehr als einmal geblüht, und ist dann gewöhnlich im zweiten oder dritten Jahre darauf gänz-lich verkümmert. — Geht es mit unseren einheimischen Orchi-deen besser? — Einige Species ausgenommen, welche an gün-stigen Standorten ausgepflanzt, manchmal ziemlich gut gedeihen, kann man doch von der bei weitem grössern Anzahl kühn be-haupten, dass sie sich nicht kultiviren lassen. Wahrlich, das kann man noch nicht die Kultur in seiner Macht nennen, wenn man gesunde, kräftige Pflanzen von unsern einheimischen Orchi-deen an ihren natürlichen Standorten ausgräbt, dann im Topfe oder im freien Lande im Garten höchstens einmal blühen sieht, alljährlich aber wieder sammelt, um die einstweilen verschwun-denen durch neue Ankömmlinge wieder zu ersetzen. Es ist da-her aus Erfahrung über die Kultur dieser Erdknollen bildenden Orchideen, sie mögen vegetiren in welchem Lande sie wollen —

mit gutem Gewissen wenig zu sagen. Wer sich doch an der Kultur dieser Gewächse versuchen will, mag *Pterostylis* und vielleicht noch einige andere tropische Orchideen wählen, welche sich für die Topfkultur günstiger zeigen. Es ist dann nöthig, sie in schmale tiefe Töpfe zu pflanzen und so lange ruhen zu lassen, bis der Trieb von selbst erscheint, sehr mässig feucht halten, licht stellen und gar nicht mehr verpflanzen, sondern lieber, wenn nöthig, obenauf frische Erde zu geben, wird sie erhalten.

Die jungen Pflanzen, welche durch Verwandlungen am Blüthenstengel oder Blüthentriebe in Blatttriebe entstanden, sind sehr leicht und einfach in Vegetation zu erhalten. Eine der werthvollsten Fortbildungen ist hier die Erzeugung junger Pflanzen am Blüthenstengel von *Phalenopsis*; dieses ist eine angenehme Hoffnung für alle Orchideen - Sammler, welche diese herrlichen Pflanzen noch nicht besitzen, indem hierdurch zu erwarten, dass sie in mehreren Jahren zu billigeren Preisen werden zu erlangen sein.

Zweite Abtheilung *(Vanda)*.

Die Pflanzen meiner zweiten Abtheilung bilden robuste junge Zweige, welche mit zwei, drei Blättern schon bei gehöriger Vorsorge ihre dicken, fleischigen Wurzeln selbstständig treiben und hierdurch von der Mutterpflanze wenig mehr abhängig sind. Man darf nur die Vorsicht gebrauchen, um die Wurzel-Erzeugung zu befördern, den jungen Trieb an der Basis mit etwas *Sphagnum* (Sumpfmoos) zu umwickeln. Man wird vorsichtig handeln, wenn man, nachdem der junge Trieb Wurzel getrieben, denselben mit einem scharfen Messer von unten nach oben an der Mutterpflanze zur Hälfte durchschneidet; die gänzliche Trennung von der Mutterpflanze mag dann binnen sechs Wochen geschehen. Das ganze Verfahren darf jedoch nur in der schönen Jahreszeit gewagt werden. Nachdem die Schnittwunde etwas abgetrocknet, bindet man die junge Pflanze ohne alles Moos auf ein Stück Holz und hängt sie auf.

Wir haben nun der Abhandlung über den jungen Trieb unsere grösste Aufmerksamkeit geschenkt und haben diesen für die Kultur hochwichtigen Gegenstand mit grösster Sorgfalt und Liebe bearbeitet. In keinem der Kulturbücher, welche über die Kultur der tropischen Orchideen Mittheilungen machen, fanden wir Hinweisungen, welche den jungen Trieb allein betreffen. Wir hoffen und wünschen durch diese unsere Bestrebungen allgemeinen Nutzen für die Pflanzenkultur geschaffen zu haben, indem alles das in der vorhergehenden Abhandlung Gesagte sich auch bei der Kultur vieler anderen Pflanzen-Familien in seiner ganzen Ausdehnung anwenden lässt.

Die natürliche Folge eines gesunden und kräftig erhaltenen jungen Triebes ist dann auch ein kräftiger Blüthenstand und eine vollkommene Blume, wesshalb wir auch jetzt zu der Abhandlung „Blüthen-Periode und Samenreife" übergehen werden.

Zum Schlusse wollen wir noch jedem Orchideen-Cultivateur zurufen: er möge sich durch manchen unverschuldeten Verlust an Orchideen-Pflanzen nicht abschrecken lassen, indem es hier manche Pflanze gibt, welche ohne erklärlichen Ursachen an einem Orte sehr gut und leicht wächst, an einem andern aber kaum lebend zu erhalten ist!

Blüthen-Periode, Samenreife.

Die Sorgfalt ist gekrönt, die Pflanze blüht! Der Zweck der Kultur ist erreicht und die tausendgestaltigen Blüthen erfreuen jeden Beschauer. Aber nun beginnt eine erneuerte Aufmerksamkeit: einmal dass die Blüthen alle sich vollkommen entwickeln, und dann dass die Pflanze durch die Blüthen-Periode nicht leidet. Im blühenden Zustande wollen diese Gewächse wohl eben dieselbe Behandlung, als wenn sie nur

wachsen; allein die Wassermenge auf und an allen Theilen der
Pflanze, welche ihr in der Wachsthums-Periode so zuträglich ist,
muss während der Blüthe, besonders hinsichtlich des Spritzens,
sehr gemindert werden, da den meisten derselben anhaltende Nässe
im blühenden Zustande schädlich ist. Sie öffnen die Blumen bei
übermässiger Feuchtigkeit schlecht, und viele hiervon bekommen
Flecken, die ihnen einen grossen Theil ihrer Schönheit rauben.
Wer mehrere Abtheilungen oder Häuser zur Kultur der Orchideen besitzt, kann alle blühenden in die kühlere Abtheilung
bringen und hier zusammen gruppiren. Sie blühen an kühleren
Orten länger, aber jene, welche aus dem jungen Triebe ihre
Blüthenstengel treiben, leiden leicht durch niedere Temperatur;
es ist daher doch besser, in jeder Abtheilung die blühenden
Pflanzen zusammen zu stellen.

Man kann hier leicht Sorge tragen, dass sie nicht übermässig nass werden.

Um reifen Samen an einer Pflanze zu gewinnen, mag man
selbe künstlich befruchten und stelle dann die Pflanze licht und
trocken. Die Zeit der Samenreife ist bei den verschiedenen Species auch ganz verschieden. Ich habe an einer *Vanda multiflora*
eine Samenkapsel, welche nun schon nahe an einem Jahre alt
ist, aber immer noch nicht zu reifen beginnt; sie steht noch aufrecht und zeigt gar keine Neigung, um endlich trocken zu werden und aufzuspringen.

Die Samenkapsel an *Phajus albus*, an *Cattleya Forbesii* u. a. m.
bedürfen auch über ein halbes Jahr von der Blüthe bis zur Samenreife. Die Samenkapsel sind gewöhnlich sehr gross, der Same
besteht aus ganz kleinen, kaum sichtbaren Blättchen und ist in
unzähliger Menge vorhanden. Nachdem die Kapsel aufzuspringen beginnt, lege man Baumrinde oder Sägespäne unter dieselbe
und lasse die Samen sich selbst ausstreuen, es keimen dann
manchmal eine Unzahl kleine Pflänzchen, allein der Winter tödtet
sie gewöhnlich wieder.

In dem neuen, ausgezeichneten Werke über Orchideen von
Herrn Thilo Irmisch: „Beiträge zur Biologie und Morphologie der Orchideen" finden sich mehrere schätzbare Bemerkungen über die Keimung der Orchideen, wo besonders der *Sobralia*

macrantha gedacht wird; die Samen wurden in dem Garten des Herrn Hofrath Keil in Leipzig auf Sägespänen ausgesäet und hierdurch zum Keimen gebracht.

Blühende Pflanzen an bewohnte Orte im Winter zu bringen, ist sehr gefährlich. Ich habe es nur einmal versucht, an einem Abende, der dem geselligen Vergnügen geweiht war, ein *Oncidium crispum*, welches an einem Stück Korkholz kultivirt wurde und 45 Blumen an einem Stengel hatte, nur über eine Nacht in meine Wohnung bringen zu lassen — die Pflanze kränkelte von der Zeit an und ich verlor endlich mein schönes Exemplar! Aber unglaubliche Dauer haben *Cypripedium insigne* und *venustum*; diese Pflanzen standen im Winter 1849 in einem zufällig unzugänglichen Gemache mit einer Menge Neuholländer-Pflanzen zusammen rangirt; als man nach mehreren Tagen wieder in das Gemach gelangen konnte, waren sämmtliche Pflanzen, selbst die Camelien, vollkommen erfroren; nur die zwei Cypripedien, obwohl ganz schwarz, waren doch noch zu retten; es muss in diesem Gemache mehrere Tage hindurch a c h t b i s z e h n G r a d e k a l t gewesen sein. Es schadet im Sommer gar nicht, blühende Pflanzen einige Tage an einen geschützten Ort ins Freie zu stellen. Ueber jene Species, welche sich mit einigem Erfolge im Freien kultiviren lassen, siehe „Kultur."

Wir haben nun hier bei mehreren tropischen Orchideen deren ungemeine Lebenskraft besprochen, und wenn wir über die Anzucht der Orchideen aus Samen wenig zu sagen wussten, so mag man es nur unserer Wahrheitsliebe zuschreiben. Es hätten sich hier eine Menge Vermuthungen aussprechen und Auszüge aus anderen Büchern dieser Abhandlung anreihen lassen, aber wir wollen blos nach unserer Erfahrung schreiben, und da sind wir leider in der unangenehmen Lage, trotz aller Sorgfalt keine günstigen Resultate erzielt zu haben. Wir ziehen daher vor, es der Zukunft, den ferneren Studien und der Zeit zu überlassen, um dann mit Gewissheit unsere Daten zur Darnachrichtung anführen zu können.

Wenden wir uns nun zu einer neuen Abhandlung, und zwar zu „Wurzelbildung und Wurzelvermögen." Wir sind erfreut, nun wieder zu einer Abhandlung zu gelangen, bei der wir manches allgemein Nützliche besprechen können, und bemerken schliesslich, dass auch hier Vieles angegeben ist, was auf andere Pflanzen-Familien ebenfalls sehr gut passt und daher auch anwendbar ist.

Wurzelbildung und Wurzelvermögen.

Die Wurzeln der Orchideen mit Luftknollen bestehen:

1. Aus der sogenannten Pergamenthaut (filzige Oberfläche); dann unter dieser

2. aus der feuchten Zellschicht, welche den holzigen Theil der Wurzel umgibt und mit ihm innig verwachsen ist; — ferner

3. aus den Holzgefässbündeln, welche mit dem Markkörper den runden harten Mitteltheil der Wurzel bilden, und endlich

4. Aus der grünen Wurzelspitze (Wurzel-Schwämmchen), ein für sich bestehendes Organ, welches aus dem Markkörper sich bildet, und in den die Holzgefässbündel in ungleicher Länge einmünden.

Die Pergamenthaut umgibt die feuchte Zellschicht der Wurzel, ohne sich mit derselben zu vereinigen, da sie zu jeder Zeit von der feuchten Zellschicht leicht abzuziehen ist. Die innere Wandung der Pergamentschichte ist glänzend, glatt, und bei gesundem, kräftigen Wuchse der Pflanze fortwährend sehr feucht.

Die Luftwurzel ist durch die filzige Oberhaut — welche auch das Vermögen besitzt, sich fest an Holzrinde u. s. w. anzuschliessen — gegen Aussen vor Verdünstung geschützt, indem diese Schichte wohl Feuchtigkeit gierig aufnimmt, aber wahrscheinlich die eingesogene Feuchtigkeit an sich zu halten vermag. Sie ist bei mehreren Genera der Orchideen (*Cattleya*) von Aussen mit einem dichten Gewirre hygroskopischer Haare umgeben, oder sie bildet eine dichte Haut von kleinen Zellen, ohne haarröhrchenartiger Bekleidung (*Brassia*). Die feuchte Zellschicht ist aus grossen Zellen gebildet.

Die Feuchtigkeit wird also durch die Pergamenthaut der feuchten Zellschicht zugeführt. Die Holzgefässbündel und der Markkörper haben die Festigkeit und den Fortbau der Wurzel zu besorgen. Das Fortwachsen der Luftwurzel geschieht jedoch grösstentheils durch die grüne Wurzelspitze. Der filzige Ueberzug der Wurzel reicht bis zum grünen Wurzelschwämmchen.

Am Rande der Filzschichte zeigt sich bei kräftigem Wuchse der Pflanze und bei grosser Feuchtigkeit in der Luft ein Kranz von Haarröhrchen, welcher die filzige Haut mit der grünen Wurzelspitze scheinbar vereint. Das Fortschreiten der filzigen Oberhaut gegen das grüne Wurzelende wird durch diesen Haarkranz sehr begünstiget. Bei abnehmender Feuchtigkeit aber verschwindet dieser Haarkranz wieder allmälig.

Nach vollendeter Vegetations-Periode breitet sich endlich die filzige Oberhaut über den ganzen Theil der grünen Wurzelspitze aus, und es bleibt nur ein kaum bemerkbarer Theil derselben noch grün. Bei erneuertem Wachsthume drängt das äusserste noch grüne Wurzelende rasch vor, bis es wieder seine gewöhnliche Länge erreicht hat.

Die Fähigkeit, Feuchtigkeit aufzunehmen, ist daher bei den Luftwurzeln in der Ruhe-Epoche fast eben so gross, wie in der Wachsthums-Periode, nur mit dem bedeutenden Unterschiede, dass die Pflanze, da sie zu dieser Zeit keine oder nur sehr kleine Wurzelschwämmchen hat, die wenige Feuchtigkeit, welche ihr die Luft in dieser Zeit bietet, besser an sich zu halten vermag. Die Luftknollen und das Laub derselben haben durch die derbe Oberhaut auch die Macht, die Feuchtigkeit zurückzuhalten. — Es ist daher die ganze Pflanze in der trockenen Jahreszeit vor Ausdünstung geschützt, — und dies dürfte wohl die Ursache sein, dass tropische Orchideen unglaublich lange Zeit ohne besondere Feuchtigkeit in der Luft dennoch gesund und frisch zu bleiben vermögen.

Es mag auch hier noch angeführt werden: dass beim Erscheinen der Wurzel das grüne Ende derselben gewöhnlich sehr kurz ist, indem die filzige Oberhaut sich schnell bildet und die junge Wurzel gleich beim Vordrängen theilweise überzieht. Erst bei fortschreitendem Wuchse der Wurzel bildet sich das Wurzelschwämmchen gehörig aus.

Dies dürfte wohl als Beleg dienen, dass die Pflanze zu ihrer Ernährung der filzigen Oberhaut mehr bedarf, als der grünen Wurzelschwämmchen, und dass diese erst dann sich vollkommen vordrängen, wenn die Pflanze Stoffe auszuscheiden beginnt.

Keine Pflanzen-Familie hat so verschiedene Wurzeln, als die Familie der Orchideen; sie bilden sich von der Stärke des dünnsten Bindfadens bis zur Dicke eines kleinen Fingers. Sie sind von ein Zoll bis zur Länge von mehreren Schuhen; ihr Wuchs ist gerne wagrecht, senkrecht in die Erde eindringende Wurzeln finden sich gar nicht.

Die Wurzeln haben die Fähigkeit, sich an beliebige Gegenstände festzusaugen; der Anschluss wird oft so innig, dass man, ohne die Wurzel der Länge nach zu spalten oder zu zerreissen, nicht los machen kann. Sie sprossen mehr oder minder zahlreich, aber immer sind sie die Erhalter der Pflanze, obwohl nicht in Abrede gestellt werden kann, dass eine Pflanze dieser Familie selbst ohne alle Wurzeln lange Zeit fortlebt, auch blüht; aber die Fortschritte im Wuchse von einer ihrer Wurzel beraubten Pflanze gegen eine andere, welche gesunde Wurzeln hat, werden immer zu Gunsten letzterer ausfallen.

Je dicker die Wurzel ist, desto schwerer ersetzt die Pflanze deren Verlust. Verletzte Wurzeln sterben bis zum Theil der Verletzung ab, treiben aber willig bei sorgsamer Behandlung sowohl am Ende als an den Seiten frische Wurzeln hervor. Die Pflanzen meiner zweiten Abtheilung haben alle dicke fleischige Wurzeln, welche bei einigen, wie z. B. bei *Renanthera* sehr regelmässig erscheinen. Bei dieser Pflanze erscheinen immer bei dem vierten Blatte drei dicke Wurzeln, wovon sich aber selten alle drei entwickeln. *Aerides Brockeii* u. m. a. haben wenige, aber enorm dicke Wurzeln. Die Wurzeln aller dieser Gewächse sind silberweiss, runzlich, mit langen, schöngrünen Wurzelschwämmchen. Es sind hier wenige Ausnahmen, wie *Phalenopsis*, welche schön weinrothe Wurzeln bilden. Aber das Wohlbefinden dieser Pflanzen hängt ganz allein von der Erhaltung der Wurzeln in fortwährend gesundem Zustande ab. Der Cultivateur, welcher es versteht, die gesundesten, dicksten Wurzeln zu erziehen und den Winter hindurch auch zu erhalten, wird kräftige Exemplare mit reichlicher Blüthenfülle erzielen, und nur hierdurch ist man im Stande, kleine Pflanzen zur Blüthe zu bringen.

Die Pflanzen meiner ersten Abtheilung haben alle vorkommenden Wurzel-Formen; sie sind weiss, schmutzig erdfärbig, schmutzig grün, dunkelweinroth, auf der Oberfläche glatt, runzlich oder filzig, sie sind theils weich, theils hart wie Holz. Weiche Wurzeln sind gewöhnlich lang, verholzende Wurzeln aber gewöhnlich kurz. Die filzig bekleideten Wurzeln haben die meiste Ansaugungskraft, sie finden sich sowohl bei Pflanzen, welche auf der Erde, als auch bei jenen, welche an Bäumen wachsen. Ein auffallender Unterschied ist zwischen den Wurzeln der Luft- und der Erd-Orchideen nicht zu finden. Das scheint auch die Ursache, warum die so verschiedenen Kultursweisen ziemlich gleiche Ergebnisse haben. Die Wurzel, welche sich an einem Holzstücke bildet, sieht jener, welche an derselben Species in der Erde sich bildet, ganz ähnlich, und es ist nicht in Abrede zu stellen, dass Pflanzen, in Erdmischung gezogen, mehr und leichter Wurzel treiben, als an Holzstücken; die Wurzeln aber sind nicht so dauerhaft, werden leichter von der stagnirenden Feuchtigkeit angegriffen und bedürfen überhaupt mehr Sorgfalt.

Es ist wirklich merkwürdig, wenn man beobachtet, wie eine Pflanze sich oft so zu sagen mit ihren Wurzeln vor Anker legt, denn die Wurzel und nicht weniger die junge Knolle wirken im Einklange, die ganze Pflanze fortwährend im Gleichgewichte zu erhalten. Man sieht oft Wurzeln und Trieb Biegungen machen, erstere, um einen nebenstehenden Baumast zu erreichen; die Wurzel scheut dann selbst das grellste Licht nicht, um ihren Zweck zu erreichen. Man sieht, dass manchmal bei der bedeutenden Schwere der Pflanze die wenigen Wurzeln, welche dieselbe besitzt, mit grosser Oekonomie verwendet werden, um all den nöthigen Schutz und Nahrung, welche die Pflanze bedarf, zu schaffen.

An den natürlichen Standorten haben die Orchideen eine bei weitem kräftigere Bewurzelung, als bei uns im Kulturzustande.

Ich habe Cattleyen aus Brasilien erhalten, welche ein sechsfach über einander liegendes Geflecht gesunder Wurzeln hatten. Die vielen abgerissenen Wurzeln am Ende der Pflanze liessen eine grosse Ausdehnung der Wurzeln am Baume vermuthen. Wie sehr die Wurzeln das Gewicht der Pflanze zu tragen vermögen, beweiset *Cattleya citrina*, welche an den Aesten der Bäume senkrecht herabhängend gefunden wird. Nicht minder bedeutsam ist das Wurzelvermögen bei dem Genus „*Chysis*;" diese Pflanzen hängen, mit ihren Wurzeln sich von Ast zu Ast befestigend, nach allen Richtungen frei an den Aesten herum, ihre rauhen Wurzeln werden oft klafterlang. Hingegen haben die Miltonien, welche auch an den Bäumen hinkriechend wachsen, sehr kurze, auffallend dünne, zerbrechliche Wurzeln. Dasselbe findet sich bei vielen Species von *Maxillaria*, nur sind hier die Wurzeln sehr verholzt und braun.

Es ist wahrlich schwer erklärlich, wie eine Pflanze ihre sämmtliche Nahrung durch einen oder kaum zwei Zoll lange Wurzeln sich zuführen kann; doch durch die Experimente unsers allverehrten und gefeierten Herrn Professors Unger ist dieses gerade jetzt zur Genüge bewiesen worden.

Der Ernährungsprozess ist hier auch weniger auffallend, indem man bedenken muss, dass das Leben der knollenbildenden Orchideen in zwei grosse Abtheilungen zerfällt. Einmal in Ansammlung einer bedeutenden Menge von nährenden Stoffen in der Pflanze, und dann die Vegetations-Periode, in welcher alle nährenden Stoffe um die Pflanze in ausserordentlicher Fülle vorhanden sind, sie hat daher zwei grosse Quellen zur Ernährung.

Wir haben nun die so grosse Verschiedenheit bei den Wurzeln, welche die Orchideen bilden, betrachtet, auch deren Einfluss, Dauer, verschiedene Mächtigkeit u. s. w. zu beleuchten gesucht. Es wurde hingewiesen auf die Nothwendigkeit, die Wurzel wo möglich zu schonen. Es bleibt uns nur noch übrig, den Cultivateur zu ersuchen, sich alle die eben gelesenen Abhandlungen recht eigen zu machen, indem nur hierdurch die nun folgende Abhandlung, nämlich: „aus der Tracht (dem *Habitus*) der Pflanze zu erkennen, welche Pflanzweise derselben am zuträglichsten sei ," zum wahren Nutzen für den Cultivateur werden kann.

Nur jahrelanges Beschauen der lebenden Pflanzen und manche Studien über ihre natürlichen Standorte brachten uns endlich in die erfreuliche Lage, kurz zusammengefasste Grundsätze diesfalls aufstellen zu können.

Wir hätten wohl auch die Orte nennen können, wo hauptsächlich in Tropenländern Orchideen vorkommen. Allein wozu hilft dies? Der Cultivateur weiss doch, durch Bekanntschaft mit all den Standorten, wo Orchideen vorkommen, nicht e i n e P f l a n z e gehörig in Kultur zu nehmen. Uns ist daher mehr daran gelegen, dem Cultivateur ein Genus der Orchideen zu nennen, woran er studiren kann, als viele Ortsnamen zu nennen, wodurch er für sein Fach nichts Taugliches erfährt.

Aus der Tracht (dem *Habitus*) der Pflanze zu erkennen, welche Pflanzweise derselben am zuträglichsten sei.

Dieses Kapitel kann nur annäherungsweise durchgeführt werden, da die so grosse Verschiedenheit der Formen dieser Pflanzen allgemein giltige Regeln nicht zulassen.

Der denkende Cultivateur wird aber in den weiter unten aufgestellten Grundsätzen wenigstens so viel erfahren, dass er keine grossen Fehler zu begehen im Stande ist.

Der erhebliche Umstand, dass die tropischen Orchideen in verschiedenen Sammlungen manchmal selbst mit gutem Erfolge auf ganz verschiedene Weise kultivirt werden, ist ein Beweis der ausserordentlichen Lebenskraft und Willigkeit, welche diese Pflanzen zur Kultur mitbringen.

Es gibt Sammlungen, wo alle Pflanzen in Töpfe in Erdmischung gepflanzt werden; dann wieder andere, wo die meisten auf Holz angebunden kultivirt werden; dann Sammlungen, wo die Pflanzen alle sehr tief gesetzt, und wieder andere, wo jede Pflanze auf einem kleinen Hügel von Erdmischung in Geschirren gepflegt werden.

Wenn die Hauptbedingnisse, nämlich möglichst gleichmässige Temperatur und hohe Feuchtigkeitsgrade, im Hause sorgfältig erzeugt werden, sieht man die Orchideen nach so verschiedenen Pflanzweisen manchmal ganz gut wachsen und auch blühen. Allein viele davon können unmöglich nach ihrem natürlichen Bildungstriebe gedeihen, und so sieht man nur zu oft Pflanzen in der unbequemsten Lage, über den Topfrand herabhängend, wachsen; dies ist wahrlich nicht schön anzusehen, da die Pflanzen hierdurch in ihrem oft so interessanten Wuchse gänzlich gestört werden.

Die hier unten mitgetheilten Grundregeln sind auf die natürlichen Standorte der Pflanzen basirt, und auch jedem Cultivateur gewiss einleuchtend genug, indem es doch Niemandem einfallen wird, wenn z. B. gesagt wird: „wächst hoch oben an Bäumen" — die Pflanze tief in die Erde zu setzen. Oder: „findet sich bei Pflanzen, welche auf der Erde wachsen" — dass man selbe an Holz anbindet und aufhängt u. s. w.

Bei den verschiedenen Kulturanweisungen findet sich alles andere, was auf die Betreuung der Pflanzen Bezug hat, und wir gehen daher gleich zu den Regeln über, welche nur die Pflanzweisen bestimmen sollen.

Erste Abtheilung.

Orchideen mit glatten, dicken, fleischigen Blättern haben immer glatte, fleischige Luftknollen. Diese Pflanzen wachsen gewöhnlich hoch auf Bäumen oder an lichten Waldesstellen, theilweise der Sonne ausgesetzt. Sie gleichen gewissermassen den Cacteen, welche auch durch ihre glatte, harte Oberhaut die saftreiche, fleischige Zellenmasse bewahren. (*Oncidium.*)

Jene mit lederartigen, wenig gefalteten, tief ge-
rippten Blättern haben immer harte, tief gerippte
Luftknollen. Die Zahl der Rippen der einen
Seite der Knolle entspricht der Anzahl von
Blattrippen. Diese Pflanzen wachsen auf Bäumen, lieben
Schatten und feuchte Wärme. (*Stanhopea.*)

Weiche oder tief gefaltete Blätter finden sich nur bei
Pflanzen, welche auf der Erde wachsen. (*Calanthe.*)

Wenn die Luftknolle walzenförmig verlängert und
ganz mit blatttragenden Scheiden bedeckt erscheint,
wächst die Pflanze an freistehenden Bäumen, selbst auf Coniferen.
Diese Pflanzen bedürfen Luft und Licht, sie haben trockenere
Standorte. (*Catasetum.*)

Ein allgemeiner Grundsatz ist: je weniger die
eiförmigen, runden oder plattgedrückten, mehr oder
minder verlängerten Luftknollen mit Scheiden bedeckt, bis endlich gänzlicher Scheiden-Mangel an
der ausgebildeten Luftknolle sich zeigt — desto
höher und freier, aber auch unter dürftigeren Verhältnissen, wachsen diese verschiedenen Formen an
der Rinde der Bäume.

Wenn uns von Pflanzensammlern mitgetheilt wird: diese
oder jene Pflanze mit weichen oder tiefgefalteten Blättern fand sich auf einem Baume wachsend, so glaube man ja
nicht, dass sie an der Rinde des Baumes vegetirte. —
In jenen Höhlungen, welche Astbrüche erzeugen, oder die oft so
seltsame Bildung der Zweige der Riesenbäume in den tropischen
Urwäldern, im Gewirre der Schlingpflanzen an denselben, bilden
sich Plätze, wo durch Regen, Wind, Laubfall, Vogel-Exkremente
sich ein humusreicher Grund bildet, in dem jede dort auf der
Erde wachsende Pflanze dieser, so wie auch von vielen anderen
Familien, hoch auf den Bäumen wachsend gefunden werden kann.

129

Zweite Abtheilung. *(Vanda.)*

Diese Pflanzen sind sich alle in ihren Wachsthumsverhältnissen ganz gleich. Sie bewohnen Bäume, woran sie sich mit ihren dicken, fleischigen Luftwurzeln der ganzen Länge nach festsaugen; sie leben im Schatten, in den feuchtesten und wärmsten Gegenden der Erde.

So kurz zusammengefasst diese Abhandlung auch erscheinen mag, ist sie doch von grosser Wichtigkeit; einmal zum Erkennen der Pflanzweise, und dann, um überhaupt die natürlichen Standorte der tropischen Orchideen kennen und würdigen zu lernen. Wir haben uns bemüht, mit kurzen Worten leicht verständlich zu sein, und unsere Weise, immer einen Repräsentanten unserer Ansicht zu benennen, auch hier beibehalten. In unserem Buche heisst es immer: Siehe — vergleiche — und überzeuge dich.

Es finden sich hier keine Theorien aufgestellt, welche der eine Leser so, der andere anders auszulegen veranlasst wird, denn wir haben nicht eher geruht, bis wir uns durch Besprechung mit vielen Cultivateuren bündigst überzeugten, dass unsere Darstellungsweise leicht verständlich ist. Schliesslich wollen wir noch bemerken, dass sich unsere zweite Abtheilung der Orchideen als vollkommen andere Gebilde zeigte, als die Pflanzen der ersten Abtheilung. Nun kommen wir zu einer wahren Kulturfrage, nämlich zur Abhandlung, welche den Titel: „Nöthige Sorgfalt u. s. w." trägt. Es kömmt hierbei alles das vor, was der Cultivateur bei Orchideen zu beobachten hat, welche eben aus ihrem Vaterlande eingeführt wurden.

Nöthige Sorgfalt bei der Ankunft tropischer Orchideen, welche uns Sammler aus den verschiedenen Theilen der Erde zusenden.

Die Orchideen kommen gewöhnlich in einem sehr angegriffenen Zustande in Europa an; oft leiden sie an grosser Feuchtigkeit, oft an übermässiger Dürre bei der Ueberfahrt. Es kommt hier sehr viel auf den Ort an, wo die Kiste im Schiffe aufbewahrt wurde. Gewöhnlich weist man ihnen die schlechtesten Plätze an, und nicht selten sind die Pflanzen einer ganzen Kiste durch das eindringende Meerwasser verdorben. Auch soll der Spekulationsgeist Sendungen von Pflanzen, selbst schon in Europa angekommen, geflissentlich durch Oeffnen und Begiessen mit tödtlichen Säuren umgebracht haben. Hier hat nun der Empfänger die ganze Last zu tragen. Auch Entwendungen aus den Kisten kommen leider nicht selten vor. Es gibt hiefür nur ein Mittel, nämlich: ein ehrliches, gewissenhaftes Speditionshaus an jenem Orte, wo die Kiste ankommt, zu wählen. Angenommen, eine Sendung kommt glücklich aus Asien oder Amerika in Europa an, so sieht desshalb doch dieses Glück noch bedenklich genug aus. Die Blätter sind gewöhnlich alle faul oder abgefallen, die oft in der Kiste treibenden Pflanzen haben lange, fahle, gelblich grüne Triebe, welche abnorme Formen annehmen, auch selbst Blüthenstengel wachsen auf der Reise ebenfalls bleich und vergeilt. Eine Menge lebende Insekten machen die Ueberfahrt auffallend munter mit. Die Pflanzen sind gewöhnlich durch das Hin- und Herwerfen der Kiste unordentlich durcheinander, — mit einem Worte der erste Blick in die Kiste ist selten erfreulich, einzelne seltene Fälle ausgenommen, wo die Pflanzen so gesund und schön ankommen, dass es eine wahre Freude ist. Leider sind die besten, wünschenswerthesten Species auch gewöhnlich die zartesten, und nur zu häufig sieht man mit grossem Gram Pflanzen, welche man schon in Kultur besitzt, lebend, fremde Formen aber todt anlangen. Jedenfalls muss derjenige, der Pflanzensendungen aus ihrem Vaterlande erhält, sich oft auf grosse Verluste gefasst machen. Aber das darf uns nicht wundern. Wie oft traf es sich, als die Eisenbahnen und Dampf-schiffe noch nicht bestanden, dass man Pflanzen aus Belgien, England oder Frankreich drei, auch vier Mal nach einander bringen liess, ohne selbe nur einmal lebend zu erhalten. — Wir kehren nun wieder zu unseren Sendungen zurück. Nachdem die angekommene Kiste an einem geschützten Orte, aber ja nicht im Glashause, geöffnet wurde, nimmt man Stück für Stück aus derselben und legt sie auseinander. Die dabei vorkommenden lebenden Insekten, Würmer und Larven mag sich ein Insekten-Freund lebendig fangen und suchen, indem sich hierunter oft sehr seltene Thiere befinden. Die Palmenblätter, womit gewöhn-lich die Pflanzen verpackt werden, so wie alles andere, was sich neben den Pflanzen in der Kiste findet, soll man sammeln und auf einen eigenen Platz zusammenlegen. Nun nimmt man jede Orchidee einzeln, entfernt alle verdorbenen und faulen Theile derselben und reinigt sie sodann behutsam mit einer weichen Bürste. Nachdem alle auf diese Weise gereinigt sind, bringt man sie an einen warmen, trockenen Ort und legt sie einzeln neben einander, um sie abtrocknen zu lassen. Alle Abfälle, der Staub u. s. w. werden dann durchgesiebt und alsogleich in flache Kästchen auf sandige Erde wie Samen ausgesäet. Viele kostbare Pflanzen sind auf diese Weise schon aus den Abfällen gezogen worden. Nachdem die geputz-ten Pflanzen einige Tage zum Abtrocknen gelegen sind, werden jene, welche gesunde Wurzeln haben, in frische Sägespäne der-gestalt eingepflanzt oder gelegt, dass sie aufrecht stehen. Man hüte sich ja, die alten Wurzeln zu beschädigen oder zu beschnei-den, da häufig aus den schon fast vertrockneten Wurzeln sich frische Wurzeln bilden; hier bleibt die Pflanze, bis der junge Trieb sich zeigt; nun ist es Zeit, dieselbe gehörig nach ihrer Weise einzupflanzen. Jene Pflanzen aber, welche in kränklichem Zustande mit faulen Wurzeln oder faulen Stellen an der Pflanze ankommen, müssen öfters geputzt und jedesmal mit Holzkohlen-staub bestreut werden; diese Pflanzen legt man auf eine mässig-feuchte Moosschicht, an einen warmen, trockenen Platz, wendet sie öfters um und lässt sie aber auf dem Platze liegen, bis die Wurzeln und endlich der Trieb erscheinen. Man kann sie auch mittelst Blei - Draht an Holzstücke befestigen und aufhängen.

Erst nachdem sich Wurzeln zu zeigen beginnen, bindet man Büschel von *Sphagnum* in deren nächste Nähe, die Wurzel wird dieselben bald aufsuchen und sich in dem Moose kräftigen. Die gesunden, in die Erde eingepflanzten Exemplare lässt man blos in naturfeuchter Erde stehen, bis sich der Trieb gekräftiget hat. Es ist überhaupt vortheilhafter, diese Pflanzen zu spritzen, als zu giessen.

Die *Vandas, Arides, Saccolabium, Phalaenopsis* u. s. w., also die Pflanzen meiner zweiten Abtheilung, welche aus ihrem Vaterlande bei uns eingeführt werden, sehen gewöhnlich durch die so lange Zeit, die sie unterwegs sind, wie ganz vertrocknet aus. Die Blätter sind weich, runzlich und fallen oft, nachdem die Pflanze abgetrocknet ist, bei der leisesten Berührung ab; auch der Stamm scheint saftlos, die Wurzel trocken und ebenfalls sehr leicht abfallend; trotz allen diesen misslichen Erscheinungen darf man die Pflanze doch nicht für rettungslos verloren halten, obwohl gerne zugestanden wird, dass es gerade hier manche kostspielige Verluste gibt. Ein Haupt-Erforderniss zu günstigen Resultaten ist, dass man wo möglich dafür sorgt, dass die Sendung nicht **nach dem halben August** in Europa eintrifft. Diese Pflanzen wollen zu ihrer Wiedererholung mehr als alle anderen natürliche Wärme. Es muss noch Kraft in der gesammten Vegetation sein, um die welke Pflanze auch kräftigen zu können. Man erhält aus vielen Handelsgärten von Frankreich und England Orchideen, welche sehr tief gepflanzt sind; oft steht die Luftknolle kaum ein Drittheil ihrer Länge aus der Erde; diese Pflanzen darf man, nachdem sie sonst gesund angekommen, nicht gleich regelmässig hoch pflanzen, sondern sie müssen eben so tief wieder eingesetzt werden, als sie es früher waren. Erst nach einem ganz vollendeten Triebe darf man die Pflanze regelmässig hoch setzen. Jenen Pflanzen, welche in zerbrochenen Geschirren oder beschädigten Gefässen ankommen, schadet es gar nicht, wenn man die ganze Erde von der Pflanze behutsam abrüttelt und entfernt. Es hat sogar einen Vortheil, denn hierdurch kömmt die Pflanze gleich in die Erde, welche man ihr für die Zukunft zu bieten vermag. Bei der jetzt so schnellen Beförderung durch die Eisenbahnen u. s. w. haben die Pflanzen-Transporte sehr gewonnen; man darf jetzt wirklich ganz ausser

Sorge sein, sich Pflanzen z. B. von England nach Deutschland bringen zu lassen. Aber geduldig muss der Cultivateur auf jeden Fall sein, er muss vier, oft sechs Jahre warten, bis ihn manche Pflanze mit Blüthen erfreut. Er muss stets vor Augen haben, dass die Familie der Orchideen die edelste, schönste Zierde der Gärten ist. Nur Gewöhnliches lässt sich leicht behandeln. Der Lohn aber ist gross, die Freude bei dem Erblühen einer neuen Species ist eine ausserordentliche; Mühe und Sorgfalt sind dann gekrönt, und der Cultivateur kein gewöhnlicher Gärtner mehr.

Haupterfordernisse bei der Kultur,

im Herbst und Frühjahr eben so vorsichtig mit dem Heizen zu sein, wie es die strengen Wintermonate erfordern.

Feuchte, kühle, trübe Herbst- und Frühlingstage, wo oft das Thermometer im Freien kaum sechs Grad Reaum. Wärme zeigt, sind die gefährlichsten Tage für die Kultur der halb gebildeten Triebe und Blüthenstiele. Besonders sind diese kalten Frühlingstage wegen der allgemeinen Anregung im Pflanzenleben sehr gefährlich. Oft nach einigen sehr schönen warmen Tagen, wo das Haus ganz durchfeuchtet ist, stellen sich trübe Tage ein, die meisten Pflanzen sind nun zu feucht, zwischen den Blättern oft selbst nass — hier ist nun die grösste Sorgfalt nöthig, und nur allein eine anfangs mässige, künstliche Wärme, welche allmälig bis auf 17 Gr. Reaum. steigen soll, ist am Tage höchst nothwendig. Am Abend und des Nachts über ist der gewöhnliche Schutz des Hauses genügend. Auf diese Weise wird die zu grosse Feuchtigkeit im Hause durch die Wärme aufgezehrt, und es tritt eine wohlthätige, warme Luft-Circulation ein, welche die Pflanzen abtrocknet und gesund erhält.

Man glaube daher ja nicht, dass mit dem Beginne der schönen Tage im Frühlinge die Sorgfalt bei der Kultur sich

vermindern darf; im Gegentheile, der hier besprochene Uebergang vom Frühling zum Sommer ist von grösster Bedeutung,
denn selbst im Anfang Sommers, wenn anhaltend trübe Tage
sind, muss manchmal noch durch künstliche Wärme nachgehol-
fen werden, um hierdurch die Luft in eine wohlthätige Bewegung
zu bringen. In England gibt es viele Sammlungen, wo das ganze
Jahr hindurch geheizt wird, das Gewöhnen der Pflanzen an die
künstliche Wärme fällt dabei ganz weg, es ist aber jedenfalls
eine grosse Verschwendung an Brennmaterial.

Bei Eintritt des Herbstes in unserem Klima ist es jedenfalls
sehr zweckmässig, allabendlich etwas zu heizen, und so die Pflanzen nach und nach an die grossen Uebelstände unserer langen
Winter zu gewöhnen.

Die Temperatur muss zu jeder Zeit die Nacht über um
drei oder vier Grad kühler gehalten werden, als es am Tage
der Fall ist.

Man sammle fleissig und unablässig zu jeder Zeit, besonders aber im Winter, die trockenen und faulen Blätter u. s. w.,
welche gewöhnlich auf der Pflanze liegen bleiben, wenn sie abfallen. Solche faule oder auch nur dürre Blätter haben schon
manche Pflanze getödtet, da die abfallenden Blätter sich sehr
schnell mit Schimmelbildungen überziehen, welche die frischen
Blätter und Luftknollen dann angreifen und oft verderben.

Man wähle sich in der Woche einen halben oder nach der
Anzahl der Pflanzen auch einen ganzen Tag, diese Zeit verbringe
man blos mit genauer Besichtigung, wenn möglich, von einer
jeden Pflanze. Man muss sich nicht vornehmen zu giessen oder
zu putzen, umzustellen u. s. w. Man widme diese Zeit blos
dem Pflanzen-Beschauen. Die Vortheile dieses Vorneh-
mens sind von grösster Bedeutung, denn wer sich an diese Vor-
schrift hält, kann unmöglich eine vernachlässigte, kranke oder
wohl gar unheilbare Pflanze haben. Es geht hier wie bei dem
Menschen — kleine Uebel sind bald gehoben — aus vernach-
lässigten kleinen Uebeln werden aber grosse, welche dann oft
unheilbar sich zeigen.

Ich bin fest überzeugt, dass bei nur zweihundert Orchideen-
Pflanzen gewiss bei Durchsicht alle Wochen eine, selbst auch
mehrere derselben besser betreut sein wollen, andere werden

gegen rückwärts Triebe machen und müssen daher zum Lichte gekehrt werden. Dasselbe gilt von der Blüthenstengelbildung. Andere werden faule Theile an sich haben, welche entfernt werden müssen; man bestreue dann die Wunde mit Holzkohlenpulver. Bei Aufheben der Gefässe lassen sich leicht die schädlichen Insekten auffinden und tödten u. s. w. Der Hauptvortheil besteht aber hauptsächlich darin, dass der Cultivateur jede seiner Pflanzen hierdurch genau kennen lernt, und indem er selbe genau kennen lernt, lernt er sie auch schon theilweise kultiviren.

Eine Pflanze darf die andere nicht berühren, da dann, wenn Pflanzen sich gegenseitig drängen, die schwächere Pflanze immer hierdurch bedeutend leidet; es wäre denn, dass sie zu einer Species gehören, dann ist es aber auch am besten, alle Pflanzen einer Species zusammen in ein Gefäss zu pflanzen. Die Beaufsichtigung und Betreuung ist durch dieses Zusammenpflanzen sehr erleichtert.

Gar viele von jenen Exemplaren, welche man in guten Sammlungen ihrer Grösse wegen anstaunt, sind oft nichts anderes als zehn und noch mehr zusammengepflanzte gleichartige Individuen. Der Gewinn ist hierbei ein doppelter: erstlich kostet eine grosse Pflanze fast gerade so viele Mühe, als eine kleine, andererseits aber ist eine blühende Pflanze mit zwanzig Blumenstielen gewiss auch schöner und prachtvoller als zehn Pflanzen jede mit zwei Blüthenstengeln.

Die sämmtlichen Pflanzen, welche einem Genus angehören, sollten bei guten Sammlungen immer beisammen stehen. Die Vortheile, welche hierdurch erzweckt werden, sind sehr erheblich, da selbe gewöhnlich gleichzeitig treiben und auch öfters gleichzeitig blühen. Die Beaufsichtigung ist durch dieses Aufstellen sehr erleichtert und jede Species aus der Sammlung leicht zu finden. Diese Pflanzen haben unter sich selbst in einem Genus so grosse Verschiedenheit, dass eine derartige Aufstellung durchaus nicht an Reiz verliert. Es dürfte nur *Oncidium* eine Ausnahme machen, da die so vielen breitblätterigen Species derselben sich sehr ähnlich sehen; sie haben ein steifes, ungefälliges Ansehen, entschädigen aber andererseits durch ihre Pracht und Blüthenfülle hinlänglich.

Man halte die Pflanzen im höchsten Grade reinlich, vergesse ja nicht die Unterfläche der Blätter und die Basis der Luftknollen genau zu besehen, besonders bei letzteren die vertrockneten Scheiden behutsam zu untersuchen, da hier gewöhnlich der Platz ist, wo die weisse Schildlaus sich einnistet. Dieser gefährliche Feind muss mittelst eines stumpfen Hölzchens von der Pflanze entfernt und gleichzeitig vernichtet werden. Besonders vorsichtig sei man bei Pflanzen, welche aus Handelsgärtnereien kommen; man besichtige sie, bevor sie der Sammlung einverleibt werden, jedenfalls ganz genau.

Beim Bespritzen der Pflanzen darf das Wasser nie mit Gewalt gegen die Pflanze geschleudert werden, da es nur einen milden Regen nachahmen soll; es wird daher am besten der Strahl von einiger Entfernung im Bogen auf die Pflanze geleitet.

Die Wurzeln der Orchideen müssen zu jeder Zeit, besonders aber in den Wintermonaten mit der grössten Schonung behandelt und deren Erhaltung muss jederzeit des Cultivateurs erste Sorge sein.

Blühende Pflanzen dürfen Behufs Decorationen u. s. w. nicht lange in kühlen oder bewohnten Räumen aufgestellt werden, da die Pflanzen hierdurch sehr leiden.

Es dürfen beim Pflanzen der Orchideen durchaus nur ganz neue, noch nicht gebrauchte Gefässe und Holzstücke verwendet werden.

Die Blüthen dürfen zu keiner Zeit nass werden; bei dem Erscheinen des Blüthenstengels muss diese Sorgfalt beginnen und unausgesetzt bis zum Verblühen beachtet werden.

Es darf zu allen Verrichtungen, zu welchen Wasser im Orchideenhause nöthig ist, nur Regenwasser verwendet werden. Brunnenwasser ist gänzlich auszuschliessen. Wenn Regenwasser durchaus nicht zu erlangen ist, nehme man Fluss- oder Teichwasser und giesse ein wenig flüssigen, kohlensauren Ammoniak in die Wassergefässe.

Man hüte sich, die Pflanzen selbst beim kräftigsten Wachsthume zu übergiessen, da diese Pflanzen wohl Feuchtigkeit im hohen Grade lieben, jedoch andauernde Nässe ist ihnen sehr schädlich.

Das Wasser zum Begiessen und Bespritzen darf in den Wintermonaten und im Frühjahre nie unter 10—12 Gr. Reaum. erwärmt verwendet werden.

So lange im Winter die Luftknollen an ruhenden Pflanzen nicht einzuschrumpfen beginnen, ist es ein Zeichen, dass die feuchte Luft allein zu deren Erhaltung genügt; nur dann, wenn man eine wirkliche Abnahme der Lebenskraft an einer Pflanze bemerkt, muss die Pflanze befeuchtet werden.

Die Pflanzen mit frischer Erdmischung blos auf der Oberfläche der Gefässe zu versehen, taugt durchaus nichts. Wenn eine Pflanze zu versetzen ist, oder überhaupt Nachhilfe der Erdmischung bei derselben nöthig erscheint, ist es zu jeder Zeit am Besten, die alte Erde ganz zu entfernen und die Pflanze neu zu setzen, da sie stets eine gesunde, geruchslose Erdmischung verlangen.

Schädliche Insekten.

Insekten, welche den Orchideen sehr gefährlich sind, gibt es leider mehrere. Oben an stehen: 1. die nackte Schnecke, 2. die Asseln, 3. die Schildläuse von verschiedener Grösse und Farbe, 4. die weisse kleine Milbe, 5. die schwarze Fliege.

1. Die nackte Schnecke, und in manchen Sammlungen auch eine ganz kleine Schnecke mit blaugrauem Gehäuse, lieben dunkle Orte und werden am besten mit dem Lichte bei der Nacht gefangen. Salatblätter oder zerschnittenes Obst an solche Orte hingelegt, versammelt sie häufig. Die Eier dieser Thiere sind ziemlich gross, durchsichtig, weiss und in kleinen Häufchen zusammenhängend; sie liegen auf der Oberfläche der Erde, des Mooses u. s. w.; man muss ihnen auf jede Weise nachjagen, um ihrer habhaft zu werden und um sie vertilgen zu können.

2. Die Asseln sind Thiere, mit deren Vertilgung sich der Cultivateur das ganze Jahr hindurch eifrig beschäftigen muss. Sie sind durch ihre enorme Gefrässigkeit den Wurzeln der Or-

chideen besonders schädlich. Die Jagd auf diese kleinen Thiere muss im Monate Juni besonders betrieben werden, da in diesem Monate die Jungen erscheinen und beständig von der Mutter herumgetragen werden. Wenn diese kleinen Thierchen einmal ihre Mutter verlassen, sind sie sehr behende, und es kostet Mühe, sie zu erhaschen.

Ausgehöhlte Knollengewächse, Knochen, zusammengelegte Baumrinde u. s. w. ziehen diese Thiere in Masse an; am besten ist es aber, bei Tag die Geschirre behutsam zu heben, denn hier findet man oft grosse Gesellschaften beisammensitzen.

3. Die Schildläuse entfernt man am leichtesten mit einer Bürste, welche aber, um die Pflanze nicht zu verletzen, nicht zu steif sein darf. Eine kleine weisse Schildlaus, welche fast halbrund erscheint, lebt hauptsächlich in den Pariser Sammlungen; eine grössere, einzeln lebende, aber bei weitem gefährlichere Art auch von weisser Farbe lebt häufig in den englischen Sammlungen. Beide Arten sind den Pflanzen sehr gefährlich, da sie gewöhnlich in den Blattwinkeln, mehr aber noch zwischen den Scheiden am Grunde der Luftknollen beisammensitzen. Man sehe daher genau nach, wenn man welche bemerkt, und entferne besonders bei *Cattleya* die untersten trockenen Scheiden, um die Ueberzeugung zu haben, dass die Thiere nach Möglichkeit vertilgt sind. Eine von Schildläusen angefallene Pflanze wird sehr leicht krank, und diese schädlichen Thiere sind nur durch mehrmaliges Reinigen der Pflanze endlich ganz zu vertilgen.

Die braune Schildlaus thut weniger Schaden und ist dadurch, dass sie sich nicht verbirgt, auch leichter zu sehen und zu vertilgen.

4. Die kleine weisse Milbe, ein fast mikroskopisches längliches Thierchen, lebt in wahrer Unzahl beisammen. Schlecht gehaltene Pflanzen sehen wie mit weisser Wolle bedeckt aus, sie sind durch öfteres Abwaschen mit Wasser, worin sich Schwefelblüthe eingeweicht befindet, sehr leicht zu vertilgen.

5. Die kleine schwarze Fliege mit ihrem ungeflügelten, ganz kleinen weisslichgelben Weibchen wird durch öfteres derbes Abreiben mit einem Schwamme, welcher in Schwefelwasser eingetaucht wurde, endlich entfernt; aber sie sind sehr hartnäckige

kleine Feinde, welche alle Pflanzen bei Nacht umfliegen und sich sehr rasch verbreiten.

Das beste Recept aller schädlichen Einflüsse bei der Kultur der tropischen Orchideen ist Reinlichkeit im ganzen Hause und fortwährender Gebrauch von Regenwasser. Das Brunnenwasser scheint wirklich der Vermehrung der Insekten günstiger als Regenwasser; hauptsächlich aber gedeihen die Pflanzen am besten, welche nur mit Regenwasser behandelt werden.

Tongeschirre und Steinplatten,

deren niederer Wärmegrad.

Es sind sehr seltene Ausnahmen, dass Orchideen auf Felsen wachsend gefunden werden, ihr gewöhnlicher Standort sind die Rinden der Bäume oder in den Astlöchern und sonstigen Brüchen an denselben, auch zwischen Moos, und endlich auf der Erde, selten auf Steinen und im Gerölle. Eine gleichmässige Temperatur der Erde, als auch nach Möglichkeit in der Luft, ist eine der Hauptbedingungen bei der Kultur der tropischen Orchideen.

Nun ist aber bekannt, dass Tongefässe und Steinplatten immer um sechs, selbst acht Grad Reaum. kälter sind als Holz. Es ist durch das hier Gesagte leicht erklärlich, dass Pflanzen auf Holz oder in Holzgefässen gepflanzt, eine gleichmässigere Temperatur haben als jene, welche in Tongeschirre gepflanzt sind oder auf Steinplatten stehen. Wenn die Steinplatten unter den Heizröhren sich befinden, werden dieselben wohl durchwärmt, und ich gestehe gerne, dass eine gleichmässige Bodenwärme sehr dienlich bei der Kultur der Orchideen ist, dieses ist aber bei Steinplatten nicht der Fall, sie werden leicht durchwärmt, geben aber die Wärme eben so leicht wieder ab. Die Pflanze hat daher einen bei weitem grösseren Temperaturwechsel zu ertragen, als wenn sie auf Holz steht.

Mit den Thongefässen gegen Holzgefässe ist es, obwohl im geringeren Masse, derselbe Fall.

Ich rathe daher, wo möglich wenig Thongefässe zur Kultur der Orchideen zu verwenden, ebenso Steinplatten zu Pflanzen-Stellen, sei es zu Tischen oder zu Stellen längs der Fenster, zu vermeiden.

Es ist das Beste, sich Kästchen von verschiedener Grösse von Holz machen zu lassen, oder aber meine schon lang anempfohlenen Klötze von berindeten Eichenbaumstämmen, welche in Stücke von fünf bis sechs Zoll Höhe zerschnitten werden, dann ausgehöhlt und mit einem dünnen durchlöcherten Brette als Boden versehen werden, zur Kultur zu bedienen. Man nimmt hierzu Eichenstämme von 1—2½ Schuh im Durchmesser, um für verschieden starke Pflanzen auch verschieden breite Holzklötze zu haben; diese Holzklötze sind mit fünf bis sechs Zoll Höhe am zweckmässigsten für die Kultur der Orchideen. Sie tiefer machen zu lassen ist nicht allein nicht nothwendig, sondern sogar schädlich, da zu viele und zu tiefe Erdmasse die Pflanze nicht gesund erhält; sie geht mit den Wurzeln zu tief, dort fehlt aber der so nöthige Austausch der Luft in der untern Erdschicht und die Wurzeln werden leicht faul. Flache Holzklötze nach hier beschriebener Weise werden allen Anforderungen entsprechen, sie sind sehr dauerhaft, die Wurzeln finden am Rande und an der Rinde geeignete Haftpunkte; nebstdem zieren solche Klötze selbst das Haus durch die oft malerischen Auswüchse, Aeste u. s. w.

Es ist mir recht gut bekannt, dass viele Oncidien, Barkerien, besonders aber *Brassavola, Sophronitis, Cypripedium yrapeanum* u. m. a. auf und zwischen Steinen wachsen, allein man vergesse nicht, dass die Pflanzen an ihren natürlichen Standorten ganz zeitgemäss treiben und wachsen, was nur zu oft in unsere Wintermonate fällt. Manche Pflanze will bei uns in tiefem Winter ihren Frühling oder ihren Sommer haben! — Ist es nicht zu verwundern, dass man durch die so wenigen künstlichen Mittel, welche uns zu Gebote stehen, doch im Stande ist, die Pflanzen in unseren feuchten trüben Wintertagen zu vermögen, dass sie wachsen und blühen, ohne ihren heiteren sonnigen Frühling oder glühendheissen, stürmischen, trockenen Sommer. Wahrlich bei aller Sorgfalt vermögen wir unseren Lieblingen so wenig zu bieten! —

Zur Aufstellung der Holzklötze im Hause bediene man sich der Eichenstämme von verschiedener Länge und der Dicke der darauf zu stellenden Klötze, befestige dann die Eichenstämme aufrecht und stelle den Holzklotz mit der Pflanze darauf. Gut gruppirt gewährt dies jedenfalls einen schöneren, natürlicheren Anblick, als das schönste Thongefäss zu erzielen im Stande ist.

Wir Deutsche lieben einmal die sinnige Aufstellung unserer Pflanzen, wir lieben schöne Formen, desshalb sind auch sogenannte Blattpflanzen unsere Lieblinge; wir wollen nicht allein die Blüthe bewundern, nein — wir wollen uns an den Gesammtformen ergötzen; die natürliche Schönheit wird aber nur erreicht, wenn wir die Natur, obwohl so spärlich! in unseren Häusern nachzuahmen suchen.

Erdmischungen und Holzgattungen zur Kultur.

Die nöthig vorräthig zu haltenden Bestandtheile zur Erdmischung sind folgende: reiner Quarzsand, kleine Sandsteinstücke (Quadersandstein), Erde von Plätzen, wo die Heidelbeere wächst, jedoch nur die oberste Schicht sammt den sich darin befindlichen Wurzeln, Holzkohle von weichem Holze, verfaulte Sägespäne vom Eichenholze, Baumrindenstücke von harzfreien Holzgattungen, Eichen- oder Weidenmoder, fasiger Torf in Stücken, reine, nicht ganz verweste Lauberde, milder Lehm, *Sphagnum palustre* (Sumpfmoos); in jenen Gegenden, wo dieses Moos nicht vorkömmt, muss man sich dieses für die Kultur der Orchideen unentbehrliche Gewächs auch von ferne her bringen lassen. Von Hamburg z. B. ist es von den dortigen grossen Handelsgärtnern gut zu beziehen.

Es ist schmutzig weiss von Farbe und hat den ausserordentlichen Vortheil, dass es gar nicht fault und gleich beim Benützen im gleichmässig feuchten Zustande bleibt. Ferner Reiserbündel von *Columna vulgaris* zur Kultur der Oncidien, und Eichenholzstämme mit der Rinde (Sumpf - Eiche), um daraus Klötze zu verfertigen. Die Aeste dieser Eichengattung, so wie die Aeste von *Sambucus nigra*, nicht minder die Stämme und Zweige von Feigenbäumen. Diese Letzteren sind besonders vortheilhaft bei der Kultur von *Phalenopsis*.

Die Erdmischungen muss der denkende Gärtner nach der Tracht der Pflanze zusammensetzen, und ich will mich hierüber ganz kurz fassen. Je höher die Pflanze an und auf Bäumen wächst, desto mehr brockig (aus Stücken bestehend) muss die Mischung sein. Je mehr sich aber die Pflanze der Erde nähert, bis sie endlich auf der Erdoberfläche vegetirt, desto nahrhafter muss dann die Mischung sein.

Die Erd-Orchideen verlangen einen milden, lehmigen Boden, mit Lauberde und Holzkohlen vermischt. Ich werde hier nun einige Beispiele anführen.

Zur ersten Abtheilung gehörig:

Peristeria pflanzt man in Torfstücke, gehacktes *Sphagnum*, reine Topfscherben, Holzkohlenstücke und Haide-Erde mit deren Wurzeln zu gleichen Theilen.

Maxillaria pflanzt man in eine Mischung von kleinen Torfstücken, kleinen Sandsteinstücken, Lauberde, Holzkohle und etwas *Sphagnum*.

Catasetum. *Sphagnum*, Holzkohle, Holzrindenstücke, Eichenmoder und faserige Haiden - Erde, alles in möglichst grobem Zustande.

Phajus. Verfaulte Sägespäne, Weidenmoder, kleine Sandsteinstücke, milden Lehm, einzelne Torfstücke und Quartsand zu gleichen Theilen. Endlich *Sphagnum* zur Unterlage bei allen Pflanzen, welche an Holzstücken kultivirt werden.

Kleine zusammengebundene Besen von den holzigen Zweigen der *Columnea vulgaris* zur Kultur aller Oncidien. Hier besteht die Erdmischung hauptsächlich aus *Sphagnum*, Holzkohle und Haide-Erde.

Die Vegetations-Perioden der tropischen Orchideen eines Jahres in vier Abtheilungen gebracht.

Wir werden selbe nach der Hauptmasse der tropischen Orchideen in vier Abtheilungen der Vegetation bringen, nämlich:

    Nr. 1. **Zeit des Wachsens und Blüthe:**
        Februar, März, April.

    Nr. 2. **Zeit der Bildung und Blüthe:**
        Mai, Juni, Juli.

    Nr. 3. **Zeit des Reifens und Blüthe:**
        August, September, Oktober.

    Nr. 4. **Zeit der Ruhe:**
        November, Dezember, Januar.

Wie natürlich sind dies Vegetations-Verhältnisse, welche nicht bei allen Genera zur vollkommenen Giltigkeit gelangen, aber, wie ich schon gesagt, die grössere Masse der Orchideen wird sich hier unterbringen lassen.

Kulturregeln zu Nr. 1.

Bei sehr schönem Wetter, aber wenn voraussichtlich der Tag auch schön zu bleiben verspricht, sind Wasserdämpfe in dem Hause zu erzeugen, welches besonders in den Nachmittagsstunden am erspriesslichsten erscheint; die an Holz vegetirenden Pflanzen, welche Licht und Wärme in hinreichendem Masse erhalten, kann man an schönen Tagen des Morgens mit lauwarmem Wasser leicht überspritzen, nur muss dieses Verfahren mit grosser Vorsicht und nicht übermässig begonnen werden.

Das beste Mittel, sich von der Temperatur des Wassers, welches man zum Spritzen verwendet, zu überzeugen, ist: dass man in das Gefäss mit dem blossen Arm und der Hand hineinfährt und das Wasser dann zum Spritzen verwendet, wenn man an Hand und Arm gar nicht fühlt, dass man sich im Wasser befindet.

Die Monate März und April erfordern täglich im Hause Dämpfe zu erzeugen, auch kann man schon öfters spritzen, jedoch niemals zwei Tage nacheinander. Alle Pflanzen, welche in Körbchen u. s. w. eingepflanzt und meistens im Hause aufgehängt sind, wie *Stanhopea, Gongora, Peristeria, Cirrhea, Acropera* u. s. w., sollen Anfangs März in ein Gefäss, mit lauwarmem Regenwasser angefüllt, behutsam und langsam eingetaucht werden. Die Erdmasse wird hierdurch ganz durchfeuchtet, alle schädlichen Insekten flüchten sich auf die Oberfläche und können hier gefangen und vertilgt werden. — Für die Pflanzen wirkt dieses Eintauchen auf das Wohlthätigste, indem man durch Giessen allein nicht im Stande ist, die ganze Erdmischung zu durchfeuchten, gerade aber in diesem Momente die Pflanze von unten herauf mehr Feuchtigkeit bedarf, als von oben herab. Von Anfangs März an kann man anfangen die Wärmegrade im Hause etwas zu erhöhen; geflissentlich Luft zu geben ist in diesen Monaten nicht nöthig.

Anfangs des Monats April versetze man alle jene Orchideen, welche lange, walzenförmige Luftbulben haben, wie *Cyrtopodium, Cycnoches* u. s. w. Diese Gewächse dürfen aber durchaus nicht angegossen werden, sondern sie bleiben, wenn auch in ganz trocken gewordener Erde, an einem lichten, warmen, wo möglich trockenen Standorte so lange stehen, bis der junge Trieb zwei bis vier Zoll Länge erreicht hat und selbstständige Wurzeln zu treiben beginnt. Erst dann darf man, und selbst da noch sehr behutsam, am Rande des Gefässes herum zu giessen anfangen.

Alle Pflanzen, welche in diesen Monaten nicht treiben, wollen unberührt bleiben und sehr mässig feucht gehalten sein. Pflanzen aber, welche im kräftigen Wachsthume begriffen sind, bedürfen ganz derselben Bodenfeuchtigkeit, wie in den Sommermonaten.

Die Pflanzen meiner zweiten Abtheilung bringe man an den wärmsten und trockensten Platz des Hauses; für diese Gebilde, wie *Saccolabium, Aerides, Vanda, Angraecum, Renanthera* u. s. w., sind die Wasserdämpfe genügend zu deren Erhaltung, da sie nur allein auf diese Weise kultivirt, im April ihre Blüthenstengel zeigen werden.

Zu Nr. 2.

Nun ist die erfreuliche Zeit eingetreten, wo die Sorgfalt des Cultivateurs durch die natürlichen günstigen Vegetations-Zustände sehr erleichtert wird. Viele dieser Gewächse vegetiren in diesen Monaten, man mag sie beachten oder nicht, allein eine Menge derselben bedürfen, da gerade in dieser Zeit der junge Trieb in seiner grössten Thätigkeit ist, fortwährende Sorgfalt. Nun wird in den verschiedenen Abtheilungen auch mehr oder minder frische Luft eingelassen, d. h. also in der Abtheilung, worin sich die Pflanzen der heissesten Erdstriche befinden, wird sehr wenig Luft gegeben; in der zweiten Abtheilung mehr, in der dritten Abtheilung, welche die kälter gehaltenen Orchideen beherbergt, muss so viel wie möglich frische Luft eingelassen werden; dies geschieht aber nur dann, wenn die Wärmegrade in freier Luft im Schatten nicht unter 16 Grade sind. Bei heissen schönen Tagen muss nun regelmässig beschattet, und Früh und Abends das Haus gehörig befeuchtet und die Pflanzen bespritzt werden; selbst in den Mittagsstunden ist es sehr wohl-thätig, die Pflanzen mit einem Thau zu erfrischen. In der ersten und zweiten Abtheilung sollen in den Mittagsstunden alle Luft-zugänge geschlossen bleiben, um die Temperatur wo möglich zu steigern; es macht dann nichts, wenn selbe auf 30 Grad Reaum. steigt; erst in den Nachmittagsstunden wird wieder Luft gege-ben, und es ist dann für die Pflanzen sehr erquicklich, wenn in den kühleren Abtheilungen die Thüren offen stehen.

Die Cattleyen, Laelien, Schomburgkien u. s. w. werden nun theilweise blühen, alle sich in kräftigem Wuchse befinden; das-selbe gilt von dem schönen Genus *Oncidium*, aber alle diese Pflanzen wollen viel Luft und Licht, und wenig Feuchtigkeit.

Man sorge dafür, dass zwischen den Blättern der jungen Triebe kein Wasser stehen bleibe. Das herrliche Genus *Den-drobium* wird nun im kräftigen Wachsthume begriffen sein und bedarf hoher Wärmegrade und vieler Feuchtigkeit. Man reinige alle Pflanzen sorgsam und entferne die überflüssigen Farren, Lycopodien, Moose u. s. w., welche bei den Pflanzen zu häufig wachsen.

Die Pflanzen meiner zweiten Abtheilung verlangen nun öfters in lauwarmes Regenwasser eingetaucht zu werden, sie wollen schattige, sehr warme, feuchte Standorte und verlangen häufiges Bespritzen. Man sorge dafür, dass die dicken, fleischigen Wurzeln, welche frei in die Luft wachsen, an keine ungeeigneten Orte anstossen und sich hier festsaugen, da es von grosser Wichtigkeit ist, diese Pflanzen stets mobil zu erhalten, denn nur zu oft kann man zu einer Pflanze, welche nebenstehende Gegenstände mit ihren Wurzeln erreicht und sich hier fest gemacht hat, behufs der Reinigung derselben u. s. w. schwer mehr gelangen.

Zu Nr. 3.

Der Monat August erfordert ganz dieselben Vorsichten wie der Monat Juni, nur muss man gegen Ende August anfangen, die Pflanzen durch stärkere Lüftung abzuhärten; dieses wird selbst im Monate September und Anfangs Oktober bei schönen, warmen, heiteren Tagen noch fortgesetzt. Dieses häufigere Luftgeben betrifft alle Abtheilungen, worin Orchideen kultivirt werden.

Vom September an ist blos in den Mittagsstunden Schatten zu geben nöthig; bei trübem Wetter ist manchmal bei niederem Wärmestande nothwendig, durch mässiges Heizen über Tag die Wärme im Hause zu erhöhen. Manche Pflanze wird jetzt zu treiben beginnen, welche nun die grösste Sorgfalt erheischt, um den jungen Trieb nach Möglichkeit kräftig in die Wintermonate zu bringen.

Man sehe genau 'nach, dass Pflanzen, welche übermässig feucht stehen, an trockene, warme Orte gebracht werden, da selbe im zu feuchter Zustande, dadurch dass sie nicht mehr abtrocknen, zu sehr leiden.

Die Pflanzen meiner zweiten Abtheilung haben gewöhnlich mit Anfangs September zu vegetiren aufgehört, sie wollen aber immer hohe Wärmegrade, und wenn auch nicht mehr so nass, doch immerhin noch eine feuchte Umgebung.

Die Hauptsorgfalt des Cultivateurs beginnt aber jetzt bei diesen herrlichen Gewächsen, indem er die grösste Aufmerksamkeit anwenden muss, um die dicken, fleischigen Wurzeln derselben ihrer ganzen Länge nach gesund und frisch zu erhalten. Nur bei den im Winter vollkommen gesund erhaltenen Wurzeln hat man Hoffnung, dass im Frühjahre Blüthen erscheinen werden.

Zu Nr. 4.

Wir sind nun bei den drei Monaten angelangt, in welchen den Tropengewächsen fast alles mangelt, was sie in ihrem Vaterlande in so grosser Fülle geniessen. Einmal sind es die so kurzen trüben Tage, dann der grosse missliche Umstand, dass das Licht so wenig Feuchtigkeit in den Häusern absorbirt, die Feuchtigkeit daher fortwährend als kalter Niederschlag die Pflanzen benässt. Eben diese ist aber den Pflanzen, welche in vollkommener Ruhe sind, so wie jenen, welche vegetiren, sehr schädlich, und der Cultivateur muss daher in den Wintermonaten die Schlingpflanzen so wie irgend andere, von oben herab schattengebende Gewächse, erstere durch starkes Beschneiden, andere Gewächse aber durch Entfernung die Fenster möglichst frei zu machen suchen, so zwar, dass die schwache Lichte und die seltenen Sonnenblicke ungestört mit aller Kraft auf die Orchideen einwirken können. Die Dendrobien müssen ganz trocken gehalten werden, da die Blüthenbildung mit dem Monate Jänner beginnt. Pflanzen, welche treiben oder Blüthenstengel entwickeln, muss man lichte, warme, mässig feuchte Plätze anweisen. Man suche wo möglich jede Anregung zum Wachsen zu vermeiden, und es mag als Norm gelten, dass starke, feste Luftknollen, wie *Peristeria*, *Anguloa* u. s. w., am sichersten in ganz trockenem Zustande erhalten werden; dasselbe ist auch bei den Oncidien der Fall.

Jedenfalls wird jeder denkende Cultivateur nicht allein seine Pflanzen, sondern auch seine Häuser genau studiren müssen, indem er deren Lage, ob selbe in der Erde versenkt gebaut oder nicht u. s. w., genau beobachten und studiren muss, um alles zum Besten der Kultur zu vereinen und zu benützen.

Pflanzweisen.

Erste Abtheilung.

Orchideen, welche auf der Erde wachsend gefunden werden.

Nr. 1.
Kultur mit Bodenwärme.

Wir wollen bei den zierlichsten, prachtvollsten Gewächsen der auf der Erde wachsenden tropischen Orchideen beginnen, nämlich mit der Kultur von *Anaectochilus*, *Physurus*, *Dossinia*, *Spiranthes*, *Goodiera*.

Die Kultur dieser durchgehends sehr kleinen aber herrlichen Gewächse ist durchaus nicht schwierig, aber Sorgfalt und besonders Reinlichkeit verlangen sie im höchsten Grade! Wer diese prächtigen Gebilde in ihrer ganzen Schönheit sehen, aber auch erhalten will, mag sich genau an unsere Vorschriften halten. Diese Pflanzen, nämlich deren Blätter, dürfen niemals nass werden, sie stehen am besten fortwährend unter einer weissen Glasglocke. Man kann sie wohl über die Sommermonate ohne Glasglocke ziehen, da in der heissen Jahreszeit die Blätter, wenn sie auch wirklich nass werden, leicht abtrocknen; aber während der Herbst- und Wintermonate müssen diese Pflanzen unter Glas gezogen werden, da in dieser Zeit jeder Tropfen Wasser, welcher auf einem Blatte stehen bleibt, dasselbe sehr schnell verdirbt. Pflanzenblätter, welche eine auffallend schöne Zeichnung haben, sind immer zärtlicher und hinfälliger, als gewöhnliche einfärbige Blätter. Die so prachtvolle Zeichnung auf den Blättern bei *Anaectochilus setaceus*, *pictus*, *Loobii*, *latimaculatus*, welche wie mit purem Golde durchadert erscheinen, wird durch leere Zell-Reihen gebildet. Die Epidermis (Oberhaut) ist an diesen Stellen durchsichtig und weiss wie

Glas, die Zellwände aber sind gelb oder weiss gefärbt. Wie nun ein Wassertropfen auf die Blattfläche fällt, wird die Oberhaut hievon angegriffen, oft auch eingedrückt, nach einiger Zeit aber immer zersetzt, die Flüssigkeit dringt in die Zellen, es entstehen dann Schimmelbildungen, das Blatt bekömmt sogenannte Brandflecken und verfault endlich ganz. Die ganze Pracht und Schönheit beruht aber bei diesen Pflanzen nur auf ihren wenigen Blättern, deren jeder Trieb nur vier bildet.

Es erscheint dann der Blüthenstengel, welcher zierliche, kleine, gewöhnlich rahmweisse Blümchen trägt. Während der Blüthezeit ist es nicht nöthig, die Pflanzen mit Glas bedeckt zu halten, da ohnehin die Blätter dann zu Grunde gehen, allein man soll diese Pflanzen nicht blühen lassen. Wie sich der Blüthenstengel zeigt und über einen Zoll Länge erreicht hat, muss er entfernt werden; hierdurch erhält man seine Pflanzen in Kraft und mit schönen Blättern das ganze Jahr hindurch. Die Vermehrung geschieht, indem man den kriechenden Theil der Pflanze in so viele Stücke schneidet, als er Blattringe trägt, jedoch immer zwischen je zwei Ringen. Diese Stückchen lässt man dann gehörig abtrocknen. Man nehme dann kleine Töpfchen, fülle sie mit weisssandiger Heideerde, und so zwar, dass eine kleine Erderhöhung auf der Mitte entsteht; man nehme dann die Stückchen der Pflanze und lege sie auf die Erde. Diese bepflanzten Töpfchen senkt man dann mehrere zusammen in einen grösseren Topf, welcher mit Sumpfmoos angefüllt ist, und bedeckt jedes kleine Töpfchen mit einem Glase. Ein warmes Beet, ein schattiger Standort sind nun nöthig — man wird dann bald an den Ringen kleine, weisse Haarbüschel erscheinen sehen, aus denen sich dann die Wurzeln entwickeln. Später erst erscheint gewöhnlich am oberen Theile der Pflanze nahe beim Ringe der junge Trieb. Nachdem sich ein Blatt zu entwickeln anfängt, kann die Pflanze schon aus dem warmen Beete in das Orchideen-Haus gebracht werden, sie bleibt aber mit einer Glasglocke bedeckt. Das Verpflanzen geschieht erst, nachdem die Pflanze den Topfrand erreicht hat, aber mit unverletzten Wurzelballen.

Im *Herbarium Amboinensis* von Rumphius findet sich die erste Beschreibung und Abbildung des herrlichen *Anaectochilus setaceus*. Dieses sorgsam bearbeitete Werk, wie auch das Werk von *du Petit Thouars*: *l'Histoire des Orchidees*, müssen von den früheren Schriftstellern, welche über Orchideen und deren Kultur schrieben, gar nicht beachtet worden sein, sonst wäre man sicherlich schon seit langer Zeit auf dem richtigen Wege der Kultur der tropischen Orchideen, zumal dort Abbildungen und Beschreibungen der Lebensweise der tropischen Orchideen ausgezeichnet deutlich und gut zu finden sind. Es gibt jedenfalls verschiedene Species von *Anaectochilus setaceus*, welche unter einem Namen bekannt sind, indem wir nun die lebende Pflanze selbst besitzen, dann die Abbildungen im *Herb. Amboinensis* und in *Icones Pl. ind. orientalis* von Robert Wight dieser Pflanze kennen, aber alle drei sichtbar von einander verschieden sind. Wenn wir den Zeichnungen volles Vertrauen schenken, dann haben wir das echte *Cypripedium insigne* und das echte *Cymbidium aloefolium* auch noch nicht lebend in Europa.

Erdmischung für Orchideen, welche auf der Erde wachsen. Lauberde, milde Rasenerde, sandige Heidenerde, Kohlenstücke, faserigen Torf. Geschirre flach und gross, da diese Pflanzen vieler Nahrung bedürfen. Alljährliches Verpflanzen nach der Ruhezeit.

Wir wollen nun hier einige Genera anführen, welchen Bodenwärme sehr zuträglich ist; wir sagen aber hier gleich, dass ein künstlich erwärmtes Beet nicht durchaus nothwendig ist, und dass sich alle hier genannten Genera mit Ausnahme von *Cyrtopodium* auch ohne Warmbeet recht gut kultiviren lassén.

Acanthophippium. Mässige Bodenwärme, während der junge Trieb und die Blüthen erscheinen.

Bletia wird besonders gut gedeihen, wenn die Pflanzen während der ganzen Wachsthums-Periode eine mässige Feuchtigkeit geniessen; sie wollen viel Licht, aber wenig Sonne; Lufzug ist ihnen sehr zuwider. Nachdem die Pflanze ihre Blätter abwirft, wird sie trocken gehalten, bis sich die Blüthenstengel zeigen; in dieser Periode darf sie aber nicht mehr durch Versetzen gestört werden. Während der Blüthezeit findet die Pflanze überall ein freundliches Plätzchen. *Bletia Jebine* dürfte wohl die schönste sein. Die Bletien lieben nicht hoch gepflanzt zu werden; es ist sehr gut, die Luftknollen bis zur Hälfte mit Erde zu bedecken.

Calanthe hat im Anfange der Wachsthums-Periode mässige Bodenwärme sehr gerne. Ueberhaupt wollen die Calantheen, welche keine sichtbaren Luftknollen bilden, reine Luft und viel Licht, bei Mangel an diesen belebenden Elementen bekommen die Blätter schwarze Flecken; dasselbe geschieht am Blüthenstengel und an den Blüthen, welche dann sehr leicht abfallen. Wenn man diese Uebelstände an der Pflanze bemerkt, ist es das Beste, ihr einen warmen, luftigen, hellen Standort anzuweisen; hier wird der Blüthenstand sich ordentlich entwickeln und die ganze Pflanze ein gesundes Aussehen bekommen. Die Species mit sichtbaren Luftknollen lieben Schatten und Feuchtigkeit, man glaubt aber wahrlich ohne Blüthe mehrere ganz verschiedene Genera vor sich zu haben, so gross sind die Verschiedenheiten der Tracht der Species von Calanthe unter einander.

Cymbidium. Unter den Species dieses reichen Genus gibt es mehrere, welche in einem gewöhnlichen Warmhause, aber dann mit Bodenwärme kultivirt, sehr gut gedeihen. Wir nennen hier jene Species, bei welchen diese Behandlungsweise genügt, als: *Cymbidium aloefolium, chloranthum, ensifolium, lancifolium, madinum, Sinense, triste, xiphifolium.* Die andern Species, wie *Cymbidium giganteum, Mastersii* u. s. w., wollen wie Luftknollen bildende Orchideen behandelt sein. Im Ganzen ist dieses Genus leicht zu kultiviren, aber häufiges Putzen und Waschen ist sehr nöthig, indem sie von der kleinen weissen Milbe sehr leicht befallen werden.

Cyrtopodium. Die Species dieses Genus sieht man sehr selten, selbst in guten Sammlungen, blühen. Wir wollen die Ursache aufsuchen. Im Mai 1816 blühte *Cyrtopodium Andersonii* bei Lodiges in Hackney nächst London zum ersten Male. Mehrere andere Species liessen nicht lange auf sich warten und blühten ebenfalls zu jener Zeit sehr vollkommen. Nun aber begann in den Zwanziger-Jahren die eigentliche Kultur der Luftknollen bildenden Orchideen; man errichtete Dampfheizungen, hielt die Häuser, wo Orchideen kultivirt wurden, sehr feucht u. s. w., aber von dieser Zeit an blühten auch die Cyrtopodien immer spärlicher, bis endlich jetzt ein blühendes *Cyrtopodium* zur grossen Seltenheit

gehört; also man ist mit der Kultur der Cyrtopodien offenbar auf
einen unrechten Weg gerathen. Wir werden aber mit ein paar
Worten die Ursache aussprechen! Die Cyrtopodien wurden
anfänglich wie andere Warmhaus-Pflanzen behandelt, und dieses Verfahren brachte sie zur Blüthe!
Wir müssen also die Cyrtopodien, um sie kräftig, aber auch blühbar zu machen, so bald die Pflanzen zu treiben beginnen, aus
der Erde ganz herausnehmen, die Erde rein ausbeuteln und sie
in grosse Töpfe in eine sehr nahrhafte Erdmischung, welcher
selbst Knochenmehl zugesetzt wird, einpflanzen, und zwar so,
dass die Luftknollen mit dem Topfrande gleich hoch zu stehen
kommen. Die Pflanze wird dann gut angegossen und in ein warmes
Beet eingesenkt; man erhält eine hohe Temperatur (20 Gr. Reaum.)
im Hause; hier wollen sie viel Licht, aber keinen Luftzug. Nun
wird allmälig mit dem fortschreitenden Wachsthume auch mehr
begossen, manchmal selbst mit Dungwasser. Nachdem die Luftknollen ausgebildet und die Blätter gelb zu werden anfangen,
giesst man endlich gar nicht mehr und überwintert die Pflanzen
an einem mässig warmen, trockenen Platze. Nach diesem Verfahren wird sich im Frühjahre der junge Trieb, gleichzeitig aber
auch der Blüthenstand zeigen. Nun beginnt das Kulturverfahren von neuem, und wenn die Pflanze die ersten Blüthen
geöffnet hat, kann man sie zur Zierde an irgend einen pas-
senden Platz in ein Warmhaus oder Orchideenhaus stellen.

Geodorum ist wie *Bletia* zu behandeln.

Govenia ist wie *Bletia* zu behandeln, die verschiedenen Species von *Govenia* lieben viel Schatten und ruhige, feuchtwarme
Standorte.

Habenaria. Diese prachtvollen Erd-Orchideen sind noch
sehr selten; um sie mit Glück zu kultiviren, muss man ihnen
entschiedene Vegetations-Stadien bilden. Zur Zeit des Triebes
werden sie in grobsandige, ziemlich schwere Erde dergestalt eingepflanzt, dass nur die Spitze des jungen Triebes vorsteht. Die
Töpfe müssen mehr tief als breit sein, und beim Einpflanzen ist
eine starke Unterlage von Kohle und Abfall sehr nöthig. Man
nimmt nun die Töpfe und senkt sie in ein mässig warmes Beet,
der Standort muss licht und trocken sein. Nachdem sich der
Blüthenstengel zu erheben beginnt, wird mit Luftgeben angefan-

gen, und dann immer luftiger der Raum gehalten, bis sich die
erste Blüthe geöffnet hat. Die blühende Pflanze stellt man
dann in ein luftiges Glashaus und lässt sie hier abblühen. Schon
während des Blühens muss man mit dem Begiessen immer spar-
samer werden, so zwar, dass mit dem Gelbwerden der Blätter
auch schon der ganze Erdballen trocken ist. Die Pflanzen werden nun in ein trockenes Warmhaus nahe am Lichte aufgestellt
und sehr selten etwas angefeuchtet, in den Wintermonaten jedoch
gar nicht. Das Sicherste ist, die Pflanzen, wenn sie einmal geblüht haben, gar nicht mehr zu verpflanzen. Auf die
hier angeführte Kulturweise werden sich *Disa* u. m. a. ebenfalls
zum Wachsen und zur Blüthe bringen lassen; jedenfalls sind aber
die Erd-Orchideen die schwierigsten in der Kultur.

Lisochilus liebt im warmen Beete angetrieben zu werden;
bei halber Entwicklung des Triebes wähle man einen sehr warmen, feuchten Standort im Orchideen-Hause.

Neottia gedeiht im gewöhnlichen Warmhause, im warmen
Beete angetrieben, sehr gut. Für den freien Grund im Orchideen-
Hause taugen diese Pflanzen gar nicht, da sie eine lange Ruhe-
Periode haben, in welcher ihnen grosse Feuchtigkeit sehr schäd-
lich ist. *Neottia picta* wird bei richtiger Sorge im Orchideen-
Hause eine wahre Prachtpflanze!

Paxtonia. Obwohl diese Pflanze eine sehr kurze Ruhe-
Periode hat, so liebt sie doch beim Erscheinen des jungen Triebes mässige Bodenwärme, zur Ausbildung und Blüthe dient aber
nur das Orchideen-Haus.

Phajus (mit Ausschluss von *Phajus albus*). Dieses schöne
Geschlecht wird für den Blumenmarkt noch sehr werthvoll werden. Die Kultur dieser herrlichen Gewächse ist sehr
leicht, aber um die Blüthen ohne Flecken zu sehen, ist doch
einige Sorgfalt nöthig. Sie taugen am besten zur Topf-Kultur,
wollen aber grosse Gefässe und eine nahrhafte Erde; sie lassen
sich leicht und sicher theilen, und jeder Trieb blüht im nächsten
Jahre. Da sie im Sommer wachsen, sind sie sehr leicht unterzubringen; sie wollen feucht und warm in dieser Periode. Wie
aber der Herbst heranrückt, muss man mit Giessen nachlassen.
Die Pflanzen dürfen jedoch nie ganz austrocknen. Den Winter
über wollen sie ruhige, lichte, warme, trockene Standorte; hier

entwickelt sich der Blüthenstengel und die Blüthe, beides rein
und prachtvoll. Wenn in den Wintermonaten die Pflanzen nass
werden, bekommen besonders die Blüthenstengel und in den Früh-
lingsmonaten dann auch die Blüthen grosse, schwarze, nasse Flecken, welche die Blüthe oft gänzlich zerstören.

Phajus albus ist eine Luftknollen bildende Orchidee, welche
eine ganz andere Behandlung wie die übrigen Species verlangt.
Nachdem die ausgebildete Knolle abgeblüht hat, muss die Pflanze
dem Lichte ausgesetzt und dann allmälig auch trocken gehalten
werden. In diesem Zustande bleibt die Pflanze den ganzen Winter über, bis sich im Frühjahre die jungen Triebe zeigen. Dieser
Moment der Kultur ist der schwierigste, da die jungen
Triebe sehr leicht zu Grunde gehen. Man nimmt nun die Pflanze
aus dem Topfe, schüttelt die Erde ganz ab, füllt einen kleinen
Topf bis zur Hälfte mit Torfstücken und Holzkohlen, bindet die
alte Knolle, welche die jungen Triebe trägt, behutsam mittelst
Bleidraht an ein Stückchen Baumast und pflanzt sie sammt dem
Aste in ein loses Gemenge von *Sphagnum* und Heidenerde dergestalt in den kleinen Topf, dass der Wurzelhals der Pflanze
und der junge Trieb ganz frei stehen. Erst nachdem der junge
Trieb bei vier Zoll Länge erreicht hat, darf man anfangen, etwas
zu begiessen; diese Species trägt sehr leicht Samen.

Nr. 2.
Kultur ohne Bodenwärme.

Ania wird in Lauberde, Kohlen und Sandsteinstücke, in
seichte, breite Töpfe gepflanzt. Zur Unterlage wähle man
Torfstücke.

Bromheadia palustris. Sehr flache Töpfe mit Löchern an
der Seite. Torf, *Sphagnum*, Lauberde, Sandsteinstücke. Die
Pflanze will fortwährend Feuchtigkeit. In der Wachsthums-Periode
ist es vortheilhaft, den Topf in einen Untersatz mit Wasser gefüllt zu stellen. Standort schattig, warm.

Calochilus bedarf im Winter nur 6 bis 8 Gr. R. Wärme.
Im Sommer viel Luft und Licht, gegen Sonnenschein Schatten.
Erdmischung nahrhaft, mit grobem Sande gemischt.

Diuris. Wie *Bletia*, jedoch ohne Bodenwärme.

Eulophia. Wie oben.

Galeandra. Um diese seltenen Pflanzen gut zu kultiviren, müssen sie in der Wachsthums-Periode wie Erdorchideen, in der Ruheperiode aber wie Luftorchideen behandelt werden. Die Pflanze wird an ein passendes Stück Holz mittelst Bleidraht angebunden. In der Periode des Wachsens pflanzt man die Pflanze, wie sie am Holze angebunden ist, mit demselben in einen seichten, breiten Topf, in *Sphagnum*, Holzkohle und Torfstücke. Nachdem die Vegetation und Blüthe vorüber ist, schüttle man die Erde an der Pflanze wieder ab und hänge sie mit dem Holzklotze an den Sparren des Hauses auf. Der nun angewiesene Platz muss aber warm und feucht sein. Wie sich wieder der junge Trieb zeigt, wird die Pflanze dann wieder eingepflanzt. Auf diese Weise kultivirt, erhalten sie sich sehr gut und gehen nicht so leicht zu Grunde, als wenn sie immer in die Erde gepflanzt oder immer nur an Holz angebunden gezogen werden.

Cypripedium. Dieses prachtvolle Geschlecht hat keine einzige Species, welche nicht für die Kultur im höchsten Grade wünschenswerth wäre! *Cypripedium barbatum, Loowü, Javanicum, purpuratum, caudatum, venustum* und *insigne* sind Pflanzen, welche mit weniger (6 — 8 Gr.) Wärme vorlieb nehmen. Ein Haupterforderniss bei der Kultur dieser Gewächse ist, dass sie nicht oft verpflanzt werden. Man wähle daher eine andauernd nahrhafte Erde, nämlich milden Lehm, Lauberde, groben Sand und Holzkohle, und pflanze lieber eine kleine Pflanze gleich in ein etwas grösseres flaches Gefäss, um die Pflanze dann vier, auch fünf Jahre unberührt stehen lassen zu können. Im Sommer wollen sie viel Luft und Licht, aber doch immer einen geschützten Standort. Im Winter mässig feucht und mässig warm, aber wo möglich nahe an's Fenster gestellt. Sie wachsen fast fortwährend. *Cypripedium barbatum, Javanicum* und *Venustum* bilden sich manchmal zu einer Menge kleiner Triebe aus, welche an der alten Pflanze ausser der Erdoberfläche erscheinen. Diesem fehlerhaften Wuchse ist nicht zu entgehen; das beste ist bei solchen sich zertheilenden Pflanzen, alle kleinen Triebchen abzubrechen und für sich in kleinen Töpfchen zu kultiviren. Im Ganzen sind die Cypripedien sehr leicht zu kultiviren, es gibt aber Orte

wo sie gar nicht wachsen mögen, selbst wo alle mögliche Sorgfalt auf die Pflanzen verwendet wird.

Cypripedium Trapaeanum. Diese schöne, nun schon sehr
seltene Pflanze hat einen ganz anderen Standort, sie wächst nämlich auf Bergeshöhe, ganz frei der Sonne ausgesetzt, zwischen
Steintrümmern, ohne die mindeste sichtbare Erdschicht. Man pflanze sie daher in ein Gemenge von Sandsteinstücken, Mauerschutt und etwas Heideerde und Holzkohlenstücke, halte sie im Anfange des Wachsens etwas schattig
und feucht, aber bei zunehmendem Wuchse muss auch die Sonne
wirken und die Pflanze einen geschützten, aber luftigen und hellen
Standort bekommen. Es ist sehr vortheilhaft, die Pflanze auf
einen Untersatz zu stellen und hier von Zeit zu Zeit Wasser einzu-
giessen. Nach dem Abblühen muss die Pflanze im Sonnenlichte
von oben ganz vertrocknen. Man stellt sie dann ruhig und trocken über Winter an einen warmen, lichten Ort.

Sobralia. Lieben grosse Oberflächen, sie müssen daher in
grosse, aber sehr seichte Gefässe gepflanzt werden. Sie wollen
fortwährend Feuchtigkeit, jedoch im Monate Mai, Juni, Juli
(Blüthezeit) lieben sie sehr viel Wasser. In diesen Monaten ist
auch häufiges Bespritzen sehr gut. Sie lieben im Winter warm
und schattig, aber an einem trockenen, ruhigen Platze zu stehen.
Die Erdmischung ist ein Gemenge von Lauberde, Heidenerde,
Sandsteinstücken, Holzkohle und Torfstücken. Auf den Grund
des Gefässes lege man eine zwei Zoll hohe Schichte von grossen
und kleinen Holzkohlenstücken. Sie wollen flach eingepflanzt
sein, aber beim Pflanzen selbst mache man einen kleinen Hügel
auf die Mitte des Gefässes und setze die Pflanze mit ausgebreiteten Wurzeln darauf. Die Wurzeln der Sobralien bleiben
immer auf der Oberfläche der Erde, es ist daher vortheilhaft, auf
der Erde *Lycopodium* anwachsen zu lassen; den Winter über
soll ein Theil davon wieder entfernt werden. Die verblühten
Blumen dürfen am Blüthenstengel nicht verfaulen, sie müssen
gleich nach dem Verblühen abgenommen werden. Es sind hierdurch zwei Vortheile erreicht. Erstens entwickelt sich die nach-
folgende Blüthe leichter aus der Scheide, und dann zweitens
bleibt die abgeblühte Luftknolle hierdurch gesund; dies ist aber
von grossem Belange, da die abgeblühten Knollen noch drei,

auch vier Jahre lang grün bleiben. Ihre Standorte im Vaterlande sind freie, offene, der Sonne den ganzen Tag ausgesetzte Stellen, wo sie in sehr grossen Massen beisammenstehen. Bei der Kultur vertragen sie aber das Sonnenlicht nicht, da im Hause der belebende Luftstrom, welcher im Freien immer sich findet, nicht nachzuahmen ist.

Uropedium Lindenii wird von vielen mit *Cypripedium caudatum* für ein und dieselbe Pflanze gehalten, es ist aber ein vollkommen verschiedenes Gewächs. *Cypripedium caudatum* ist sehr leicht zu kultiviren; *Uropedium* hingegen ausserordentlich schwierig zu erhalten, es steht noch zu sehr hohen Preisen (200 Francs) in mehreren Catalogen, aber selbst in den Handelsgärten, welche sie in ihren Verzeichnissen anführen, ist es oft gar nicht vorhanden. Das *Uropedium* ist nebstdem, wenn man es wirklich in einem ganz guten Exemplare erhält, sehr schwer lebend zu erhalten. Wir haben diese seltene Pflanze nie selbst kultiviren lassen, daher wir auch über die Kultur derselben nichts Bestimmtes zu sagen im Stande sind. Wir rathen aber, diese Pflanze kühl und trocken dem Standorte nach zu stellen, die Erdmischung wie gewöhnlich. Es wird sich, wenn diese Prachtpflanze nicht gänzlich aus den Gärten und dem Handel verschwindet, zeigen, dass sie an einem Standorte recht gut gedeihen wird, hingegen in vielen Gärten gar nicht lebend zu erhalten ist. Die Ursachen, warum eine Species der Orchideen in einem Garten bei oft geringer Sorgfalt wächst und herrlich gedeiht, hingegen aber in einem Garten desselben Ortes mit grösster Sorgfalt nicht gedeihen will, sind sehr schwer erklärlich! So sind wir z. B. in den Gärten Wiens nicht im Stande, einen *Nepenthes* zum ordentlichen Gedeihen zu bringen! Wir haben uns mit den meisten und kostbarsten Species von *Nepenthes* versucht, allein im dritten Jahre geht die Pflanze gewöhnlich zu Grunde! Und doch hat Herr Heller im Gartenbauvereins-Garten hier eine uns unbekannte kleine Species von *Nepenthes*, welche dieser geschickte Cultivateur sehr gut erhält. In den anderen Gärten Wiens verkümmern sie aber gewöhnlich im dritten Jahre. Es ist nun die Frage: ist jene Species, welche Heller kultivirt, eine jener Pflanzen, die sich leicht erhält, oder trägt das Wasser die Schuld?

Nach dieser Abschweifung wollen wir noch schliesslich des Uro-
pediums gedenken und rathen, statt dieser Pflanze sich lieber
das *Cypripedium caudatum* in Kultur zu nehmen. Uebrigens ist
Uropedium dem *Cypripedium caudatum* sehr ähnlich, es hat aber
keine sackförmige Lippe.

Zygopetalum. Diese schönen Pflanzen sind sehr leicht zu
kultiviren. Man nehme flache, grosse Gefässe, eine Erdmischung,
bestehend aus Heidenerde, Lauberde, Torfstücken, groben Sand
und Kohle. Die Pflanzen wachsen sehr üppig und bedürfen keiner
besonderen Sorgfalt. Sie haben eine sehr kurze Ruheperiode.
Im Wachsen lieben sie grosse Feuchtigkeit, hohe Wärmegrade
und Schatten. Bei der Entwicklung des Blüthenstengels lieben
sie aber trockene Wärme und viel Licht. *Zygopetalum*
crinitum, *intermedium* und *Makai* sind sehr gute Pflanzen für den
Blumenhandel; sie wachsen schnell, vermehren sich leicht
und liefern im Winter eine Menge prachtvoller und wohlriechen-
der Blüthen.

Zweite Abtheilung.

Orchideen, welche an Bäumen und auf der Erde wachsend gefunden werden.

Kulturweisen.

In Körbchen oder sonstigen Vorrichtungen gepflanzt und
zum Aufhängen an den Sparren des Hauses gerichtet, oder in
Gefässe eingepflanzt.

Acineta (*Peristeria*) werden in Körbchen von Korkrinde oder
von Drahtgeflechte eingepflanzt und aufgehangen. Die Erdmischug
muss sehr leicht und brockig sein. Sie bestehe aus Torfstücken,
Wurzelstöcken von Farrenkräutern, grobsandige Heidenerde und
Sphagnum. Wir finden, dass die Körbchen von Korkrinde denen
von Drahtgeflechte bei weitem vorzuziehen sind. Die Korkrinde
ist für die Orchideen sehr angenehm, man muss aber Sorge tragen, dass die Kästchen an den Seiten und besonders am Boden
grosse Löcher haben, um den Wurzeln und den Blüthenstengeln

welche bei den Peristerien gegen unten wachsend erscheinen, freien Platz zum Durchdrängen zu verschaffen. Die Korkrinde hat grosse Vortheile vor allen anderen Materialien, welche
man bei der Kultur der tropischen Orchideen verwendet. Erstlich
verfault sie gar nicht, bleibt immer mässig feucht, ist nicht mit
Wasser zu übersättigen; sie ist sehr seicht, und nebst all den
hier genannten Vortheilen ist einer der grössten, dass sich die
Wurzeln der Orchideen selbst in dem Korke sehr gerne ver-
zweigen und festsaugen. Die Peristerien bilden ihre Blüthentriebe
an der Basis der ausgebildeten Luftknolle, und obwohl die Blüthenstengel im zierlichen Bogen hängend wachsen, trifft es sich
doch häufig, dass der Blüthenstengel in die Erde hinein wächst,
er dringt dann durch die Erdmischung und erscheint senkrecht
herabhängend. Die Blüthenbildung geht sehr langsam vor sich.

Peristeria Barkerii und *longiscapa* bedürfen sieben Monate
zur Entwicklung der Blüthenstengel!

Da diese Pflanzen nach dem Verlaufe von mehreren Jahren
sehr schwer werden, ist der Draht, woran das Körbchen hängt,
oder selbst wenn es Drahtkettchen sind, genau zu untersuchen,
ob sie noch tragfähig sind. Auch versäume man nicht, einen
Draht am Boden des Körbchens übers Kreuz zu legen und an
den Seiten zu befestigen, um dadurch Festigkeit zu verschaffen.
Die Peristerien wollen hochstehend gepflanzt werden, man muss
sie für den Anfang mit einigen Holzstäbchen unterstützen. Zur
Zierde dienen die verschiedenen Species von *Achimenes*, deren
kleine Knöllchen man gleichzeitig um die Pflanze herum in die
Erde steckt. Wenn die Blüthezeit der *Achimenes* vorüber ist,
entfernt man alsogleich alle Triebe der *Achimenes*, um der Pflanze
durch übermässige Feuchtigkeit in den Herbstmonaten nicht zu
schaden. *Eranthemum leuconeurum* ist auch sehr zierend und erhält sich dann im Hause, ohne ein unangenehmes Unkraut zu
werden. Man lässt die Lycopodien nur über Sommer bei den
Orchideen wachsen; wie der Herbst kömmt, müssen selbe durch
Ausschneiden entfernt werden, da beim Ausreissen die vielen
Wurzeln der Lycopodien sehr leicht die Orchideen-Wurzeln in
Unordnung bringen. Wenn der Trieb eine vollkommene Luftknolle bei den Peristerien gebildet hat, bringe man die Pflanze
an eine helle, sonnige Stelle des Hauses, damit die Luftknolle

ganz ausgereift in den Winter gelangt. Nachdem sich der junge
Trieb zeigt, wird das Kästchen in lauwarmes Regenwasser eingetaucht und die ganz trockene Erdmischung hierdurch durchfeuchtet. Dieses Bad wirkt sehr wohlthätig auf das fernere Gedeihen der Pflanze und wird den Sommer über noch öfters wiederholt, da nur durch dieses Bad allein der ganze Erdballen
durchfeuchtet wird, was bei dem gewöhnlichen Giessen nicht
erzweckt werden kann. Auf die hier geschilderte Pflanzweise
können eine grosse Menge Pflanzen gezogen werden, welche sich
in der Gesammttracht ähnlich sind.

Acropera wie *Acineta.*

Brougthonia wie *Acineta.*

Cattleya. Wenn diese herrlichen Pflanzen gut eingewurzelt
sind, ist jede Störung der Pflanze sehr nachtheilig. Die Cattleyen
können daher fünf, auch zehn Jahre in einem Kästchen unberührt stehen bleiben. Wenn die Pflanze endlich ganz aus dem
Kästchen heraus wächst, ist es Zeit, sie zu verpflanzen. Um
dieses ohne Störung der Wurzel zu bewerkstelligen, nimmt man
ein grösseres Körbchen und setzt das alte Körbchen sammt der
Pflanze in das neue, grössere Gefäss, aber etwas erhöht. Der
Zwischenraum der beiden Kästchen wird dann mit Erde angefüllt und die Pflanze wieder an ihrem alten Orte aufgestellt oder
aufgehangen. Man kann zur Vorsorge die Seitenwände des alten
Kästchens vor dem Einpflanzen der Länge und Quer nach durchschneiden, um den Wurzeln in die frische Erde leichten Eingang
zu verschaffen. Diese prachtvollen Gewächse befinden sich an
Holzstücken, selbst an harte Bretter ohne alles Moos angebunden
auch sehr gut. Allein hier wachsen die Cattleyen noch lang-
samer, denn es trifft sich hier, dass die Pflanze manchmal ein
Jahr lang gar nicht treibt. Die Cattleyen wollen zu keiner Jahreszeit grosse Feuchtigkeit, bedürfen aber viele frische Luft. Die
Wintermonate stehen sie ganz trocken und mässig warm gehalten am besten. *Cattleya Skinnerii* macht aber hievon eine Ausnahme. Diese schöne seltene Species wächst an der Meeresküste
auf hohen Bäumen, also sehr feucht und warm. Wir müssen sie
daher immer warm, aber nur in der Wachsthums-Periode feucht
kultiviren. Es sind mehrere Species von *Cattleya*, welche die
Luftknolle ganz ausbilden, auch zwischen den Laubblättern die

Blüthenscheide bilden, ohne dass zwischen der Scheide sich die Blüthen entwickeln. Diese Scheide bleibt manchmal ein ganzes Jahr an der Luftknolle ruhig und etwas welk aussehend, es ist aber desshalb die Hoffnung, „Blüthen zu sehen", nicht verloren. Man besehe die Pflanze von Zeit zu Zeit genau, und wenn sich an der Scheide eine kleine Erhebung zeigt, dann ist es Zeit, die Scheide in der Mitte einzuschneiden. Die Blüthenknospen bekommen hierdurch Luft und entwickeln sich vollkommen. Wenn jedoch die welke Scheide nicht geöffnet wird, so finden die Blüthen an der welken Scheide zu grossen Widerstand, können nicht durchdringen und gehen daher zu Grunde. Das herrliche Genus *Cattleya* ist die grösste Zierde einer Orchideen-Sammlung, und man kann nicht aufmerksam genug sein, um sie wo möglich zu sammeln und sorgsam zu kultiviren. Es ist das einzige Geschlecht, wo alle Species schön sind. Man sei daher nicht ungeduldig, man gewöhne sich daran, wenn man eine kleine Pflanze in Kultur hat, vier, auch fünf Jahre sorgsam zu pflegen, bis endlich die Blüthen erscheinen, denn diese Pflanzen in Blüthe sind ein reichlicher Lohn für die gehabte Sorgfalt. Schliesslich bemerken wir noch, dass die Cattleyen auch frei, ohne Moos oder Lycopodium gedeihen.

Catasetum. Vom Erscheinen des jungen Triebes bis zur gänzlichen Ausbildung und Blüthe müssen diese Pflanzen sehr wenig feucht gehalten werden; in der Ruheperiode aber wollen sie trockene, helle, warme Standorte. Während der Blüthenentwicklung tödtet Feuchtigkeit den ganzen Blüthenstand. Desshalb muss man sehr sorgsam sein, bei der Blüthenbildung wo möglich alle Feuchtigkeit zu entfernen; man stelle daher, wie sich die Blüthenstengel zeigen, die Pflanzen an einen lichten, sonnigen Standort. *Catasetum* bedarf angemessener flacher Töpfe, welche mit Erde angefüllt und ein Hügel auf dem Topfe von Erde gebildet wird, worauf dann die Pflanze gesetzt wird. Dieselbe hier besprochene Behandlung ist für die Genera *Clowesia*, *Cycnoches*, *Myanthus*, *Monachanthus*, *Mormodes* ganz entsprechend.

Cirrhaea wie *Acineta*.

Coelogyne. Pleione. Diese zwei Genera gehören zusammen und sind auch hinsichtlich der Kultur nicht verschieden zu behandeln. Sie bilden zwei natürliche Abtheilungen. Erstens mit aufsteigendem Wuchse, und dann Rasen bildend. Die meisten Coelogynen haben einen aufsteigenden Wuchs und müssen daher an ein Aststück angebunden und sammt dem Aststück eingepflanzt werden. Die Rasen bildenden hingegen werden auf gewöhnliche Weise gezogen. Die Erdmischung ist folgende: Faserige Haidenerde, Torfstückchen, *Sphagnum* gehackt, weisse Sandsteinstückchen. Die Coelogynen und Pleionen verdienen eine grosse Sorgfalt, aber viele Species derselben bedürfen sie auch, denn es sind mehrere darunter ziemlich schwierig zu kultiviren. Mit Begiessen muss man beim Erscheinen des jungen Triebes sehr behutsam sein. Sie wollen alle eine hohe Temperatur und im kräftigen Wuchse auch viele Feuchtigkeit, da sie häufig an Wasserfällen gefunden werden, welche aber nur während der Regenzeit mit Wasser versehen sind. Die Pflanzen dürfen nie ganz austrocknen und lieben in der Ruheperiode einen lichten, mässig warmen Standort. Man muss die ruhenden Pflanzen oft besehen, da die sehr schönen Blüthen an den ausgebildeten Luftknollen erscheinen, dann aber erst nach dem Abblühen der junge Trieb erscheint.

Coryanthes. Ziemlich seltene, schwer zu kultivirende Gewächse, welche aber die sonderbarsten Blüthen bilden, deren Grösse und prachtvolle Färbung sie sehr vortheilhaft auszeichnet. Sie treiben ihre Blüthenstengel nach allen Richtungen, gewöhnlich aber wagrecht. Sie bedürfen desshalb auch Geschirre oder Körbchen mit Löchern an der Seite. Ueberhaupt wollen sie kleine Gefässe und vollkommene Ruhe in Bezug auf Standort und Verpflanzung. Es ist bei diesen schönen Gewächsen das Beste, wenn sie einmal im Wuchse begriffen sind, lieber Jahre lang die Pflanze unberührt in einem, wenn auch auffallend kleinen Gefässe zu kultiviren, als sie durch Verpflanzen zu stören; denn häufig geht eine sonst gesund und kräftig aussehende Pflanze nach einem unvorsichtigen Verpflanzen unrettbar zu Grunde. Bei den Coryanthes sehen wir wieder die sonderbare Eigenschaft, dass sie in einem Garten ganz leicht wachsen, in einem anderen Garten hingegen mit aller Sorgfalt nicht lange lebend zu erhalten sind. Sobald daher eine *Coryanthes* an einem Platze wächst und gedeiht, lasse man sie ganz unberührt ruhig stehen. Sie lieben helle Standorte und vertragen im Wachsen ziemlich viele Feuchtigkeit. Im Winter haben sie eine mässige Wärme von 12 G. R. gerne, wollen aber stets mässig feucht gehalten werden. Die Erdmischung muss aus groben Stücken bestehen, und zwar aus schwarzen Torfstücken, Kohlenstücken, gehacktem *Sphagnum*, r e i n e n Topfscherben und grobsandiger Haidenerde. Beim Einpflanzen sehe man darauf, dass die Luftknollen so wenig nur möglich mit Erde bedeckt werden. Man kann die Coryanthes auch an Holzstücken angebunden kultiviren, allein bei dieser Behandlung gehen sie auch leicht zu Grunde.

Cryptochilus. Siehe bei *Stanhopea*, dieselbe Kultur passt auch auf dieses Genus.

Dignanthe. Dieses Genus gedeiht am besten in einem kleinen Gefäss von Korkrinde. Man bindet diese kleinen Pflanzen an ein Stück faserigen Torf und pflanzt sie in das Gefäss, die leeren Räume füllt man mit *Sphagnum* und Topfscherben aus. Diese bedürfen aber noch einer genaueren Erkenntniss ihrer Bedürfnisse.

Eria. Gedeihen gut in kleinen Korkkästchen und aufgehangen. Sie wollen eine lockere Erde, bestehend aus Kohlenstücken, Torfstückchen und *Sphagnum*. Sie haben eine entschiedene Ruheperiode und wollen im Wachsen viele Feuchtigkeit und Wärme. Jene Species, welche ganz behaart erscheinen, müssen an einen s e h r l i c h t e n Standort gebracht werden. Die Blüthen dieser Pflanzen sind wohl klein, jedoch zahlreich, zierlich und oft behaart.

Eriopsis wird wie *Catasetum* behandelt.

Gongora. Sie lieben helle Standorte, im Wachsen feucht, ohne nass zu sein; wenn die langen Blüthenstengel erscheinen, welches gewöhnlich im Frühjahre und Sommer geschieht, darf die Pflanze nicht gespritzt werden und muss an einem schattigen Standorte hängen bleiben, da sich beim grellen Lichte die zierlichen Blüthen nicht g l e i c h f ö r m i g entwickeln. Die Gongoren bilden mit ihren langen hängenden Blüthenstengeln eine wahre Zierde der Orchideen-Häuser.

Laelia. Dieses Genus hat gewöhnlich Species mit aufsteigendem Wuchse. Sie werden alle, wie bei *Cattleya* angegeben wurde, kultivirt. Es sind mehrere Species, wie *Laelia anceps*, *Perrinii* u. s. w., welche im Winter blühen. Diese Pflanzen be-

11 *

dürfen während der Blüthenentwicklung einer hohen Temperatur, aber mässiger Feuchtigkeit. Die Erdmischung ist dieselbe wie bei *Cattleya*. In den Sommermonaten muss fortwährend viel Luft besonders von Westen her zugelassen werden, ohne aber im Hause einen Luftzug zu gestatten. Man kann, wenn die Thüre des Hauses gegen Westen gerichtet ist, den ganzen Tag über offen stehen lassen, dann muss aber öfters des Tages der Eingang und die Umgebung der Thüre tüchtig bespritzt werden. In eine Abtheilung, welche *Cattleya, Schomburgkia, Laelia* aufnimmt, können auch *Lycaste*, viele Maxilarien und *Stanhopea* untergebracht werden, da alle diese Gewächse in den Sommermonaten sehr viele frische Luft zu ihrem Gedeihen bedürfen. Jene Laelien, welche einen stark kriechenden Wuchs haben, wie *Laelia anceps, autumnalis, rubescens, flava, aurantiaca, Galeottiana* u. s. w. gedeihen am besten, wenn sie an ein Stück Holz angebunden und aufgehangen gezogen werden.

Laelia majalis und *Superbiens* wollen aber in Töpfe gepflanzt sein. Diese Gewächse sind sehr schwer und gross, man muss daher dafür sorgen, dass sie ruhig und sicher stehen. Uebrigens bedürfen sie im Wachsen mehr geschlossene Luft und feuchte Wärme zur Ausbildung ihrer kräftigen grossen Luftknollen. Nach der Ausbildung bringe man sie zur Ueberwinterung an einen kühlen, trockenen Standort.

Leptotes. Wird an einen Ast angebunden und mit demselben in ein kleines Kästchen von Korkrinde eingepflanzt. Die Zwischenräume fülle man mit Topfscherben und *Sphagnum* aus.

Cymbidium. Dieses Genus hat die verschiedensten Knollenformen. Jene Species, welche reitende Blätter haben, wie *Cymbidium giganteum, Masterii, elegans,* wollen wie *Catasetum* behandelt sein; nur der Unterschied ist wohl zu beachten, dass die Cymbidien eine hohe Temperatur und feuchte Wärme lieben. Die anderen Species, wie *aloefolium, ensifolium* u. s. w. werden mit guter Unterlage in gewöhnliche flache Geschirre gepflanzt.

Grammatophyllum wird wie *Cymbidium giganteum* behandelt.

Ornithidium. Verhältnissmässig kleine Kästchen zum Aufhängen. Erdmischung wie gewöhnlich. Diese Gewächse bedürfen zu keiner Zeit viel Feuchtigkeit, besonders ist dieses zu vermeiden, wenn sich der junge Trieb zeiget. Man kann die Pflanze

an ein Stück Torf oder Aststück anbinden und dann erst einpflanzen, da sie lieben sehr hoch gepflanzt zu sein.

Macradenia. Wie *Ornithidium* zu kultiviren, jedoch verlangt
dieses Genus mehr Feuchtigkeit.

Peristeria. Siehe *Acineta.*

Pholidota wird wie *Gongora* behandelt. Dieses Genus haben
wir hier nur desshalb aufgenommen, weil der Blüthenstand den
Klappern der Klapperschlange gleich sehen soll.

Promenaea. Dieses sind ganz kleine niedliche Pflänzchen
mit grossen schönen Blüthen. Sie sind ziemlich zärtlich, gegen
grosse Feuchtigkeit sehr empfindlich und gedeihen daher an einem
warmen, lichten Orte am besten. Sie begnügen sich mit ganz
kleinen Töpfchen. Da sie gewöhnlich in den Wintermonaten im
Wachsthume begriffen sind, bedürfen sie in dieser ungünstigen
Jahreszeit einer besonderen Sorgfalt. Man gibt ihnen eine leichte
Erdmischung oder bindet sie an ein kleines Aestchen, welches
man dann sammt den Pflänzchen in den Topf pflanzt und die
Zwischenräume mit *Sphagnum* und Topfscherben anfüllt.

Stanhopea. Diese prachtvollen Pflanzen gedeihen am besten
in sehr flachen Drahtkörbchen und aufgehangen. Erdmischung
ist Holzkohle, *Sphagnum*, Topfscherben und faserige Haideerde.
Sie wollen hoch gepflanzt sein, bedürfen im Wachsen sehr viel
Wasser, Luft und Licht. Man hat nun schon durch einige Jahre
versucht, sie den Sommer über ganz im Freien, unter Bäumen
aufgehangen, zu kultiviren; besonders viele solche Versuche mit
tropischen Orchideen lässt der Garten - Director B o u c h é in
Berlin anstellen, und wir freuen uns sehr auf die Resultate dieses ausgezeichneten Mannes.

Die Stanhopeen wollen entschiedene Ruheperioden. Nach
der Ausbildung der Luftknollen hält man die Pflanze so lange
trocken, bis sich die Blüthenstengel, welche gewöhnlich
senkrecht nach unten erscheinen, zu entwickeln beginnen, man hält dann die Pflanzen wieder feucht. Nach dem Abblühen lässt man die Pflanze wieder trocken werden, bis sich
endlich der junge Trieb zeigt; dann taucht man die ganze Pflanze
in Regenwasser und lässt das Gefäss so lange im Wasser stehen,
bis es ganz durchfeuchtet ist, und giesst und spritzt nun regelmässig, bis sich die Luftknollen ausgebildet haben.

Tetrapeltis wie *Coelogyne*.

Trichopilia. Diese seltsam schönen Pflanzen gedeihen leicht. Man bindet die Pflanze an ein Aststück und pflanzt es etwas schiefliegend in einen flachen Topf. Die Zwischenräume fülle man mit Holzkohlenstücken, faseriger Haidenerde und gehacktem *Sphagnum* aus. Sie lieben fortwährend Schatten und mässige Feuchtigkeit, die Ruheperiode ist sehr kurz und sie treiben selbst öfters im Jahre.

Stenia wie *Promenaea*.

Stenocoryne wie *Promenaea*.

Dritte Abtheilung.

Orchideen, welche an und auf Bäumen oder auf der Erde wachsend gefunden werden.

Kulturweisen.

In ausgehöhlte Klötze von Eichenstämmen, deren Rinde aber am Stamme festsitzen muss, oder an runde Holztücke von *Sambucus niger*, von Feigenbäumen, an den Wurzeln von *Sambucus niger*, von Eichenbäumen, von Acacien. Alle diese Holzgattungen sind zur Kultur tauglich. Schwache, kränkliche Pflanzen gedeihen an den dicken Wurzeln von *Sambucus niger* sehr gut; die Ursache, warum diese Wurzeln sehr viel zur Beförderung des Gedeihens schwacher Pflanzen beitragen, können wir nicht angeben.

Die Holzklötze zur Kultur der Orchideen betreffend, erlauben wir uns folgende Anweisung zum Anfertigen derselben hier mitzutheilen.

Es werden von einem gesunden, fest berindeten Eichenstamm Klötze abgeschnitten, welche im Verhältniss zur Dicke geschirrartige Höhe haben. Diese Holzstücke werden innen rund ausgebohrt, bis das Stück wie eine Röhre aussieht. Es wird dann ein passender Boden von Holz, welcher grosse Abzugslöcher hat, aufgenagelt. Man muss die Rinde von Aussen sehr schonend behandeln, da die Wurzeln der in solche Klötze eingepflanzten Orchideen den Geschirr-Rand erreichen und sich innen, aber besonders von Aussen, an die Rinde bald festsaugen und das Geschirr endlich mit Wurzeln umspinnen.

Die Orchideen stehen, auf diese Weise gepflanzt, auf der Erdmischung; gleichzeitig steht es ihnen aber frei, an der Rinde des Geschirres die Wurzeln zu befestigen, und daher nach Willkür aus der Erdmischung oder an der Rinde sich Nahrung zu suchen. Diese Eichenholzklötze sind sehr dauerhaft, und wir haben sie schon im Jahre 1843 in der Allgemeinen Gartenzeitung von Otto und Ditrich (Berlin) empfohlen. Wenn ein solcher Klotz eine schöne gesunde Pflanze trägt, und derselbe auf einem aufgerichtet stehenden Baume von gleicher Stärke steht, ist das Gesammtbild des Stammes mit der Pflanze malerisch schön. Diese Klötze sind für die meisten Orchideen sehr vortheilhaft zur Kultur.

Anguloa. Diese seltenen Pflanzen sind, wenn man deren Ruheperiode, welche fast ein halbes Jahr dauert, genau beachtet, das heisst sie die ganze Ruhezeit über ganz trocken zu halten und luftig, warm und licht zu stellen, gar nicht schwer zu kultiviren. Schon während der Blüthezeit muss man mit dem Giessen sehr sparsam sein, da die Pflanze in dieser Periode sehr wenig Nahrung bedarf. Der Trieb ist dann ausgebildet, die Luftknolle wird jedoch noch bedeutend grösser, diese wird aber durch die grossen Laubblätter hinlänglich ernährt, bis auch endlich diese welk werden und abfallen. Man pflanzt sie in Holzklötze mit sehr lockerer Erdmischung, bestehend aus Lauberde, Torfstücken, Sandsteinstücken, Holzkohle und gehacktes *Sphagnum.* Wenn die Pflanze zu schwach ist, um aufrecht stehen zu bleiben, bindet man sie früher an ein Stück Ast und pflanzt dann den Ast sammt der Pflanze in den Klotz. Nachdem sich nach der Ruhezeit der junge Trieb zeigt, wird nur dann die Pflanze neu verpflanzt, wenn es unumgänglich nothwendig erscheint. Es ist hier besser, ohne die Pflanze stark zu stören, den oberen Theil der Erdmischung behutsam zu entfernen und frische Erde aufzulegen. Nachdem sich die Blüthe zu öffnen beginnt, will die Pflanze viel Licht, im Schatten breitet sich die Blüthe gar nicht aus und bleibt wie eine eben aufblühende Tulpe geschlossen. Die Lippe dieser prächtigen Blüthen ist durch die grosse Beweglichkeit sehr merkwürdig. Die Anguloen lieben in der Wachsthumsperiode viele Feuchtigkeit und Wärme. Wenn Wasserdämpfe den halb entwickelten Blüthenstengel sehr durchfeuchten, geht die Blüthe sammt dem Blüthenstengel zu Grunde, indem sie braun und wässerig werden.

Aspasia wird wie *Anguloa* behandelt, sie liebt aber im Winter einen kühlen Standort (8—10 Gr. R.).

Brassia wird wie *Anguloa* behandelt. Nur ist bei *Brassia* die Ruhezeit höchstens vier bis sechs Wochen. Die Brassien wollen viel Licht und Wärme, aber fortwährend mässige Feuchtigkeit.

Coelia wird wie *Brassia* behandelt.

Fernandezia. Die Species dieses Genus bedürfen ganz kleiner Klötzchen, einer leichten Erdmischung, und wenn einmal ordentlich vegetirend, gar nicht mehr verpflanzt zu werden. Nach Jahren trieben diese zierlichen Pflanzen nach allen Richtungen und sehen recht hübsch aus.

Grobia. Es gibt nur eine lebende Species in den Gärten, nämlich *G. Amherstii.* Diese kleine Pflanze gedeiht in einem Holzklötzchen sehr gut, sie will im Winter nur 8—10 Gr. R.

Huntleya. Diese prachtvoll blühenden, ziemlich seltenen Pflanzen gedeihen in flachen Holzklötzen sehr gut. Die Erdmischung ist *Sphagnum* und Holzkohle mit etwas Lauberde und Torfstückchen gemengt. Da die Huntleyen an Sümpfen wachsend gefunden werden, so ist ihnen auch ein sehr feuchter, warmer, etwas schattiger Standort am zuträglichsten. Man stelle sie daher ja nicht zu licht und trocken. Man kann die Pflanze, wenn sie schwach ist, früher an ein Aestchen anbinden und dann erst einpflanzen. Sie wollen hoch gepflanzt sein und treiben sehr lange Wurzeln.

Houlletia. Die Blüthen der Houlletien sind unbeschreiblich sanft und schön gefärbt, sie wollen wie die Huntleyen behandelt sein, aber bedürfen weniger Feuchtigkeit und Wärme.

Lacaena wird wie *Anguloa* behandelt.

Nanodes bindet man an ein Stück Holz und pflanzt sie auf

die Weise, wie bei *Huntleya* angegeben. Die Ruhezeit ist sehr kurz, aber diese Pflanzen bedürfen grosser Sorgfalt, da sie schwer zu kultiviren sind.

Maxillaria. (Siehe zusammengezogene Genera.) Jene Species dieses reichen Genus, welche einen entschieden aufsteigenden Wuchs haben, werden an ein Holzstück angebunden, die Mehrzahl derselben wird aber wie *Houlletia* behandelt. Unter den Maxillarien sind mehrere, welche bei 8—10 Gr. R. sehr gut gedeihen. Man mache es sich aber zum Grundsatze, dass die Orchideen, welche im Winter eine niedere Temperatur lieben, auch eine Erdmischung erhalten müssen, welche bündiger und kräftiger zusammengestellt werden muss. Die Lauberde und milder Lehm thuen hier sehr gute Dienste, und man soll gar kein Sumpfmoos hier beimengen.

Lycaste Skinnerii und überhaupt die Species, welche unter dem Namen *Lycaste* aufgeführt erscheinen, haben keine lange Ruhe, und kühle Temperatur (8—10 Gr. R.) im Winter ist ihnen genügend.

Scuticaria. Diese *Maxillaria* hat auffallend lange, hängende, stielrunde Blätter; die Blüthen haben sehr kurze Stiele. Der ganze Wuchs der Pflanze zeigt daher, dass sie an ein Stück Holz angebunden und aufgehangen kultivirt werden sollen.

Die Maxillarien wollen alle während der Blüthenentwicklung Licht und trockene, warme Luft. Man stelle daher die Pflanzen bei halber Entwicklung der Blüthe an lichte, warme, trockene Plätze, da sie gewöhnlich mit dem Blüthentriebe auch die Pflanzentriebe zu bilden beginnen, so ist die trockene Wärme auch für diese Bildung sehr vortheilhaft.

Dendrobium und *Epidendrum.* Diese beiden reichen Genera haben jede mehrere Formengruppen. Nämlich Species mit walzenförmigen, eiförmig runden Luftknollen u. s. w.

Alle Species von *Dendrobium* mit walzenförmigen Luftknollen wachsen an Bäumen und sind daher entweder an Holzstücke angebunden oder in Holzklötzen wie *Huntleya* zu kultiviren. Jene, welche herabhängend wachsen, pflanze man in Korkkörbchen und hänge sie im Hause auf; hängende Luftknollen finden sich jedoch nur bei den Dendrobien.

Jene *Epidendrum* mit eiförmig runden Luftknollen gedeihen an Holzstücke angebunden sehr gut, allein auch diese Formen kann man in Holzklötze pflanzen; man muss sie aber dann früher an ein Stück Ast anbinden und dann erst einpflanzen, indem sie Alle mehr oder minder einen aufsteigenden Wuchs haben.

Hinsichtlich der nöthigen Wärmegrade ist aber zwischen *Dendrobium* und *Epidendrum* ein grosser Unterschied. Mit Ausnahme von *Dendrobium speciosum, rotundifolium, Barringthonii* u. s. w. lieben die Dendrobien, b e s o n d e r s d i e m i t l a n g e n L u f t k n o l l e n, eine hohe, feuchtwarme Temperatur und stets viel Schatten. Bei der Blüthenentwicklung wollen sie trockener gehalten sein; nach der Blüthezeit ist die Ruhezeit, welche aber nicht lange dauert; so wie sich die jungen Triebe zeigen, werden die Dendrobien in Regenwasser eingetaucht und durch Wärme und Feuchtigkeit im kräftigen Wuchse erhalten. Jene *Epidendrum*, wie *cinnabarinum, Schomburgkii* u. s. w., also jene Species, welche lange, dünne Luftknollen bilden, wollen ganz die Behandlung, Wärme und Feuchtigkeit, welche eben bei *Dendrobium* angegeben wurde.

Die Species mit eiförmigen Knollen von *Epidendrum* sind sehr leicht zu kultiviren, sie lieben mässige Wärme und sind mit einem luftigen Standorte im Orchideen-Hause zufrieden.

Oncidium. (Siehe zusammengezogene Genera.) Dieses reiche Geschlecht hat hinsichtlich der Gesammtform auch ihre Eigenthümlichkeiten. Hinsichtlich der Kultur sind sie aber alle gleich zu behandeln. Sie wollen sehr viel Licht, Luft, mässige Wärme und gedeihen im Wachsen sehr gut und leicht, aber im Winter, wenn das Licht mangelt, die Luft feucht ist, dann sind die Oncidien nicht so leicht zu kultiviren, ja manche Species oft sehr schwer lebend zu erhalten! Dies hat uns bewogen, alle nun bekannten Pflanzweisen zu probiren, und endlich! seit zwei Jahren haben wir gesunde Pflanzen und gar keinen Verlust mehr zu beklagen. Es ist nämlich die Pflanzweise in R e i s e r b ü n d e l (besenartig zusammengebundene Zweige der *Colluna vulgaris*). Zwischen die Zweiglein dieser Bündel wird *Sphagnum*, Lauberde, Holzkohle und Torfstücke gelegt. Man fängt mit dem *Sphagnum* an, indem man hiermit ein Beet zwischen den Zweiglein macht und dann erst die anderen Bestandtheile der Erde hineingibt, nachdem die Erde gut eingerüttelt ist, nimmt man die Pflanze und setzt sie zwischen die Zweige des Reiserbündels, befestiget sie mit Bleidraht und bindet den Reiserbündel oben mit Bleidraht lose zusammen. Nun wird alles Unnöthige von Zweigen des Reiserbündels entfernt und der Bündel mit der Pflanze aufgehangen. In Bälde zeigt sich der Nutzen dieser Pflanzweise, denn eine Menge frischer Wurzeln durchziehen die Holzzweiglein, der Trieb erscheint, ohne irgend wo gehemmt zu sein, bildet sich sicher und freihängend sehr gut aus, und im Winter ist die Umgebung der Pflanze ganz trocken, ein Vortheil, der nur durch diese Pflanzweise erzielt werden kann.

Auf diese Weise werden wir jetzt Versuche mit *Miltonia*, *Brassia*, *Ornithidium* anstellen, und sind überzeugt, unsere Lieblinge keiner Gefahr auszusetzen.

Barkeria. Wir wollen über die Kultur dieser schönen Gewächse bemerken, dass sie, an ein Holzstück angebunden, in einen Holzklotz mit *Sphagnum* gepflanzt, gut gedeihen. Diese Pflanzen wachsen sehr langsam und wollen im Winter einen kühlen, tockenen Standort.

Pflanzweisen für die zweite Abtheilung (*Vanda*).

Wir wollen hier, um aller Verwechslung vorzubeugen, nochmals jene Genera nennen, welche in diese zweite Abtheilung gehören. Wir finden dies um so nöthiger, da diese herrlichen Gewächse für sich abgeschlossen eine eigene Abtheilung in der Kulturs-Beschreibung bilden.

Genera der stammbildenden Orchideen.

Aerides, Angraecum, Arachnanthe, Armodorum, Cottonia, Camarotis, Cleisostoma, Chilochista, Diplocentrum, Luisia, Oceocludes, Polychilos, Phalaenopsis, Renanthera, Saccolabium, Sarcochyllus, Sarcanthus, Schönorchis, Vanilla, Vanda.

Die Pflanzen dieser zweiten Abtheilung bilden den grössten Schatz einer tropischen Orchideen-Sammlung! Es ist daher von grosser Wichtigkeit, die verschiedenen Kulturweisen durchzusehen und diejenige zu wählen, welche die besten Erfolge sichert, oder wenigstens verspricht.

Vor nicht langer Zeit noch wurden diese Formen nur an Holzstücke angebunden und aufgehangen kultivirt; das hat sich aber bedeutend geändert. Man hat nach England so kräftige, grosse Pracht - Exemplare von den natürlichen Standorten der *Vanda*, *Aerides* und allen den oben genannten Genera gebracht, dass an ein Anbinden an Holzstücke und an Aufhängen nicht mehr gedacht werden durfte. Diese herrlichen grossen Pflanzen bedurften, um ruhig und sicher zu stehen, grosser Kübel, in denen die Pflanzen in *Sphagnum*, Topfscherben und Holzkohle förmlich gepflanzt wurden. Das Resultat war ein günstiges und man nahm allmälig die an Holzstücken angebundenen Pflanzen vom Holze ab und pflanzte sie in Körbchen von Draht, Korkrinde oder von Wurzeln zusammengesetzte Gefässe. Die Erdmischung blieb die oben angeführte, und so findet man jetzt in guten Sammlungen die meisten Pflanzen dieser zweiten Abtheilung förmlich in Erdmischung eingepflanzt. Aber ein Uebelstand zeigte sich bald! Es sind nämlich eine Menge Genera und Species dieser Abtheilung, welche vier bis zwanzig Wiener Schuh lang werden. Da diese Pflanzen ihre Wurzeln der ganzen Länge nach treiben, ist es auch natürlich, dass sie mit demselben auch der ganzen Länge nach ihre Nahrung suchen. Da hilft nun das Einpflanzen nur so lange, als die Pflanze noch klein ist. Wenn aber diese Pflanzen älter werden und mehrere Schuh Länge erreicht haben, dann muss auch für sie anders gesorgt werden. Wir wollen unsere Methode der Kultur nun beschreiben.

So lange die Pflanze klein ist (von einer seltenen Species bekömmt man zum öfteren für hohe Preise nur eine ganz kleine Pflanze mit zwei oder drei Blättern), soll man trachten, sie so lange nur möglich in Vegetation zu erhalten. Man pflanze sie in ein Gefäss zum Aufhängen, binde sie aber jedenfalls an ein kleines Stück Holz dergestalt an, dass die Pflanze eine Neigung nach vorne erhält. Die Zwischenräume fülle man mit Wurzelgeflecht von *Pteris aquilina*, *Sphagnum*, Kohlen und reinen Topfscherben an. Die Pflanze wird bei richtiger Behandlung, und wenn sie im Frühjahre im Garten ankommt, in demselben Jahre drei, auch vier Blätter bilden. Nun kömmt es darauf an, ob man eine Pflanze vor sich hat, welche sehr schnell in die Höhe wächst, oder eine von jenen, welche langsam wächst und wenig verlängert, aber in einigen Jahren schon Zweige treibt.

Zu den hochwüchsigen gehören: *Arachnanthe*, *Vanilla*, *Renanthera*, *Schoenorchis*. Diese Genera gedeihen am besten an einen langen Baumast angebunden. Man muss für eine, wenn auch nur einen Schuh lange Pflanze dennoch einen Ast von sieben bis neun Schuh Länge wählen, da diese Pflanzen schnell wachsen und sich der ganzen Länge nach an dem Baumaste mit den Wurzeln festsaugen.

Nach der neueren Kulturweise werden alte Pflanzen dieser zweiten Abtheilung, so wie die Sonne im Frühjahre anfängt kräftig zu wirken, in ein Glashaus gebracht, wo sie den ganzen Tag Sonne haben; sie werden hier den ganzen Sommer über oft bespritzt und man möchte sagen gebraten; denn die Hitze steigt hier oft nahe an 40 Gr. R. Bei dieser Behandlung machen die oben genannten Genera sehr kurze, starke Triebe. Merkwürdig ist, dass die Wurzeln im vollen Sonnenlichte sehr gut fortwachsen, aber auch kürzer und dicker werden. Auf diese Weise können alle alten Pflanzen dieser zweiten Abtheilung behandelt werden. Der aufmerksame Cultivateur wird dann beobachten, welche Pflanzen längere, welche kürzere Zeit dem Sonnenlichte ausgesetzt sein wollen. Wir wollen hier einen Grundsatz aufstellen, nach welchem jeder Cultivateur sich leicht halten kann, nämlich: Je länger die Zwischenräume von einem Blatte zum andern sind, desto mehr Sonnenlicht können sie vertragen. Wir sehen also hierdurch, dass z. B. ein *Aerides adoratum* mehr Sonnenlicht verträgt als *Aerides Brokerii*; dass *Angraecum caudatum* mehr Sonnenlicht verträgt als *Angraecum bilobum* u. s. w. Aber dieses Aussetzen der heftigen natürlichen Wärme hat nur zum Zwecke, jene Pflanzen, welche sehr schwer zur Blüthe zu bringen sind, durch die ausserordentliche Anregung von Licht und Wärme zur Blüthenbildung zu zwingen. Garten-Direktor Josst in Tetschen hat auf diese Weise eine *Renanthera coccinea* zur Blüthe gebracht, und wir sind für diese Kulturweise diesem ausgezeichneten Orchideen - Cultivateur zum Danke verpflichtet. Wir haben aber im *Jardin de Plantes* in Paris im Herbste des Jahres 1844 *Renanthera coccinea* in Blüthe gesehen, und hierdurch, so wie durch jene Pflanze von *Renanthera coccinea*, welche vor einigen Jahren hier in Hietzing im Baron Hügel'schen Garten im Frühlinge blühte, bemerkt, dass man diese Pflanze, wenn sie alt genug ist, auf verschiedene Weise zur Blüthe bringen kann. Die Pflanze im *Jardin de Plantes* ist ein riesiges Exemplar, welches damals schon über dreissig Jahre auf einem Platze stand, die Pflanze hatte das Glasdach des hohen Hauses erreicht und bildete einen pyramidalen Busch. Hier war es, wo wir sahen, dass die *Renanthera coccinea* mit ihren Wurzeln selbst Eisenstäbe umstrickte. Wir sehen also, dass diese Pflanze, wenn sie ruhig viele Jahre an einem Platze steht, auch dann ohne alles Zuthun blüht. Jene *Renanthera coccinea*, welche im Hügel'schen Garten blühte, wurde auf gewöhnliche Weise gepflegt und kam nicht aus dem Orchideenhause, um sie zur Blüthe vorzubereiten. Jedenfalls blühten diese zwei genannten Pflanzen zufällig, wo hingegen die Methode des Herrn Josst mit Gewissheit Blüthen erwarten lässt. Wir erlauben uns nun jene Kulturweise anzugeben, welche wir bei unseren Sammlungen anwenden lassen; wir wollen uns ganz kurz fassen. Als Beleg zu diesem Kulturverfahren mag dienen, dass wir diesen Frühling (1853) die Freude hatten, eine *Aerides virens*, eine Pflanze von vier Zoll Stammhöhe und nur vier Blättern mit einer herrlichen, ganz ausgebildeten Blüthenrispe prangen zu sehen.

Die Sommermonate benützen wir, um den Pflanzen der zweiten Abtheilung viel Licht. Wärme und Feuchtigkeit zu geben. Wir nehmen daher die Pflanzen nach dem Abblühen oder nachdem sich ein neues Blatt zeigt, und hängen sie hoch und nahe dem Fenster. Jene, welche auf Gestelle angebunden sind, werden eben so hoch auf aufgerichtete Baumstämme gestellt. Hier bleiben sie den Sommer über und werden je nach dem Wetter zwei, auch drei Mal täglich mit Regenwasser besprizt. Da wir Rahmen, mit Leinwandbänder bespannt, als Beschattung

anwenden, ist das Sonnenlicht immer im Hause kräftig wirkend. Nachdem endlich der Monat September kömmt,
und mit Ende August schon Heizungs-Apparate u. s. w. in vollkommenen brauchbaren Stand gesetzt werden, erhalten auch die
Pflanzen der zweiten Abtheilung ihre Ueberwinterungs-Plätze.
Wir lassen sie alle zusammen an den wärmsten, trockensten Platz des Orchideen-Hauses bringen. Hier geniessen
diese herrlichen Gewächse eine vollkommene Ruhe und ertragen
28, auch 30 Grad Wärme, ohne dass die Wurzeln darunter
leiden. Bei sehr schönen Wintertagen wird die Luft mit Was-
serdunst geschwängert, und die Pflanzen selbst manchmal, ohne
die Blätter nass zu machen, in lauwarmes Regenwasser eingetaucht. Nach dieser Behandlung erscheinen gewöhnlich in den
Monaten Januar, Februar die Blüthenstengel. Diese erfreuliche
Erscheinung darf man gar nicht stören, die Pflanze hat Kraft
genug, auch ohne grosse Feuchtigkeit die Blüthentriebe auszu-
bilden. Erst nachdem der Frühling seine Allmacht zu zeigen
beginnt, müssen die Pflanzen öfters in Wasser eingetaucht oder
die Gestelle feucht gehalten werden. Mit dem Treiben neuer
Blätter und dem Abblühen beginnt die Kultur wieder von neuem,
denn es wird nun der Monat April wieder zu Ende sein. Wir
sahen also eine gleichförmige Kultur-Methode für alle Pflanzen,
welche in die zweite Abtheilung gehören, und wir sind sehr erfreut, hier sagen zu können, dass die Kultur dieser Pflanzen
durchaus keine Schwierigkeiten bietet. Jeder Cultivateur wird
finden, dass diese Pflanzen schwerer zu erlangen als
zu erhalten sind. Schliesslich wollen wir hier jene Tongestelle
beschreiben, welche bei der Kultur dieser Pflanzen gute Dienste
thun, und die wir schon im Jahre 1851 im botanischen Wochen-
blatte (7. August 1851 Nr. 32) den Orchideen-Cultivateuren
anempfohlen haben. Diese Tongestelle werden in England im
botanischen Garten zu Kew bei London zur Kultur der Pflanzen
unserer zweiten Abtheilung verwendet.

Man lässt sich vom Töpfer nach der Grösse der Pflanzen
hohlziegelartige, aufrecht stehende, mit Löchern
versehene, unglasirte, jedoch gut gebrannte Gestelle machen.
Die Basis dieser Gestelle muss stark und breit sein, sie kann
eine Schale bilden, in welche man einige Sandsteinstücke, Torf-

stücke und *Sphagnum* legt. Man sehe besonders darauf, dass die
ganze Vorrichtung, welche oft sehr schwer ist, ruhig und fest
aufzustellen sei. Wenn diese Gestelle im Frühjahre bepflanzt
werden, muss man sie öfters in Regenwasser eintauchen und erst
dann ganz durchfeuchtet verwenden. Im Herbst und Winter aber
verwende man die Gestelle ganz trocken, wie sie sind. Man
nimmt nun die Pflanze, welche auf das Gestelle befestiget werden
soll, und bindet sie dergestalt mit Bleidraht an das Gestell, dass
die Wurzeln wo möglich an der Thonfläche anliegen; man sorge
dafür, die Pflanze ganz nahe der Schale zu bringen, indem auch
hier die Wurzeln sich bald in die Erdmischung verbreiten. Bei
der ferneren Kultur wird die Pflanze und Wurzel nur in den
heissen Sommermonaten bespritzt, die ganze übrige Zeit aber
blos das Thongestelle von rückwärts feucht gehalten. Diese Thongestelle können sehr zierlich geformt werden
und sehen mit der Pflanze höchst eigenthümlich aus. Man wird
leicht erkennen, dass diese Vorrichtungen sich nach den Wachsthumsverhältnissen einer jeden Species richten müssen. Die Gestelle sind daher von $\frac{1}{2}$—3 Schuh hoch. Man muss jene Pflanzen, welche nach mehreren Jahren über diese Gestelle hinaus-
wachsen, gar nicht mehr stören, indem alte Pflanzen sich schon
selbst ihr Gleichgewicht suchen und freudig fortwachsen
werden.

Verschiedene Temperaturen bei der Kultur der Orchideen.

Wenn für eine Orchideen-Sammlung selbst drei Häuser oder
Räume, in denen eine verschiedene Temperatur erhalten wird,
zu Gebote stehen, wird desshalb doch ein kleiner Theil der in
denselben kultivirten Pflanzen die Bedingnisse erfüllt sehen,
welche sie eigentlich benöthigen. Es sind daher die Pflanzen-
geographischen Mittheilungen sehr schön, aber gewiss wenig Nutzen schaffend. Weiss man etwas Bestimmtes für die Kultur,

wenn man Pflanzen aus Borneo, Sumatra, aus Mexico, Brasilien u. s. w. erhält, selbst mit Angabe des Standortes, wo sie vorkommen?

Man erhält hierdurch nur eine allgemeine, leider oft sehr unrichtige Ansicht über das, was die Pflanze zu bedürfen scheint. Um bei der Kultur dieser Gewächse wahrhaft dienliche Vorschriften zu erhalten, müssten Proben von der Erde, die Gestein-Unterlage, der Standort der Pflanze nach den Himmelsgegenden, Höhe über dem Meere, selbst die Pflanzen und Bäume der nächsten Umgebung u. m. a. bei jeder einzelnen Species genau verzeichnet sein, und dann mit all diesem Vorwissen bleiben endlich doch nur unsere Zustände, unsere Erde, unser Wasser, unsere Luft übrig! — und man muss eben so gut Kulturproben mit der Pflanze machen, als wenn man gar nichts Bestimmtes über dieselbe erfahren hätte. Es ist daher ein im praktischen Sinne ausgebildeter Gärtner einem gelehrten Gärtner oftmals vorzuziehen, weil Letzterer durch lauter Theorien und Anwendung derselben manche Pflanze umbringt. Es lassen sich nur allgemeine Kulturregeln auch hinsichtlich der Temperatur bieten, und diese sollen hier später folgen.

Ein Hauptgrundsatz bei der Kultur der tropischen Orchideen ist: man vereinfache sich die Kultur nach Möglichkeit, man bringe die Species eines Genus alle an einem Platze zusammen; man scheide die, welche wachsen, von jenen, welche sich in der Ruhe befinden; man stelle alle blühenden Pflanzen in einem Raume zusammen; man erniedrige die Temperatur bei den ruhenden Pflanzen ja nicht, im Gegentheil, sie wollen in ihrer Ruheperiode trocken, aber warm stehen.

Es ist eine ganz irrige Meinung, welche manche Cultivateure haben, indem sie glauben, Pflanzen in Ruhe bedürfen weniger warm. Ich erlaube mir, hier auf die capischen und neuholländischen Zwiebelgewächse aufmerksam zu machen; wir sehen, dass dieselben durch unsere heftigste Sommerwärme, und selbst wenn man sie der grössten Feuchtigkeit aussetzt, dennoch nicht zum Triebe angeregt werden; sie treiben erst, wenn die Vegetation bei uns gänzlich durch den eintretenden Winter gehemmt wird, — aber gerade in dieser Zeit beginnt der Frühling dieser Gewächse in ihrem Vaterlande, und sie treiben dann im Hause, ob sie kultivirt oder malträtirt werden.

In den tropischen Gegenden aber, wo die meisten Orchideen wachsen, ist der dortige sogenannte Winter trocken, der Sommer aber sehr feucht und oft auch selbst kühler.

So schnell sich Tag und Nacht in den Tropengegenden folgen, eben so schnell folgt dort auch der übermässigen Dürre die übermässige Feuchtigkeit; hierdurch wird es auch erklärlich, dass eine ganze Gegend binnen ein paar Tagen von einer dürren Wüste in einen blühenden Garten verwandelt erscheint. Solche Sprünge von Trocken zu Feucht sind uns aber bei der Kultur nicht erlaubt; hier muss der eine Zustand in den andern allmälig übergehen, da sich zu jeder Zeit in den verschiedenen Abtheilungen zur Kultur von Orchideen Pflanzen im Ruhestande, wachsende und welche in der Blüthe befinden. Die Häuser sind auch gewöhnlich mit anderen Pflanzen als Orchideen allein gschmückt, welche erstere der Mehrzahl nach durch übermässige Dürre leicht Schaden leiden würden.

Wir sehen daher, dass wir genöthigt sind, überall einen Mittelweg zu suchen und alle Extreme zu vermeiden. Für drei Häuser oder Räume zur Kultur der tropischen Orchideen diene folgendes Wärmemass:

Erste wärmste Abtheilung:

Im Frühling, Herbst und Winter 17 Gr. R. bei Tag, und 13—15 Gr. bei Nacht.

Zweite Abtheilung:

Im Frühling, Herbst und Winter 12 Gr. R. bei Tag, und 9—10 Gr. bei Nacht.

Dritte Abtheilung:

Im Winter 6—8 Gr., und bei Nacht 3—5 Gr. R.

Aber drei Abtheilungen zur Kultur der tropischen Orchideen finden sich in sehr wenigen Gärten, sie werden öfters in zwei Abtheilungen kultivirt, am häufigsten finden sich aber kleine Sammlungen in einem Hause beisammen.

Wo zwei Abtheilungen für die Kultur bestimmt sind, beliebe man einen Durchschnitts-Wärmegrad der ersten und zweiten Abtheilung zu erhalten; wo aber nur eine Abtheilung zur

Kultur bestimmt ist, da muss eine Mitteltemperatur angenommen werden; dieselbe ist: Frühling, Herbst und Winter 13—15 Gr. bei Tag, und 10 Gr. R. bei Nacht. Man muss aber dann alle Pflanzen, welche den heissesten Ländern angehören, auch an die Stelle bringen, wo die höchste künstliche Wärme erzeugt wird, also nahe an die Heizung.

Man lasse sich ja nicht verleiten, die Angabe der Handels-Cataloge hinsichtlich der Wärmegrade zu befolgen. Diese sind nur Lockspeisen für Anfänger in der Kultur, welche hierdurch aufgemuntert werden sollen, durch die Aussicht auf weniger Auslagen für Brennmaterial sich Sammlungen anzulegen. Ich habe häufig Gelegenheit gehabt, mich zu überzeugen, dass in grossen Handels-Etablissements, welche auf ihren Catalogen 6—8 Gr. R. als genügend angeben, gerade da die Orchideen - Häuser oft in der Wärme noch höher haltend, als ich oben angegeben. Wer die Auslagen für Erbauung eines eigenen Hauses zur Kultur der Orchideen, wer die nicht geringen Auslagen einer wenn auch nur mässigen Sammlung dieser herrlichen Gewächse nicht scheut, der soll, ja darf auch die erhöhten Auslagen für Erzeugung höherer Wärmegrade nicht scheuen.

Lage, Einrichtung u. s. w. der Glashäuser zur Kultur der tropischen Orchideen.

Hierüber ist schon sehr viel geschrieben worden, wir rathen aber, alle Künsteleien bei Seite zu lassen, ein Haus zu wählen, welches mit einem Glasdache versehen ist. Die Lage des Hauses ist mit der Fronte gegen Morgen und Abend zu wählen. Durch diese Lage ist das Haus auf einer Seite immer ganz licht, indem man die schattenbildenden Gegenstände (Lattenrahmen, Leinwand u. s. w.) Nachmittags von der Morgenseite abnimmt und auf die Abendseite legt. Da die Orchideen gern Licht wollen, aber durchaus keine ungebrochenen Sonnenstrahlen im Sommer vertragen, hat man angefangen, die Glasfläche von Aussen mit einer sehr dünnen weissen Oelfarbe zu überziehen; dieser Ueberzug bleibt dann für das ganze Jahr dienlich, allein in den Wintermonaten ist jeder Sonnenblick diesen Pflanzen sehr wohlthätig, und man muss daher trachten, die Einwirkung von Licht und Sonne in den Wintermonaten durchaus nicht zu stören.

Wir rathen, zur Beschattung der Orchideen-Häuser leichte Rahmen von der Grösse der Fenster machen zu lassen; man nehme dann einen Zoll breite Leinwandbänder und nagle sie $^{3}/_{4}$ Zoll weit von einander entfernt, gut angespannt, auf die Holzrahmen fest. Solche Rahmen, wenn sie sammt den Bändern grün angestrichen sind, gleichen dem Ansehen ganz den Latten-Rahmen, allein die Beschattungsweise mit den Leinwandbändern hat den Vorzug, dass bei dem geringsten Luftzuge die Leinwandbänder in Bewegung kommen und dadurch im Hause annäherungsweise den Effect der bewegten Baumblätter hervorbringen. Auch für Hagelschlag, welchen wir so sehr zu fürchten haben, genügen diese Bänderrahmen.

Das Orchideenhaus soll wo möglich gegen Norden durch andere Gebäude oder Baumgruppen geschützt sein. Doppelte Glasfenster sind sehr anzurathen, es muss aber hierbei Sorge getragen werden, dass der wässerige Niederschlag, welcher sich in grosser Menge zwischen den zwei Glasflächen bildet, einen unschädlichen Abzug haben. Die Ventilatoren (Luftzuglöcher) müssen dergestalt angebracht sein, dass im Hause selbst kein Luftzug entstehen kann. Man öffne daher stets nur an einer Seite des Hauses die Luftlöcher. Es ist bekannt, dass die Luftlöcher, welche sich in der Höhe des Hauses befinden, die Luft aus dem Hause entfernen, wohingegen jene, welche sich unter den Fenstern in der Mauer befinden, die Luft dem Hause zuführt. Es ist daher ganz erklärlich, dass man die oberen Luftlöcher mehr benützt als die unteren, da man nur dafür zu sorgen hat, dass sich die im Hause nur oben sammelnde schlechte Luft durch die Ventilatoren entferne. Es ist also das Luftgeben bei der Kultur der Orchideen ganz anders zu verstehen, als es gewöhnlich bei den gewöhnlichen Warmhäusern der Gebrauch ist. Der gute Orchideen - Cultivateur wird überhaupt mit dem Luftgeben sehr sparsam sein, indem es sich hier nicht um viele frische Luft im Hause handelt, sondern hauptsächlich nur desshalb ventilirt wird, um die schlechten Dünste aus dem Hause zu entfernen. Nur im Herbste darf man zur Abhärtung der Pflanzen etwas mehr Luft-Circulation im Hause erzeugen. Dieser Kreislauf der Luft im Hause wird aber durch das Oeffnen der Thüre, besonders wenn die Thüre des Orchideen-Hauses nicht ins Freie, sondern in einen Vorbau oder ein anderes Glashaus führt, noch besser erreicht.

Ueber die Erzeugung künstlicher Wärme sind nun schon so eine Menge Versuche gemacht worden, dass es uns wahrlich schwer fällt, hierüber beschreibend vorzugehen. Jedenfalls rathen wir, wo eine Wasserheizung im Hause errichtet wird, auch gleichzeitig eine Canalheizung mit anzulegen, indem wir überzeugt sind, dass für unser Klima in Deutschland, welches so sehr in den Wärme- und Kältegraden variirt, manche verzweiflungsvolle Lage des Cultivateurs hierdurch entfernt wird.

Jeder Cultivateur weiss nur zu gut, wie schwer 17 Gr. R. Wärme im Hause bei 20 Gr. R. Kälte im Freien durch eine Wasserheizung zu erreichen sind, und bei solchen Temperaturs-Zuständen wird dann ein mit Eisenplatten belegter Heizcanal seine alterprobten guten Dienste thun. Das hier Gesagte hat aber keineswegs den Zweck, der Vorzüglichkeit der Wasserheizungen zur Kultur der tropischen Orchideen nahe treten zu wollen, mit deren vortrefflichen Eigenschaften wir vollkommen vertraut sind; ich wollte nur auf den Unterschied hinweisen, welcher sich in England, Belgien und Frankreich gegen Deutschland ergibt; denn es ist eine bedeutende Erleichterung bei der Kultur, wenn wie in England nur fünf bis sechs Grad Kälte zu bewältigen sind. So hatte z. B. Loddiges in London die grösste Orchideen-Sammlung in Europa. Das Haus, welches diese herrliche Sammlung aufnahm, wurde im Winter gar nicht gedeckt, ja selbst zerbrochene Fensterscheiben gab es nicht wenige. Wir in Deutschland hingegen haben gute Fenster, dann Strohmatten, und auf diese legen wir noch Holzbalken zum Schutze gegen die Kälte im Winter, und trotz alledem bedarf es mancher Anstrengung der Feuerung, um die nöthigen Wärmegrade im Hause zu erhalten. — Dies sagt und lehrt uns genug!

Die innere Einrichtung der Orchideen-Häuser ist sehr verschieden ausführbar. Entweder man behandelt die Aufstellung der Pflanzen wie es bei anderen Pflanzen-Familien gewöhnlich geschieht, nämlich: man stellt sie auf Tische, welche in der Mitte des Hauses angebracht sind, und auf Bänke, welche längs der Fensterfronte sich befinden. Das Wasserbehältniss befindet sich hier gewöhnlich in der Mitte des Hauses und ist oft mit einem Springbrunnen geziert, und an diesem Platze befinden sich auch jene Pflanzen, welche an Holzstücke angebunden gezogen werden, aufgehangen.

Diese einfache Aufstellungsweise der Pflanzen hat ihre grossen, nicht zu leugnenden Vorzüge, denn der Cultivateur hat hierdurch jede Pflanze vollkommen im Auge, und die ganze Sammlung ist mit einem Blicke leicht und gut übersichtlich aufgestellt.

Wir wissen Alle, dass wenn wir in ein Glashaus eintreten und eine Masse Pflanzen betrachten, uns gleich jene Pflanze auffällt, der es an etwas mangelt. Wir überblicken Hunderte von gesunden Pflanzen, aber an der, welche ein krankhaftes Aussehen hat, bleibt unser Blick unwillkürlich hängen; wir fühlen uns gedrungen nachzusehen oder Nachhilfe zu verlangen. Das ist es nun, was die Aufstellung der Pflanzen in ganz einfacher Weise sehr werthvoll macht, indem alle Mängel leicht sichtbar erscheinen.

Aber schön, eigenthümlich, natürlich ist diese Aufstellungsweise der Orchideen nicht, denn die tropischen Orchideen wachsen im Walde auf Bäumen oder auf der Erde, sehr wenige auf Wiesen oder sonst freien Plätzen; desshalb soll auch die Aufstellungsweise der Orchideen dem Wuchse und dem Gedeihen der Pflanze dienlicher und natürlicher sein.

Hier nun steht der gebildete Cultivateur auf einem Boden der Auszeichnung, welcher ihm bei keiner andern Pflanzen-Familie geboten wird. Er wird im Orchideen-Hause einen kleinen Wald von aufrecht stehenden Eichbäumen schaffen, die Gänge zwischen durch führen, auf künstliche Steingruppen Aroideen und Erd-Orchideen pflanzen, ein kleiner Wasserfall wird belebend wirken und an und auf den Baumstämmen sieht man die Orchideen mit Geschmack vertheilt.

Nahe an den Fenstern zieren Schlingpflanzen, welche einen

wohlthätigen Schatten gewähren und deren lange, blühende Zweige zwischen den Baumstämmen herabhängen.

In einem Hause, welches auf eine solche Weise naturgemäss arrangirt ist, werden die Wege mit feinem weissen Kies bestreut.

Dies ist nur eine Andeutung über die Art und Weise, welche zu einer natürlichen, im höchsten Grade interessanten Aufstellung führt.

Wir überlassen das Vergnügen der gänzlichen Ausführung gerne Jedem, dem das Glück zu Theil wird, ein Orchideenhaus arrangiren zu können. Durch Liebe und Aufmerksamkeit bei der Kultur lassen sich dann leicht jene Uebelstände, welche, wie wir schon oben zugegeben, diese Aufstellungsweise begleiten, leicht ganz unwirksam machen. Der Lohn für den Cultivateur ist dann das Lob eines jeden Gebildeten, er mag von der Pflanzenkultur etwas verstehen oder nicht.

Beschreibung

aller bis jetzt bekannten tropischen Orchideen, welche wahrhaft schön blühen, nebst mehreren Genera und Species, welche wahrscheinlich noch nicht lebend in Europa sich befinden.

Acanthophippium. Zur I. Abtheilung.

A. bicolor (Blume). Luftknolle bei 4 Zoll hoch, unförmig, höckerig. Blumen 4—6 an kurzen Stielen, zwischen den Blättern wenig vorragend. Blume bauchig, durch röhrenförmig zusammen geneigte Blätter gebildet; aussen ganz goldgelb, beim Aufbrechen schön dunkelblau an den stumpfen Spitzen. Aufgeblüht sind die drei Sepalen zurückgeschlagen und von weinrother Farbe. Die Petalen hingegen gelb, klein, spitz, mit bluthrothen kleinen Punkten gezeichnet. Säule aufrecht, strohgelb.

A. javanicum (Blume). Knolle aufrecht, vier Zoll lang, walzenförmig, dunkelgrün. Der Blüthenstiel ist fast fingerdick, kaum einen halben Schuh lang, vielblumig. Blüthen sehr schön und gross. Blumenblätter alle bauchig zusammengeneigt. Die rein goldgelbe Lippe tritt nur sehr klein und gezähnelt hervor. Die grosse herrliche Blüthe ist aussen schön gelb, mit Bluthroth bemalt, in's reine Goldgelb übergehend, mit reinen rothen Längslinien. Die Blumenblätter sind zurückgeschlagen und lebhaft blutroth breit bemalt; das Innere der Blume ist rein goldgelb.

Acineta (Peristeria). Zur I. Abtheilung.

A. densa. Hat einen hängenden, vielblumigen Blüthenstand. Blüthen gelblich grün, mit Braun matt gefleckt. Die Säule unten schalenförmig, sehr ausgebreitet. Lippe glatt, die zwei Sepalen flügelartig stumpf. Die anderen hierher gezogenen Arten finden sich bei *Peristeria*.

Acropera. Zur I. Abtheilung.

A. Loddigesii. Luftknolle nussgross, trägt zwei Laubblätter. Blüthenstand überhängend. Blüthenstielchen nach einwärts gebogen, gewöhnlich dicker als der Blüthenstiel. Blüthen geschmeidig, gegen innen zusammenhängend. Blüthen zierlich, fast fleischig. Sepalen und Petalen glatt, Lippe fleischig. Die ganze Blume hat Aehnlichkeit mit *Stanhopea*, ist einen Zoll lang und verschieden mattfärbig. Die oben benannte Art hat licht ledergelbe Blüthen. Die Lippe ist rein weinroth, die Blüthenstielchen schön rosafarb. Ich habe der Kürze wegen nur diese eine Art genannt, da alle andern Arten ziemlich gleich an Gestalt sind.

Acriopsis. Zur I. Abtheilung.

A. Judica (R. W.). Hat ganz kleine, unscheinbare grüne Blüthen.

Acrides. Zur II. Abtheilung.

A. affine (Lindl.). Diese kleine, aber seltene, sehr zart und schön blühende Pflanze hat einen hängenden Wuchs. Tracht wie bei *Vanda*. Der Blüthenstand sehr vielblumig, hängend. Blüthen unbeschreiblich zart, in der Färbung lilablau mit mattrothen Flecken. Das *Labellum* ist ausgebreitet, halb aufgeschlagen, von dunklerer Färbung und blutrothem, breitem Makel auf der Mitte. Das Säulchen ist weiss, wie ein Vogelkopf geformt, mit einem gelben Flecken. Die Zierlichkeit und Pracht dieser Pflanzen ist nicht durch Worte auszudrücken. Es sind in letzterer Zeit aus England mehrere Pflanzen unter obigem Namen versendet worden, welche sich durch die Blüthe als *Aerides roseum* zeigen werden; dies ist aber nur ein Gewinn für den Besitzer.

A. crispum (Lindl.). Form von *Vanda*. Diese Pflanze zeichnet sich durch ihre vielen dicken, fleischigen, hellblauen Wurzeln sehr aus. Blüthenstengel dünn, lang, gebogen. Blumen zahlreich, weiss. Die Säule weiss mit goldgelbem Köpfchen. *Labellum* breit, zurückgeschlagen, prachtvoll mit Dunkelrosa breit bemalt. Die Kehrseite der Blume ist lichtlila, mit Blassrosa bemalt.

A. cylindricum (Lindl.). Wuchs von *Vanda*. Stamm aufrecht, Blätter frimmenförmig, oben etwas krummspitz. Blüthen zart, prachtvoll ausgebreitet, lappig, wellenförmig. Blume weiss, mit zart Rosa wie angehaucht. Lippe rosa, auf der Mitte ein goldgelber Flecken.

A. Lindleyana (R. W.). Form von *Vanda*. Pflanze klein, aufrecht. Blüthenstand prachtvoll. Blüthen sehr gross, zahlreich. Die Blume ist sehr zart, lila, ins Reinweiss übergehend, ausserordentlich schön! Die Blumen sind ausgebreitet, alle Blätter gleich, ganzrandig, stumpfspitz. *Labellum* aufrecht, zurückgeschlagen, rund herum gezähnelt; sie stehen dicht beisammen. Jede Blume hat drei Zoll Durchmesser.

A. maculosum (Lindl.), var. *Schroederii* (A. Heufr.). Robuste schöne Pflanze mit breiten, oben stumpfen, schöngrünen Blättern. Blüthenstand aufrecht, nickend. Blüthen sehr zahlreich, weiss, mit Lichtlederbraun bemalt und feinroth gepunktet. *Labellum* grün, gespornt, sonst schön weinroth. Säule und oberer Theil der Lippe reinweiss.

A. adoratum (Lindl.) — *coruntum* (Roxb.). Form von *Vanda*. Kräftige, schön grüne Pflanze, die bis drei Schuh lang gefunden wird. Blüthenstengel herabhängend. Blüthen sehr zahlreich, an kurzen Blüthenstielen. Blüthen über einen Zoll breit, perlweiss, mit Purpurflecken auf jedem Blatte. *Labellum* unten gelbgrün, mit kleinen Flecken. Der Blüthenstand bildet eine 1 bis 1½ Schuh lange dichte Aehre und ist prachtvoll und sehr wohlriechend.

A. pallidum (Blume). Blätter glänzend, dunkelgrasgrün, der Länge nach gestreift, am Ende zweilappig, stumpf. Blüthenstengel und Blüthen prachtvoll perlweiss. Blume bei zwei Zoll breit ausgebreitet, glatt, fleischig; jedes Blatt hat einen starken Mittelnerv. Die Lippe ist seltsam geformt, der Sporn und die Ausbreitung ist, von der Seite besehen, helmartig, von vorne betrachtet, wulstig, muschelförmig.

A. quinquevulnera (Lindl.). Tracht von *Vanda multiflora*. Blüthenstand und Fülle wie bei *Aerides adoratum*. Blumenblätter hellgelb, mit spitz-dunkelrother Makel am Rande eines jeden Blüthenblattes. Sackförmige Verlängerung lichtgrün, dann weiss mit Rosa.

A. roseum (Lindl.). Tracht wie *Aerides adoratum*, die Blätter

sind jedoch schmäler und mehr hängend. Blüthenstand prachtvoll, vielblumig, hängend. Die nahe beisammen stehenden Blüthen sind schön rosa. Die Säule sammt Umgebung weiss mit
goldgelbem Ende.

A. suavissimum (Lindl.). Die Tracht der Pflanze wie *Aerides adoratum*. Die Blüthenstände prachtvoll! Hängend, sehr
reichblumig. Blüthen im Aufblühen reinweiss mit lackrother Bemalung am Ende der Blumenblätter, später zart rosa. Die Lippe
fleischig, in einen stumpfen Sack endigend; oben weiss, unten
goldgelb, das Sackende lichtroth, mit Blutroth klein gefleckt.

A. suaveolens (Blume). Eine bei einen Schuh lange, dünn-
stämmige, fast gelb panaschirte Pflanze; Blüthenstengel lang,
zierlich herabhängend. Blüthen zahlreich in einer über einen Schuh
langen Aehre. Blumen sehr schön licht-lackroth, dunkler fein
punktirt und bemalt. Lippe sackförmig und sieht an der Säule
wie aus einem Loche heraus, die Säule ist dunkelroth. Sporn
stumpf, am Ende goldgelb.

A. violacea (Lindl). Form von *Vanda*. Blätter breit, etwas
gerippt. Blüthen zahlreich, reinweiss, ausgebreitet, über einen
Zoll breit, mit weinrothen runden Flecken ganz bedeckt. *Labellum*
rein weinroth. Säule goldgelb, etwas roth punktirt, sehr schön.

A. virens (Lindl.). Form von *Vanda*. Gleicht ganz dem
Wuchse nach *A. adoratum*. Blüthen zahlreich, reinweiss, mit
regelmässigen weinrothen Flecken an jedem Blumenblatte. *Labellum* auch roth gepunktet und grün gespornt. Zart und schön.

A. Wrightiania (Lindl.). Siehe *Vanda parviflora* (R. W.).

Aganisia. Zur I. Abtheilung.

A. pulchella (Lindl.). Blätter gerippt, zurückgeschlagen.
Blüthenstengel aufrecht, Blüthen zahlreich, gross, sehr schön,
reinweiss, ausgebreitet, Blumenblätter alle gefaltet, spitz. *Labellum*
herzförmig, auf der Mitte mit drei Kämmen und goldgelb bemalt;
bei der Säule befindet sich ein blutrother Flecken.

Aggeianthus. Zur I. Abtheilung.

A. marchantioides (R. W.) Eine höchst seltsame Pflanze
mit blattartigen Organen, wie jene bei den Platicerien; diese liegen auf der Erde gehäuft, aus der Mitte erhebt sich ein Laubblatt

und eine einzeln stehende, weisse, ziemlich grosse Blüthe. Wahrscheinlich noch nicht lebend in Europa.

Ansellia. Zur I. Abtheilung.

A. gigantea (Reich. fil.). Blüthen nur halb so gross wie bei *A. africana*, blassgelb-grün mit braunen Flecken. Lippe innen braun gestreift mit schön zitronengelben Mittellappen.

A. africana (Lindl.). Diese Pflanze bildet den Uebergang der Form von *Catasetum* zu jener der langknolligen Dendrobien. Luftknollen zwei Schuh lang, walzenförmig, gegen oben stumpfspitz, von dunkelbraun-oliver Farbe. Blätter schön grün. Im Ganzen eine stattliche Pflanze. Blüthenstengel zwischen den obersten Blättern, mit kleinen Scheiden besetzt, zierlich übergebogen, bei zwei Schuh lang. Blüthen sehr zahlreich, ausgebreitet, sehr schön hell olivenfarbig, durchaus mit dunkelbraun-rothen Flecken besonders am Rande der Blätter geziert. Das *Labellum* ist an der unteren Ausbreitung klein, schwefelgelb.

Anguloa. Zur I. Abtheilung.

A. aurantiaca (Lindl.). Diese sehr schöne Pflanze scheint zu *Lycaste* zu gehören. Die Luftknolle hat die Form wie bei *Lycaste balsamea*. Die Blüthen sind bei dieser *Anguloa* sehr schön, gleichförmig, goldgelb und fast drei Zoll breit.

A. Clowesii (Lindl.). Tracht wie bei *A. uniflora*, nur ist die Luftknolle noch länger (über vier Zoll lang) und wenig gefurcht. Blüthe prachtvoll, bei drei Zoll hoch und drei Zoll breit, halb geöffnet; von Aussen rein schwefelgelb, im Innern ebenfalls; Lippe aufrecht, von der Blume eingeschlossen, rein weiss.

A. Ruckerii (Lindl.). Knolle bei 6 Zoll lang, $2\frac{1}{2}$ breit, halbrund, wenig gefurcht, blaugrün, sehr kräftig. Blätter wie bei *Peristeria*. Blume einzeln prachtvoll, an kräftigem, geradem Stengel aufrecht. Blume schalenförmig zusammengeneigt, innen herrlich goldgelb mit regelmässig vertheilten rothen Punkten; von Aussen lebhaft grün mit Gelb bemalt. *Labellum* klein, schalenförmig, spitz, feurig, blutroth, mit Goldgelb besäumt. Diese prachtvolle Blume hat 4 Zoll Länge und $2\frac{1}{2}$ Zoll Breite.

A. uniflora (Lindl.). Luftknolle gross, unförmlich, tief gerippt. Blätter sehr kräftig. Blüthen einzeln herrlich, sehr gross,

wie bei *Lycaste*; halb geöffnet, weiss, mit Nankin-Farbe am Rande
gezeichnet. Lippe zusammengeneigt, innen rein weiss, aussen
schmutzig lichtgelb. Eine schöne Pflanze. Es gibt noch mehrere
Species von *Anguloa*, welche alle prachtvolle Pflanzen und für
die Kultur gleiche Zustände bieten.

A. virginalis (Linden). Diese prachtvolle Pflanze wurde bei
L i n d e n eingeführt. Die Gesammttracht ist wie bei *Anguloa
Rakerii*. Die sehr grossen Blüthen sind rein weiss.

Angraecum. Zur II. Abtheilung.

A. apiculatum ist eine von *A. bilobum* vollkommen verschiedene Pflanze. Form von *Vanda*. Blätter mit Längsstrichen, wie
Falten. Blüthenstand herabhängend. Blüthe langgespornt, rein
weiss, mit Lichtrosa an den Blattspitzen bemalt; reichblumig,
sehr schön und selten.

A. bilobum (Lindl.). Form von *Vanda*. Blätter ausgebreitet,
vier Zoll lang, zwei Zoll breit, mit kleinen runden Punkten gezeichnet; am Ende tief, zweilappig. Blüthenstand dünn, hängend.
Blumen zahlreich, schön, rein weiss; am Ende der Spitzen Blumenblätter, zart, rosenfarb. Das *Labellum* langgeschwänzt, sehr
licht lederfarb. Die Pflanze hat nie mehr als 4—5 Blätter.

A. cucullatum (Pt. Thouars). Tracht von Vanda. Eine sehr
kleine Pflanze mit einzelnen grossen schneeweissen Blüthen. Die
Lippe ist gross, rund ausgebreitet. Säule weiss, Sporn fast sackförmig. Scheint nicht lebend in Europa zu sein.

A. crassum (Thouars). Eine aufrechte Pflanze mit abstehen-
den Blättern. Blüthen sehr klein, weiss. Fruchtknoten aufrecht,
sehr angeschwollen, eiförmig rund. Diese Pflanze, welche übri-
gens nicht sehr wünschenswerth ist, scheint nicht lebend in Europa zu sein.

A. citratum (Thouars). Tracht von *Vanda*. Eine sehr kleine
Pflanze, deren kaum drei Zoll hoher Stamm mehrere ausgebreitete
löffelförmige Blätter trägt. Blüthenstengel aufrecht, vielblumig.
Blüthen hellgelb, ausgebreitet; Sporn am Ende keulenförmig.
Diese schöne Pflanze scheint nicht lebend in Europa zu sein.

A. caudatum. Tracht von *Vanda*. Die Wurzel sehr dick,
weiss, fleischig. Die Blätter glatt, stumpfspitz, am Ende wenig
eingerissen. Blüthenstand sehr dünn, hängend. Blumen zahlreich,

höchst eigenthümlich, langgeschwänzt. Blume hellgrün, ausgebreitet. Blumenblätter schmal, spitz. *Labellum* reinweiss, aufrecht, in eine scharfe Spitze endigend. Säule oben dunkel okergelb, schnabelförmig. Sporn über einen Schuh lang, zierlich gebogen, lichtbraun, rund.

A. *distichum* (Lindl.). Pflanze sehr klein, hängend. Blätter reitend, fleischig, zusammengeneigt, verschieden grün. Blüthen einzeln, klein, milchweiss. Sporn gerade, am Ende lichtgrün.

A. *elatum* (Thouars). Scheint eine *Renanthera* zu sein. Stamm aufrecht, wie bei *Renanthera*. Blüthen zahlreich, weiss, mit etwas Weinroth bemalt. Die Blüthen sind sehr zart, Petalen und Lippe fein gelappt, die Sepalen löffelförmig.

A. *eburneum* (Thouars). Form von *Vanda*. Pflanze gross, schön dunkelgrün. Die steifen, langen Blätter haben der Länge nach auf jeder Seite drei Längslinien. Blüthenstengel aufrecht. Blume fleischig, ausgebreitet, licht olivengrün. Säule stumpf, dick, grünspanfarbig. *Labellum* prachtvoll, tief, schalenförmig, mit umgeschlagenem Rande und spitzem Ende; reinweiss und glatt wie Elfenbein. L i n d l e y hält diese Art mit *Angraecum superbum* für ein und dieselbe Art. T h o u a r s hat aber beide Arten abgebildet und daher als verschieden betrachtet.

A. *expansum* (Thouars). Tracht von *Vanda*. Eine sehr kleine, hübsch blühende Pflanze. Blüthen einzeln, rahmweiss, mit etwas röthlich bemalt. Der lange Sporn steht aufrecht in die Höhe. Diese Pflanze scheint nicht lebend in Europa zu sein.

A. *filicorum* (Thouars). Tracht von *Vanda*. Eine äusserst zarte Pflanze, deren Stamm und Blätter kaum rabenfederkieldick sind. Die drei Zoll langen Blätter enden stumpf. Es erscheint nur eine zarte weisse halbgeöffnete Blüthe, der Sporn der Lippe ist bei sechs Zoll lang, gleich dick und verleiht der Blüthe ein seltsames Ansehen. Die Pflanze scheint nicht lebend in Europa zu sein.

A. *funale* (Lindl.). Höchst seltsame Pflanze! besteht scheinbar blos aus langen, fleischigen Wurzeln und den einzelnen, bei drei Zoll langen, sammt dem sehr langen Sporn lichtolivengrünen Blüthen. *Labellum* zweilappig ausgebreitet, glatt, milchfarb, mit Lichtgrün berändert.

A. *implicatum* (Thouars). Tracht von *Renanthera*. Diese

zarte, sehr wünschenswerthe Pflanze bildet rabenkieldicke, mehrere Schuh lange Stämme. Blätter $\frac{1}{2}$ Zoll breit, über einen Zoll lang, sehr stumpf, lappig am Ende. Blüthen einzeln, prachtvoll, gross, reinweiss, ausgebreitet. Lippe und Blüthenblätter stumpfspitz endend. Sporn fünf Zoll lang. Diese zierliche schöne Pflanze scheint nicht lebend in Europa zu sein.

A. parviflorum (Thouars). Tracht von *Phalaenopsis*. Eine ganz kleine Pflanze mit mehreren hellgrünen Blümchen an einem aufrechten Blüthenstengel. Diese Pflanze scheint nicht lebend in Europa zu sein, sie ist aber auch nicht wünschenswerth.

A. palmiforme (palmatum) (Thouars). Tracht wie eine Palme. Stamm rund, aufrecht, braun, Bewurzlung am Ende des Stammes sehr dicht und kräftig. Blätter aufgerichtet, breit, stumpf endend. Blüthenstengel am Stamme horizontal, am kräftigen, geraden, braunen Stengel. Blüthen flatterig, im Verhältnisse zur Pflanze klein, $1\frac{1}{2}$ Zoll breit, weiss. Sporn keulenförmig endend. Die Pflanze wird mehrere Schuh hoch und ist die merkwürdigste Erscheinung unter allen stammbildenden Orchideen.

A. pellusidum (Lindl.). Form von *Vanda*. Pflanze einen Schuh lang, Blätter breit, riemenförmig, am Ende stumpfspitz. Blüthenstengel bei einen Schuh lang, der ganzen Länge nach mit kaum einen Zoll breiten, zierlich weissen, mit Grüngelb gestrichelten Blüthen besetzt. Das glatte, rund herum gefranzte *Labellum* ist brustschildförmig.

A. rectum (Thouars). Tracht von *Vanda*. Die Pflanze ist bis einen Schuh hoch. Blätter am Grunde zusammengeneigt, dann ausgebreitet, stumpf endend. Blüthen einzeln, klein, flatterig, hängend, weiss. Sporn sehr lang, am oberen Ende gebogen. Diese Pflanze scheint nicht lebend in Europa zu sein.

A. recurvum (Thouars). Tracht von *Vanda*. Eine kleine Pflanze mit stumpfen Blättern und einzelnen, weissen, langspornigen kleinen Blüthen. Diese Pflanze scheint nicht lebend in Europa zu sein.

A. triquetrum (Thouars). Tracht von *Vanda*. Pflanze klein, Blätter bei fünf Zoll lang. Blüthen einzeln, etwas flatterig, rein weiss. Lippe lanzetförmig, etwas wellig. Säule weiss, kurz. Scheint nicht lebend in Europa zu sein.

A. striatum (Thouars). Tracht von *Vanda*. Blätter aufrecht, gleich breit, stumpf endend. Blüthen ausgebreitet, rein weiss, Lippe sackförmig. Diese nicht sehr wünschenswerthe Pflanze scheint nicht lebend in Europa zu sein.

A. sesquipetale (Thouars). Tracht einer kräftigen *Vanda*. Diese wahre Prachtpflanze trägt über fünf Zoll lange und fast eben so breite schneeweisse Blüthen. Die Blume ist ausgebreitet, glatt, die Lippe pfeilförmig, stumpf, die Blumenblätter stumpfspitz. Die Säule ist hellgrün, der Sporn über acht Zoll lang, gerade, herabhängend. Die Blüthenscheide ist fleischroth, der Fruchtknoten hellgrün. Auch diese prachtvolle Pflanze scheint nicht lebend in den Gärten Europa's zu sein.

A. superbum (Thouars). Tracht von *Vanda*. Diese schöne, stattliche Pflanze, deren Blätter über zwei Zoll breit und über 1½ Schuh lang sind, gewähren auch ohne Blüthe einen erfreulichen Anblick. Der aufrechte Blüthenstand, welcher mehrere Schuh lang wird, trägt prachtvolle, über 4½ Zoll lange weisse Blüthen; die Lippe ist ausgebreitet, sehr spitz endend; die Form der Lippe fast viereckig, zwei Zoll breit, in der Mitte hellgrün bemalt. Die Säule ist kurz, dick, weiss. Die Blüthenblätter alle glatt, schmal, stumpfspitz. Der Sporn ist verhältnissmässig dünn. Die Blumen stehen nach einer Seite gerichtet. Die Pflanze hat einige Aehnlichkeit mit *Angraecum eburneum*, aber sie ist um Vieles prachtvoller.

A. virens (Lindl.). Eine sehr grosse, herrlich grüne, stattliche Pflanze mit aufrechten Blüthenstengeln. Blüthe sparrig, rein weiss, ungefähr drei Zoll breit, aber sieben Zoll lang, in Folge des langen Spornes.

Anoectochylus. Zur I. Abtheilung.

A. setaceus (Blume). Diese sehr kleine Pflanze ist ein Wunder der Pflanzenwelt. Die verkehrt herzförmigen Blätter sind wie von dunklem Sammt, die ganze Oberfläche der Blätter ist von einem Netze, im Lichte wie reines Gold schimmernd, überzogen. Aus der Mitte der Blätter erhebt sich aus den Scheiden der schöne lilarothe Blüthenstengel und trägt eine Menge kleiner Blüthen. Stengel und Blumen sind behaart, die Blüthe ist grün, mit Roth und Braun bemalt. Das *Labellum* sehr zierlich, gross, unten gelappt, ausgebreitet, mit langen Wimpern besetzt, rein weiss. Es scheint die Species, welche Blume und Wight abbildeten, noch nicht in Europa eingeführt.

In den verschiedenen Handelsgärten sind aufgeführt:

Anoectochylus chrysophyllus,
„   setaceus intermedius,
„   „   pictus,
„   cordata,
„   Lowei,
„   Lobbii,
„   maculatus,
„   latimaculatus,
„   pictus,
„   striatus,
„   xanthophyllus.

Um die Verwirrung bei diesen herrlichen Pflanzen hinsichtlich der Garten-Namen nicht noch zu vergrössern, habe ich vorgezogen, nur eine Species zu beschreiben, von den andern aber blos die Namen zu nennen. Die Benennungen sind derartig, dass man aus denselben schliessen kann, was die Unterschiede eigentlich bildet. Erst dann, wenn man alle diese benannten Pflanzen lebend vor sich hat, wird es möglich sein, die Synonime zu entfernen.

Arachnanthe. Zur II. Abtheilung.

A. moschifera (Blume). Form von *Renanthera*. Diese Pflanze gleicht sehr jener *Renanthera arachnitis*, welche wir in den Gärten besitzen. Stamm bis sechs Schuh lang, Blätter breit, spitz, die ganze Pflanze hellgrün, entweder aufrecht oder hängend. Blüthenstand prachtvoll, hängend, bei drei Schuh lang. Blüthen sehr zahlreich, höchst seltsam, wie eine kolossales Insekt. Jede Blume hat bei fünf Zoll im Durchmesser. Blumenblätter fast gleich breit, glatt, schmal, zierlich gebogen, hellgelb, ins Lichtgrün übergehend, und überall weinroth reichlich gefleckt. *Labellum* klein, fast rund, goldgelb, mit Bluthroth bemalt.

Armodorum. Zur II. Abtheilung.

A. distichum (Kuhl & H.). Form von *Vanda*. Pflanze sehr dunkelolivengrün, bei zwei Schuh lang. Blumen wenig, bei 2½ Zoll breit, ausgebreitet, dunkelziegelroth. Lippe und Säule klein, wappenförmig, strohgelb, mit Roth fein punktirt und bemalt.

Aspasia. Zur I. Abtheilung.

A. epidendroides. Pflanze kräftig, der Blüthenstand aufrecht. Luftknollen glatt, fast rund, zusammengedrückt; zwei Laubblätter mit sehr stark entwickelten Mittelnerven. Die Luftknolle sitzt auf dem geraden Verbindungsorgane auf und trägt lebhaft grüne, grosse, blatttragende Scheiden. Blüthenstengel steif, Blüthen kräftig, aufrecht. Säule und Lippe am Grunde sichtbar verwachsen, unten weiss, an den oberen Theilen breit weinroth bemalt. Die Blüthe ist hellolivengrün und mit breiten weinrothen Binden geziert.

A. lunata (Lindl.). Eine kleine Pflanze mit flachen, einen Zoll hohen, grünen Luftknollen. Die Blätter sind lang, schmal, am Grunde rothbraun, sie bedecken die Knolle bis zur vollkommenen Reife. Blüthe an zwei Zoll gross, mehrblumig, blass grün mit braunen Flecken. Lippe sehr ausgebreitet, fein gezähnt, gegen den Schlund mit Längshöckern versehen, auch hier lappig ausgebreitet.

A. principalis (Reich. fil.). Blüthen grösser als bei den anderen Species. Blüthe hellbraun; Lippe gelb mit braunen Längsstreifen.

A. variegata. Knolle eiförmig, hat Aehnlichkeit mit *Miltonia.* Blüthenstengel aufrecht. Blume mehr lang als breit, gross, schön. Petalen hellgrün mit blutrothen, zu zwei und drei beisammenstehenden kurzen Strichen. Sepalen breit, spitz, goldgelb, in der Mitte breit grün bemalt, hellblutroth gestrichelt. *Labellum* sehr schön dreilappig ausgebreitet, weiss, mit Lila sehr leicht bemalt und blass roth gepunktet. Säule aufrecht, schön gefärbt, weiss, am Grunde lila, roth punktirt.

Appendicula. Zur I. Abtheilung.

A. Hasseltii (Bl.). Nicht bemerkenswerth für eine Sammlung. Hat ganz kleine Blüthchen. Wahrscheinlich noch nicht lebend in Europa.

Arundina. Zur I. Abtheilung.

A. bambusae folia (Lind). Ueber zwei Schuh lange, dünne Luftknolle. Blüthen zahlreich, halbgeöffnet, gross, nickend, glatt, prachtvoll, weiss, mit Rosa und Gelb bemalt. Der Blüthenstand ist verzweigt.

A. densa (Lindl.). Blüthen sehr schön wie von *Cattleya*. Blumen fünf bis sieben, sitzen an der Spitze der Knolle dicht beisammen, sie sind prachtvoll, über drei Zoll breit, ganz ausgebreitet, glatt, lichtgrau mit Lila. Die Lippe oben zusammengeneigt, im Schlunde rein weiss mit goldgelben Längslinien, rund herum sehr breit feurig weinroth bemalt. Luftknolle langgestreckt, dünn, fast wie bei *Sobralia*.

Apuratia. Zur I. Abtheilung.

A. Lindleyana (R. W.). Aufrechter Blüthenstand. Blüthen zahlreich, klein, grünlichgelb, mit Roth gestrichelt. Für die Kultur nicht sehr wünschenswerth und scheint auch noch nicht lebend in Europa zu sein.

Barkeria. Zur I. Abtheilung.

B. elegans (Linden). Ausgebildete Luftknolle walzenförmig, dünn, bei einen Schuh lang, mit vertrockneten Scheiden ganz bedeckt. Blatttragende Scheiden hellgrün. Blüthenstand aufrecht, vielblumig. Blüthen sehr schön dunkellila, auf der Kehrseite hellrosa mit dunklen Streifen. Lippe weiss, auf der Mitte mit einem gelben Streifen und einem breiten hellpurpurfarben Flecken geziert. Form der Lippe fast geigenförmig. Säule herabgebogen, auf der Lippe aufliegend, breit, goldgelb, mit blutrothen Flecken geziert. Durch Linden in Brüssel eingeführt.

B. Lindleyana (Batem). Pflanze wie ein kleines *Epidendrum*. Knollen federspulendick mit vier grossen, fleischigen, spitzen, bei vier Zoll langen, über einen Zoll breiten Blättern. Die Blüthenstengel sehr lang und dünn. Blüthen zahlreich, beisammenstehend, blau, purpurfärbig. Blumenblätter schmal, spitz. Säule rein weiss. *Labellum* ausgebreitet, auf der Mitte auf weissem Grunde roth linirt.

B. spectabilis (Batem). Vier Zoll lange dünne, unordentlich beisammen stehende Knollen tragen zwei schön grüne, dicke, glatte, mit Mittelnerv versehene Blätter. Die kaum kleinfinger-dicken Knollen bilden einen aufrechten prachtvollen Blüthenstand. Blumen sieben bis neun, einzeln, feurig rosa lila mit regelmässig zerstreuten dunkleren runden Fleckchen. Die Blüthe ausgebreitet, jedes Blatt drei bis fünf Mal gefaltet, alle sehr spitz zulaufend. Säule niedergebogen, lichtviolet mit rothen, sehr kleinen Punk-ten. *Labellum* sehr gross, länglich, herzförmig, spitz, weiss, mit Zartrosa bemalt und mit lebhaft rothbraunen Punkten ver-sehen. Die einzelnen Blumen haben vier Zoll Durchmesser, der Anblick einer blühenden Pflanze ist wundervoll, zart und schön.

Batemannia. Zur I. Abtheilung.

B. Colleyi (Lindl.). Luftknolle wie bei *Lycaste aromatica*. Blüthenstand hängend. Blumen zahlreich, schön, ausgebreitet, weinroth, mit Grün breit und entschieden berändert. *Labellum* aufrecht, zusammengeneigt, rosa, weissgelblich bemalt.

Bifrenaria. Zur I. Abtheilung.
Maxillaria (Beer).

B. aurantiaca. Knolle ganz rund, glatt, dünn, lichtgrün. Blätter breit, kurz, gefaltet. Blüthe zahlreich wie ein *Oncidium*, goldgelb, mit Roth punktirt.

B. Hadwenii (Lindl.). Einzelne, bei drei Schuh lange, stiel-runde Blätter. Blüthe einzeln, an dickem Stiele, prachtvoll, bei fünf Zoll breit, ausgebreitet. Blätter spitz, wellenförmig, glatt, lichtolivengrün mit dunkelbraunen Querbinden und grossen Fle-cken. *Labellum* gross, schalenförmig ausgebreitet, weiss mit matt-rothen zahlreichen Flecken; auf der Mitte derselben befinden sich drei hohe Kämme von goldgelber Färbung. Säule kräftig, ge-bogen, weiss, mit Goldgelb bemalt und grossen, rothbraunen Flecken geziert. Es gibt noch mehrere Arten dieser Gattung, welche sich aber bei *Maxillaria* eingereiht finden.

Bletia. Zur I. Abtheilung.

B. acutipetala (Hook.). Luftknolle gedrückt, rund. Blätter lang, lanzetförmig. Blüthenstengel sehr kräftig, aufrecht, stark verzweigt. Blumen schön, sehr zahlreich, nicht ganz geöffnet, lila. Das *Labellum* gross, geflügelt, weiss, mit Rothlila tief bemalt, am Grunde goldgelb.

B. florida (R. Brown). Luftknolle wie ein kleiner Apfel, hellgrün, glatt. Blätter gefaltet, spitz. Blüthenstengel aufrecht. Blumen sparrig, schön rosa mit Lila verwaschen. Lippe weisslich mit Hellgelb auf den Längskämmen.

B. gebine (Lindl). Die Blüthe zahlreich, sehr schön wie *Phajus albus*, über zwei Zoll breit, weiss mit Lila-Anhauch. Das *Labellum* mit weissen Kämmen der Länge nach geziert.

B. gracilis (Lood.). Luftknolle etwas über einen Zoll hoch, glatt. Der junge Trieb aussen bis zur Blattspitze sehr schön violet. Blüthenstengel aufrecht. Blüthen äusserst zierlich. Blume halb geöffnet, lichttaubengrau. *Labellum* lebhaft rosa und weiss, die untere Ausbreitung goldgelb.

B. patula (Lindl.). Knolle spitz, kugelförmig mit vier braunen Querbinden, wo die Scheiden abfielen. Blüthenstengel aufrecht. Blüthe edel geformt, ausgebreitet, dunkelrosa. *Labellum* gelb gezeichnet und mit vier gelben Falten auf der Mitte geziert.

B. Sheperdii (Hooker). Blätter sehr breit, gefaltet, lang, fast wie bei *Phajus grandifolius*. Blüthe zahlreich, sehr schön dunkelfeuriglila, bei zwei Zoll breit, auf der Lippe befinden sich fünf weissgelbe Kämme.

Bulbophyllum. Zur I. Abtheilung.

B. barbigerum (Lindl.) und *B. Saltatorium*. Diess sind ganz kleine Pflänzchen, etwas kriechend, die Knolle kaum einen Zoll lang, fast kugelförmig mit einem steifen Blatt. Der interessante Theil ist hier die Lippe, welche bei *B. barbig.* bei dem leisesten Luftzuge sich zu bewegen anfängt. Dann bei *B. saltatorium* bewegt sich die ganze Lippe auffallend auf und nieder. Es sind eigenthümliche Haarbüschel von schön rother Färbung, welche die Lippen umgeben, und die von dem kleinsten Luftzuge bewegt werden.

B. fusco-purpureum (R. W.). Blüthen zahlreich, gross und schön, eine Mischung von Röthlichgelbbraun; die Lippe purpurfarbig. Die über nussgrosse Luftknolle ist unförmlich. Die Blüthe hat einen höchst sonderbaren Bau! Die Petalen sind gross, flach, durchaus geadert. Die Sepalen glatt, unten ausgebreitet, dann wie zusammengerollt bis zu Fadendicke, am Ende mit einem runden Knoten. Diese Gestalt erinnert an die Schellen der Narrenkappen. Es ist eine schöne, höchst merkwürdige Pflanze.

B. macranthum (Lindl.). Pflanze klein, kriechend. Luftknolle kaum einen Zoll lang. Ein Blatt, gestielt, dann sehr breit, glatt. Die Blume wie eine *Stapelia*. Blätter alle spitz, ausgebreitet, am Rande etwas zusammengerollt, sehr schön lila-weinroth, in der Mitte lichtgrün, ganz mit dunklen, runden Pünktchen übersäet.

B. tremulum (R. W.). Eine sehr kleine Pflanze mit rothbraunen Blüthen, dem *Bulb. barbigerum* sehr ähnlich.

B. umbellatum (Lindl.). Eine kleine, kriechende, zierlich blühende Pflanze. Blüthenstengel gebogen, aufrecht. Die Blumen stehen nahe beisammen, sind strohgelb, mit Grün bemalt und rothbraun gepunktet. Das *Labellum* ist weiss mit schönen kräftigen Lila-Flecken. Es gibt noch mehrere hübsche Arten.

Brassia. Zur I. Abtheilung.

Oncidium (Beer).

B. caudata (Hooker). Luftknolle glatt, flach, 4½ Zoll lang, schmal, zwei Blätter. Blüthenform sehr zierlich wie ein *Oncidium*. Der Hauptkarakter findet sich hier bei den zwei unteren Sepalen, welche verlängert sind und bandartig spitz enden. Die Blumenblätter sind goldgelb am untern Ende, sonst gelblich grün.

B. Keiliana (Reich. fil.). Die Blüthen sind gelb, mit Dunkelorange sehr schön gebändert.

B. macrostachia. Eine stattliche prachtvolle Pflanze. Knolle fünf Zoll lang, kräftig, glatt, verlängert, eiförmig, mit Scheiden umgeben. Zwei bis drei Blätter, einen Schuh lang, drei Zoll breit, stumpf, glatt, ausgebreitet. Blüthenstengel aufrecht, dann zierlich mit den prächtigen Blüthen herabgebogen. Blüthen sehr schön goldgelb. Die untern zwei Sepalen bei acht Zoll lang, hängend, sehr schmal; die obere Sepala ebenfalls lang, zurückgebogen. Petalen lang, spitz, schmal, zusammengeneigt. Die Blume hat einzelne lichtlederbraune Flecken. *Labellum* lang, schlaff, herabhängend, spitz, lichtstrohgelb.

B. Lawrenceana (Lindley). Tracht wie *Brassia maculata*. Blüthen zahlreich, sehr schön, rein goldgelb, mit Ausnahme der Lippe mit Blutroth gebändert.

B. Wrayae (Lindl.). Die hier benannte Species hat bei vier Zoll hohe Knollen, welche ein Blatt von schöner grüner Farbe tragen. Die Scheiden der Knolle sind klein, der Blüthenstand ist hängend. Die Blüthen stehen sehr unordentlich beisammen. Das *Labellum* ist ausnehmend gross, goldgelb, in lebhaft Grün übergehend, pfeilförmig, ausgebreitet, gefaltet, am Rande wellenförmig, mit rothen Punkten besäet. Die Blume hat grüngelbe Blätter, welche grosse braune Makeln und Binden haben. Die kurze runde Säule ist lebhaft grün.

B. longiloba (Lindl.). Luftknolle sehr klein, wie eine kleine Birne, fast wie von einer *Acropera*. Blüthenform wie bei Allen, hellolivengrün mit sehr matten, kleinen braunen Makeln. Lippe rein weiss, geigenförmig, spitz mit kleinen, lebhaft grasgrünen Flecken.

B. brachiata (Lindl.). Luftknolle wie auch die Blätter wenig gefurcht. Blüthen seltsam, langgeschwänzt, sehr schön strohgelb mit braunen Punkten. *Labellum* hat einen weissen Kamm und viele grasgrüne Punkte.

B. verrucosa (Lindl.). Luftknolle bei vier Zoll lang, tiefgerippt, eiförmig, flach, stumpfspitz, zwei Laubblätter bei $1\frac{1}{2}$ Schuh lang, schmal, stumpfspitz. Blüthenstengel aufrecht, Blüthen zahlreich. Aufrechtstehendes, reinweisses *Labellum*. Blumenblätter alle sehr lang und spitz, lichtolivengrün mit kleinen rothen Punkten.

B. Lanceana (Lindl.). Luftknolle $4\frac{1}{2}$ Zoll lang, dünn, tief, regelmässig gefurcht, $2\frac{1}{2}$ Zoll lang. Blüthenform wie gewöhnlich, grünlichgoldgelb mit rothbrauner Makel. Auf dem *Labellum* befindet sich ein reinweisser Kamm.

B. maculata (Brown). Die im Jahre 1813 im Kew-Garten blühende Pflanze, welche den obigen Namen erhielt, scheint wenig oder gar nicht mehr in den Sammlungen zu leben. Pflanze robust, Knolle oben wie zusammengezogen, fast gleich breit, trägt eine spitze, lebhaft grüne Scheide, gegenüber eine kräftige, lange Scheide mit Blatt. Die Knolle trägt nur ein Blatt, welches kurz, spitz und lederartig ist. Der Blüthenstand ist aufrecht; die Blumen zu 6—8 stehen nahe beisammen, und sind nach allen Seiten gerichtet. Blüthe ausgebreitet, Blumenblätter zurückgeschlagen, licht, schön olivengrün, nur mit einigen Häufchen schöner braunrother Punkte geziert. Das *Labellum* aufrecht, die Säule nach unten geneigt, dunkelgrün mit goldgelbem, zweischwülstigem Ende. Das *Labellum* ist reinweiss, am Grunde mit einem goldgelben Flecken, blutrothen Strichen und Punkten, wellenförmig, gegen oben gross, herzförmig, ausgebreitet und mit schwarz-sammtpurpur-runden Flecken zerstreut besäet.

Brassavola. Zur I. Abtheilung.

B. acaulis (Lindl.). Knolle kurz, pfriemmenförmiges Blatt mit tiefer Längsfurche. Blüthe einzeln, sehr gross und schön, rahmweiss.

B. cuspidata (Hooker). Ein stielrundes, über einen Schuh langes Blatt. Blüthenstengel anfangs wie das Blatt, dann gelblich, dünner, rund, einblumig. Blüthe schön reinweiss, mit Licht-Rosa bemalt, ausgebreitet; Sepalen und Petalen sehr lang, schmal, spitz zulaufend. Lippe röhrenförmig zusammengeneigt, dann mässig ausgebreitet und gezähnt; der mittlere Theil der Lippe schnabelartig verlängert, spitz, im Schlunde dunkelstrohgelb.

B. Dygbiana (Lindl.). Diese Pflanze ist nur eine obwohl bedeutend grössere Varietät von *Brass. glauca*. Die prachtvolle, sehr grosse Blume (über acht Zoll breit) ist ganz ausgebreitet, hellolivengrün. Das rund herum mit sehr langen Franzen besetzte *Labellum* ist herzförmig, ebenfalls ganz ausgebreitet, reinweiss mit grünlich metallischem Anfluge. Das *Labellum* hat vier Zoll in der Breite.

B. elegans. Pflanze sehr klein, kriechend. Blätter spitz, fleischig, fast rund. Blüthenstengel sehr dünn, aufrecht. Blume zahlreich, zierlich, fast zwei Zoll breit, lackroth, auf der Lippe breit goldgelb. Säule aufrecht, stark geflügelt, ebenfalls in der Mitte goldgelb. Diese Pflanze sieht durchaus keiner *Brassavola* ähnlich und scheint zu *Oncidium* zu gehören.

B. glauca (Lindl.). Tracht wie bei *Cattleya*. Knolle mit einem Blatte, aus der Scheide kömmt eine grosse schöne Blume hervor. Das *Labellum* ist sehr gross, ausgebreitet, gelappt, wel-

lenförmig, reinweiss, in der Mitte ein breiter goldgelber Flecken.
Im Schlunde befindet sich ein kräftig sammt-schwarzbrauner,
stumpf-spitzer Flecken. Die Blume hat grüne Blätter, welche am
Rande mit Lederbraun breit bemalt sind.

B. lineata (Hooker). Stielrunde, über einen Schuh lange
Blätter. Die Luftknolle ist mit einer braunen Scheide ganz bedeckt. Blüthen gross, zu zwei, rahmweiss, hängend. Die Sepalen
schwefelgelb, mit Roth bemalt.

B. Martiana (Lindl.). Blatt aufrecht, dann gebogen, pfrim-
menförmig, über zwei Schuh lang, spitz. Blüthenstengel kurz,
aufrecht. Blumen zahlreich, hellolivengrün, Lippe schön reinweiss, ausgebreitet, rund herum gewimpert.

B. venosa (Lindl). Blätter dick, fleischig, mit einer Rinne
der Länge hindurch, spitz. Blüthen zu drei bis fünf. *Labellum*
schön reinweiss, spitz, herzförmig, im Schlunde mit rothen Punkten, oben zusammengeneigt, ebenfalls punktirt. Blume lichtgrün,
Blätter lang, schmal, ausgebreitet. Es gibt noch mehrere Arten.

Broughtonia. Zur I. Abtheilung.

B. lilacina (Henfr.). Luftknolle lebhaft grün. Blüthenstand
aufrecht. Blüthenstengel dunkellilafarb. Blüthen zahlreich, blass
lilafärbig.

B. sanguinea (Lindl.). Luftknolle eiförmig, flachgedrückt,
mit einem Ring der abgefallenen Scheide. Blüthenstand aufrecht,
zwei Schuh hoch, vielblumig. Blüthen sehr schön leuchtend lackroth. Das *Labellum* ausgebreitet, am Rande fein ausgezahnt.
Säule und Umgebung reinweiss.

Bromheadia. Zur I. Abtheilung.

B. palustris (Lindl.). Diese sehr zierliche schöne Pflanze
hat eine bei drei Schuh lang gedehnte Knolle, welche mit frisch-
grünen Blättern besetzt ist. Der Blüthenstand ist aufrecht, von höchst
auffallender Form, es sitzen die Scheiden gehäuft sehr nahe an
einander. Die Blumen nach innen an den Verzweigungen des
Blüthenstengels einzeln, sie sind ausgebreitet, reinweiss, die Blätter
lang und spitz. Die Farbe der Lippe ist nicht zu beschreiben, indem
licht- und dunkelgelb, purpurfarb und hellroth, grün und orange

in den zartesten Uebergängen sich trennen und vereinigen. Die Säule, welche auf dem *Labellum* wie bei *Cattleya* aufliegt, ist strohgelb mit kräftig grünen Strichen. Diese sehr seltene Pflanze ist auch ziemlich schwierig zu erhalten.

Burlingtonia. Zur I. Abtheilung.

B. candida (Lindl.). Eine sehr kleine aber prächtige Pflanze. Luftknolle nicht zwei Zoll lang, glatt, mit Scheiden halb bedeckt. Blätter ausgebreitet, glatt, mit tiefen Mittelnerven. Die Pflanze wächst aufrecht und hat dünne, hängende Blüthenstengel. Blüthen reinweis, alle Blätter herabhängend, die Lippe ausgebreitet, zweilappig, oben aber nicht ganz zusammengeneigt, mit hellgoldgelben Strichen auf der Mitte. Die Blumen haben drei Zoll Länge und hängen zu 5—7 nahe beisammen herab.

B. decora (Lemair). Eine kleine Pflanze, welche längs den Baumästen sich verzweigt. Blüthen drei bis fünf, gross. Lippe zweitheilig, reinweiss. Sepalen und Petalen weiss, schwach rosa mit rothen Fleckchen.

B. maculata. Luftknolle wie von einem kleinen *Epidendrum*, dünn, schmal, über einen Zoll lang; ein Blatt, lang, schmal, spitz, hängend. Blüthenstengel hängend. Blumen zahlreich, einem *Oncidium* sehr ähnlich. Blumen halb geöffnet, goldgelb, mit Weinroth gefleckt.

B. rigida (Lindl.). Eine seltsam aufrecht wachsende Pflanze, welche lange, dünne, stielrunde Verbindungsorgane von einer Knolle zur andern hat. Knolle kaum einen Zoll lang, mit sehr breiten Scheidenblättern, ein Laubblatt. Blüthenstand aufrecht, schirmförmig. Blüthen hängend, sehr schön, milchweiss, mit Blutroth gestreift; der obere Theil der Blume zusammen verwachsen, woraus das *Labellum* hervortritt, welches sich ausbreitet und, in zwei grosse Lappen getheilt, wellenförmig erscheint. Im Schlunde befinden sich zwei braunrothe Makeln. Diese zierliche Art ist dem Wuchse nach bei den europäischen Orchideen durch *Malaxis paludosa* vertreten.

B. venusta (Lindl.). Knolle gedrückt, kaum nussgross, ein Laubblatt, hängend, glatt, ausgebreitet, stumpf. Blüthenstand hängend, prachtvoll! Blüthen zahlreich, reinweiss mit Lichtrosa-Schimmer,

nicht ganz geöffnet. Blüthe an zwei Zoll lang. Blätter wellen-
förmig, stumpf-spitz. *Labellum* lang, wellenförmig, am unteren
Theile ausgebreitet, zweilappig mit hellgelben Längsstreifen. Der
Blüthenstand hat bis zwölf prachtvolle, nach einer Seite gerichtete
Blumen.

Cadetia. Zur I. Abtheilung.

C. angustifolia (Blume). Eine sehr kleine Pflanze, wie eine
Brassavola; ein Blatt, fleischig, schmal, in der Mitte eine Rinnen.
Blumen sehr klein, meist aufrecht, wenig geöffnet. *Labellum* hellschwefelgelb, die Pflanze ist sehr lichtfahlgelb. Scheint noch nicht
lebend in Europa zu sein.

Calanthe. Zur I. Abtheilung.

C. brevicorum (Lindley). Knolle klein, von den grossen
Scheiden ganz eingehüllt. Blätter wenig gefaltet, zusammengeneigt, dann ausgebreitet. Blüthenstengel aufrecht, Blumen zahlreich ausgebreitet. weinroth. *Labellum* glatt, dreilappig, rosenfarb.

C. curculigoides (Lindley). Tracht von *Calanthe veratrifolia*.
Blüthenstengel steif, aufrecht, Blumen dicht stehend, halb geöffnet, aussen und innen feurig goldgelb; Lippe mit tief orangefarben Flecken. Sporn hackenförmig aufgebogen.

C. discolor (Lindley). Blätter gefaltet, aufrecht. Blüthenstengel aufrecht, vielblumig. Blume lila, weinroth. *Labellum* weiss,
mit Rosa bemalt. Säule hellstrohgelb.

Calanthe? — gracilis. Pflanze sehr klein und schwach, gleicht
dem Wuchse nach einer *Galeandra.* Luftknollen langgedehnt,
rund, stark federkieldick, bei vier Zoll lang, schön grün, von
braunen Scheiden sehr wenig bedeckt. Blätter lang, spitz, gefaltet. Der Blüthenstand erscheint auf der Mitte der Knolle
und ist aufrecht. Blüthen zahlreich. Lippe goldgelb, zweilappig,
unten muschelförmig. Säule frei, stumpf, reinweiss. Blüthenblätter seegrün, in's Goldgelbe übergehend. (Der Mangel des
Spornes an der Lippe und der Blüthenstand an der Mitte
der Knolle machen diese Species sehr zweifelhaft.)

C. Masuca (Lindl.). Tracht wie *Calanthe veratrifolia* Blüthenstand aufrecht, pyramidal, sehr reichblumig. Blüthen halb
geöffnet, gross, schön lichtlila. *Labellum* lang, stumpf, geschwänzt,

lila. Die Ausbreitung dreilappig, prachtvoll, blau, purpur mit kleinem, goldgelbem Kamme.

C. versicolor (Lindl.). Tracht und Blüthenstand wie bei *Calanthe Masuca.* Blüthen etwas blässer und kleiner, im Fortschreiten bis zum Welkwerden färben sie sich weiss und dann schön goldgelb.

C. veratrifolia. Blätter lang, breit, wellenförmig, tief gefaltet, stumpfspitz. Blüthenstengel aufrecht. Blüthe sehr zahlreich, an kräftigen Blüthenstielen, ganz ausgebreitet, gespornt, schneeweiss, auf der lappigen Lippe mit 9 goldgelben Pünktchen.

C. vestita (Wall.). Luftknolle hellblaugrün mit schwachen Längsfurchen, regelmässig gezeichnet, fast viereckig. Blatt lang, gefaltet. Blüthenstengel hellgrün, sammt den gelben Blüthenstielchen behaart. Blüthen sehr schön weiss, wie Sammt, etwas zurückgeschlagen. *Labellum* vierlappig mit goldgelben Flecken.

C. viridi-fusca (Lindl.) — (*Assam*). Dies ist eine für *Calanthe* sehr merkwürdige Form. Luftknolle liegend, ovalrund, mit Scheiden ganz umgeben. Ein Blatt, lang, spitz, wenig gefaltet. Blüthenstengel aufrecht, stark. Blumen zahlreich, halb geöffnet, olivengrün, mit Lichtbraun bemalt. Lippe klein, weiss mit Rosa.

C. Perrothellii (A. Rich.). Pflanze stattlich, Blüthe gross, wie bei *Calanthe veratrifolia*; licht feurig lila mit dunkelgelbem Fleck auf der Lippe. Luftknolle wie bei *Phajus.* Blüthen zahlreich, halb geöffnet.

C. plantaginea (Lindl.). Die sehr kleine Knolle ist von Scheiden ganz umgeben, aus denen sich der Blüthenschaft erhebt. Blätter zwei, langstielig, wenig gefaltet. Blüthenstengel aufrecht, vielblumig, eine herrliche Lilarosa-Pyramide bildend. Blume über einen Zoll breit, ausgebreitet. Lippe gespornt, dreilappig, zusammengeneigt, hier weisslich. Die Farbe der Blüthe ist sehr schön rosa, in's Blaue übergehend.

Camarotis. Zur II. Abtheilung.

C. purpurea (Lindl.). Form von *Vanda.* Pflanze mehrere Schuh lang. Stengel dünn, Blätter steif, stumpf, lappig. Blüthen zahlreich, dicht beisammen, klein, lichtrosa. Die kleine Säule endet rüsselförmig. Ein sehr zierliches Pflänzchen!

Catasetum. Zur I. Abtheilung.

C. atratum (Lindl.). Luftknolle walzenförmig, stumpfspitz, beblättert. Blüthenstengel hängend. Blumen zahlreich, hängend, nicht ganz geöffnet. Petalen rein dunkellledergelb. Sepalen hellgrün mit rothen Punkten. *Labellum* aufrecht, wie eine Pickelhaube, zurückgeschlagen, an der Seite gefranzt, hellgrün, der Umschlag hellgelb. Säule wie ein Weberschiffchen, anfangs weiss, dann grün, spitz.

C. callosum (Lindl.) *var. grandiflorum.* Scheint zu *Myanthus* zu gehören! Diese höchst sonderbar und schön blühende Pflanze hat der Knolle nach ganz den *Habitus* von *Catasetum*, aber die Blüthe ist so verschieden, dass man wahrlich versucht wäre zu glauben, die Pflanze gehöre gar nicht zu *Catasetum*. Der Blüthenstand ist hängend, vielblumig. Die Blüthen lang, schmal, wie ausgedehnt, aber dabei sehr schön. Die oberen drei Blätter sind zusammengeneigt, die zwei unteren ebenfalls, sie sind olivenfarb, mit Braun und Grün verwaschen, gefärbt. Die Schönheit macht das herrliche *Labellum*, es ist spitz, ausgebreitet; der obere Theil papageiengrün mit einer dunkelpurpurnen, hackenförmigen Zeichnung, eben so berändert. Die untere Spitze ist prachtvoll rubinroth, sonst goldgelbroth punktirt. Die Säule weiss mit zwei langen Zähnen.

C. fimbriatum. Eine mehrblumige Species, welche sich in der Form sehr auszeichnet. *Labellum* gross, ausgebreitet, schildförmig, rund herum gezähnt, unten spitz. Blume schmal, fleischig, grün mit braunpunktirten Blättern. Diese Pflanze scheint auch zu *Myanthus* zu gehören.

C. globiferum (Lindl.). Die grosse, walzenförmige, reichbeblätterte, langgedehnte Knolle trägt einen aufrechten Blüthenstand, welcher sehr ansehnlich ist. Die Blüthen stehen unordentlich, zerstreut, sind fast kugelrund, kaum geöffnet. Die Lippe ist sackförmig, rund, lichtgrün, am Rande mit braunrothen Punkten. Die zusammengeneigten Blumenblätter sind lichtlederbraun mit breiter grüner Einfassung. Im Innern ist die Blüthe sehr interessant durch das verschiedene Farbenspiel von Roth, Gelb und Grün.

C. integrinum (Hooker). Knolle sehr kräftig, einen Schuh

lang, walzenförmig, reich mit breiten, spitzen, gerippten, langen, geraden Blättern besetzt. Blüthenstand lichtgrün, aufrecht. Blüthen prachtvoll, halb geöffnet, alle nach einer Seite gerichtet, wie im Winde flatternd. Lippe kugelförmig, aufrecht, wiesengrün, mit Rosa leicht bemalt. Das Innere feurig rothbraun mit grüner und gelber Marmorirung. Blüthenblätter grün, mit Gelb und Rosa bemalt.

C. lamilatum (Lindl.). Knolle wie bei *C. integrinum*. Blüthenstand hängend. Blüthen zahlreich, halb geöffnet, gross und sehr schön! Blüthe lebhaft grün, mit Braun bemalt und mattroth gepunktet. Das *Labellum* ist etwas sackförmig auf der Mitte, dann aber zurückgeschlagen, ausgebreitet, spitz, am Rande herum gezähnt, mit breiter olivengrüner Bemalung und mattrothen Punkten. Eine sehr schöne Pflanze.

C. Landsbergii oder *Myanthus Landsbergii* (Reinward und de Wiese). Diese sehr seltene Species blühte in Leyden, sie trägt grüne Blüthen, welche reich mit Purpur bemalt sind.

C. longifolium (Lindl.). Luftknollen walzenförmig, stumpfspitz, über zwei Zoll dick, mit weissgrauen Scheiden ganz umgeben. Frischer Trieb, lichtgrün, mit sehr langen, zahlreichen, 6—8 hängenden Blättern. Blüthenstand hängend, über zwei Schuh lang, von prachtvollem Ansehen. Blumen an langen, dünnen Blüthenstielen. Die Blumenblätter sind klein, spitz, alle aufrecht, grün, mit Roth bemalt. Die Schönheit dieser Pflanze macht die sackförmige, prachtvoll goldgelbe Lippe, welche einen runden Sack bildet, mit umgeschlagener gefranzter Kante und sehr schöner blutrother Bemalung.

C. maculatum (Lindl.). Luftknollen verlängert, eiförmig, von sehr grossen Scheiden ganz eingehüllt. Knolle mit Querstreifen lichtblaugrün. Blüthenstand aufrecht. Blumen gross, zahlreich, sehr schön. Helmblatt kappenförmig, aussen hellgrün, innen rothbraun. Blüthe halbgeöffnet. Blätter hängend, lichtgrün, mit Rosa bemalt und mit Blassroth gepunktet. Im Ganzen schöne und grosse Blüthen.

C. Naso. Pflanze gross, kräftig, wie ein *Mormodes*. Die Luftknollen nehmen gerne einen hängenden Wuchs an. Blüthenstengel über zwei Schuh lang, überhängend. Blüthen zahlreich, kugelrund, nussgross, hell erbsengrün. *Labellum* schalenförmig, herabhängend, mit einer stumpfen Fortsetzung in der Mitte. Der obere Theil der Lippe ist feinzähnig am Rande, innen im Grunde muschelförmig gezeichnet, goldgelb. Man sieht hier sehr genau, dass dieses Gebilde eine verwachsene zweilappige Lippe ist. Der Rand der Mitte der Lippe ist fleischig, stumpf. Die Benennung „Naso" ist hieran nicht zu sehen.

C. Russelianum (Lindl.). Blüthenstand schön, sehr zahlreich, lichtgrün; halbgeöffnete Blumen mit reinweissem *Labellum* machen diese Pflanze doch angenehm. Die Luftknollen sind 7 Zoll lang.

C. Saccatum (Lindl.). Knolle einen Schuh lang, keulenförmig, stumpf am oberen Ende, sehr tief gerippt, mit wenigen Scheiden besetzt. Blüthenstengel aufrecht, dann überhängend. Blumen zahlreich, prachtvoll, vier Zoll breit. Das *Labellum* ist hier unbeschreiblich schön goldgelb, dreilappig, spitz, ganz ausgebreitet, rund herum mit langen Wimpern versehen; in der Mitte findet sich eine seltsame meergrüne Vertiefung. Das *Labellum* ist mit schönen Flecken von braunrother Farbe geziert. Die Blumenblätter sind sehr lang und spitz, die drei oberen zusammengeneigt, helmartig; dann die zwei Sepalen weit abstehend, sämmtlich grün, mit Dunkelblutroth fast ganz überzogen. Säule lichtgrün, gespornt.

Catasetum Sanguineum — *Myanthus Sanguineus* (Linden). Knolle gross, aufrecht, walzenförmig, reich beblättert. Blüthenstand stark, aufrecht, dann geneigt. Blumen zahlreich, schön. Die Blüthenblätter stehen alle aufrecht, sind spitz, ausgebreitet, grünlich gefleckt mit braun und roth. Lippe unten stumpf, spitz zulaufend; dann gezähnt, vierlappig, der obere ausgebreitete Theil lang gefranzt.

C. trifidum (Hooker). Luftknolle walzenförmig, aufrecht, sehr gleichmässig durch die abgefallenen Blätter geringelt. Blüthenstengel lang, dünn, herabgebogen, Blüthen sehr zahlreich, herabhängend, zierlich grün, mit Mattroth aussen und innen fein punktirt und an den Rändern weinroth bemalt.

C. Warezewitzii — *Warezewitzia* (Skinner). Blüthe und Blüthenstand haben der Form nach grosse Aehnlichkeit mit *Vanda cristata*. Blüthe blassgrün, duftend. Die Lippe ist am oberen Theile ausgebreitet und fein gezähnt, auf der Mitte mit einem herzförmigen, dunkelpurpurnen Flecken geziert. Der Untertheil der Lippe ist etwas zurückgebogen, schmal und gelappt. (Diese Species gehört gewiss nicht zu *Catasetum*, ich glaube an derselben eine Species von *Myanthus* zu erkennen.)

C. Wailesii (Lindl.). Obwohl hier der ganze Blüthenstand lebhaft grün ist und das *Labellum* weiss mit Lichtgrau, so ist es doch eine sehr interessante Pflanze, da selbe eine ordentliche Kaputze wie ein Mönch trägt. Die Blumen sind gross, der Blüthenstand aufrecht.

Cattleya. Zur I. Abtheilung.

C. acuminata (Beer). Siehe *Laelia acuminata*.

C. albida (Beer). Siehe *Laelia albida*.

C. amethystina (Morr). Eine reich blühende, prachtvolle Pflanze. Blüthen sehr gross, $3\frac{1}{2}$ Zoll Durchmesser, 4 — 6 Blumen an einem Blüthenstengel. Die Blüthen haben eine Färbung von Blau, Violet und Purpur, deren Pracht sich nicht beschreiben lässt. Die Säule und das *Labellum* sind weiss, mit rosarothem Schimmer. Auf dem *Labellum* ist ein saftgrüner Streifen. Sie hat den Wuchs von *Cattleya granulosa*.

C. anceps (Beer). Siehe *Laelia anceps*.

C. anceps var. Barkeriana (Beer). Siehe *Laelia anceps var. Barkeriana*.

C. Arembergii (Scheidw.). Scheint nur eine Varietät von *C. intermedia* zu sein. Die Blüthen sind bei *C. Aremb.* gross, schön, lichtrosa, wellenförmig. Blüthenstand hängend, vier- bis sechsblüthig. Das *Labellum* ist gross, weiss, mit Rosenroth bemalt.

C. aurantiaca (Beer). Siehe *Laelia aurantiaca*.

C. Auclandii (Lindl.). Die über einen Schuh hohe Luftknolle erscheint durch die vertrockneten Scheiden ganz weiss. Die Blüthen sind zwar klein, aber sehr zierlich grün, mit Roth bemalt und getupft. Das *Labellum* ist gross und schön weinroth und gelb gezeichnet.

C. autumnalis (Beer). Siehe *Laelia autumnalis*.

C. Brysiana (Ch. Lemair). Eine sehr grosse, kräftige, aber sehr seltene Pflanze. Luftknolle über $1\frac{1}{2}$ Schuh lang, ein Blatt, im Ganzen sehr robust, glatt, unten gebogen, keulenförmig, ein Blatt sehr dick, steif, gerade, stumpf. Blüthen sehr schön, zu zwei, gross, milchweiss. *Labellum* weinroth, im Schlunde goldgelb, am oberen Theile der Zusammenneigung strohgelb. Die Blüthe hat sechs Zoll im Durchmesser. Dem Wuchse nach eine der grössten Formen unter den Cattleyen.

Sp. St. Katharine. Diese Pflanze wird wahrscheinlich synonym mit *Laelia purpurata* (Lindl.) sein.

C. bulbosa (Lindl.). Blüthe prachtvoll, feurig lichtlackroth. Das *Labellum* trägt die ganze Schattirung von Roth. Die Blume, welche einzeln erscheint, ist sehr gross. Die Pflanze hat kurze dicke Luftknollen und trägt ein dickes Laubblatt. Die Knollenformen sind bei dieser Pflanze sehr v e r s c h i e d e n a n G e s t a l t.

C. bicolor (Lindl.). Prachtvoll, vielblumig. Blüthen sehr schön hell ledergelb, das *Labellum* feurig purpur, die Farbe ist so intensiv, dass man es nicht lange ansehen kann. Die Luftknollen sind dünn und $1\frac{1}{2}$ Schuh lang, oben mit zwei Blättern besetzt.

C. candida (Lindl.). Diese vielblumige, sehr zarte, schöne Pflanze hat wie durchsichtig weisse Blumen, welche innen ganz leichten Anflug von Gelb und Rosa haben.

C. cinnabarina (Beer). Siehe *Laelia cinnabarina.*

Catt. cernua — grandiflora — violacea — pterocarpa (Beer). Siehe *Sophronitis.*

C. citrina (Lindl.). Diese sehr schöne seltene Pflanze hat weisse Luftknollen. Eine schön orange gefärbte, sehr grosse Blume steht nickend zwischen den zwei Blättern, sie öffnet sich nicht ganz und will, an ein Holz befestiget, u m g e k e h r t a u f - g e h ä n g t, kultivirt werden.

C. citrina (Beer). Siehe *Sobralia citrina.*

C. crispa (Lindl.). Eine unvergleichlich schöne, reichblühende Pflanze! Blüthenstand hängend, trägt bis zehn sehr grosse herrliche Blüthen. Die Blume ist milchweiss, mit Zartrosa an den gewellten Rändern bemalt. Das *Labellum* feurig blutroth, weiss besäumt, zur Säule hin rein strohgelb. Die Pflanze bildet eine glatte, zusammengedrückte Luftknolle, hat ein Laubblatt.

C. crispa (Beer). Siehe *Schomburgkia crispa.*

C. chlorantha (Beer). Siehe *Sobralia chlorantha.*

C. decora (Beer). Siehe *Sobralia decora.*

C. Domingensis (Lindl.) — *Laeliopsis* (Lindl.). Luftknolle seltsam, fast wie bei *Dendrobium speciosum*, bei drei Zoll hoch, walzenförmig verlängert, oben sehr stumpf, zwei Blätter, schmal, bei vier Zoll lang. Blüthenstengel sehr schön purpurfärbig, 1½ Schuh lang. Blüthen zahlreich, ziemlich gross, in der Form einer kleinen Sobralien-Blüthe ähnlich, halb geöffnet, schön lila. Lippe zusammengeneigt, im Schlunde weiss; die Ausbreitung fein gezähnelt, wellenförmig, zurückgeschlagen, lebhaft rosenfärbig.

C. elegans (Morren). Trägt eine bis fünf Zoll grosse, herrliche Blume, welche feurig rosa-lila gefärbt ist. Das *Labellum* ist prachtvoll violet mit Purpur. Dies ist eine der grössten, aber auch schönsten Blüthen der Catticyen; sie hat den Wuchs von *Cattleya tigrina*, trägt aber nur ein Laubblatt. Ein auffallendes gutes Kennzeichen dieser Species ist, dass alle Blumenblätter sehr spitz enden.

C. elatior (Lindl.). Eine Pflanze wie *Cattleya gutatta*. Blüthen zahlreich, grünlich gelb, mit Braun gefleckt. Das *Labellum* lichtgrün mit brauner Makel.

C. fulva. Ich erhielt diese Pflanze von den Herren Thibauld und Keteler im Jahre 1853 aus Paris; sie blühte auch schon im August desselben Jahres. Es ist eine Pflanze, welche zwischen *C. Forbesii* und *C. isopetala* steht. Die Blüthe ist zart, erbsengrün; die Petalen sind auf der Rückseite mit Blassweinroth gestrichelt. Das *Labellum* ist aussen rein weiss, innen schön weinroth gestrichelt; selbst die Säule hat solche Striche. Wenn die drei hier genannten Pflanzen gleichzeitig blühen, lässt sich jede Species gut unterscheiden, aber schwer beschreiben.

C. flava (Beer). Siehe *Laelia flava*.

C. Forbesii (Lindl.). Eine viel verbreitete, schöne Pflanze. Die Luftknolle ist vier Zoll lang, dünn, trägt zwei schmale Blätter. Blüthen zu zwei, ziemlich gross, rahmweiss. *Labellum* wellenförmig, goldgelb, innen bemalt und roth linirt.

C. furfuracea (Beer). Siehe *Laelia furfuracea*.

C. Galleotiana (Rich.). Diese herrliche Species gleicht der *C. labiata*, nur ist die ganze Pflanze schlanker im Wuchse. Die Blüthen sind vier Zoll gross, herrlich lackroth; das *Labellum* mit einer grossen violeten Makel. Vier bis sechs Blumen. Die

Luftknolle ist tief gerippt und oft gebogen, sie endet unten dünn. Die Verbindungs-Organe sind hier auffallend lang.

C. guttata (Lindl.). Vielblumig, schön. Blüthen grasgrün, mit Roth punktirt. *Labellum* in Purpurfarbe schattirt.

C. guttata Russeliana (Lindley). Blüthen zahlreich, gross, über zwei Zoll Durchmesser. Blüthe lichtgrün mit Weiss, weinroth schattirt. Das *Labellum* wellenförmig, gross, schön lackroth, mit Lichtgelb gezeichnet. Es ist eine prächtige Varietät, welche bis zehn Blumen trägt. Die Luftknollen sind 1½ Schuh lang, fingerdick und oben mit zwei eiförmigen, grossen, fleischigen Blättern besetzt.

C. granulosa (Lindl.). Die sehr dünnen, über einen Schuh langen Luftknollen tragen zwei steife dicke Blätter. Blüthen zahlreich, gelbgrün, mit Roth gefleckt. Das *Labellum* ist weiss, mit Gelb bemalt. Eine schöne Pflanze.

C. granulosa var. Russeliana (Lindl.). Luftknolle bei zwei Schuh lang, Blätter zwei, Blüthen drei bis fünf. Blumen bei fünf Zoll breit, sehr schön olivengrün, mit blutrothen, fast regelmässigen kleinen Punkten überall geziert. *Labellum* weiss, zusammengeneigt, im Schlunde und an der schmalen Verlängerung rein goldgelb mit rothen Punkten. Untere Ausbreitung muschelförmig gefaltet, mit kleinen, lebhaft rothen Punkten geziert. Das prachtvolle *Labellum* ist die Hauptzierde dieser Pflanze.

C. Harrisonii (Lindl.). Luftknolle lang, dünn, weiss durch die vertrockneten Scheiden. Blüthen zwei bis vier, prächtig licht rosa. *Labellum* weiss mit Goldgelb.

C. Harris. alba. Blüthen sehr schön rein weiss. *Labellum* lichtlila.

C. isopetala. Diese Pflanze wird mit Unrecht mit *C. Forbesii* zusammen gebracht. Wenn auch in der Blüthe ziemlich gleich, so ist doch *C. isopetala* bedeutend grösser und kräftiger im Wuchse. Die Luftknolle wird über einen Schuh lang, die zwei Blätter sind spitz, eiförmig, Blüthen drei bis fünf.

C. intermedia (Grah.). Prachtvoll, zwei bis vier Blumen an einem Stengel. Die Blüthen gross, herrlich, röthlich, lila, unbeschreiblich frisch und zart. Das *Labellum* ist wie von mattem Wachs, mit kräftiger, purpurfarber Zeichnung. Die Luftknoll ist bei zwei Schuh lang und dünn. Wahre Blätter zwei.

14*

C. intermedia angustifolia mit hell lackrothen Blüthen.

C. intermedia variegata. Die Varietät besteht hier in der licht strohgelben, sehr krausen Lippe, welche im Schlunde goldgelb erscheint. Die lackrothen Blumenblätter sind alle mit grünen Spitzen, die Sepalen sehr nett strohgelb eingefasst.

C. intermedia var. pallida. Blume in der Form von *intermedia*, aber weiss, mit Blassrosa sehr reich bemalt. Die Lippe ist ebenfalls reinweiss; Ausbreitung derselben lackroth mit reinweisser Einfassung.

C. liliastrum (Beer). Siehe *Sobralia liliastrum.*

C. Lemoniana (Lindl.). Ist eine prachtvolle Varietät von *Cattleya labiata*, mit langer, seltsam zusammengerollter Lippe. Im Ganzen ist die Blüthe schmäler und mehr gedehnt in ihren Theilen, als *Cattleya labiata.*

C. Leopoldii (Morren). Luftknolle einen Schuh lang, dünn, oben mit zwei Blättern besetzt. Blüthen prachtvoll, der *Cattleya granulosa* ähnlich, aber noch einmal so grosse herrliche Blumen, hell lackroth, mit Grün gefleckt und verwaschen. Das *Labellum* dunkelblau violet, mit Grün und Roth wie durchwirkt.

C. lobata (Lindl.). Ist eine prachtvolle Varietät von *Cattl. labiata*; sie unterscheidet sich hauptsächlich durch die lappigen Blumenblätter und das schmale *Labellum*, sonst ist die Färbung wie bei *Cattleya labiata.*

C. Loddigesii (Lindl.). Diese herrliche Pflanze, obwohl sehr wenig von *Cattleya Harrisonii* verschieden, unterscheidet sich doch durch grössere Blüthen und durch das schöne *Labellum*, welches inwendig gelblich, mit Lila schattirt und sehr zierlich gekräuselt ist.

C. marginata (Paxton). Eine kleine, jedoch sehr werthvolle prächtige Pflanze. Die einzeln hängende Blume ist drei Zoll breit, sehr zart rosa-lila. Das *Labellum* ist feurig blutroth und wellenförmig weiss eingefasst.

C. maritima (Lindl.). Diese Abart von *Cattleya Loddigesii* ist im Ganzen — selbst die Blüthen — kleiner. Blüthen zwei bis vier schön rosa-lila.

C. majalis (Beer). Siehe *Laelia majalis.*

C. marginata (Beer). Siehe *Schomburgkia marginata.*

C. macrantha (Beer). Siehe *Sobralia macrantha.*

C. maxima (Lindl.). Eine wahre Zierde unter den schönen Cattleyen. Sie hat enorm grosse (bei 7 Zoll breit) prachtvolle Blüthen. Die schönen Blumenblätter sind wellenförmig, zierlich ausgebreitet, feurig lackroth. Das *Labellum* ist blass weinroth und wie mit einem Netze von kräftig Purpurroth überzogen. Die Luftknollen sind bis einen Schuh lang, etwas bauchig, von sehr kräftigem Wuchse.

C. Mossiae (Hooker). Die Blüthen haben bis acht Zoll Durchmesser! sind prachtvoll, zart, hellroth. Die Lippe nach der Spitze zu hellgelb, am Rande purpurroth punktirt und gekräuselt. Ein Wohlgeruch vollendet dieses Prachtgebilde. Die Luftknolle ist glatt, fingerdick und leicht erkenntlich durch nur ei n e Scheide am unteren Theile derselben; sie trägt ein Laubblatt, welches ebenfalls glatt ist. Die Luftknolle ist blattlos, oben sehr stumpf. Es gibt hier eine Menge Varietäten.

C. ovata (Lindl.). Ist synonym mit *Cattleya Loddigesii*.

C. odoratissima (Batem.). Die sehr wohlriechenden Blüthen sind zart rosa-lila, mit Purpurstreifen und Punkten gezeichnet.

C Papeisiana (Morren). Die Luftknollen sind zwei Schuh lang, dünn. Die Blüthe ist sehr schön rein rosenroth. Die Lippe hat auf der Mitte einen sonderbaren Höcker, ist wellenförmig gekraust, hellgelb, in der Mitte mit einem kräftigen goldgelben Flecken.

C. Perrinii (Batem.). Siehe *Laelia Perrinii*.

C. Perrinii (Lindl.) *vera* (ist nicht zu verwechseln mit *Laelia Perrinii*). Luftknolle kaum drei Zoll lang, ein Blatt fast einen Schuh lang, stumpf, gleich breit. Blüthen fünf bis sieben an einem zierlich gebogenen Stengel, prachtvoll dunkelroth, lila. Die Lippe breit, muschelförmig, kraus, im Schlunde gelb. Diese Pflanze hat im Wuchse einige Aehnlichkeit mit *Cattleya crispa*. Ich erlaube mir, diese Pflanze zum Unterschiede von *Laelia Perrinii*, welche doch auch nur eine *Cattleya* ist (vergleiche *Cattleya superba*), *Cattleya Perrinii grandiflora* (Beer) zu nennen.

C. Perrinii (Beer). Siehe *Laelia Perrinii*.

C. Perrinii major (Beer). Siehe *Laelia Perrinii major*.

C. peduncularis (Beer). Siehe *Laelia peduncularis*.

C. purpurata (Beer). Siehe *Laelia purpurata*.

C. pallida (Hartweg). Die ganze Pflanze, welche in der Tracht nichts Besonderes bietet, ist blassgrün. Blüthe einzeln, prachtvoll, bei einer Spanne breit, rein weiss. Das *Labellum* rein rosa, mit Dunkelrosa bemalt; oben schmal, zusammengeneigt, mit grossen, herzförmigen, goldgelben Flecken. Diese wahrhaft schöne Pflanze ist eine der lieblichsten Erscheinungen unter den herrlichen Cattleyen.

C. Pinellii (Hort.). Eine kleine, aber prachtvoll blühende Pflanze. Luftknolle vier Zoll lang, dünn, rund, ein drei Zoll langes Blatt am Ende, einblumig. Blüthe vier Zoll gross, prächtig, lackroth. *Labellum* blauroth, feurig leuchtend, mit welligem Rande.

C. Pinellii marginata (Hort.). Die ganze Pflanze sammt der Blüthe ist etwas grösser als *C. Pinellii*. Die Blüthen sind prachtvoll dunkelroth gefleckt, sonst ist kein Unterschied.

C. pumila (Hooker). Eine kleine Pflanze mit dünnen, kaum drei Zoll langen Luftknollen. Blüthen prachtvoll, gross, blaulila, sie stehen einzeln. Das *Labellum* ist schön purpurroth.

C. Rückerii (Beer) — *Sobralia Rückerii* (Linden).

C. rubescens (Beer). Siehe *Laelia rubescens*.

C. rubescens var. (Beer). Siehe *Laelia rubescens var.*

C. sesilis (Beer). Siehe *Sobralia sesilis*.

C. Skinnerii (Batemann). Eine kräftige, prachtvolle Pflanze. Luftknolle über einen Schuh lang, keulenförmig, dick, weiss von den vertrockneten Scheiden. Trägt zwei Blätter, aus denen sich die Scheide mit Blüthe entwickelt. Blüthenstand höchst prachtvoll, über einen Schuh im Durchmesser, trägt bis zu zwanzig Blüthen, jede einzelne $2\frac{1}{2}$ Zoll gross, alle Nuancen von Lackroth finden sich auf den herrlichen Blüthen. Das *Labellum* ist weiss, breit und kräftig, mit Dunkelroth wie mit Sammt umfasst. Es ist eine wahre Zierde der Sammlungen, findet sich aber selten in gesundem, kräftigem Zustande und blüht desshalb auch sehr selten.

C. superbiens (Beer). Siehe *Laelia superbiens*.

C. superba (Schomb.). Prächtig, feurig lackroth ins Lila spielend. *Labellum* unbeschreiblich prächtig purpurfärbig, ins Gelbe übergehend, spitz. Die ziemlich dicke, bis zu einen Schuh lange Luftknolle trägt zwei fleischige Blätter. Die Blüthen sind über drei Zoll im Durchmesser und vier bis sechs an einem Blüthenstengel.

C. sphenophora (Morren). Luftknolle zwei Schuh lang, dünn, weiss. Blüthen zahlreich, gross, grünlich, roth schattirt, purpurfarb gefleckt. Die Lippe und Säule weiss, am Rande roth.

C. Trianai (Linden). Diese prachtvolle Pflanze wurde durch Linden eingeführt. Die Blüthen sind sehr gross, rein weiss. Die Lippe ist prachtvoll gezeichnet, bei drei Zoll breit, herrlich gelb, in tief Purpurfarb übergehend. Ueber die Tracht der Pflanze ist mir nichts bekannt.

C. tibicinis (Beer). Siehe *Schomburgkia tibicinis.*

C. tibicinis var. grandiflora (Beer). Siehe *Schomburgkia tibicinis var. grandiflora.*

C. tigrina (A. Rich.). Eine kräftige Pflanze mit $1\frac{1}{2}$ Fuss langer Luftknolle und zwei grossen fleischigen Blättern. Blüthen drei bis fünf, sehr schön licht lackroth. Die Kronenblätter zurückgeschlagen, ausgebreitet. Das *Labellum* spitz endend, mit herrlich Dunkelpurpur bis zur Hälfte bemalt.

C. Vestalis (Hofmans.). Blüthen drei bis fünf, gelb-weiss. Das *Labellum* kraus, am Ende eingerollt, dunkelkarminroth. Die Blüthen sind sehr schön und bei sechs Zoll gross.

C. tichotoma (Beer). Siehe *Sobralia tichotoma.*

C. Wagnerii (Linden). Diese schöne Pflanze wurde wie so viele prachtvolle Gewächse von Linden in Brüssel eingeführt. Die Blüthen sind gross und schön und von rein weisser Farbe.

C. paludosa (Beer) — *Sobralia paludosa* (Linden).

C. violacea (Beer) — *Sobralia violacea* (Linden).

C. Walkeriana (Paxton). Hat einen aufsteigenden Wuchs, kurze, dicke, keulenförmige Luftknollen und trägt an der Spitze ein dickes, stumpfspitzes Blatt. Blüthen zu zwei, prachtvoll rosalila. *Labellum* mit Gelb sammt der Säule bemalt, erstere ausgebreitet, mit goldgelben Flecken auf der Mitte verwaschen und roth geadert durch die ganze Länge. Es scheint nur eine, aber prächtige Varietät von *C. labiata* zu sein.

C. undulata (Beer). Siehe *Schomburgkia undulata.*

Chilochista. Zur II. Abtheilung.

C. usneoides (Lind.). Habitus wie bei *Vanda*. Diese höchst merkwürdige Pflanze besteht scheinbar nur aus einer Menge hängender, fleischiger Wurzeln und dem Blüthentriebe. Sie hat zahlreiche, kleine, weisse Blumen. Scheint noch nicht in Europa lebend eingeführt zu sein.

Chloraea. Zur I. Abtheilung.

h. v irescens (Lindl.) — *Ch. chrysantha* (Pöppig & Endlicher). Warum wurde der so sehr bezeichnende Name *chrysantha* nicht beibehalten! — Eine Erd-Orchidee von vorzüglicher Schönheit. Blüthenstand aufrecht, prachtvoll, sehr reichblumig. Blüthe zusammengeneigt, halb geöffnet, goldgelb, bei 2½ Zoll breit. Diese Pflanze ist sehr schwer zu erhalten; zum öfteren eingeführt, aber auch grösstentheils schon wieder aus den Gärten verschwunden. Es gibt mehrere Arten dieser Gattung, welche alle gleich schwierig zu kultiviren sind, obwohl sie sehr kalte Regionen bewohnen.

Chysis. Zur I. Abtheilung.

Ch. aurea (Lindl.). Luftknolle walzenförmig, dünn, etwas keulenförmig, ganz mit Scheiden bedeckt. Blüthenstengel hängend, Blüthen sehr schön, halb geöffnet, feurig goldgelb. *Labellum* weiss, unten muschelartig, etwas hinaufgebogen, mit blutrothen Punkten; aussen lichtlila, im Schlunde goldgelb.

Ch. aurea var. maculata (Lindl.). Die Lippe auf weissem Grunde rein purpurfärbig gefleckt. Die Blüthe rein goldgelb mit Weiss verwaschen, prachtvoll. Kuftknolle walzenförmig.

Ch. bractescens (Lindl.). Luftknolle walzenförmig, bei 1½ Schuh lang, hängend, keulenförmig, am untern Ende sehr dünn. Wurzeln in Menge, sehr lang und filzig, weiss. Blüthen herrlich und schön wie vom reinsten weissen Wachs, halb geöffnet. Lippe geflügelt, am untern Rande aufgebogen, sehr schön rein goldgelb. Säule breit, in der Höhlung goldgelb, sonst rein weiss. Die Blume über 2½ Zoll breit.

Ch. laevis (Lindl.). Knolle keulenförmig, wie bei *Ch. bractescens*. Blüthen zahlreich, sehr schön, rein goldgelb, ausgebreitet.

Labellum weiss, sehr kraus eingerollt, mit gelben und rothen Punkten geziert.

Cirrhopetalum. Zur I. Abtheilung.

C. auratum (Lindl.). Eine sehr kleine zierliche Pflanze. Luftknolle nahe beisammen sitzend, kaum einen Zoll lang, eiförmig, wenig gerippt, ein Blatt, gross, breit, auf der Kehrseite sehr schön dunkelviolet. Blüthenstengel sehr lang, dünn, zierlich gebogen. Die Blumen stehen in der Runde sehr nahe beisammen, so dass sie eine förmliche Kugel bilden, sonst wie *Cirrhopetalum chinense*.

C. albidum (R. W.). Pflanze klein, kriechend. Luftknolle einen Zoll lang, birnförmig, ein Blatt, glatt, länglich, oval. Blüthenstengel aufrecht. Blumen alle beisammen sitzend, klein, halb geöffnet, rahmweiss, von aussen schmutziggelb, punktirt.

C. caudatum (R. W.). Blüthen klein, missfärbig, mit sehr verlängerten Sepalen. Pflanze kriechend. Luftknolle 1 ½ Zoll hoch, birnförmig. Ein Blatt, stumpf, fast zweilappig.

C. chinense (Lindl.). Pflanze klein, kriechend. Luftknolle bei 1½ Zoll lang, zierlich, schmal. Blüthenstengel aufrecht. Blüthen sehr schön, sie stehen in der Runde wie bei *Cirrhopetalum Thouarsii*, sind aber grösser und schöner. Blumen lichtgelb-fleischfarb mit Orange-Strichen, die unteren Blätter zwei Zoll lang, hängend. Blume gelb mit breiter, weinrother Bemalung. Lippe klein, lichtgrün.

C. cornutum (Lindl.). Tracht von *Cirrhopetalum Thouarsii*. Die ganze Blüthe ist gelbgrün mit blutrothen Strichen und Punkten. Die Sepalen eben so gefärbt. Eine zierliche Pflanze.

C. fimbriatum (R. W.). Blüthen zierlich, klein, aufrecht stehend, rahmweiss, mit Roth bemalt. Die Luftknolle unförmlich, sehr klein, kaum einen Zoll breit.

C. grandiflorum (R. W.). Eine sehr schöne, gross blühende Pflanze. Die Blüthen stehen zu drei und sind gelblichweiss, die zwei unteren Petalen über drei Zoll lang, schmal, zusammengeneigt; die Sepalen rund herum gewimpert. Luftknollen 1½ Zoll hoch, tief gefurcht, schmal, ein Blatt, an der Spitze zurückgebogen.

C. Macraei (Lind.). Die Blüthen seltsam geformt, klein, weinroth, kaum geöffnet, klein, verschieden durch die Blattlage geformt. Knolle kaum einen Zoll hoch, schmal, birnförmig, ein Blatt, die Pflanze kriechend.

C. Medusae (Lindl.). Knolle nussgross, ein Blatt mit stark entwickeltem Mittelnerv. Blüthenstengel aufrecht. Die Blumen stehen kugelförmig beisammen, sind schmutzig strohgelb mit einigen kleinen rothen Punkten. Die Blumenblätter enden in einen langen Faden (fünf Zoll), diess macht ein Gewirre, was zu dem Namen Anlass gab.

C. Neilgherrense (R. W.). Blüthen zierlich klein, weisslich, in Roth schattirt. Pflanze kriechend. Knolle kaum 1½ Zoll hoch, ein Blatt, stumpf, fast zweilappig endend. Blumen am Ende des geraden Blüthenstengels beisammen stehend, wenig geöffnet, durch die zwei unteren sehr verlängerten Sepalen höchst sonderbar gestaltet.

C. Thouarsii (Lindl.). Siehe *C. chinense.*

C. Walkerianum (R. W.). Blüthen eigenthümlich geformt, mit sehr langen Sepalen. Die Blüthen sind gross, schön roth, mit Gelb gefärbt. Pflanze kriechend. Knolle glatt, 1½ Zoll hoch, ein Blatt, gross, schön geformt, spitz u. s. w.

Cirrhaea. Zur I. Abtheilung.

C. obtusa (Lindl.). Eine sehr kleine, aber sehr zierliche Pflanze. Luftknollen tief gefurcht, gedreht, kaum zwei Zoll lang, ein Laubblatt, herabhängend, lang, spitz. Blüthenstengel vielblumig, hängend. Petalen hell goldgelb mit blutrothen Querstreifen. Sepalen rein weiss, am Ende dunkellila, sehr fein roth punktirt.

C. tristis (Lood.) geht auch unter dem Namen *Sarcoglossum suaveolens.* Luftknolle wie bei *Acropera Loodigesii.* Blüthenstengel sehr zart, Blüthen ebenfalls, die Blumen und die Blätter hängen aufgerichtet, zierlich, vielfärbig. *Labellum* aufrecht, dunkellila. Sepalen goldgelb, mit Roth bemalt. Petalen grün, mit dunkel Purpur reich bemalt. Blumenstiele schmutzig rosa. Die fleischige Beschaffenheit, welche die Blüthen besitzen, ist sehr bezeichnend. Es gibt noch eine ziemliche Anzahl von Arten, da sie aber alle ziemlich gleich an Form und Lieblichkeit der Blüthen sind, fand ich es unnöthig, sie alle hier einzeln zu beschreiben, obwohl ich nochmals bemerke, dass alle Cirrhaeen sehr hübsche Blüthen haben.

Cleisostoma. Zur II. Abtheilung.

C. crassifolium (Lindl.) und *C. rosea*. Form von *Vanda*. Blätter fleischig, dick. Blüthenstengel verzweigt. Blüthen sehr zahlreich, aber klein, hellgrün. *Labellum* rosa.

Coelogyne. Zur I. Abtheilung.

C. angustifolia (A. Rich.). Pflanze klein, Blüthen gross, sehr schön, reinweiss. Lippe mit gelben Flecken. Die Luftknolle kaum einen Zoll hoch, tief, unregelmässig gefurcht, zwei Blätter.

C. corrugata (R. W.). Hübsche Blüthe, zahlreich, verwischt färbig weiss und gelb. Luftknolle voll Runzeln wie eine gedörrte Birne, kaum zwei Zoll hoch, zwei Blätter mit sehr starkem Mittelnerv, stumpfspitz.

C. cristata (Lindl.). Pflanze klein, Luftknolle wie eine kleine grüne, etwas glatte Gurke. Blätter schmal, zierlich, lang, spitz. Blumen drei bis fünf, sehr schön, bei drei Zoll breit, ausgebreitet, rein weiss. *Labellum* zusammengeneigt, stark zurückgeschlagen, oben im Schlunde orangefarb gestrichelt, am Kamme rein goldgelb. Säule am untern Ende breit, rein weiss.

C. Cumingii. Pflanze klein wie ein *Bolbophyllum*. Luftknolle fast viereckig. Blüthenstengel aufrecht. Blume sehr schön, rein, blendend weiss; auf dem *Labellum* mit rein Goldgelb herrlich breit bemalt und gezeichnet.

C. fimbriata (Lindl.). Pflanze klein, kriechend. Knolle 1½ Zoll lang, glatt, dunkelgrün, zwei Blätter. Blüthe einzeln, schön grünlich hellgelb. Lippe fast viereckig, ausgebreitet, rund herum gefranzt, weiss, mit gelben und rothen Strichen schön gezeichnet.

C. fuliginosa (W. Hook.). Diese kriechende kleine Pflanze hat fingerdicke, stumpfe, wenig gefurchte Knollen, zwei schön ausgebreitete, wenig genervte Blätter, aus denen sich aus Scheiden der Blüthenstengel erhebt. Blüthen vier bis sechs, sehr schön goldgelb, gross, halb geöffnet. Die Lippe ist rund herum gefranzt, feurig, licht ledergelb, mit goldgelbem Kamme auf der Mitte.

C. flaccida (Hook.). Knolle tief gefurcht, verlängert, eiförmig, $3\frac{1}{2}$ Zoll lang, mit vielen hellbraunen, rothgetupften Scheiden umgeben. Blüthenstengel hängend. Blumen schön, zahlreich, milchweiss, am Rande des *Labellums* mit ganz kleinen, lebhaft rothen Punkten, auf der Mitte ein gelber Flecken.

C. nervosa (A. Rich.). Sehr schöne Blüthe, gross, reinweiss. Die Lippe mit Röthlichbraun gezeichnet. Blüthenstand aufrecht, vielblumig. Luftknolle birnförmig, bei drei Zoll hoch, unförmlich, tief gefurcht, zwei Blätter.

C. adoratissima (Lindl.). Pflanze klein, Blüthe schön, zahlreich, mit gelb bemalter Lippe. Luftknolle kaum über einen Zoll hoch, tief gefurcht, birnförmig, zwei Blätter.

C. ochracea (Lindl.). Pflanze klein, Luftknolle zwei Zoll hoch, unförmlich tief gerippt, zwei bis drei Blätter. Blüthenstengel aufrecht, zart, lichtgrün. Blumen zahlreich, rein, schneeweiss und herrlich ausgebreitet. Das Labellum etwas aufgerichtet mit sehr entschieden goldgelben, fein roth begrenzten Flecken.

C. speciosa (Lindl.). Luftknolle birnförmig, gleichmässig tief gefurcht, $2\frac{1}{2}$ Zoll hoch, ein Blatt, sehr kräftig, in der Jugend mit rothem Saum. Blüthe einzeln fünf Zoll breit, so sonderbar als schön! ausgebreitet. Blume feurig nankinfarb. Säule lang, rein weiss. Das *Labellum* wie von Chocolade und reinem weissen Zuckerwerke am Rande. Das grosse, herrlich schöne *Labellum* steht ganz frei und ist oben zusammengeneigt.

C. Wallichiana (Lindl.). Kleine Pflanze mit aufrechter, über einen Zoll hoher, gedrückt birnförmiger Knolle. Die Knolle ist sehr schön purpur und mit Weiss wie krystallisirt. Blüthen einzeln, sehr gross und schön. Die Blüthe ist fast ausgebreitet, kräftig blau lila. Das *Labellum* lang, röhrenförmig zusammengeneigt, oben etwas ausgebreitet, gefranzt, bläulich hell lila, unten aussen grün. Die Säule rein weiss u. s. w.

Coelia. Zur I. Abtheilung.

C. albiflora unterscheidet sich von *C. Bauerii* nur durch etwas grössere Blüthen.

C. Bauerii. Die Luftknollen sind über nussgross, ganz glatt, im Wuchse sonst wie *C. macrostachia.* Die Blüthen sind rein weiss, etwas grösser wie Maiglöckchen, sehr zahlreich, zierlich.

C. macrostachia. Die Luftknolle ist wie ein kleiner Apfel, kugelrund, ganz glatt, sie trägt drei schmale, lange, spitze Blätter, welche an der Basis förmlich verwachsen sind; hier ist die Blattmasse fast kleinfingerdick, ganz glatt. Blüthenstengel sehr kräftig, aufrecht. Blüthen enge aneinander stehend und sehr zahlreich. Die Sepala dunkelrosa schattirt, mit blasigen Auswüchsen. Die Petala lila-weiss. Der ganze Blüthenstand mit seinen braunen Scheiden macht den Eindruck einer blühenden *Bromeliaceae.*

Comparetia. Zur I. Abtheilung.

C. coccinea (Lindl.). Diese ganz kleine Pflanze trägt eine Menge sehr zierlicher schöner Blüthen. Knolle kaum einen Zoll hoch, stumpf, gedrückt, wenig gerippt, ein Blatt, schmal, lang, glatt; Oberfläche schön grün, Unterfläche schön dunkel-lila. Blüthenstengel sehr dünn, lang, lilafärbig. Lippe einen Zoll breit, zweilappig, ausgebreitet; aussen goldgelb, innen hoch orange gelb, langgespornt. Blumenblätter und Säulchen innen goldgelb, aussen hoch orange; die Blumenstiele sind lichtgrün.

Coryanthes. Zur I. Abtheilung.

C. Albertinae (Karsten). Professor L i n d l e y zieht diese Species zu *C. Speciosa.* Obige Pflanze hat prachtvolle zahlreiche Blüthen; sie sind hellgelb mit runden lackrothen Flecken. Lippenhals weiss, mit tief Rosenfarb gefleckt, schön licht lackroth, innen dunkler gepunktet. Sack aussen roth bemalt, innen dunkelroth gefleckt.

C. Feildingii (Lindl.). Blüthe herrlich, gross, bräunlichgelb mit zimmtfarben Flecken. Sie sind prachtvoll und jedenfalls höchst wünschenswerth. Tracht der Pflanze wie bei *Albertineae.*

C. maculata (Hooker). Luftknolle fünf Zoll lang, dünn, rund, sehr wenig, aber gleichmässig gerippt. Blüthenstengel bei zwei Schuh lang, zierlich gebogen. Blüthenstiel lang, dick, etwas gewunden. Blüthen prachtvoll, sechs, die Form wie bei *Speciosa,* hell nankingfärbig. Die Lippe licht schwefelgelb, der Sack im Innern schön lila, mit Gelb durchaus marmorirt. Die Lilafarbe zieht sich auch auf die Aussenseite der Lippe.

C. maculata var. Barkerii (Hooker). Unterscheidet sich von *C. maculata* blos dadurch, dass der obere helmartige Theil der Lippe hier rein dunkelbraun ist. Der Sack ist im Innern nicht marmorirt, sondern auf goldgelbem Grunde roth punktirt.

C. macrantha (Hooker). Luftknolle klein, etwas verdrückt, drei Zoll hoch, tief gerippt, ein Blatt, aufrecht, gefaltet. Blume sehr gross und prachtvoll, tief wellenförmig, goldgelb, mit Blutroth gefleckt. Die Säule lang, herabgeneigt, weissgrau geflügelt mit kleinen rothen Punkten. Die Lippe ist der Prachttheil dieser Pflanze, aber unbeschreiblich gestaltet: anfangs dünn, rund, violet, dann kommt eine knopfartige Verdickung, dann ein langer, tiefgefalteter Hals, endlich die untere sackähnliche Ausbreitung. Das Ganze lebhaft gelb mit Feuerroth, innen blässer und roth getupft.

C. Barkerii (Hooker). Professor L i n d l e y zieht obige Species zu *C. speciosa*. Diese prachtvolle Species hat grosse, hellgelbe Blumen. Der obere Theil der Lippe schön purpur. Der Sack innen purpur gefleckt, dann weiss mit Purpur bemalt. Tracht wie bei *Speciosa*.

C. punctata (Hooker). Professor L i n d l e y zieht diese Species zu *C. speciosa*. Blüthe prachtvoll goldgelb, mit Blutroth gesprengelt. Der Lippenhals ist goldgelb, mit Roth-orange bemalt. Der Sack sehr blassgelb, mit Roth gesprengelt. Tracht der Pflanze von *C. Speciosa*.

C. speciosa (Lindl.). Knolle tief gerippt, verlängert, schmal zulaufend, fünf Zoll hoch. Blätter zwei, lang, spitz, bei vier Zoll in der Mitte breit. Blüthenstengel herabhängend. Blumen fünf bis sieben, prachtvoll, unbeschreiblich in der Form. Die Sepalen sind wie ausgebreitete, schmutzig grüne, platte Muscheln. Die Petalen bandförmig gelockt, herabfallend, wie ein Tigerfall in der Farbe. Die Lippe ist erst aufrecht, stielrund, fleischfarbig, dann rein goldgelb, kugelförmig, bauchig, dann zusammengeneigt, goldgelb, röhrenförmig; dann plötzlich gross, sackförmig, ausgebreitet, von unten hinauf stehend, purpurfarb, innen mit gelben und rothen Flecken. Die Blumen sind über vier Zoll breit. Es gibt hiervon noch mehrere prachtvolle Arten.

Cottonia. Zur II. Abtheilung.

C. macrostachya (R. W.). Habitus wie bei *Vanda*. Hat sehr lange Blüthenstände; wenige, aber ziemlich grosse Blumen. Es fehlt leider eine ausführliche Beschreibung. Diese Gattung scheint auch noch nicht lebend in Europa eingeführt zu sein.

Cryptochilus. Zur I. Abtheilung.

C. Sanguineus (Wall.). Kleine Pflanze mit vielen kleinen Knollen. Blüthenstand aufrecht, Blumen blutroth, hübsch, klein.

Cyathoglottis. Zur I. Abtheilung.

C. macrantha (Lemair). Siehe *Sobralia chlorantha* (Hook.).

Cycnoches. Zur I. Abtheilung.

C. aureum. Walzenförmige Luftknolle. Prachtvoll hängender, vielblumiger Blüthenstand. Die Blüthen haben kurze Stielchen, desshalb die zurückgeschlagenen Blumenblätter alle Blüthen zu einer prachtvoll goldgelben Masse vereinen. Das nankingfarbe, tief eingeschlitzte *Labellum* hebt sich gut ab von dem schönen gelben Grunde. Die Säule sehr lang, schwanenhalsartig zierlich gebogen, auf gelbem Grunde mit licht Purpur bemalt und der ganzen Länge nach dunkelpurpur gepunktet.

C. barbatum (Lindl.). Die Luftknolle dieser Pflanze hat ganz den Habitus einer *Lycaste Skinnerii*, sieht daher der Gestalt nach durchaus keinem *Cycnoches* ähnlich! Knolle kaum drei Zoll lang, glatt, ein Blatt. Blüthenstand aus der Scheide am Grunde der Luftknolle der ganzen Länge nach prachtvoll purpurfärbig und dicht behaart, überhängend. Blumen sehr schön und zahlreich, stark zurückgeschlagen, goldgelb mit lebhaft blutrothen runden kleinen Punkten reichlich besäet. Säule lang, dünn, in einen starken Knoten endigend; dieser dunkelpurpur, dann licht gelbgrün. *Labellum* stark, spitz, geflügelt, unten zurückgeschlagen, perlweiss, mit Gelb bemalt und braun punktirt.

C. chlorochilon (Lindl.). Luftknolle walzenförmig, aufrecht, mit Scheiden besetzt, über einen Schuh hoch, von schönem Wuchs.

Blüthen drei, prachtvoll, über fünf Zoll breit, licht olivengrün. Lippe zwei Sepalen und zwei Petalen, aufrecht, eine Petala hängend, schmal, spitz. Lippe glatt, glänzend wie Elfenbein, bauchig, lichtgelb mit grossen, rein grünspanfarben Flecken.

C. Dianae (Reich. fil.). Blüthen carmoisinroth, braun punktirt. Lippe weiss. Blumen zahlreich, bilden eine hängende Aehre.

C. Egertonianum (Lindl.). Tracht der Pflanze ganz wie bei *C. chlorochilon.* Blüthen sehr zahlreich an einer über zwei Schuh langen Rispe. Blüthen dunkelweinroth mit goldgelben länglichen Flecken auf der Mitte der Blumenblätter. Die Lippe ist hier merkwürdig geformt! sie ist grün, unten stielrund, dann tellerförmig ausgebreitet, rund herum sitzen im Kreise keulenförmige Spitzen wie bei *Drosera.* Die Säule ist sehr lang, gebogen und dunkelpurpur, dann gegen das Ende grün.

C. Lindleyi (Linden). Diese herrliche Pflanze hat einen überhängenden Blüthenstand. Blumen zahlreich, schön, hochgelb, mit blutroth punktirt. In der Gesammtgestalt gleichen sich alle Species.

C. Loddigesii (Lindl.). Eine über einen Schuh lange, walzenförmige, reich beblätterte Knolle trägt einen $1\frac{1}{2}$ Schuh langen Blüthenstand, welcher, in zierlichem Bogen herabhängend, fünf bis sieben prachtvolle, sehr grosse Blüthen trägt. Die Lippe steht hier gegen oben. Die Säule, welche sehr verlängert, wie ein Schwanenhals zierlich gebogen ist, steht von unten nach aufwärts. Die Blumen gross, ausgebreitet. Die Sepalen lichtolivengrün mit blassrothen Mackeln. Die Petalen sind rein olivengrün mit röthlichem Anfluge. Das *Labellum* ist glatt und glänzend wie polirtes Elfenbein, schön lichtrosa, ins Gelbe übergehend, mit lebhaft blutrothen Mackeln. Die Säule sammt Ansatz ist rein begrenzt und lebhaft dunkelpurpur; am Ende ist das *Labellum* schön grün mit rothen Punkten.

C. maculatum (Lindl.). Luftknolle bei zwei Schuh lang, rund, fast gleich dick, reich beblättert. Blüthenstengel bei drei Schuh lang, hängend, prachtvoll. Blume goldgelb, mit Braunroth reich bemalt. Lippe klein, aufrecht, weiss, mit langen Wimpern besetzt. Säule sehr lang, dünn, zierlich aufwärts gebogen, violetfärbig. Die Blumen sind ausgebreitet, zurückgeschlagen, gross, sehr zahlreich und prachtvoll.

C. Pescatorei (Lindl.), auch *Acineta glauca* (Linden). Stattliche Pflanze, welche im Wuchse der *Peristeria (Acineta) Humboldii* gleicht. Blüthen prachtvoll, gross. Die Sepalen sind dunkelgelb, mit Braun bemalt. Die Lippe und die Petalen sind schön goldgelb.

C. pentadactylon (Lindl.). Eine Pflanze wie *C. ventricosum*, nur sind hier die Blüthen olivengrün und ganz gleich mit rothbraunen Bändern und Makeln reich besäet. Die Säule ist purpurblau.

C. ventricosum (Lindl.). Luftknolle wie bei *C. chlorochilon*. Blüthen zahlreich, k l e i n e r, aber eben so gestaltet wie bei obiger Species. *C. ventricosum* hat aber eine bedeutend längere, hängende Blüthentraube und auch sieben bis neun Blüthen.

Cymbidium. Zur I. Abtheilung.

C. aloefolium (Schwarz). Stattliche Pflanze mit grossen, g e z ä h n t e n Blattscheiden und zwei langen, bandartigen Blättern. Blüthenstand a u f r e c h t, 1½ Schuh lang. Blüthen gross, schön, schmutzig gelb mit rothem Streifen. Die in den Gärten unter obigem Namen sehr verbreitete Pflanze scheint nicht die echte Species zu sein, denn hier ist der Blüthenstand sehr zahlreich, die Blüthen um vieles kleiner, auch fehlen die gezähnten Blattscheiden; der Blüthenstand etwas überhängend.

C. erectum (R. W.). Blüthenstand aufrecht. Blüthe sehr gross, zahlreich, grünlich braun, mit dunkelroth gestreift.

C. ensifolium (siehe *C. sinense*). Die Blätter sind hier aber nur halb so lang und lanzetförmig gespitzt. An der Blüthe ist wenig Unterschied.

C. elegans (Lindl.). Luftknolle ganz von blatttragenden Scheiden umgeben. Blätter lang, schmal, nach zwei Richtungen ausgebreitet. Blüthenstengel stark, aufrecht, dann zierlich herabgebogen. Blüthen zahlreich, stehen sehr nahe beisammen und bilden eine prachtvolle, über einen Schuh lange und acht Zoll breite, hängende, dichte Aehre halbgeöffneter, hängender, goldgelber Blüthen.

C. eburneum (Lindl.). Blätter alle reitend, die ganze Pflanze bei zwei Schuh hoch. Blüthenstengel braun bescheidet, hängend.

Blumen zwei bis drei, höchst prachtvoll, bei sechs Zoll breit, aufgerichtet, ausgebreitet, rein weiss. *Labellum* hat auf der Mitte einen rein goldgelben breiten Streifen.

C. giganteum (Lindl.). Eine grosse, schöne Pflanze. Die Knolle ist ganz mit Scheiden bedeckt. Blätter lang, glatt, überhängend, über einen Zoll breit. Blüthenstengel über drei Schuh lang, mit grossen, grünen Scheiden umgeben, aufrecht. Blüthen zahlreich, halbgeöffnet, bei drei Zoll breit, olivengrün, mit Lederbraun sehr breit bemalt. *Labellum* aufrecht, zusammengeneigt, wellenförmig, lichtgrün mit mattrothen Punkten.

C. Mastersii (Lindl.). Lange, bandförmige Scheiden mit Blättern umhüllen reitend die Luftknolle; aus den Scheiden erhebt sich ein kräftiger Blüthenstengel, vielblumig. Blüthe rein weiss, am Grunde der schmalen, langen Blätter lederbraun. Die Lippe bildet eine lange Röhre, am Ende ausgebogen, verlängert, stumpfspitz, mit Rosa sehr schön, unregelmässig gross gefleckt. Der Blüthenstand hat Aehnlichkeit mit *Phajus albus.*

C. pendulum (Lindl.). Tracht wie *C. aloefolium*. Blüthenstengel hängend. Blumen goldgelb. *Labellum* weiss mit Weinroth. Säule aufrecht, gelbroth, schön.

C. tenuifolium (Willd.). Wuchs wie bei *Vanda*. Aufrechtstehende Pflanzen mit stielrunden Blättern und kleinen hübschen gelblich braunen Blüthen, welche zu dreien stehen; sie sind kaum $\frac{1}{2}$ Zoll breit, schlaff. Die Bewurzlung ist kräftig, gegliedert.

Cyrtopodium. Zur I. Abtheilung.

C. Andersonii (Lamb.). Luftknolle lang, walzenförmig, schön palmenartig beblättert. Blüthenstand aufrecht, prachtvoll, über 3 Schuh hoch und verzweigt, sehr reichblumig. Blüthe lebhaft grün gelb. *Labellum* feurig orange, hat oben zwei lange, ohrenförmige Lappen, sonst wellenförmig ausgebreitet.

C. punctatum (Lindl.). Diese kräftige, schöne Pflanze hat bis fünf Schuh hohe, walzenförmige, schön beblätterte Luftknolle. Man hat sie ihres schönen Wuchses halber selbst mit Palmen verglichen. Mit der Blüthenentwicklung geht es aber sehr sparsam, sie wächst leicht, ist aber schwer zur Blüthe zu bringen. Der Blüthenstand ist aufrecht, an vier Schuh hoch, von unten auf verzweigt, höchst prachtvoll. Der Blüthenstengel ist licht-grün und sehr schön der ganzen Länge nach mit Blutroth ge-fleckt. Jede Verzweigung trägt eine grosse hellgrüne Scheide. Die sehr zahlreichen Blüthen sind ausgebreitet, zurückgeschlagen, hellgelb mit mattrothen Flecken. Das *Labellum* hat zwei auf-rechte Flügel, breit roth eingefasst und auf der Ausbreitung eine rothe Querlinie. Es gibt noch einige Arten hiervon.

Cyrtopera. Zur I. Abtheilung.

C. Cullenii (R. W.). Stattliche Pflanze mit sehr langen gefalteten Blättern. Blüthenstand aufrecht; die Blüthen an lan-gen, dünnen Stengeln, sehr gross und prachtvoll, hellgelb, flat-terig, nicht ganz geöffnet. Lippe zweilappig, mit einem Kamm auf der Mitte.

C. fusca (R. W.). Die Pflanze hat eine unförmliche, sehr grosse Luftknolle, welche auf der Erde vegetirt. Blüthenstand aufrecht, prachtvoll. Blüthe gelbgrün, mit purpurroth bemalter Lippe. Die Blüthe aufrecht, halb geöffnet. Die Blätter dieser Pflanze sind lang, schmal, spitz, wie bei *Bletia*.

Cypripedium. Zur I. Abtheilung.

C. barbatum (Lindl.) — *C. Javanicum* (Blume) s c h e i n t d a s s e l b e z u s e i n. Blätter umfassend, Unterfläche lichtgrün, Oberfläche schön saftgrün, mit schwärzlichem Netze überzogen. Blüthenstengel aufrecht, rein purpurfärbig. Blüthenscheide ein-bis zweiblumig, grün. Sackförmiges *Labellum*, prachtvoll, rein purpur, aussen unten grün bemalt. Sepalen licht purpur mit dunklen Längsstreifen, unten grün bemalt, dann weiss, rund herum behaart; am oberen Theile stehen vier bis fünf schwarze, glänzende, kleine, halbrunde Warzen, auch mit Haaren besetzt. Sepale aufrecht, schön, ausgebreitet, verkehrt herzförmig, perl-weiss mit prachtvollen, breiten, schön gebogenen Längslinien von Purpurfarbe; der mittlere Theil der Blüthe ist saftgrün mit rein weissen Flecken.

C. caudatum (Lindl.). Grosse, starke Pflanze! so seltsam als prächtig, mehrblumig. Im Ganzen wie *C. insigne*, aber mit doppelt so grosser Lippe, welche auf weisslichem Grunde kleine weinrothe Flecken hat. Die Säule ist rein weiss mit zwei gros-

sen rothen Makeln am Ende der Theilung. Die zwei Sepalen
sind nun das Merkwürdigste, was sich bei Pflanzen findet. Sie
sind $3\frac{1}{2}$ Fuss lang, der ganzen Länge nach bis zur Lippe, wo
sie sich blattartig ausbreiten, kaum $\frac{1}{4}$ Zoll breit. Die Färbung
ist schön purpurroth, gegen oben in Gelb mit drei rothen Streifen übergehend. Die anderen Blüthenblätter sind sehr lang, gewellt, spitz zulaufend, gelb, mit Grün bemalt.

C. insigne (Blume). Die in „*Rumphia*" abgebildete
Pflanze passt gar nicht auf jene Pflanze, welche
nun schon so lange als *C. insigne* bekannt ist. Hier
ist der Sack sehr gross, oben spitz zulaufend, gelblich roth mit
fleischfarben Adern überall durchzogen. Sepalen und Petalen
hell-grünlich-weiss, lang, wellenförmig, spitz; auf den Sepalen
stehen am Rande grosse, hell-lederbraune Warzen, welche von
langen Haaren umgeben sind. Der Stengel ist $1\frac{1}{2}$ Schuh hoch,
fleischroth, dicht behaart.

C. insigne der Gärten. Blätter riemenförmig, stumpfspitz.
Blüthe hellolivengrün, mit Lederbraun bemalt, gestrichelt und
besonders an der oberen Petale reichlich gleichmässig gefleckt,
hier am welligen Rande reinweiss. Blüthenstiel völlig purpurfärbig.

C. Hartwegii (Reich. fil.). Diese sehr schöne Pflanze bildet
einen zwei Schuh langen Blüthenstengel, welcher sieben bis neun
Blumen trägt; die Farbe der Blüthe ist nicht bekannt.

C. Irapeanum (Lindl.). Form von unserem *Cypr. calceolus*.
Blüthe etwas grösser, rein goldgelb, sehr schön. Diese Pflanze
ist wahrscheinlich nicht mehr in den Sammlungen lebend zu treffen.

C. Javanicum ist kaum von *C. barbatum* zu unterscheiden.

C. purpuratum (Lindl.). Blätter sehr hellgrün mit dunkelgrünen grossen Flecken. Unterfläche lichtblaugrün. Blumen aufrecht, ausgebreitet. Sackartige Lippe und Blätter rein purpurfarb, an den Rändern und Spitzen lichtgrün. Aufrechtes Blatt,
rein, stumpfspitz, von unten hinauf an den Rändern etwas zurückgeschlagen, der ganzen Länge nach sehr schön und lebhaft
purpur rein und kräftig gestreift; die Streifen neigen sich gegen
oben zierlich zusammen.

C. venustum (Wall.). Blätter dunkelgrün, mit Schwarzgrün
reich gefleckt; auf der Unterfläche schmutzig weinroth gefleckt.
Blume weisslicht, mit Dunkelrosa reichlich bemalt. Lippe grünlicht, mit Roth durchadert.

Cyrtochilum. Zur I. Abtheilung.
Oncidium (Beer).

C. Bictoniense. Die Tracht der Pflanze erinnert an ein *Zygopetalum intermedium* oder an *Oncidium Galleotianum.* Knolle breitgedrückt, alle drei Blattformen sehr ausgebildet. Blüthenstengel steif, aufrecht! Blüthen zahlreich, sehr schön. Die rein rosafarbige Lippe hat eine vollkommen herzförmige Gestalt. Am oberen Ende der Lippe befinden sich zwei kleine Lappen, welche zusammengeneigt aufrecht stehen. Die schlanke Säule ist unten weiss, oben aber dunkelweinroth marmorirt; die zwei kleinen Flügel sind schmutzig goldgelb. Das Köpfchen reinweiss. Blumenblätter spitz, lanzetförmig, hell erbsengrün, mit matt Lederbraun gebändert und gefleckt.

C. citrinum (Lindl.). Blüthen wie bei *Oncidium concolor,* aber grösser, besonders die Lippe; die ganze Blüthe rein schwefelgelb. Knolle klein, 1½ Zoll hoch, stumpf, eiförmig, zwei Blätter. Blüthenstengel aufrecht. Blumen zahlreich.

C. Jurgensianum (Ch. Lemaire). *Odontoglossum hastatum* sieht dieser Pflanze sehr ähnlich, allein sie ist desshalb doch eine gute, neue Pflanze. Blumenblätter alle zur Hälfte lederbraun, dann lichtolivengrün. Säule und Lippe rein weiss, mit rothen kleinen Punkten übersäet.

C. leucochilum (Planch.). Die Gesammttracht ist wie *Cyrt. maculatum.* Die Blüthen von *Cyr. leucochilum* sind sehr zierlich, olivengrün mit hell-lederbraunen Flecken, welche auch auf der Kehrseite der Blüthen und Knospen stark sichtbar sind. Die Lippe ist geigenförmig, rein weiss, am oberen Theile etwas rosafarb bemalt. Die Säule ist geflügelt, weiss, mit Rosa bemalt, am Grunde goldgelb. Auf der Lippe liegen, von der Mitte der Blüthe ausgehend, mehrere freie, fingerartige Verlängerungen, welche diese Species sehr leicht erkenntlich machen. Diese Species ist sehr reichblüthig, die Blume von der Grösse wie bei *Cyrt. maculatum.*

C. maculatum (Lindl.). Luftknolle stumpfspitz, eiförmig, stark gerippt, sehr hart, bei vier Zoll lang, drei Blattformen. Die Knolle trägt zwei wahre Blätter, schmal, stumpfspitz. Blüthenstand aufrecht, dann übergebogen. Blüthen zahlreich, sehr schön, ausgebreitet, lichtolivengrün mit rein feurigbraunen grossen Makeln und Binden. *Labellum* rein weiss, verlängert, schmal, dreilappig, mit roth begrenztem Kamm auf der Mitte; die unten wellige Ausbreitung goldgelb.

C. stellatum (Lindl.). Pflanze gelblich grün. Luftknolle länglich, eiförmig, etwas gerippt, bei sechs Zoll lang, mit schmutzig Lila-Scheiden umgeben. Blüthenstand prachtvoll, aufrecht, bei drei Schuh hoch, der ganzen Länge nach, so wie auch bei jeder einzelnen Blume mit licht-lila-rothen Scheiden besetzt. Blumen einzeln, zahlreich, ganz ausgebreitet. Blumenblätter lang, schmal, spitz, rein goldgelb. Lippe lang, ausgebreitet, der ganzen Länge nach kraus, weiss mit mehreren goldgelben Längskämmen. Säule kurz, aufrecht. Diese herrlichen Blüthen haben über fünf Zoll im Durchmesser.

C. filipes (Lindl.). Luftknolle oval, tief gerippt; junge Knolle ganz glatt, drei Blätter, unten an drei Zoll lang, verwachsen, dann schmal, lang, schön dunkelgrün. Blüthenstengel sehr lang, dünn, gebogen. Blumen zahlreich, goldgelb. Die Blumenblätter reichlich braun bemalt. *Labellum* rein gelb, ausgebreitet, muschelförmig, wellig.

Cytheris. Zur 1. Abtheilung.

C. Grifithii (R. W.). Eine prachtvolle Pflanze! Blüthenstengel hin- und hergebogen, aufrecht, bei drei Schuh lang. Der ganze Blüthenstand ist dicht mit langen Haaren bekleidet. Die Blüthen sind sehr gross und haben ein fremdartiges, prachtvolles Ansehen; leider fehlt noch die genauere Beschreibung über die Farbe dieser herrlichen Blüthen, auch scheint diese schöne Pflanze noch nicht lebend nach Europa gebracht worden zu sein.

Dendrobium. Zur I. Abtheilung.

D. aduncum (Lindl.) Luftknolle bei drei Schuh lang, dünn, weiss. Der junge Trieb sehr dünn, grün, mit etwas rothen Sprengeln. Zahlreiche Blüthenstengel. Blumen zu drei bis fünf, sehr schön, licht-zart-rosa mit Dunkelrosa-Makeln. *Labellum* sehr klein, spitz, aufwärts gebogen. Die Knospe sehr schön, an purpurnem Stiele, halb lichtgrün, halb purpurfärbig.

D. album (R. W.). Hat einen Schuh lange Luftknollen. Die Blüthen sind prachtvoll, sehr gross, rein weiss. Die Luftknolle ist unten ganz dünn, dann keulenförmig. Die Blumen stehen zu zweien, sind ganz geöffnet, $2\frac{1}{2}$ Zoll breit.

D. aureum (Lindl.). Hat über einen Schuh lange Luftknollen; dieselben sind am untern Ende ganz dünn, schlank, ohne merklichen Knoten. Die Blüthen prachtvoll feurig goldgelb mit orange, sie stehen zu zweien beisammen und sind über $2\frac{1}{2}$ Zoll breit.

D. aureum — var. pallidum (Lindl.). Kleinfingerdicke, bei zwei Schuh lange, runde Luftknolle. Blüthen zu zwei, gelblich, milchweiss. *Labellum* auf der Mitte reichlich fein behaart, spitz, zurückgebogen, im Schlunde rein goldgelb. Säule oben schmutzig blau, zierlich, schön.

D. aqueum (Lindl.). Luftknolle über zwei Schuh lang, hängend, hellblau. Blätter fahlgrün. Blüthen zu zweien, weiss, am gefranzten *Labellum*, im Schlunde goldgelb. Die Blume ist ganz ausgebreitet, hübsch, $1\frac{1}{2}$ Zoll breit.

D. aggregatum (Lindl.). Luftknolle sehr zierlich, rund, oben und unten dünner werdend, tief gefurcht, ein Blatt. Blüthenstengel aus der Mitte der Knolle, über einen Schuh lang, gebogen. Blumen sehr schön und gross, wie bei *D. densiflorum*. *Labellum* glatt, goldgelb, oben fleischfarb. Die Blume rein goldgelb. Säule lichtgrün.

D. bigibbum (Hort.). Luftknolle keilförmig, langgedehnt. Blüthenstand aufrecht, dreiblumig. Blüthe bei zwei Zoll gross, schön, purpurfärbig.

D. albo-sanguineum (Lindl.). Die entblätterten Knollen erscheinen weisslich, sind drei Schuh lang und fast zwei Zoll dick. Die Blüthen erscheinen mehrere beisammen an lichtgrünen Blüthenstielen. Blüthenblätter hängend, lichtnankingfärbig mit zwei grossen, blutrothen Makeln und Punkten geziert. Der junge Trieb ist lebhaft grün. Die ganze schöne Pflanze aufrecht.

D. chrysotoxum (Lindl.). Form von *Epidendrum*. Luftknolle keulenförmig, gleichmässig tief gerippt, acht Zoll hoch, fünf bis sieben Blätter. Blüthenstengel hängend, Blumenblätter von innen rein tief goldgelb, von aussen strohgelb. Die Lippe ist rund herum gezähnelt und ebenfalls goldgelb.

D. cretaceum (Lindl.). Luftknolle walzenförmig, bei zwei Schuh lang. Blüthen schön, rein weiss. *Labellum* rund herum zierlich gefranzt und ganz behaart, mit blutrothen Längslinien gezeichnet.

D. Cambridgeanum (Paxt.). Luftknolle hängend, tiefgerippt, bei den Blättern zusammengeschnürt, über zwei Schuh lang, am unteren Ende dünn, dann keulenförmig verdickt. Blätter vier Zoll lang, wenig gefaltet, wellenförmig, spitz. Blüthen zu zwei, prachtvoll ausgebreitet, jedes Blatt zierlich wellenförmig gebogen, rein goldgelb. *Labellum* aufrecht, muschelförmig, dicht behaart, mit grosser rothbrauner Makel.

D. crumenatum (Lindl.). Hat lange, theils verdickte, theils gedehnte Knollen. Die Blüthen sind flatterig, rein weiss, an den Blattspitzen strohgelb, auch ein Flecken von gelber Farbe befindet sich bei der Säule. Die Blüthen sind ziemlich gross, einzeln. Die Knolle endet mit einer sterilen Spitze.

D. cucullatum (Brown). Die bis $2\frac{1}{2}$ Schuh langen dünnen Knollen sind hängend. Blüthen sehr zahlreich, zu 1—2 stehend, zierlich licht rosa-lila, mit sehr entwickelter strohgelber Lippe, welche auf jeder Seite einen langen Purpurflecken hat. Blüthe ausgebreitet.

D. cymbidioides (Lindl.) — *Desmotrichum cymbid.* (Blume). Tracht von *Dendrobium speciosum*, jedoch ist hier die Luftknolle kaum $1\frac{1}{2}$ Zoll lang. Blüthenstand einem *Cymbidium* auffallend ähnlich. Blüthen goldgelb. Lippe und Säule weiss, gelb bemalt, roth gestrichelt.

D. coerulescens (Lindl.). Luftknolle bei zwei Schuh lang, fingerdick, wenig gefurcht. Blüthe mit den Blättern, zu zweien sehr schön ausgebreitet. Sepalen stumpf, lila. Petalen schön weinroth. *Labellum* eiförmig mit stumpfer Spitze, tief lackroth in der Mitte, dann weiss, mit Goldgelb besäumt. Die Spitze der Lippe ebenfalls roth bemalt.

D. cucumerinum (Lindl.). Diese kleine Pflanze ist nur interessant wegen ihren so seltsamen keulenförmigen kleinen Blättern, welche wie kleine Gurken aussehen. Blumen sehr klein, schlaff, herabhängend, wie eine kleine *Maxillaria*, gelblich weiss, mit Roth gestrichelt.

D. compressum (Lindl.). Seltsame kleine Pflanze mit stumpfen, keulenförmigen Luftknollen. Blüthen klein, zahlreich, goldgelb, halb geöffnet. Das kleine *Labellum* hat einen orangegelben Flecken.

D. Dalhousianum (Lindl.). Luftknolle über zwei Schuh lang, kleinfingerdick, spitz zulaufend. Die beblätterte Knolle ist schön grün und braun gestrichelt und punktirt. Blüthenstengel an der blattlosen Knolle, prachtvoll, vielblumig, hängend. Blume über vier Zoll breit, äusserst zart, ganz ausgebreitet. Blumenblätter weiss, mit Zartrosa und schön Lichtgelb tief bemalt. Das *Labellum* hat an der kleinen Säule zwei prachtvolle, sammtbraune, ovale Wülste. Der untere Theil des sehr grossen runden *Labellums* ist eine rein weisse, filzige, haarige Masse von unbeschreiblich zarter Schönheit.

D. densiflorum (Hooker). Luftknolle verkehrt keulenförmig, tief gefurcht, drei Blätter. Blüthen zahlreich, sehr schön, hellgelb. Das *Labellum* ist ganz behaart, ausgebreitet, gezähnelt, sehr schön dunkelorange.

D. discolor (Lindl.). Die Blüthe hat ausserordentliche Aehnlichkeit mit *Schomburgkia crispa*. Luftknolle unten dünn, dann verkehrt keulenförmig und oben 1½ Schuh lang, dünn, mit zwei Blättern besetzt. Blüthen schön, einzig in der Färbung und Gestalt. Blume lichtgrünlich, lederbraun. Die Blumenblätter tief wellenförmig, oben zurückgeschlagen. Lippe kraus, strohgelb, mit Lila-Längslinien. Blüthenstengel schön dunkelpurpur.

D. Devonianum (Paxt.). Lange, dünne, hängende Luftknollen mit schön grünen, langen, schmalen, spitzen Blättern. Blüthe an der blattlosen Knolle, welche durch die vertrockneten Scheiden lichtgelb erscheint. Blüthen zu eins bis drei, prachtvoll. Das *Labellum* allein hat bei zwei Zoll Durchmesser. Die Blumenblätter sind strohgelb, haben aber am Ende der rund herum fein gezähnten Blätter eine breite, weinrothe Makel. Das *Labellum* ist ganz ausgebreitet, rund herum fein getheilt, gefranzt, strohgelb, mit sehr grossen, runden, feurig orangefarben Flecken, und trägt unten auch einen breiten weinrothen Makel.

D. Farmerii (Paxt.). Diese herrliche Pflanze hat keulenförmige, sechs bis acht Zoll lange Knollen, welche bis zum dritten Knoten dünn und stielrund, dann aber keulenförmig erscheinen. Blätter vier, gross an der Spitze, ausgebreitet, wenig gefaltet. Blüthenstengel dunkelrosa, dicht und vielblumig,
hängend. Blüthen 2½ Zoll breit, zartfärbig, sehr schön. Sepalen
lichtbräunlich, weiss, mit Lichtroth bemalt. Petalen ausgebreitet,
muschelförmig, gelblich weiss. Lippe ausgebreitet, ganz fein behaart, goldgelb, mit breiter blassgrüner Einfassung.

D. formosum (Lindl.). Diese herrliche Pflanze ist schwer
zu kultiviren. Die 1 Schuh langen Luftknollen sind schwach
behaart, gelblich grün und mit dunkelgrünen Blättern besetzt.
Blüthen sehr schön, gross, vier Zoll breit, ausgebreitet, rein weiss,
auf der Lippe mit kräftigen, spitz zulaufenden, goldgelben, grossen Flecken.

D. filiforme (R. W.). Pflanze sehr klein. Statt der Knolle
findet sich hier eine sehr merkwürdige Ausbreitung, welche blattartig wie Schalen geformt, einige Aehnlichkeit mit *Platicerium*
haben. Da diese schalenartigen Organe an den Rändern-Wurzel
treiben, dürften dieselben doch nichts anderes als Ausbreitungen
der Luftknolle sein. Die Blüthen dieser höchst sonderbaren Species sind klein, weiss-gelb-farblos.

D. fimbriatum var. cuculatum (Lindl.). Blüthe prachtvoll,
hoch goldgelb. Die ganz filzige Lippe hat einen grossen, breiten,
tief rothbraunen Flecken.

D. fimbriatum var. oculatum. Prachtvoll hängender, 1½
Schuh langer Blüthenstand. Blüthen in Menge, bei drei Zoll
gross, feurig orange, mit Hellroth bemalt. Lippe filzig, kraus,
lebhaft braune, grosse Flecken auf der Mitte derselben. Die
Luftknollen und der ganze Wuchs sind dem *Dendrob. calceolaria*
sehr nahestehend.

D. funiforme (Blume). Dies ist wahrscheinlich die kleinste
Species unter den Dendrobien und nur desshalb hier aufgenommen. Luftknolle kaum ½ Zoll hoch, ein Blatt, fast Zoll hoch,
eine Blüthe, ganz klein, weiss.

D. graminifolium (R. W.). Diese Pflanze hat ganz kleine
Luftknollen. Die Verbindungsorgane sind hier sehr dünn und

lang. Die ganze Ausdehnung der kriechenden Pflanze beträgt vier bis acht Schuh Länge. Blüthen klein, zierlich, weiss. Diese Pflanze scheint noch nicht lebend in Europa zu sein.

D. Gibsonii (Paxton). Knolle sehr dünn, zwei Schuh lang, rund, stark gerippt. Blüthenstand hängend, sehr schön. Blüthen einzeln, $1\frac{1}{2}$ Zoll breit. Die Blüthen sind feurig apricosengelb, mit einer breiten purpurfarben Makel auf der Lippe.

D. heterocarpum (Wall.). Die Luftknolle hat einige Aehnlichkeit mit *D. densiflorum*, ist aber im Ganzen schwächer. Blüthen sehr schön, gross, lichtgrünlich strohgelb. Lippe prachtvoll goldgelb, mit Blutroth gestrichelt und bemalt. (Diese Species soll synonym mit *D. aureum* sein.)

D. humile (R. W.). Pflanze klein. Die Blüthe hübsch, gelblich grün. Luftknolle bei $\frac{3}{4}$ Zoll gross, regelmässig tief gefurcht, fast rund, zwei Blätter. Blüthe aufrecht, halb geöffnet, einen Zoll breit, reichblumig.

D. Jenkinsii (Wall.). Sehr zahlreiche, nach allen Richtungen dicht beisammen stehende, über einen Zoll lange, tiefgerippte, etwas flache, runde Knollen. Blüthenstengel aufrecht, vielblumig. Blüthe sehr schön, fast zwei Zoll breit, goldgelb. Die Lippe sehr gross, ausgebreitet, rund herum gewimpert, mit Orange-Streifen.

D. Jerdonianum (R. W.). Hat einen Schuh lange Luftknollen mit schönen gelben, aber nicht sehr grossen Blüthen. Die Luftknollen sind unten dicht beisammen stehend, sehr dünn, dann keulenförmig verdickt. Blüthen wenig geöffnet, zu drei bis fünf, zahlreich.

D Kingianum (Lindl.). Luftknolle dünn, unten verdickt, bei sieben Zoll lang, zwei Blätter. Blumen gleichfärbig, drei bis fünf, hübsch dunkelrosa. Das *Labellum* sehr klein, weiss, dunkelroth gestreift. Die Blume ist kaum einen Zoll breit.

D. macranthum (Lindl.). Diese schlanke, prachtvolle Pflanze hat sehr langgedehnte Luftknollen, welche bei vier Schuh lang, herabhängend, mit schönen, glänzend grünen Blättern der ganzen Länge nach bekleidet sind. Die herrlichen, prachtvollen grossen Blüthen erscheinen an der beblätterten Knolle. Blüthen einzeln, ausgebreitet, bei sechs Zoll im Durchmesser, sind fast durchsichtig, licht lila-rosa. Die Blätter sind der Länge nach gefaltet, am Rande wellenförmig. Das *Labellum* ist prachtvoll, spitz zulaufend, im Schlunde tief Sammtpurpur, auch von aussen eben so verwaschen gefärbt. Der Rand der ganzen Lippe ist sehr fein behaart, welche gegen die Spitze das ganze *Labellum* bedecken.

D. macrophyllum (Lindl.) unterscheidet sich von *Dendrob. macranthum*. Blüht an der alten Luftknolle. Blüthe einzeln, der ganzen Länge nach bei jeder Scheide, daher sehr zahlreich, prächtig lackroth. Das *Labellum* wenig zusammengeneigt, verlängert, stumpfspitz, glatt, prachtvoll dunkellackroth.

D. moniliforme (Swz.). Knolle hin und her gebogen, gerippt, zwei Schuh lang. Blüthen prachtvoll, reinweiss, reichlich bis über die Mitte der Blätter mit Purpur bemalt. Das *Labellum* spitz, ganzrandig, im Schlunde strohgelb, ausgebreitet, reinweiss, mit kräftig Sammtpurpur, in feurig Roth übergehend, breit bemalt und gefleckt.

D. macrostachyum (Lindl). Luftknolle sehr dünn, bei zwei Schuh lang. Blüthen sehr schön feurig grüngelb, ziemlich geöffnet. Blumenblätter glatt, schmal, etwas zurückgebogen. *Labellum* oben zusammengeneigt, mit Adern durchzogen.

D. nobile (Lood.). Eine wahre Prachtpflanze! Luftknollen über zwei Schuh lang, aufrecht, kräftig, bei den Blättern zusammengeschnürt, tief gefurcht. Blüthen zahlreich, vier Zoll breit, ausgebreitet, wellenförmig, rosa mit lebhafter, dünklerer, breiter Bemalung. Lippe zusammengeneigt, kirschroth, dann sackförmig, ausgebreitet, am Ende spitz, zurückgeschlagen; aussen feurig dunkelbraun mit breitem, goldgelbem, behaartem Saume; im Schlunde dunkelbraun; hier ist die Lippe rund herum zurückgeschlagen, dicht behaart, goldgelb, reichlich mit Blutroth bemalt.

D. Paxtonii (Lindl.). Bei drei Schuh lange, runde, wenig gerippte Knollen mit breiten, sehr spitzen, wenig gefalteten Blättern. Blüthen sehr schön, zahlreich, ausgebreitet, goldgelb. Lippe rund, sackförmig, innen kräftig rothbraun. Die ganze Lippe ist goldgelb, sehr schön, filzig, dicht behaart.

D. Ruckerii (Lindl). Luftknolle bei zwei Schuh lang, aufrecht, dunkelgrün. Blumen einzeln bei den grünen Blättern, sehr seltsam, zierlich gebaut, glänzend goldgelb; die drei oberen Blätter schmal, gebogen, die zwei unteren flach, ausgebreitet, lang und breit. Lippe dick, zusammengeneigt, aussen rosa, innen im Schlunde schneeweiss, am Rande oben zurückgebogen.

weiss, am Eingange zum Schlunde dunkelledergelb; die untere Ausbreitung wellig, ausgebreitet, dann zurückgeschlagen, rein goldgelb; Kamm in der Mitte rein weiss.

D. rhombeum (Lindl.). Luftknolle bei zwei Schuh lang, hängend. Blüthen zahlreich, hellgelb. *Labellum* kappenförmig, stumpfspitz, im Schlunde mit einigen rothen Strichen.

D. ramossissimum (R. W.). Zierliche Pflanze, die einzige, welche ich kenne, die verzweigte Knollenbildungen hat. Wir haben es hier mit keinen Verwandlungen der Blüthentriebe in Blatttriebe zu thun. Die sehr dünnen, fast viereckigen Luftknollen haben wenige Blätter. Die Blüthen sind sehr klein und goldgelb, kaum geöffnet.

D. sanguinolentum (Lindl.). Luftknolle dünn, verlängert, hängend, sehr schön purpur, selbst die untere Seite der Blätter. Blüthen zahlreich, sehr schön, fast zwei Zoll breit, matt goldgelb. Alle Blattspitzen mit tief weinrothen Makeln. Säule und Umgebung rein weiss.

D. sulcatum (Lindl.). Knolle über einen Schuh lang, keulenförmig gegen das Ende verdickt, wo die Blätter stehen, zusammengeschnürt, tief gerippt. Blüthen zu drei, nur halb geöffnet, rein goldgelb. Lippe kräftig orangefarb bemalt. Eine schöne Pflanze!

D. speciosum (Br.). Pflanze stattlich, Luftknolle gross, niederliegend, walzenförmig, bei einen Schuh lang. Blätter drei. Blüthenstengel aufrecht, über zwei Schuh lang. Blume wie eine kleine Maxillaria, zahlreich, wenig geöffnet, weiss, dann lichtschwefelgelb.

D. taurinum (Lindl.). Stattliche Pflanze mit starker, fingerdicker, aufrechter, schön beblätterter Luftknolle. Blätter sehr breit, glatt, stumpfspitz. Blüthenstengel aufrecht, vielblumig. Blumen von drei Zoll Breite, prachtvoll. Sepalen schmal, gedreht, aussen und innen rein weinroth. Setalen grünlich weiss, wellenförmig, auch zurückgebogen. *Labellum* weiss, sammt der Säule, und blassrosa breit bemalt, unten mit vier regelmässigen Falten. Sack stumpfspitz, gross, lichtgrün.

D. tortile (Lindl.). Luftknolle etwas über einen Schuh lang, unten rund, dünn, oben keulenförmig verdickt, stumpf. Blüthen zu zwei bis drei, über drei Zoll breit, ganz ausgebreitet, sämmt-

liche Blumenblätter wellenförmig, etwas gedreht, milchweiss, mit
Lichtrosa-lila verwaschen bemalt. *Labellum* glatt, ganzrandig,
schwefelgelb, am Rande lichtlila, am Grunde purpurfärbig gezeichnet.

D. transperans (Wallich). Knolle über einen Schuh lang,
dünn, aufrecht. Blüthen nach dem Abfallen der Blätter. Blüthen
zahlreich, sparrig, bei drei Zoll breit, lila, lichtrosa, die Enden
der Blumenblätter mit Lackroth bemalt. Die Lippe weiss, stumpfspitz, im Schlunde dunkellila; unten an der Lappe bläulich rosa
bemalt. Die Pflanze ist klein, aber sehr schön.

D. teretifolium (Br.). Die Pflanze gleicht einer *Brassavola
tuberculata*. Blüthenstengel stark verzweigt. Blüthen zahlreich,
milchweiss. Lippe eingerollt, zierlich, gelappt. Die Blüthe hat
einzelne blutrothe Striche. Die Petalen sind am Grunde goldgelb.
Die zwei Sepalen sind auffallend schmal und lang, wie es bei
keiner anderen Species von *Dendrobium* vorkömmt.

D. triadenium (Lindl). Luftknolle dünn, keulenförmig,
schwach verdickt, hin und her gebogen. Blüthen zahlreich, wie
bei einem *Epidendrum*, nahe beisammen stehend, rein weiss, mit
Lichtlila - Längsstreifen geziert. Auf dem *Labellum* ein kleiner,
goldgelber Kamm. Blüthe über einen Zoll breit. Wurzel behaart.

Dienia. Zur I. Abtheilung.

D. cylindrostachya (Lindl.). Sehr kleinblumig, unscheinbar,
hellgrün. Vermuthlich noch nicht lebend in Europa.

Dinema. Zur I. Abtheilung.

D. polybulbon (Lindl.). Diese zierliche, kleine Pflanze mit
kaum ½ Zoll langen Knollen ist einblumig. Das *Labellum* ziemlich gross, verkehrt herzförmig, rein weiss. Säule purpurfärbig.
Die Blüthe lichtgelb.

Diothonea. Zur I. Abtheilung.

D. imbricata (Lindl.). Eine kleine, zierliche Pflanze. Luftknolle lang, schmal, tief gefurcht (wie bei *Coryanthes*), ein Blatt.
Blüthen schön, bei einen Zoll breit, ausgebreitet, hellroth. Blätter
lanzetförmig, spitz, schmal. *Labellum* klein, spitz. Säule goldgelb.

Diplocentrum. Zur II. Abtheilung.

D. congestum (R. W.). *Habitus* wie bei *Vanda*. Kleine Pflanze. Blüthen klein, zahlreich, lichtlila. Die Blätter sind tief, zweilappig. Die Wurzel seltsam, fast blattartig, wellig, verdickt und dünn, flach, am Ende wie gewöhnlich rund.

D. longifolium (R. W.). *Habitus* wie bei *Vanda*. Pflanze ziemlich gross. Blüthenstand verästelt, zahlreich, blühend. Blüthen sehr klein, blasslila. Die Wurzeln dieser Pflanze sind seltsam gegliedert.

D. recurvum (Lind.). *Habitus* wie bei *Vanda*. Pflanze klein. Blüthenstand aufrecht, verästelt. Blüthen sehr klein, rosafärbig mit rothen Flecken und Linien.

Dossinia. Zur I. Abtheilung.

D. marmorata (Morr.). Eine der schönsten Blattpflanzen unter den Orchideen. Blätter herrlich wie von grünbraunem Bronce mit prachtvoller hellgrüner Netzzeichnung über die ganze Blattfläche, bei drei Zoll lang, fast eiförmig, stumpfspitz. Blüthenstengel dunkelfleischroth, gegen oben in rein Blutroth übergehend. Blüthen zierlich, zahlreich, sehr klein, röthlich, fleischfarbig, in Weiss übergehend.

Didactyle (*Bulbophyllum*). Zur I. Abtheilung.

D. Weddelii (Lindl.) steht sehr nahe an *B. gladiatum*, dies ist die neue Benennung vom Professor L i n d l e y für

Bulbophyllum gladiatum *Lindl.*,
,, chloropterum *Reich.*,
,, tripetalum,
,, exaltatum,
,, meridense,
,, Clausseni u. s. w.

Disa. Zur I. Abtheilung.

D. cornuta (Lindl.). Vom Cap d. g. H., wächst in der Erde. Die Blätter sind hier nicht stengelumfassend, schön grün mit rosafarben Binden. Blüthen zahlreich. Helmartiges Blatt, prachtvoll blau, mit Grün besäumt. *Labellum* klein, lebhaft braun, zwei Blumenblätter, weiss, hängend, gefaltet und gespitzt. Die Blüthe ist von innen lebhaft lichtgrün. Eine sehr schöne Pflanze.

D. grandiflora (Thumb.). Diese prachtvolle Pflanze wächst auf dem Tafelberge am Cap in der Erde. Blätter lang, schmal, lanzetförmig, stengelumfassend. Blüthen zu zwei, bei fünf Zoll breit ausgebreitet, prachtvoll roth. *Labellum* sehr klein, spitz. Säule rein weiss. Das aufgerichtete Blumenblatt ist spitz, gegen unten zusammengeneigt, prachtvoll roth schattirt, mit gleichzeitigen Punkten besetzt, goldgelb eingefasst. An der weissen Säule sind goldgelbe, mit Blutroth punktirte Anhängsel. Die Blüthe ist von aussen gelb, reichlich mit Roth bemalt. Leider ist es noch nicht gelungen, diese wundervolle Pflanze nach der Blüthe gesund zu erhalten.

Dipteris. Zur I. Abtheilung.

D. Neilgherrensis (R. W.). Eine sehr zierliche Pflanze mit herrlichen grossen Blüthen. Die Abbildung und Beschreibung derselben von Robert Wight erlaubt jedoch keine ausführlichere Beschreibung.

Epidendrum. Zur I. Abtheilung.

E. aloifolium (Lindl.). Die ganze Pflanze hängend, ein Blatt, sehr lang, fleischig, spitz. Knolle rund, bei vier Zoll lang. Blüthen an langen Stielen herabhängend, gross. Blume feurig gelb, olivenfarb. *Labellum* rein weiss mit grüner, spitzer Verlängerung zwischen der lappigen unteren Ausbreitung. Im Schlunde goldgelb, sehr schön.

E. aurantiacum (Bath.). Luftknolle über einen Schuh lang, keulenförmig, mit weissgrünen Scheiden theilweise umgeben. Zwei Laubblätter. Blüthen zahlreich, nahe beisammen stehend, feurig roth, orangefarb. Säule goldgelb, sehr schön.

E. aromaticum (Lindl.). Luftknolle apfelrund, geadert, stumpfspitz. Blätter zwei, schmal, mit tiefem Mittelnerv. Blüthenstengel aufrecht, schön verzweigt, Zweige hängend. Blüthen sehr zahlreich, alle hängend, strohgelb. *Labellum* geflügelt, kraus, mit rothen Linien.

E. auro-purpurea (Wild). Blüthen zahlreich, goldgelb, mit Weinroth gezeichnet, sehr schön. Lippe feurig purpur, dreilappig mit einem hochrothen Wulste. Die Blumen haben über einen Zoll Durchmesser.

E. bifidum (Aubl.). Luftknolle walzenförmig, tief gerippt, unten wenig gebogen, stumpf. Blätter etwas fein gekerbt, umfassend, glatt, steif. Blüthenstengel braun, aufrecht. Blumen sehr schön, gross, ausgebreitet, ganz hellgrün mit Roth gehäuft punktirt. Säule rein weiss. *Labellum* gross, fleischig, geflügelt, goldgelb. Die untere Ausbreitung lappenförmig, schön lackroth, lila; Kamm auf der Mitte weiss.

E. bicolatum (Lindl.). Diese sehr angenehm riechende Pflanze sieht im Ganzen einer *Cattleya* ähnlich. Die Blüthen sind fast zwei Zoll gross, schön rein weiss. Die Lippe rosa bemalt und blutroth punktirt; es erscheinen vier bis sechs Blumen aus einer Scheide zwischen den zwei Blättern.

E. bicornutum (Lood.). Diese wunderschöne Pflanze hat zahlreiche, blendend weisse Blüthen, welche zwei Zoll gross sind. Das *Labellum* ist zart-gelb-rosa bemalt und weinroth gefleckt, wohlriechend. Die Luftknollen sind zwei Schuh lang, sehr kräftig, $1\frac{1}{2}$ Zoll dick und haben vier Blätter.

E. calochilum (Hooker) — *E. alatum* (Batem.). Vielblumig, hübsche, lichtolivengrüne, mit Schwarzroth gefleckte Blüthen. Das *Labellum* ist schmutzig goldgelb und mit rothen Linien gezeichnet.

E. cepeforme (Hooker). Stattliche Pflanze mit grossen Luftknollen. Die Blüthen sind sehr zahlreich, gross und lichtlederfarb. Das *Labellum* ist strohgelb, mit Roth gestreift und hat einen fast runden, rein weissen Flecken.

E. ciliare (Lindl.). Die Pflanze hat im Wuchse Aehnlichkeit mit einigen Laelien. Aus der Scheide des aufrechten Blattes erhebt sich der gerade Blüthenstengel und trägt sieben bis neun grosse, rein weisse, sehr schöne Blüthen. Die dicke, wie von Elfenbein glänzende Lippe ist glatt. Die sämmtlichen Blumenblätter aber sehr zierlich aufgeschnitten und gefranzt.

E. cinnabarinum (Salz.). Eine sehr schöne, aufrechte, zarte Pflanze. Blüthen zahlreich, an sehr dünnem Blüthenstengel, aufrecht, gross, prachtvoll feurig rothgelb. Auf der Kehrseite schön rosa. Das *Labellum* dreitheilig, dunkelrosa, mit Roth bemalt. Die Luftknolle ist sehr dünn, bei drei Schuh lang, der ganzen Länge nach beblättert.

E. cuspidatum (Lood). Luftknolle lang, glatt. Blatt glatt, stumpf. Blumen drei bis fünf, sehr schön, gross, goldgelb. Säule aufrecht sammt der Lippe, erstere rein weiss, letztere prächtig, tief gefranzt, zweilappig, in der Mitte schmal, lang, eingerollt.

E. Cochleatum (Lindl.) — *Cochl. majus*, *Cochl. latifolium*. Die beiden Varietäten unterscheiden sich nur: die erstere durch grössere Blüthen, die zweite durch grössere Blätter. Die Blüthe ist bemerkenswerth, indem das *Labellum* aufrecht steht, im Verhältnisse sehr gross und schön, dunkelblau, mit Purpurroth und Weiss gestreift. Die Blumenblätter sind erbsengrün, herabhängend, zierlich gedreht.

E. dipus (Lindl.). Form von *E. floribundum*, nur sind hier die Blüthen etwas breiter und näher an einander stehend. Auch die Blume ist lebhafter, auf grünem Grunde braun bemalt.

E. diffusum (Schwarz). Eine kleine, sehr zierliche, aufrechte Pflanze. Die Blüthen sind ganz klein, grüngelb, stehen an sehr dünnen Stielchen, aber durch ihre grosse Anzahl gleichen die leicht bewegten Blüthen einem Insektenschwarme. Die dünne Luftknolle ist fast einen Schuh lang und wenig beblättert.

E. erubescens (Lindl.). Wahrscheinlich die prachtvollste Species. Luftknolle schmal, lang, dünn, einen Zoll Durchmesser, zwei kleine, eiförmig stumpfe Blätter. Blüthenstengel aufrecht, stark verzweigt, Zweige hängend. Blüthen zahlreich, kräftig, licht ziegelroth, von aussen mit Grün bemalt. Die Blumen werden bis zum Verblühen immer dunkler in der Färbung. Der ganze Blüthenstand ist über zwei Schuh hoch und fast eben so breit; jede einzelne Blüthe hat über zwei Zoll Durchmesser.

E. floribundum (Hooker). Mit Recht „reichblüthig" genannt. Die Pflanze hat vier Schuh hohe, dünne Luftknollen. Der Blüthenstand ist $1\frac{1}{2}$ Schuh lang, verzweigt, zierlich geneigt. Blüthen sehr zahlreich, gelb, weiss. *Labellum* glatt wie Elfenbein, mit lebhaft braunen Punkten, gross mit zwei Hörnern.

E. fragrans. Luftknolle $2\frac{1}{2}$ Zoll lang, glatt, zusammengedrückt, ein Blatt, glatt, sehr spitz zulaufend. Blüthenstand aufrecht, mit drei bis fünf Blumen. Blüthe matt, weiss. *Labellum* aufrecht, löffelförmig, spitz, weiss, mit matt Purpur gestrichelt. Säule lichtgrün, aufrecht, übergebogen. Eine altbekannte Pflanze (1813 eingeführt).

E. glumaceum (Lind.). Pflanze klein. Luftknolle aufrecht, trägt zwei lange Blätter, aus deren Mitte der Blüthenstengel sich gerade erhebt. Blüthen zahlreich, gross, weiss, mit schön Rosa bemalt. *Labellum* bandförmig, lang, schmal. Säule am Grunde grün mit zwei blutrothen Flecken. Die Knospe prachtvoll lackroth mit grüner Spitze.

E. Grahamii (Hooker). Langgedehnte, dünne Luftknollen. Zahlreiche, schöne, drei Zoll grosse, grüne-gelbe Blüthen, mit Braun bemalt. Das *Labellum* ist bandartig, lang, rein weiss, mit Weinroth gestreift.

E. hastilabium (Linden). Vierzig bis sechzig schön orange Blüthen. *Labellum* weiss, mit Roth gestrichelt, zusammengerollt. Luftknolle wie bei *Brassia*, Wuchs aufsteigend.

E. Hellerii (Fenzl). Luftknollen aufrecht, glatt, vier Zoll lang, stumpf, birnförmig mit zwei Blättern von einem Schuh Länge. Blüthenstand an drei Schuh lang, geneigt, vielblumig. Blüthen an drei Zoll gross, hellolivengrün, mit Lederbraun tief ins Blatt bemalt. Lippe gross, gewellt, lichtgelbgrün mit Rosa schattirt. Säule purpurroth mit braunem Ringe. Sehr schön.

E. linearifolium (Lindl.). Pflanze klein, zart, schön. Luftknolle kaum zwei Zoll lang, glatt, mit brauner Scheide bedeckt. Blätter zwei, sehr schmal, stumpfspitz. Blüthenstengel aufrecht, dünn. Blüthen zierlich ausgebreitet, lichtrehfärbig. *Labellum* an der dünnen, zusammengeneigten Röhre, lila, dann grün, endet in zwei spitze, violete Läppchen, untere Ausbreitung desselben perlweiss.

E. lilacinum (Linden). Schirmartig zusammengestellte, sehr zahlreiche, lichtlilafarbe Blüthen, welche sehr wohlriechend sind.

E. longipetalum, auch *E. aromaticum var.* Luftknollen gedrückt, birnförmig, olivengrün. Blätter lang, schmal, sehr lichterbsengrün. Blüthenstengel lang, zierlich gebogen, vielblumig. Blüthe sehr schön, gross, ausgebreitet. Blume feurig dunkelweinroth mit lichtgrüner Zeichnung am Rande und in der Mitte der Blätter. *Labellum* sehr schön, muschelförmig, ausgebreitet, weiss mit zwei gelblichgrünen Flügeln; das Band desselben schön breit goldgelb eingefasst, dann mit Blutroth der Länge nach linirt.

16 *

E. macrochilum (Bat.). Luftknolle wenig gerippt gross und kräftig, wie eine Pfundbirne, gefaltet. Blätter zwei, etwas zusammengeneigt. Blüthen sehr zahlreich, prachtvoll. Blüthenstengel verzweigt, aufrecht. Blume feurig dunkelchocoladefärbig. *Labellum* schön blutroth, in Rosa übergehend; die zwei Lappen desselben sind um die Säule geschlagen. Die Blüthen sind drei Zoll breit.

E. macrochilum var. roseum (Lindl.). Schöne grosse, ausgebreitete, lichtolivengrüne Blüthen. Das *Labellum* ist prachtvoll mit Rosa und Sammt-schwarz-roth gezeichnet.

E. Oerstedi (Reich. fil.). Blüthen gelb, so gross wie bei *E. ciliare.*

E. oncidioides. Luftknolle stark, birnförmig; zwei Blätter, breit, glatt. Blüthen zahlreich, an einem verzweigten Blüthenstengel. *Labellum* klein, hellgelb mit schmalen rothen Strichen. Blume bei $1\frac{1}{2}$ Zoll breit, gelb, mit Lederbraun breit bemalt.

E. Parkinsonianum (Hook.). Eine kleine, sehr schöne Pflanze. Luftknolle verlängert, acht Zoll lang. Blüthenstand aufrecht. Blüthen zu dreien. Die Blume ist sehr gross und schön lichtolivengrün. Die Lippe herrlich goldgelb. Durchmesser der Blüthe vier Zoll.

E. phoeniceum (Paxt.). Luftknolle fast kugelrund, oben gefaltet, sonst glatt, glänzend, grün; zwei gestreifte, über einen Schuh lange Blätter. Blüthenstand hängend, vielblumig. Blüthe prächtig, aussen hellgrün, innen lichtlila, mit dunkellila reich bemalt; an der Basis grün. *Labellum* gross, gefaltet, grün, mit feurig Lackroth verwaschen; in der Mitte vier leuchtend rothe Längsfalten. Die Säule ist durch zwei lilagraue Lappen eingehüllt. Die Farbenpracht dieser Blüthen ist unbeschreiblich schön.

E. phoenicum vanillosum (Ch. L.) hat Vanillie-Geruch, sonst aber minder schön in der Färbung.

E. plicatum (Lindl.). Luftknolle hornartig gebogen, birnförmig, bei fünf Zoll lang. Blumen zahlreich, sehr schön, lichtolivengrün, mit Rothbraun tief bemalt. *Labellum* gross, geflügelt, zusammengeneigt, schön weinroth.

E. polianthum (Lindl.). Luftknolle über vier Schuh lang, rund, dünn. Blätter schön, gross, kräftig, spitz. Blüthenstengel aufrecht. Blumen zahlreich, aussen goldgelb, matt innig feurig tief orangeroth. Die Säule rein weiss. Blüthenstand schön verzweigt. Zweige schlaff, herabhängend, filzig.

E. pyriforme (Lindl.). Eine kleine Pflanze mit kaum 1½ Zoll langen, birnförmigen, glatten Luftknollen. Blätter zwei, Blumen zu zweien, gross, schön olivengrün, breit mit Rothbraun bemalt. *Labellum* zierlich, nankinfarb, mit blutrothen, langen, dünnen Strichen geziert.

E. radiatum (Lindl.). Luftknolle aufrecht, bei vier Zoll lang, keulenförmig. Blüthenstengel aufrecht, Blumen am Ende desselben, zahlreich, nahe beisammen sitzend, glänzend weissgelb, ausgebreitet. *Labellum* aufrecht, löffelförmig, weiss, schön lila gezeichnet und mit Längslinien geziert.

E. rhizophorum (Batem.). Langestreckte, dünne Luftknolle. Zierlicher Blüthenstand mit herrlichen, grossen, zahlreichen, feurig lackrothen Blüthen.

E. sceptrum (Lindl.). Diese herrliche Pflanze hat sechzig bis achtzig Blüthen, welche dicht beisammen stehend einen Blüthenstand wie bei *Saccolabium* bilden; sie sind gross, sehr wohlriechend, goldgelb, karminfarb punktirt. Das *Labellum* weiss mit verschieden Roth punktirt und gestrichelt; sehr dunkel am Rande und heller in der Mitte desselben.

E. Schomburgkii (Lindl.). Eine sehr zarte, prachtvolle Pflanze. Luftknollen sehr dünn, bei zwei Schuh lang, glatt, rund. Blätter gross, glatt, stumpfspitz. Blüthen zahlreich, nahe beisammen stehend, an schlanken, blutrothen Blüthenstielen; ausgebreitet, prachtvoll orangeroth; Blätter spitz, glatt, schmal. *Labellum* und Säule rund, dünn; der untere Theil des *Labellums* dreilappig, ausgebreitet, goldgelb, mit Blutroth bemalt. Diese zarten, schönen Blumen sind auf der Kehrseite sehr schön blau - lila.

E. Skinnerii (Batem.). Blüthen herrlich, zahlreich, feurig roth-lila, an langgedehnter, zarter, beblätterter Luftknolle.

E. stenopetalum (Hooker). Diese schöne Pflanze trägt an einem langen Blüthenstengel eine Menge herrlicher, hell weinrother Blüthen von sehr langer Dauer.

E. Stamfortianum (Batem.). Luftknolle dünn, keulenförmig, lang gedehnt, bei zwei Schuh hoch, trägt drei Laubblätter. Die Knolle selbst der Länge nach mit schmutzig lilafarben Scheiden

umgeben. Der Blüthenstengel kommt am unteren Ende der Knolle
hervor, ist aufrecht, sehr lang, oben übergebogen. Blüthen sehr
zahlreich, schön, über einen Zoll breit. Blumen ausgebreitet,
Blätter alle spitz, schmal, olivengrün, mit Mattroth gestrichelt.
Labellum mit zwei Flügeln, glatt; Flügel rein weiss, drei Lappen,
rein goldgelb mit blutrothen Strichen. Säulchen lichtgrün.

E. varicosum (Batem.). Zahlreiche, drei Zoll grosse Blüthen
zeichnen diese Pflanze vortheilhaft aus. Die Blume ist schön
lichtblau-röthlich. Das *Labellum* lichtrosa, mit Dunkelpurpurfarb
gestreift, sehr wohlriechend. Luftknolle gross, birnförmig.

E. vitellinum (Lindl.). Luftknolle mit braungrünen Scheiden
umhüllt, an der Spitze zwei wahre, glatte, einen halben Schuh
lange Blätter; der Blüthenstengel erhebt sich aus einer Scheide
zwischen den Blättern und ist aufrecht. Blüthe sehr schön, feurig blutroth. Die Lippe sehr klein. Die Säule ruht auf der
Lippe und beide sind hellgoldgelb.

E. violaceum (Linden). Sehr schön sammt-dunkel-violete
Blüthen von 2½ Zoll Durchmesser.

Epistephium. Zur I. Abtheilung.

E. Friderici Augusti (Reich. fil.). Ist wahrscheinlich eine
Erdorchidee, bei welcher die Knolle in fleischige Wurzel umgestaltet erscheint. Blüthenstand aufrecht. Blätter herzförmig, spitz,
ganzrandig, etwas wellig. Blüthen schön, über einen Zoll breit,
gleichmässig blutroth gefärbt. Säule rein weiss. Lippe muschelförmig ausgebreitet, auf der Mitte ein Filz von goldgelben Haaren. Entlehnt aus dem neuen Werke *Xenia Orchidacea* von Reichenbach filius. Dieses Prachtwerk, welches in Lieferungen
erscheint, ist für Jeden, der sich mit Orchideen beschäftiget,
unentbehrlich, da mit geringer Ausnahme nur neue noch
unbeschriebene Pflanzen dieser unerschöpflichen Familie aufgenommen werden. Wir sind daher diesem unermüdlichen Gelehrten alle Anerkennung schuldig!

Ephippium. Zur I. Abtheilung.

E. grandiflorum (Blume). Die Blüthe hat dem Anscheine
nach Aehnlichkeit mit *Coryanthes*. Pflanze kriechend. Luft-

knolle kaum zwei Zoll lang, ein Laubblatt. Form wie bei *Maxillaria*. Eine Blume, aufrecht, prachtvoll, bei sechs Zoll breit. Es scheinen nur die drei Petalen ausgebildet, diese sind enorm gross und isabelfärbig. Die obere Petale ist hier unten stehend, in schönem Bogen aufwärts gerichtet, von innen der ganzen Länge nach auf schmutzig goldgelbem Grunde regelmässig, fast verschoben viereckig gefleckt. *Labellum* und Säule sind hellgrün, mit Lila bemalt.

Eria. Zur I. Abtheilung.

E. Dillwynii. Eine fast einen Fuss hohe, kräftige, grüne Knolle, hat einen aufrechten, bei 1½ Schuh hohen Blüthenstengel, welcher der ganzen Länge nach mit licht weiss-gelb-grünlichen Scheiden besetzt ist. Die Blüthen haben dieselbe Farbe. Das *Labellum* ist weinroth bemalt. Unter den Erien eine der hübschesten Species.

E. floribunda. Sehr zahlreiche, aber kleine gelbgrüne Blüthen, welche enge beisammen stehend, eine zierliche Aehre bilden. Die Pflanze selbst ist klein, fingerdicke Luftknolle. Dieselbe blüht nach dem Abfallen der Blätter.

Eria polystachia,	Eria carinata,
„ pubescens,	„ rosea,
„ pauciflora,	„ stellata,
„ reticosa,	„ flava,
„ pumila,	„ Armeniaca,
„ annulata,	„ clavicaulis,
„ bicolor,	„ nutans,
„ densiflora,	„ farinosa,
„ bractescens,	„ ferruginea,
„ excavata,	„ paniculata,
„ longilabris,	„ platycaulis,

Eria velutina.

Sämmtlich zierlich weiss oder lichtgelb, sehr kleinblüthig.

E. vestita (Lindl.). Vermuthlich die zierlichste unter allen Erien. Die ganze Pflanze hängend, auf frischgrünem Grunde rothbraun behaart. Die Luftknolle ist wie bei *Dendrobium* verlängert. Die Blüthen sind wenig geöffnet, von aussen orange, von innen weiss, schön.

Eriopsis. Zur I. Abtheilung.

E. biloba (Lindl.). Luftknolle plattgedrückt, etwas gefaltet, hellgrün, die Blätter gefaltet. Blüthenstengel aufrecht, $2\frac{1}{2}$ Schuh lang. Blumen einen Zoll breit, zahlreich, goldgelb, ausgebreitet, glatt, mit orange bemalt. Säule lichtblaugrün. Lippe unten zweilappig, mit weissen Flecken und ganz kleinen blutrothen Punkten.

E. rutidobulbon (Lindl.). Eine prachtvolle Pflanze, auch ohne Blüthe sehr schön! Luftknolle verlängert, birnförmig, fünf Zoll hoch, sehr schön, kleinfaltig, lilagrün. Blätter sehr kräftig, lang, dunkelgrün. Blüthenstengel aufrecht, dann herabgebogen, der ganzen Länge nach hellviolet. Blüthen etwas hängend, prachtvoll goldgelb, mit Lichtrothbraun breit bemalt. Säule lichtgrün. Lippe rein weiss mit dunkelbraunen Punkten, Flügel derselben strohgelb. Blumen sehr zahlreich.

Estochylos. Zur I. Abtheilung.

E. uniflorum (Kuhl & Hasselt.). Vermuthlich synonym mit *Bolbophyllum Lobbii* (Hooker). Eine einblumige Art.

Euphrobosces. Zur I. Abtheilung.

E. pigmaea (Grifft). *Habitus* wie bei *Pleone*. Sehr kleine Pflanze mit kleiner Luftknolle. Die Blüthen zahlreich, klein, schmutzig weiss. Scheint noch nicht lebend in Europa eingeführt.

Eulophia. Zur I. Abtheilung.

E. macrostachya (Linden). Ausgezeichnet schöne, stattliche Pflanze. Die Luftknollen sehr gross. Blüthenstand pyramidal, prachtvoll, zahlreiche, grosse Blumen, gelb, mit Roth bemalt. Die Lippe ist sehr gross, geflügelt, herrlich mit Blutroth durchadert. Die walzenförmige, sechs Zoll hohe, aufrechte Knolle gleicht einem *Catasetum*.

E. ramentacea (Linden). Pflanze wie *Bletia*. Blüthenstengel aufrecht, vielblumig. Blüthe gross, schön, grünlich gelb, mit Roth gestrichelt, wenig geöffnet. Luftknollen klein, Blätter sehr lang, schmal. Es gibt hiervon noch mehrere Arten.

Fieldia. Zur I. Abtheilung.

F. lissochiloides (Blume). Pflanze gross. Blätter bei zwei
Schuh lang, aufrecht, wie bei *Cymbidium aloefolium*. Blüthenstengel bei drei Schuh lang, ganz gerade. Blüthen prachtvoll,
zusammengeneigt, aussen helllackroth, innen goldgelb, mit blutrothen Flecken reichlich geziert. Die Lippe aufrecht, mit einer
Spitze endigend. Blumen zahlreich, jede bei 2½ Zoll breit.
Auch diese herrliche Pflanze scheint noch nicht lebend in Europa eingeführt zu sein.

Galeandra. Zur I. Abtheilung.

G. Bauerii (Batem.). Luftknolle aufrecht, keulförmig, bei
vier Zoll hoch, ganz von Scheiden mit Blättern umgeben. Blätter
schmal, spitz, lang, gefaltet. Blüthenstengel aufrecht, dann zierlich gebogen, fünf - bis siebenblumig. Das *Labellum* bildet die
Schönheit dieser Pflanze; es ist sehr gross, zusammengeneigt,
langgespornt, im Schlunde hellgelb, dann lappenförmig ausgebreitet, sehr schön lichtlila, bis ins Dunkellila schattirt. Der Sporn
ist geschuppt und goldgelb. Die Blumenblätter alle hellgrün
mit Lichtlederbraun bemalt.

G. Bauerii var. floribus luteis (Hooker). Dies scheint eine
ganz gute, neue Species zu sein! Sie gleicht dem Wuchse nach
G. Devoniana, aber in allen Theilen bedeutend kleiner, wogegen
G. Bauerii an *Chysis* sehr erinnert. Die Blüthen sind sehr schön
goldgelb. Die Lippe gross, am Ende in Hellgelb übergehend; es
finden sich auf der Mitte derselben fünf weinrothe Streifen. Im
Ganzen ist die Pflanze viel zierlicher als *G. Bauerii*.

G. Bouliawongo (Reichenbach fil.). Blüthen grösser als von
G. Bauerii.

G. Devoniana. Luftknolle über drei Schuh hoch, langgestreckt, von oben bis unten mit Scheiden besetzt. Blüthenstand
aufrecht, prachtvoll. Blüthen zahlreich, ausgebreitet, über vier
Zoll breit. Blume hell feurig rothbraun, mit Grün eingefasst.
Labellum gross und sehr schön, zusammengeneigt, in einen lichtgrünen, stumpfen Sack endigend; vorne ausgebreitet, stumpf,
einlappig, wellenförmig. Die Farbe ist weiss mit schönen, weinrothen Längsstreifen; im Schlunde hellstrohgelb. Dies ist eine

sehr seltene, schwer zu kultivirende Pflanze von stattlichem, schönem Ansehen.

Geodorum. Zur I. Abtheilung.

G. citrinum (Brown). Blüthenstand aufrecht, oben zierlich übergebogen. Blüthen zahlreich, lichtweissgrün, ausgebreitet. *Labellum* rein, oval, ganzrandig, weiss, mit Goldgelb bemalt, fein zahlreich roth nach allen Richtungen gestrichelt.

Grammatophyllum. Zur I. Abtheilung.

G. multiflorum (Lindl.). Tracht der Luftknolle zierlich, gross, über drei Schuh hoch. Blüthenstengel aufrecht, pyramidal. Blüthen zahlreich, ausgebreitet, zwei Zoll breit, hellolivengrün, rein mit Lederbraun der ganzen Länge nach breit bandförmig gezeichnet. *Labellum* aufrecht, hellgoldgelb, mit Roth gestrichelt. Die Luftknolle ist wie bei *Mormodes.*

G. speciosum (Blume). Eine prachtvolle, dem Wuchse nach palmenartige Pflanze. Ganz lichtolivengrün. Stengel am Grunde entschieden aufrecht, sehr kräftig, hellolivengrün. Blüthen zahlreich, höchst prachtvoll. Die Luftknolle ist wie bei *Mormodes.* Die Blume ganz ausgebreitet, bei sechs Zoll breit, goldgelb, mit rothlederbraunen Flecken und breiten Querbinden. Lippe sehr klein, oben mit zwei glatten, gelben Hörnern. Untere Ausbreitung lichtlederfarb. Säule aufrecht, weiss. Knospe grasgrün. Die Blüthenstiele sind blaugrün, bei fünf Zoll lang.

Gongora. Zur I. Abtheilung.

G. aureo-pupurea (Linden). Hängender Blüthenstand, zwei Schuh lang, reichblumig. Blüthen hellgoldgelb, mit Dunkelweinroth punktirt. Alle Gongoren haben schön eiförmig runde, sehr gleichmässig gerippte Luftknollen.

G. atropurpurea (Hooker). Blüthenstand lang, hängend, vielblumig. Blüthe sonderbar chokoladfärbig mit sparsamen rothen Punkten, zierlich schön.

G. bufonia (Lindl.) Blüthenstengel lang, hängend, vielblumig. Blüthe sehr zart und schön, lichtlackroth. Säule hellgrün. *Labellum* weiss. Blumenblätter gestreift und punktirt.

G. bufonia var. leucochila hat blass purpurfarbe Blüthen und rein weisses *Labellum*.

G. fusca lutea (Lindl.) *(Cirrhaea)*. Lange, herabhängende Blüthenstengel, vielblumig. Blüthen zierlich, hellgrün, mit Purpur bemalt. Lippe goldgelb.

G. fulva (Lindl.) *(G. maculata fulva?)*. Blüthenstand hängend, vielblumig. Blüthen sehr schön, lichtledergelb, mit dunkelbraun bemalt und roth gefleckt.

G. fulva var. vitelina. Die Blüthen sind etwas grösser, die Flecken grösser und reiner. Die Farbe der Blüthen ist prachtvoll glänzend goldgelb. Das *Labellum* lichtgelb und schwach mit roth gefleckt.

G. Galleotiana (Rich.) ist synonym mit *G. truncata* (Lindl.).

G. leucochila (Josst). Diese sehr schöne Species hat die Blüthen zur Hälfte rein weiss, zur Hälfte dunkelrothlila, mit dunkleren Flecken geziert. Das *Labellum* hat vier Hörner und ist wie Elfenbein glänzend und weiss.

G. maculata (Lindl.). Diese prachtvolle Pflanze hat sammt ihren zahlreichen Varietäten bis zu drei Fuss lange Blüthenstengel. Die Blüthen sind zahlreich, oft bis fünfzig, sehr schön lichtbraungelb mit purpurfarben Flecken und Streifen. Das *Labellum* ist mit langen Hörnern versehen, rein weiss mit braunen Strichen.

G. maculata var. tricolor. Stump eiförmige, tief und scharf gerippte, drei Zoll hohe Luftknolle; zwei Blätter. Blüthenstengel hängend. Blumen zahlreich, goldgelb, mit Lederbraun viel bemackelt. Lippe rein weiss. Die Zähne rein weinroth, dann rein goldgelb und lederbraun.

G. maculata alba (Lindl.). Eine sehr wohlriechende Pflanze mit zahlreichen weissen Blüthen, gelb gefleckt. Das *Labellum* grün gezeichnet.

G. maculata bicolor wie *leucochila*.

G. maculata fulva (Lindl.) hat nur halb so grosse Blüthen wie *Gongora maculata*.

G. maculata lutea (Hort.). Rein goldgelbe Blüthen, auch sind die Blüthen viel grösser und schöner als *Gongora maculata*.

G. maculata pallida (Hort.). Kupferröthliche Blüthen, braunroth getupft.

G. maculata tricolor (Lindl.). Rein gelbe, sehr schöne Blüthen mit lebhaft rothen Querbinden. Lippe weiss, zimmtbraun gefleckt.

G. nigrata (Lindl.). Blüthen zahlreich, höchst seltsam, fast ganz schwarz, welche nur nach der Seite betrachtet, schön roth-braun erscheinen.

G. odoratissima (Josst & Ch. L.). Wohlriechende, schöne, braungelbe, mit weinrothen Flecken gezierte Blüthen.

G. quinquevulneris fl. Peruv. Blüthen zahlreich, hellpurpur-röthlich, sehr schön. Die Lippe hat zwei lange, spitze Hörner.

G. Seideliana (Reich. fil.). Blüthen sehr zahlreich, dotter-gelb, braun gefleckt. Lippe weisslicht.

G. speciosa (Lindl.). Blüthenstand wie bei allen Gongoren. Blüthen sehr schön, seltsam geformt, mit langen, gewellten Blüthenblättern. Die ganze Blüthe ist rein goldgelb.

G. truncata (Lindl.). Blüthenstand hängend, sehr reichblu-mig. Die Blüthe fahl, weiss, mit Roth gestrichelt. Das *Labellum* schön hellgelb. Zierliche, schöne Pflanze.

G. truncata var. Donkelariana (Ch. Lem.). Diese Pflanze hat viel grössere Blumen als die erstbenannte, auch ist sie sehr wohlriechend. Lippe ganz weiss.

G. verticillata. Vier Schuh langer, hängender, vielblumiger Blüthenstand. Die Blüthen stehen zu drei bis vier in Quirlen, sind rein weiss und Roth gepunktet.

G. viride purpurea (Cirrhaea). Blüthenstand hängend, lang, vielblumig. Blüthe aussen grün, innen purpur mit Lederbraun, dunkelroth punktirt. Diese sehr reichblühende Pflanze ist pracht-voll und eine der schönsten dieser Gattung.

Govenia. Zur I. Abtheilung.

G. fasciata (Lindl.). Blätter gross, gefaltet. Blüthenstengel aufrecht. Blumen zahlreich, seltsam, steif, goldgelb, aussen und innen mit blutrothen Querstrichen reichlich geziert.

G. lilacina (Lindl.). Blätter breit, lang, gefaltet, spitz. Blü-thenstengel aufrecht, vielblumig. Blüthen zusammengeneigt, halb geöffnet; aussen rein gelblich weiss, innen mit reinen, hellrothen Querstrichen nett gezeichnet und auch wenig roth punktirt.

Goodiera. Zur I. Abtheilung.

G. discolor (Lood.) 1819. Diese altbekannte Pflanze sollte immer unter einer Glasglocke kultivirt werden, indem dann die sammtartigen, dunkelgrünen Blätter drei rein weisse Längsstreifen zeigen. Die Blätter haben eine schön purpurfarbe Unterfläche. Blüthenstengel behaart, aufrecht. Blumen zierlich weiss mit gelb.

Habenaria. Zur I. Abtheilung.

H. gigantea (Hooker). Eine prachtvolle Erdorchidee aus Bombay. Stengel sehr kräftig, aufrecht. Blumen vier bis sechs, rahmweiss, lichtgrün, lang, gespornt. Das *Labellum* ist tief ausgeschlitzt, aufrecht. Die Blume hat, obwohl nur halb geöffnet, vier Zoll Durchmesser. Es gibt eine Menge prachtvoller Arten dieser Gattung, sie tragen alle weisse, grosse, oft fantastisch gebildete Blüthen. In englischen Gärten sind sie, obwohl selten, zu finden. Da sie Erdorchideen sind, so ist auch die Kultur derselben sehr schwierig.

Helcia. Zur I. Abtheilung.

Oncidium (Beer).

H. Sanguinea (Lindl.). Diese kleine Pflanze hat ein sehr ärmliches Ansehen. Die kleine, fingerdicke und lange Knolle trägt ein steifes Blatt. Blüthen einzeln, aber schön grünlich, mit Braun der Quere nach gebändert. Das *Labellum* ist weiss, wellenförmig, gross, ausgebreitet mit schönen weinrothen Strichen und Punkten.

Houlletia. Zur I. Abtheilung.

H. vittata (Lindl.). Luftknolle wie bei *Acropera*, ein Blatt. Blüthe wie bei *Cymbidium sinense*, jedoch lebhafter gelb mit lederbraunen Längsbinden. Blüthenstengel aufrecht, Blumen zahlreich.

H. Broklehurstiana (Lindl.). Luftknolle von braunen Scheiden umgeben, $2\frac{1}{2}$ Zoll lang, stark gerippt, stumpfspitz. Die Knolle trägt ein sehr langes Blatt mit langem, rundem Stengel. Die Blattfläche gefaltet. Diese kleine Pflanze hat aber einen grossen, prachtvollen Blüthenstand. Blüthenstengel kräftig, aufrecht, lichtgrün mit matt Purpur-Flecken. Blüthen einzeln, ausgebreitet, fünf bis sieben. Blüthen von Aussen rothgelb bemalt und reichlich roth gepunktet. Die Blumenblätter sind von innen von der Blattspitze bis zur Hälfte der Blätter feurig blutroth, dann wie abgeschnitten, goldgelb mit rothen, kleinen, sehr zahlreichen Punkten. Die Säule ist kräftig, lang, etwas herabgeneigt, strohgelb, mit Roth punktirt. Lippe strohgelb, mit Roth punktirt, trägt zwei lange, dünne, aufrechte Hörner. Die untere Hälfte der Lippe ist glatt, spitz, ausgebreitet und prachtvoll rein sammtviolet.

H. picta (Linden). Diese schöne Pflanze gleicht der *Houlletia odoratissima*, die Blüthen sind aber hier gelblich grau und mit Roth sehr fein gestrichelt und punktirt. Die Lippe ist rein weiss und trägt ein karminrothes Horn. Eingeführt durch Linden in Brüssel.

H. odoratissima (Linden). Der Blüthenstiel dieser schönen Pflanze ist aufrecht, bei zwei Schuh hoch, zehn bis fünfzehn fast drei Zoll breite, dunkelweinrothe Blüthen und rein weisse Lippen gereichen dieser Pflanze zur grossen Zierde. Durch Linden in Brüssel eingeführt.

Huntleya. Zur I. Abtheilung.

H. meleagris (Lindl.). Kräftige, reich beblätterte Pflanze. Die Blätter bei zwei Schuh lang, stumpfspitz, gefaltet. Die Blüthe einzeln, an kurzem Stengel, bei fünf Zoll breit, prachtvoll. Die Blüthe ausgebreitet, Säule und *Labellum* sammt nächster Umgebung der Blätter rein weiss, löffelförmig, spitz, am Ende gelb und roth bemalt. Die Blumenblätter sind unbeschreiblich schön feurig gelbbraun, in Goldgelb übergehend. Auf dem rein gelben Grunde befinden sich auf jedem Blatte zwei kugelförmige, gelbbraunen Flecken.

H. violacea (Lindl.). Scheiden mit Blätter, reitend, schmal, lang, spitz, wenig gefaltet. Blüthen einzeln, prachtvoll, blau, purpur in allen Schattirungen, an der Spitze der wellenförmigen Blätter gelb bemalt. *Labellum* gross, breit, mit lederbraunem, wulstigem Kamme über die ganze Breite; dann hellviolet, zurückgebogen, kraus.

H. cerina (Lindl.). Blätter gefaltet, stiellos, stumpf. Blüthe wie bei *Lycaste Harrissonii*, aber blässer in der Farbe. Säule gelb, stielrund. Lippe dreilappig. Blüthe gelblich, rahmfärbig, schön. Es gibt noch einige Arten.

Hypodematium. Zur I. Abtheilung.

H. Abyssinicum (A. Rich.). Der Autor stellt diese Species nahe an *Eulophia*. Die Pflanze hat walzenförmige Luftknollen, wie ein *Catasetum*. Blüthenstand aufrecht. Blüthen zahlreich, rahmweiss.

Ipsia. Zur I. Abtheilung.

I. speciosa (Lindl.). Eine kleine Pflanze mit aufrechter Luftknolle in Form der *Microstylis*; vermuthlich eine Orchidee, welche auf der Erde wächst. Blüthenstand aufrecht, wenig blumig. Blüthen gross. Form von *Dendrobium*. Ueber die Farbe der Blüthe ist in Robert Wight's Werk nichts gesagt. Diese schöne Pflanze wird schwerlich lebend nach Europa zu bringen sein.

Jaeniophyllum. Zur I. Abtheilung.

J. Jerdonianum (R. W.). Habitus von *Dendrobium calceolaria*. Die Pflanze ist sehr klein mit zahlreichen, kleinen, gelblich weissen Blüthen; wahrscheinlich noch nicht lebend in Europa.

Josephia. Zur I. Abtheilung.

J. latifolia (R. W.). Form von *Pleurothalis*. Sehr kleine, unscheinbare Blüthen, ein Blatt, stielrund, dann sehr breit der Länge nach mit Linien gezeichnet. Die Wurzeln bilden hier einen merkwürdigen Uebergang zur Blattform.

J. lanciolata (R. W.). Sie gleicht der Tracht nach einem *Pleurothalis*; ein Blatt, aufrecht. Blüthenstand aufrecht, vielblumig, kleine Blume, schmutzig gefärbt.

Kegelia. Zur I. Abtheilung.

K. Houtteana (Reich. fil.). Eine zierliche Pflanze, welche der Blüthenform nach an *Cirrhaea Loddigesii* erinnert. Blüthen olivengrün, Lippe rothbraun mit gelber Spitze.

Kefersteiniana. Zur I. Abtheilung.

K. graminea (Reich.). Die sehr kleine Pflanze hat einen aufsteigenden Wuchs und gleicht einer *Burlingtonia*; über die Blüthe ist mir nicht Genügendes bekannt.

K. stapelioides (Reich. fil.). Wuchs von *Cygopetalum gramineum*.

K. sanguinolenta (Reich. fil.). Wie oben.

Lacaena. Zur I. Abtheilung.

L. bicolor (Lindl.). Luftknolle blassgrün, birnförmig, gefurcht, vier Zoll hoch. Blätter lang, schwach, gefaltet. Blüthenstengel hängend, wie auch die Blüthen. Blumen glänzend hellgrün, etwas behaart. Lippe tief lila breit bemalt. Eine hübsche Pflanze.

Laelia. Zur I. Abtheilung.

Cattleya (Beer).

L. accuminata (Lindl.). Luftknolle gross, tief gefaltet, birnförmig. Blüthenstengel aufrecht, dünn, lang. Blumen weis, mit Lila schattirt. *Labellum* ebenfalls, im Schlunde aber tief carminroth und der Länge nach mit einem gelben Striche.

L. albida (Lindl.). Eine kleine Pflanze mit stark gerippten, oft braun gefleckten, stumpfspitzen Luftknollen, welche einen Ring von einer abgefallenen Scheide tragen. Blüthenstand aufrecht, drei bis fünfblumig, sehr schön, rein weiss, gross, ausgebreitet. Auf dem *Labellum* finden sich zwei gelbe Längsfalten.

L. anceps. Diese Pflanze ist von *L. anceps var. Barkeriana* sehr wenig verschieden. Im Schlunde ist das Goldgelb hier sehr lebhaft, die untere Ausbreitung der Lippe tief purpurblau.

L. anceps var. Barkeriana (Lindl.). Luftknolle tief gefurcht, gedrückt walzenförmig, oben und unten stumpfspitz; ein Blatt. Blüthenstengel bei vier Schuh lang, aufrecht; drei Blumen, sehr schön, wie bei *Cattleya Perrinii*, aber goldgelb im Schlunde der ganzen rosafarben Lippe. Die ganze Blüthe purpurfarb.

L. aurantiaca (Lindl.). Luftknollen aufrecht, unten keulenförmig, dann oben zu stumpfspitz, bei sechs Zoll lang, mit trockenen Scheiden umgeben, zwei Blätter, ausgebreitet, spitz, wenig genervt. Blüthenstengel aufrecht. Blumen zahlreich, schmalblätterig. *Labellum* schmal, sehr kraus, aufrecht, sehr schön feurig orangegelb verwaschen.

L. autumnalis (Lindl.). Luftknolle langgestreckt, oben und unten stumf, mit trockenen Scheiden umgeben; zwei Blätter, glatt, ausgebreitet, stumpfspitz. Blüthenstengel sehr lang, aufrecht. Blumen drei bis fünf, prachtvoll, über vier Zoll breit, ausgebreitet, Sepalen lang, schmal, spitz, zurückgebogen, schön, dunkellackroth. Petalen gross, gefaltet, aufrecht, lackroth mit goldgelben Streifen in der Mitte. Lippe unten stumpf, wellenförmig, ausgebreitet, oben mit zwei grossen, weissen, flügelartigen Lappen; dann zusammengeschnürt, lackroth; die Mitte der Blüthe ist weiss, mit Lackroth verwaschen. Säule weiss, roth punktirt, oben kopfförmig, lackroth. Das *Labellum* hat an der Säule zwei Kämme, welche weiss und mit rothen Punkten geziert sind.

L. cinnabarina (Lindl.). Luftknollen fingerdick, aufrecht, bei sechs Zoll lang, oben ein Blatt, den Blüthenstengel und dessen Scheide umfassend, spitz. Blüthenstengel aufrecht. Blumenblätter schmal, lang, spitz, ausgebreitet. *Labellum* aufrecht, wellenförmig, röhrenförmig, zusammengeneigt, oben kraus, wenig ausgebreitet. Blüthe prachtvoll, dunkelorange. Lippe mit Goldgelb bemalt. Blüthenstiel gelb, in der Mitte lila.

L. flava (Lindl.). Luftknolle über zwei Zoll lang, stumpfspitz, birnförmig, mit braunen, zerrissenen Scheiden bekleidet. Ein Blatt, glatt. Blüthenstengel aufrecht. Blume rein goldgelb, zahlreich, dicht beisammenstehend, ausgebreitet. *Labellum* zurückgebogen, ausgezackt, mit einigen rothen Linien.

L. furfuracea (Lindl.). Luftknolle bei zwei Zoll hoch, eiförmig, länglich, gleichmässig tief gerippt, in der Mitte ein Scheiden-Ansatz. Die Knolle trägt ein Blatt, steif, spitz, glatt, dick, ausgebreitet. Blüthenstengel aufrecht, ein- bis zweiblumig. Blüthe gross, sehr schön lackroth, mit gelbem Kamme auf dem *Labellum*. Petalen stumpf, wellenförmig, sonst ganz so gestaltet wie *L. autumnalis.*

L. majalis (Lindl.). Knolle bei $2\frac{1}{2}$ Zoll hoch, flach, tief eingreifende Längsrippen; zwei schmale, einen Schuh lange Laubblätter. Blüthen prachtvoll, drei bis fünf, an sehr dünnem, aufrechtem Blüthenstengel. Blume vier Zoll im Durchmesser.

Prachtvoll lackroth, von hell- bis ins Dunkelfärbige verwaschen. Säule rein feurig dunkelblutroth. *Labellum* sehr schön weiss mit rein goldgelben Mittelstreifen; oben um die Säule zusammengeneigt, zweilappig, ausgebreitet. Lappen reinweiss mit sehr wenigen rothen Punkten. Untertheil der Lippe ausgebreitet, am Rande herrlich rosa breit bemalt, sonst ganz mit rothen Strichen geziert.

L. purpurata (Paxton). Der *Habitus* wie bei *Laelia Perrinii*. Blüthen prachtvoll, Blätter zwei. Die grösste Blume unter den schönen Laelien. Blüthe rein weiss. *Labellum* gross und herrlich gefärbt. Von aussen feurig hellgoldgelb, mit Blutroth rein der Länge nach linirt, sonst tief wellenförmig ausgebreitet, lackroth, in Blaupurpur übergehend. Von aussen ist im Schlunde die goldgelbe, roth linirte Fläche rein abgegrenzt, mondförmig, sichtbar. Die Ausbreitung des *Labellums* ist wie auf der Kehrseite gefärbt.

L. peduncularis (Lindl.). Länglich eiförmige Luftknollen, zwei Zoll lang, glatt, mit braunen Scheiden umgeben. Trägt ein Blatt, glatt, mit stark entwickeltem Mittelnerv. Blüthenstengel aufrecht, Blüthen zierlich, licht-blau-lila. Die Lippe röhrenförmig, dann gewellt, ausgebreitet, aussen rosa, im Schlunde feurig dunkel-sammt-violet.

L. Perrinii (Batem.). Luftknolle einen Schuh lang, oben keulenförmig, unten stark federkieldick, glatt, ein Blatt. Scheiden am jungen Triebe bauchig. Blüthen drei bis fünf, aufrecht, dicht beisammenstehend, sehr schön rosa. Lippe spitz, prachtvoll purpurfarb.

L. Perrinii major (Morrel). Ist in allen Theilen etwas grösser als *L. Perrinii*. Diese Pflanzen dürfen mit *Cattleya Perrinii* nicht verwechselt werden. Da diese Pflanze vollkommen verschieden ist und neu bekannt werden sollte.

L. rubescens (Lindl.). Luftknolle $1\frac{1}{2}$ Zoll hoch, eiförmig, schön grün, glatt; ein Blatt, ausgebreitet, stumpf. Blüthenstand aufrecht, vielblumig. Blüthen sehr schön, Lippe aufrecht. Die Blätter alle wellenförmig, gefaltet, weiss, mit Rosa am Rande bemalt. Lippe oben reich purpur, dann der Länge nach mit goldgelben Streifen.

L. rubescens var. (Lindl.). Luftknolle bei zwei Zoll hoch, birnförmig, schön grün, unregelmässig tief gefurcht; ein Blatt, stumpf, lederartig. Blüthenstengel aufrecht. Blumen drei bis fünf, schön, rein weiss, wellenförmige Blätter, ausgebreitet. *Labellum* kraus, verlängert, stumpf, ausgebreitet, im Schlunde eine grosse, blutrothe Makel, dann breit goldgelb bemalt.

L. superbiens (Lindl.). Dies ist die prachtvollste Pflanze meiner ersten Abtheilung! Luftknolle über einen Schuh lang, platt, walzenförmig, in der Mitte bauchig, hellgrün, gerippt, mit grossen, fahlgrünen Scheiden umgeben. Blätter bei jenen Knollen, welche keine Blüthenstengel treiben, zu zweien; kraftvoll, glatt ausgebreitete Blattfläche mit starkem Mittelnerv. Die Knolle, welche den Blüthenstengel treibt, hat nur ein Blatt. Blüthenstand aufrecht, jede Blüthe trägt eine braune Scheide. Die zahlreichen, vier Zoll breiten, herrlich lila, in Rosa und weiss übergehenden Blüthen, deren *Labellum* feurig goldgelb, im Schlunde mit braunen Strichen, die untere Ausbreitung aber rein purpurroth mit dunkelblauen Strichen ist, stehen neun bis eilf an der Zahl ziemlich nahe beisammen, und sind nach allen Seiten gerichtet; dies macht eine $1\frac{1}{2}$ Schuh breite, kugelförmige Blüthenmasse von unbeschreiblicher Schönheit.

Laeliopsis. Zur I. Abtheilung.

Cattleya (Beer).

L. Domingensis (Lindl.). Siehe *Cattleya Domingensis* Lindl.

Latouria. Zur I. Abtheilung.

L. spectabilis (Blume). Luftknollen über einen Schuh lang, keulenförmig, wie bei *Cattleya Skinnerii*, drei Blätter. Blüthenstengel aufrecht. Blumen sehr gross, bei sechs Zoll lang und breit. Blumenblätter alle lang, kraus, tief wellenförmig, spitz, nankingfärbig, mit blassrothen Längsstrichen. *Labellum* aufrecht, prachtvoll. Die Säule muschelförmig, umschliessend, überall tief wellenförmig, kraus, spitz, Lippe zurückgebogen, unten helllila, dann gelblich, nankingfärbig mit breitem, weinrothem Mittelnerv und einer Querzeichnung von Strichen. Diese schöne Pflanze findet sich wahrscheinlich noch nicht in den Sammlungen.

Leptotes. Zur I. Abtheilung.

L. bicolor (Lindl.). Pflanze sehr klein, ein Blatt, fast stielrund, ein- bis dreiblumig. Blüthe schön, ausgebreitet, rein weiss.
Labellum mit weinrother, kräftiger Zeichnung. Säule hellgrün
mit rothem Ende. Die Luftknolle ist über einen Zoll lang, glatt,
dunkelgrün.

L. serrulata (Lindl.). Eine kleine, sehr zierliche Pflanze.
Ein pfrimmenförmiges Blatt, auch zwei, aus einer stielrunden,
kleinen, weiss bescheideten Luftknolle. Blüthenstand hängend,
vielblumig. Blüthenstiel sehr lang. Blume halb geöffnet, hängend, rahmweiss. *Labellum* mit weinrothen Strichen geziert.

Lichonora. Zur I. Abtheilung.

L. Jerdoniana (R. W.). Eine höchst merkwürdige Pflanze!
Sie gleicht einem *Acrostichum piloseloides*, mit einer Blüthe, welche
sich aus der Mitte der Blätter erhebt. Wahrlich, diese merkwürdige
Pflanze muss man lebend vor sich haben, um sie zu verstehen!
Es ist wenig Hoffnung, dass diese kleine Pflanze lebend nach
Europa gebracht werden kann.

Limatodes. Zur I. Abtheilung.

L. rosea. Wächst auf der Erde. Blätter lang, gestreift,
spitz zulaufend. Auf der Aussenseite gelb, Oberfläche schön
grün. Blüthenstand vielblumig, aufrecht. Blüthen sehr schön,
wie eine kleine Laelia, kräftig, bläulich rosa. *Labellum* stumpf,
ausgebreitet, im Schlunde rein weiss, dann gelb. *Labellum* von
aussen schwefelgelb, bis zur Ausbreitung der Lippe.

Liparis. Zur I. Abtheilung.

L. biloba (R. W.). Blüthen zahlreich, ziemlich gross, schmutzig gelb, mit mattrothen Punkten.

L. elliptica (R.W). Hat vollkommen ausgebildete Luftknollen;
der Blüthenstand aufrecht, die Blüthen sehr klein, grünlicht.

Listrostachys. Zur II. Abtheilung.

L. Jenischiana (Reich. fil.). Tracht von *Vanda*. Blüthen
weiss, Sporn grün. Dr. Reichenbach zieht auch *Angraecum
pertusum* (Lindl.) hierher.

Lissochilus. Zur I. Abtheilung.

L. roseus (Lindl.). Eine prachtvolle Pflanze, welche auf der Erde wächst. Blätter wie bei *Phajus grandifolius.* Blüthenstengel aufrecht. Blüthen zahlreich, prachtvoll; die drei oberen Blätter feurig sammtbraun, die zwei unteren sammt der Lippe prachtvoll lackroth; die herrlich dunkel gefärbte Lippe hat einen dreitheiligen, goldgelben Kamm. Die Kehrseite ist goldgelb und endet in einen Sporn. Es gibt noch mehrere Arten.

Luisia. Zur II. Abtheilung.

L. teretifolia (Blume). Form von *Vanda terres,* aber etwas schwächer in allen Theilen. Blüthen kaum einen Zoll breit, stahlgrün. Lippe sehr klein, herzförmig, goldgelb, mit braunrothen Flecken auf der Mitte. Diese Pflanze ist vielleicht das *Cymbidium teretifolium* der Gärten.

Lycaste. Zur I. Abtheilung.

Maxillaria (Beer).

L. aromatica (Lindl.). Eine ungemein reichblühende, sehr schöne Pflanze. Blüthen bis zwanzig an einer Luftknolle, herrlich orangegelb, wohlriechend, innen mit braunen Punkten besäet.

L. arom. grandiflora hat bedeutend grössere Blüthen, aber ohne braune Punkte. Die Luftknollen dieser zwei Arten sind zusammengedrückt, eirund, zwei Blätter.

L. balsamea (A. Rich.). Eine sehr schöne, grosse, reichblühende Pflanze. Die Blüthen haben Aehnlichkeit mit *L. aromatica,* aber sind dreimal so gross, goldgelb, 12—15 Blüthen an einer Luftknolle. Die Lippe hat rothe Flecken. Die Säule ist behaart.

L. chrysoptera (Morr.). Herrliche, grosse, goldgelbe Blüthen mit feurig purpurrothen Flecken. Die dreilappige Lippe ist ebenfalls gelb, mit dunkelweinrothen Querstreifen prachtvoll verziert. Die Blume ist sehr wohlriechend, einzeln. Die Luftknolle wie bei *Max. Deppii.*

L. crinita (Lindl.). Die grosse, schöne, gelbe Blume ist ganz behaart, lebhaft gelb, ins Grünliche übergehend. Lippe gelb, mattbraun gefleckt.

L. cansobrina (Reich. fil.) steht sehr nahe an *L. aromatica* (Lindl.), ist durch die kurzen Seitenlappen und den langen Mittellappen der Lippe verschieden.

L. cochleata (Lindl.). Feurig dunkelorangefarbe, grosse Blüthen. Lippe fast zirkelrund, eine sehr schöne Species, die ganze herrliche Blüthe ist mit Blutroth reichlich bemalt und gefleckt.

L. cruenta (Hook.). Sehr schöne, grosse, goldgelbe Blüthen mit rother Makel; vielblüthig. Scheint eine Varietät von *L. aromatica* zu sein.

L. Deppii (Lindl.). Vielblumig, sehr schön, grünlich weiss, innen mattbraun gefleckt. Lippe kraus, reinweiss mit lebhaften blutrothen Punkten.

L. fulvescens (Lindl.) Einen halben Schuh lange, dünne, bei drei Zoll breite, wenig gerippte, schön grüne Luftknolle. Blätter lang, wenig gefaltet. Blüthen einzeln, an langen Stielen, mit langen Blättern, von licht- bis orangegelb schattirt. Das *Labellum* ist feurig dunkelorange und gewimpert. Die sehr schönen grossen Blumen erscheinen drei bis sechs an der alten Knolle, öffnen sich nicht ganz, sind hängend.

L. grandiflora (Lindl.). Einblumig, gross, prachtvoll, weiss, theilweise glänzend wie Elfenbein, sehr schön.

L. gigantea (Lindl.) — *Maxillaria Heynderyckii* (Morren).

Ich bin der Meinung, dass mehrere Pflanzen verschiedener Gestalt unter obigen Namen in den Gärten verbreitet sind. Jedenfalls ist die von W a g n e r eingeführte *L. gig.* eine andere, als jene Pflanze, welche in Lüttich eingeführt. Die echte *Lyc. gig.* hat ovale, bis vier Zoll hohe, ziemlich glatte, dicke, fast runde Luftknollen. Die Blumen einzeln, sehr gross, ausgebreitet, auf starkem Stengel, olivengrün. Säule lichtgrün, *Labellum* schön verschiedenfärbig, dunkelroth, lederbraun. Die Blume hat bei sechs Zoll in der Länge und bei fünf Zoll Breite.

L. Harrissoniae (Lindl.). Grosse, schöne, trübgelbe Blumen. Das *Labellum* purpurfärbig, mit Feurigroth gestreift.

L. Har. alba hat gelblich weisse, schöne Blüthen. Die Blumenblätter haben Rosalila-Flecken.

L. Har. grandiflora unterscheidet sich nur durch grössere, anfrecht stehende Blumen. Diese Varietät trägt manchmal regelmässige Blumen.

L. leiantha. Luftknolle rund, zusammengedrückt, mit blatttragenden Scheiden besetzt; zwei Blätter, gross. Die obere Hälfte der Säule weiss, die untere rein dunkelpurpur. Petalen und Lippe weiss wie Wachs, letztere schmal, etwas ausgefranzt, matt purpur bemalt; die Petalen stark zurückgeschlagen. Sepalen gleich breit, olivengrün. Es scheint nur eine Varietät von *Lycaste Deppei* zu sein.

L. macrophylla (Lindl.). Luftknolle gross und tiefgerippt, wie bei *Peristeria Barkerii*. Blüthen einzeln, 4 Zoll breit. Sepalen dunkelfleischfarb. Petalen aufrecht, zusammengeneigt, feurig dunkelschwefelgelb. Eine prächtige Blüthe!

L. macrobulbon (Lindl.). Eine Pflanze wie *Lycaste aromatica*, jedoch in allen Theilen grösser. Luftknolle glatt, platt, so gross wie bei *Peristeria elata.*

L. tetragona (Lindl.). Schöne, grosse Blüthen. Blumenblätter hellgrün, mit Roth gestrichelt und bemalt. *Labellum* rein weiss, kräftig punktirt, mit Purpur und Blau. Luftknollen fast viereckig, verlängert, glatt; ein Blatt, gelbgrün.

Macrochylus. Zur I. Abtheilung.

M. Frianus (Lindl.) ist sehr wenig unterschieden von *Miltonia spectabilis.* Luftknolle schmal, dünn, oben und unten fast gleich breit; zwei schmale Blätter. Blüthe einzeln, prachtvoll, gross.

Maxillaria. Zur I. Abtheilung.

M. acutipetala (Hooker). Zahlreiche, einen Zoll grosse, feurig goldgelbe, mit schönen rothen Flecken gezierte Blumen machen diese Pflanze zu einer der besseren.

M. anatomorum (Reich. fil.). Blüthen blassgelb, dreimal grösser als *M. crocea.*

M. areo-fulva (Hooker) — *Bifrenaria* (Lindl.). Der aufrechte Blüthenstengel trägt mehrere schöne, ziemlich grosse, goldbraune Blüthen.

M. aromatica (Beer). Siehe *Lycaste aromatica.*

M. balsamea (Beer). Siehe *Lycaste balsamea.*

M. Barringtoniae (Lodd.). Bei drei Zoll grosse, lichtoliven-farbe Blüthe. Das *Labellum* ist braungelb und zierlich gewim-pert. Die Luftknolle ist verlängert, fast viereckig, lichtgrün, ein Blatt, sehr steif, lederartig.

M. Broklehurstiana (Lindl.). Diese wahrscheinlich schönste aller Maxillarien hat eine herrliche Blüthenrispe von 1½ Schuh Länge. Die Blüthen sind zahlreich, zwei Zoll breit, lichtzimmt-braun mit weinrothen Flecken.

M. ciliata (R. et P.). Luftknollen zwei Zoll lang, gedrückt, eiförmig. Blüthen drei bis fünf, hängend, halb geöffnet; innen und aussen lichtgrün, mit Dunkelgrün bemalt. Lippe rein weiss mit grünen Flecken, sehr zierlich ausgefranzt. Säule weiss, Blüthe vier Zoll im Durchmesser, schön.

M. chrysoptera (Beer). Siehe *Lycaste chrysoptera.*

M. cruenta (Beer). Siehe *Lycaste cruenta.*

M. cucullata (Lindl.). Eine kleine Pflanze mit schmaler, lichtgrüner Knolle und einem glatten Blatte. Die Luftknolle ist reichlich umgeben von vertrockneten Scheiden. Die Blüthen stehen einzeln. Sepalen schmutzig roth, am Rande grün ver-waschen. Petalen schön dunkelrosa. Die Lippe ausgebreitet, ganzrandig, schön dunkelpurpur.

M. crinita (Beer). Siehe *Lycaste crinita.*

M. cristata (Hook.). Luftknolle kaum 1½ Zoll hoch, tiefgerippt, stumpf. Blüthenstengel zweiblumig, hängend. Blüthen pracht-voll, über drei Zoll breit. Sehr lichtweiss-lila, mit Blutroth bei einigen Blättern bis zur Hälfte bemalt, auch Längsstriche und Punkte. Säule grün, dann goldgelb, aufwärts gebogen. Lippe aufrecht, mit einem Kamm an der Spitze wie bei *Polygalum* zwei-lappig, diese hellroth, dann weiss.

M. cochleata (Beer). Siehe *Lycaste cochleata.*

M. cyanea (Beer). Siehe *Warrea cyanea.*

M. Deppii (Beer). Siehe *Lycaste Deppii.*

M. eburnea (Lindl.). Prachtvolle, grosse, reinweisse Blume. Die Säule hat zwei rothe runde Punkte, die wie Augen aussehen. Das *Labellum* ist mit Strohgelb leicht schattirt.

M. elongata. Gelbblüthig. Blüthen an dickem Stengel, aufrecht, gelb. Lippe mit Roth punktirt. Hat Aehnlichkeit mit *M. spualeus.*

M. flavescens (Lindl.) hat einzelne, grosse, schöngelbe Blüthen; die Blumenblätter sind herabhängend, das *Labellum* gefranzt. Es ist eine schöne, zierliche Species.

M. fulvescens (Beer). Siehe *Lycaste fulvescens.*

M. gigantea (Beer). Siehe *Lycaste gigantea.*

M. grandiflora (Beer). Siehe *Lycaste grandiflora.*

M. gratissima (Rchb.) hat schöne, wohlriechende, grosse Blüthen. Die einzelnen Blumen sind aussen lichtstrohgelb, innen hoch orangefarb. Die Lippe gelb, roth punktirt. Die Säule feurig dunkelweinroth, am Ende gelb.

M. Harrissoniae (Beer). Siehe *Lycaste Harrissoniae.*

M. heraldica (Reich. fil.). Blüthen gelb, Lippe rothbraun mit gelber Spitze.

M. Histiologorum (Reich. fil.). Blüthen weissgelb, gross und schön.

M. Houtteii (Hort.) (*Xylobium*). Eine reichblühende, zierliche Pflanze! Blumen ziemlich gross, schmutzig braungrünlich, purpur gestreift, schwach wohlriechend.

M. Heynderycii (Morren). Siehe *Lycaste gigantea* (Lindl.).

M. Kreysigii (Rchb.). Blüthen einzeln, zahlreich, einen Zoll Durchmesser; aussen schwach strohgelb und matt purpur punktirt; innen schön schwefelgelb. Die Lippe rein weiss, mit Purpur gestreift, gelb bemalt.

M. leucochila (Hoffm.). Einblumig. Blüthe einen Zoll breit, weisslich gelb, mit Purpur gefleckt. Die Lippe schön purpurroth, wohlriechend.

M. leucantha (Kl.). Blüthen einzeln. Die Blumen drei Zoll Durchmesser, von reinweisser Farbe. Das *Labellum* ebenfalls weiss.

M. leptosepala (Lindl.). Luftknolle flach, eiförmig, ein Blatt, glatt, gross, wie von einem *Oncidium*. Blumen einzeln, sehr schön, gross, bei fünf Zoll lang, reinweiss mit gelbenSpitzen. *Labellum* ausgebreitet, goldgelb mit weissem Rande; aussen blutroth gestreift. Die Knolle gleicht dem *Oncidium papilio.*

M. leiantha (Beer). Siehe *Lycaste leiantha.*

M. Lyoni (Lindl.). Die Blumen sind einen Zoll gross, trüb, purpurfärbig. Das *Labellum* ist prachtvoll feurig dunkel kastanienbraun.

M. lutio alba (Lindl.). Einblumig. Blüthe gross, rothgelb im Innern, roth von Aussen, am Grunde der Blume weiss. Dreilappiges *Labellum*, gelb, mit Purpur bemalt.

M. luteola (Beer). Siehe *Polystachia luteola.*

M. Macleei (Lindl.). Die Blüthen sind sehr schön röthlich purpur. Das *Labellum* ist rein weiss mit mehreren kastanienfarben Flecken.

M. macrobulbon (Hook.). Luftknolle sehr gross, schön grün, dünn, glatt. Blüthe gross, sehr schön, wie bei *Lycaste balsamea.* Auch *Lycaste macrobulbon* (Lindl.).

M. macrophylla (Beer). Siehe *Lycaste macrophylla.*

M. nigresceus (Lindl.). Die Blüthen dieser ausgezeichneten Pflanze sind bei drei Zoll gross, blutroth. Das *Labellum* roth und purpurfärbig, sehr schön.

M. palmifolia (Lindl.). Blüthenstand aufrecht, vielblumig. Blüthen gross, rein weiss.

M. Burkerii (Lindl.). Blüthen gross, sehr schön. Die Blume nankingfärbig und weiss, mit Roth gestrichelt. *Labellum* prächtig lackroth, mit Lilastreifen in der Mitte.

M. picta (Hook.). Sehr schön, vier bis sechs Blüthen an einer Luftknolle. Die Blüthen aussen gelblich weiss, mit Purpur punktirt, innen goldgelb, mit Rothbraun punktirt. Die Säule ganz purpurfärbig.

M. placanthera (Hook.). Grüne, roth gestreifte, getupfte, hübsche Blüthen. *Labellum* weiss, mit Grün und Roth verwischt gefärbt, am Rande lila.

M. purpurea (Beer). Siehe *Polystachia purpurea.*

M. psitacina (Batem.). Der aufrechte Blüthenstand trägt mehrere sehr schöne, grosse, strohgelbe Blumen, welche roth gestreift sind.

M. punctata (Lodd.). Einblumig, aufrecht, 1½ Zoll Durchmesser, hellgelb, mit feurig Purpur punktirt. Die Lippe weissgelb, purpurfärbig gestreift und weiss gefleckt, sehr wohlriechend.

M. racemosa (Hooker) — *Bifrenaria racemosa* (Lindl.). Eine der schönsten unter den Maxillarien. Blüthen zu dreien, einen

Zoll breit, bräunlich ledergelb. Lippe weiss, mit purpurfarbem Rande und mit goldgelben Warzen besetzt; wohlriechend.

M. Rollissonii (Lindl.) (*Promenea*). Die Blüthe einzeln, ziemlich gross, zitronengelb, mit Purpur punktirt. Die Lippe grün geadert, mit einer Spitze versehen. Eine ganz kleine Pflanze. Luftknollen kaum einen Zoll hoch, rund.

M. rugosa (Scheides.). Die ziemlich grossen Blüthen sind dunkelweinroth. Das *Labellum* ist prächtig dunkelpurpurfarb, wie von Sammt.

M. Stellii (Hook.) (*Scuticaria*). Diese Pflanze hat stielrunde, zwei Schuh lange, dünne, hängende Blätter. Die Blüthen haben kurze Stiele, sind gross und sehr schön dunkelgoldgelb mit feurig rothbraunen Makeln und Flecken.

M. stapelioides (L. & O.) (*Promenea*). Blüthe schön, über einen Zoll breit, weissgrün, mit Purpur punktirt. *Labellum* sammtig purpurfarb, gegen den Rand heller bemalt und gefleckt.

M. squaleus. Siehe *Xylobium squaleus*.

M. spilotantha (Reich.). Schöne, einen Zoll breite, braune, ledergelbe, mit Purpur gefleckte Blumen. Das *Labellum* ist geigenförmig, purpur, licht und dunkel schattirt.

M. tetragona (Beer). Siehe *Lycaste tetragona*.

M. triangularis (Lindl.). Trägt eine sehr schöne Blüthe. Die Blume ist feurig zimmtbraun und hat lebhaft rothe, grosse Flecken.

M. tenuifolia (Lindl.). Trägt eine sehr schöne, $1\frac{1}{2}$ Zoll breite Blüthe; schön purpur, dunkelweinroth, ins Gelbe übergehend. Die Lippe feurig hochgelb, mit grossen, schönen, rothen Flecken geziert, wohlriechend.

M. vitellina (Lindl.). Luftknollen etwas über einen Zoll lang, fast viereckig, dunkelbraungrün; ein Blatt, aufrecht, spitz. Blüthenstengel aufrecht, vielblumig. Blüthen einen Zoll breit, sehr schön goldgelb. Am *Labellum*, welches kraus und getheilt ist, steht ein schöner brauner Flecken.

M. Warreana (Lodd.). Sehr schöne, stattliche Pflanze, geht auch unter dem Namen *Warrea tricolor*. Luftknolle einen halben Schuh und darüber hoch, lichtgrün mit schmutzig Purpurstreifen bei den Scheiden, welche als Rudimente lichtlederbraun an den alten Knollen hängen. Trieb kräftig, Blätter mit Scheiden, sehr lang, schön grün. Blüthenstengel stark, aufrecht, von Dunkel-purpur bis in Lichtgelbgrün gegen die Blüthen gefärbt. Blüthen gross, zahlreich, nicht ganz geöffnet, jedoch sehr schön. Blumen und Säule rahmweiss, mit Gelb bemalt. Lippe offen, wellig aus-gerandet. Säule und Umgebung innen hellgoldgelb, mit blut-rothen Strichen; dann am *Labellum* in Purpur, endlich in Weiss, und der krausen Lippe Rand in Goldgelb übergehend.

Mesospenidium. Zur I. Abtheilung.

M. Warscewiczii (Reich. fil.). Blüthen olivengrün, mit Pur-pur gefleckt. Lippe weissgelb.

Microstylis. Zur I. Abtheilung.

Microstylis discolor (Lindl.).
,,   *luteola* (R. W.).
,,   *hystionantha* (Hook.).
Blüthen sehr klein, jedoch von eigenthümlicher Form, — grün oder lichtgelb; sie haben eine jährlich vergehende Erdknolle und sind ein gutes Verbindungsglied zwischen den Orchideen der gemässigten Zonen und jenen der Tropen-Länder.

Miltonia. Zur I. Abtheilung.

Oncidium (Beer).

M. candida (Lindl.). Pflanze lichtgrün. Luftknollen lang-gedehnt, birnförmig, flach, glatt, unten mit Scheiden umgeben; zwei Blätter, lang, schmal, spitz, glatt. Blüthenstengel aufrecht, Blumen zahlreich, prachtvoll, über vier Zoll breit, ausgebreitet. Blumenblätter alle goldgelb, reichlich mit lederbraunen, grossen Flecken und Binden geziert. Die Blüthe ist auf der Kehrseite grünlich gelb. *Labellum* oben zusammengeneigt, durchaus kraus, weiss mit kleinem gelbem Kamme, im Schlunde breit lichtroth-lila bemalt.

M. candida var. flavescens (Lindl.). Die Pflanze wie bei *Miltonia candida*. Die Blüthen prachtvoll, vier bis sechs, ganz ausgebreitet, auf lebhaft goldgelbem Grunde reichlich blutroth gefleckt und gebändert. *Labellum* muschelförmig ausgebreitet, weiss, mit Rosa reich bemalt.

M. Clowesii (Lindl.). Glatte, längliche, dünne Luftknollen
mit grünen Scheiden und Scheiden mit Blättern; die Knolle
trägt zwei wahre Blätter, welche, glatt, schmal und spitz zulaufend, mit einem rinnenförmigen Mittelnerv versehen sind. Der
Blüthenstengel erhebt sich gerade aus der Blattscheide und
trägt fünf bis sieben prachtvolle, ausgebreitete, bei vier Zoll
breite Blumen. Die Blumenblätter sind tiefgoldgelb mit einem
blutrothen, grossen Flecken. Die Säule ist glatt und ganz weiss.
Das *Labellum* ist oben mit zwei glattrandigen Flügeln und an
der Säule mit vier rosafarben Rippen versehen; der untere Theil
ist sehr ausgebreitet, spitz, herzförmig; von der Säule bis zur
Mitte ist das *Labellum* rein purpurfarb, sonst rein weiss.

M. cuneata (Lindl.). Eine prachtvolle Pflanze. Luftknolle glatt,
verkehrt keulenförmig, bei fünf Zoll lang; ein Blatt, zurückgebogen. Blüthenstengel aufrecht. Blumen zahlreich, prächtig, ausgebreitet. Blumenblätter lang, schmal, wellig, spitz, etwas zurückgeschlagen, lebhaft dunkelweinroth, mit Goldgelb rundherum
besäumt. *Labellum* gross, ausgebreitet, rein weiss, mit doppelten
rosenfarbigem Kamm auf der Mitte. Säule aufrecht, schwefelgelb.

M. Karwinskii (Lindl.). Prachtvolle Species mit drei Schuh
langem Blüthenstengel. Blüthen über zwei Zoll breit, sehr zahlreich. Die Blüthe ist feurig goldgelb, mit lebhaft Braun stark
gebändert und punktirt. Der untere Theil der Lippe ist zweilappig, rein weiss und färbt sich dann röthlich violet; der obere
Theil ist schön violet. Die Säule ist weisslich, ausgezackt, geflügelt. Der Wuchs der Pflanze ist wie bei *M. cuneata*. Diese
sehr seltene Pflanze findet sich in keinem Handels-Cataloge angeführt.

M. Moreliana (Hort.). Siehe *Milt. spectabilis var. Moreliana*.

M. spectabilis (Lindl.). Diese prachtvolle Pflanze hat drei
Zoll lange, dünne, länglich eiförmige, mit Scheiden umgebene
Luftknollen; zwei Blätter, glatt, spitz. Blüthen bei vier Zoll
Durchmesser, sehr schön. Blumenblätter rahmweiss, mit Lila
in der Mitte derselben bemalt. Das *Labellum* gefaltet, ausge-
breitet, 2½ Zoll breit, lebhaft roth-lila.

M. spectabilis var. purpureo-violacea (Lindl.). Pflanze etwas
kleiner in allen Dimensionen, wie *Miltonia spectabilis*. Blüthen
prachtvoll, grösser als bei *M. sp.*, purpurblau. *Labellum* etwas

lichter gefärbt, oben weiss, mit kleinem, goldgelbem Kamme, der ganzen Länge nach mit Blutroth durchadert. Säule rein weiss, die kleinen Flügel mit Lichtpurpur bemalt.

M. spectabilis var. Moretiana (Hort.). Tracht der Pflanze und Blüthe von *Miltonia spectabilis*, in der Farbe aber ganz verschieden. Bie Blume aufrecht, prachtvoll azurblau. Die Lippe matt weinroth, die Säule matt lichtgrün.

Monachanthus. Zur I. Abtheilung.

M. discolor (Lindl.). Luftknolle klein, gerippt; ein Blatt, spitz, lang, gerippt. Blüthenstengel aufrecht, Blüthen sehr sonderbar, schön. Lippe gross, schalenförmig ausgebreitet, vertieft, gezähnt. Petalen lang, schmal, zurückgerollt, schön weinroth. Sepalen hellgrün, mit Roth bemalt, auch die Lippe.

M. longifolius (Lindl.). Luftknolle einen Schuh lang, unordentlich mit dürren Scheiden ganz umgeben. Blätter sehr schmal und bei drei Schuh lang. Blüthenstengel hängend, Blumen zahlreich, sehr schön; die Blumenblätter stehen alle beisammen, aufgerichtet, sind gelblich, mit schön Rosa breit bemalt. Das *Labellum* ist ganz kugelrund, hellgoldgelb, mit Roth bemakelt, am Rande herum tief ausgefranzt; am unteren Rande steht ein lebhaft blutrother, breiter Flecken. Die Säule dick, strohgelb. Es gibt noch mehrere Species, welche alle wegen ihrer sonderbaren Blüthengestalt cultivirt zu werden verdienen.

Mormodes. Zur I. Abtheilung.

M. aromaticum (Lindl.). Luftknolle klein, bei vier Zoll lang, walzenförmig. Blätter schön grün, etwas gefaltet. Blüthenstengel aufrecht, Blüthen herabhängend, zusammengeneigt, hellgrün, reichlich mit trüb Weinroth bemalt und gepunktet. Säule stark herabgebogen, weiss, am Rande goldgelb, klein roth punktirt.

M. atropurpurea (Lindl.). Luftknolle walzenförmig, oben spitz zulaufend. Blätter kurz, schmal. Blüthenstand aufrecht. Blumen gedrängt stehend, feurig dunkelchocolade. Säule schmal, spitz, aufrecht, lichtgrün mit Lila-Spitze. *Labellum* zusammengeneigt, beim Aufblühen lila, dann dunkelblutroth, seltsam düster, aber doch schön.

M. Cartonii (Lindl.). Eine, wie bei *Catasetum*, dicke, langgedehnte Luftknolle. Blüthenstand aufrecht, prachtvoll. Die Blumen sind sehr zahlreich, goldgelb, mit reinen, blutrothen Linien
überall gezeichnet. Das *Labellum* ist oft seltsam verdreht und
aufwärts gebogen. Die Säule ist sehr lichtgrün. Eine prächtige
Pflanze!

M. collosus (Reich. fil.). Blüthen zahlreich, sehr gross, rothbraun. Lippe kurz genagelt, von rhomboidischer Gestalt, mit
stumpfen, seitlichen Ecken und lang vorgezogener zugespitzter
Lippe (synonym mit *M. macranthum* Lindl.).

M. igneum. Prachtvoll hell leuchtender, aufrechter Blüthenstand, vielblumig. Lippe gross, aufrecht stehend, feurig zinober-
roth. Petalen und Sepalen, also Blumen leuchtend, chocolade-
färbig. Diese Pflanze soll mehrere Varietäten haben.

M. lineatum (Lindl.). Luftknolle wie bei *Catasetum*. Blüthen-
stengel gebogen, aufrecht. Blumen zahlreich, sehr schön, gold-
gelb mit rothen Längslinien und ganz mit kleinen Warzen besetzt.
Labellum aufwärts gebogen, weiss mit strohgelb; an der unteren
Hälfte sitzen zwei bandartig gedehnte, rein weisse, mit blutrothen
Punkten gezierte Bänderchen. Das *Labellum* endet in einen lan-
gen Zahn. Säule herabgebogen, grün mit lilafarben, spitzen
Köpfchen. Eine höchst seltsame, bewegte Blume.

M. luxatum (Lindl.). Schöne, reich beblätterte, walzenförmige Luftknolle. Die Pflanze mit den Blättern ist über drei
Schuh hoch. Blüthenstand aufrecht; prachtvolle, hellgoldgelbe,
bei vier Zoll breite, halbgeöffnete Blüthen. Das *Labellum* ist
schalenförmig, aufwärts stehend, stumpf, gelappt, wie abgeschnitten; im Grunde tief lila und herrlich dunkelgoldgelb.

M. lentiginosum (Lindl.). Form von *Catasetum*. Blüthen
seltsam, schön, zahlreich, wie hängende Vögel, strohgelb, ganz
übersäet und bemalt mit Lila. Pistil rein purpurfärbig.

M. pardina (Bat.). Luftknolle über einen Schuh lang, walzenförmig, rund, von oben bis unten reich beblättert. Blätter
lang, über einen Zoll breit, sehr spitz. Blüthenstengel stark, zierlich gebogen. Blumen zahlreich, alle stehen halbgeöffnet in die
Höhe; sie sind schön hellgelb und überall, aussen und innen,
zahlreich rothbraun gepunktet. Das hinaufgeschlagene *Labellum*
ist dreizackig, goldgelb.

M. pardina var. unicolor (Lindl.). Die Pflanze und die Blüthe ganz so wie bei *Mormodes pardina*, nur sind hier die Blumen rein goldgelb, mit grünlich metallischem Glanze.

M. Hookerii (Ch. Lemaire) gleicht dem *Mormodes igneum* in der Form der Lippe. Luftknolle wie bei *Catasetum*, aber sie trägt auffallend gelb gefärbte, trockene, blatttragende Scheiden. Blüthen zahlreich, dunkelweinroth. Säule goldgelb, Lippe gegen einander gerollt, b e h a a r t. Blumenblätter gelb schattirt auf dunkelrothem Grunde, zurückgeschlagen.

Myanthus. Zur I. Abtheilung.

M. barbatus (Lindl.). Diese stattliche Pflanze hat die Luftknolle mit Blättern eingehüllt, welche am oberen Ende lang gefaltet und lederartig erscheinen. Der hängende, drei Schuh lange Blüthenstengel ist grün, gegen die Blüthen aber sehr schön licht purpur. Die Blüthen zahlreich. Blumen lebhaft grün, mit Braun reich punktirt. Es sind drei Blätter ober der Säule zusammengeneigt. Die Säule ist in eine stumpfe Spitze verlängert, am Grunde grün, dann dunkelfleischroth. Die Lippe ist rein weiss und sehr zierlich bis auf den Grund in lange Läppchen zertheilt. Die Pflanze macht blühend einen herrlichen Eindruck.

M. callosus und *grandiflorus* (Beer). Siehe *Catasetum callosum grandiflorum.*

M. deltoideus (Lindl.). Pflanze klein, Luftknolle stark gerippt, Blätter lederartig, wenig gefaltet. Blüthen aufrecht, sie bilden ein Dreieck. Der sparrige, schön rothe Blüthenstengel trägt mehrere Blumen. Die Blume ist gelb, mit Grün und Mattroth gefleckt. Das *Labellum* ist gelb mit blutrothen Flügeln und Punkten. Die Säule hat eine breite, rosafarbe Einfassung.

M. sanguineus (Lind.). Siehe *Catasatum sanguineum* (Lindl.).

M. Warczewicii (Beer). Siehe *Catasetum Warczewicii.*

M. fimbriatus (Beer). Siehe *Catasetum fimbriatum.*

Neodryas. Zur I. Abtheilung.

N. rhodoneura (Reich. fil.). Wuchs von *Rodriguezia*. Blüthen purpur, mit tiefer gefärbten Nerven. Die länglich geformte Lippe ist weiss und trägt einen gelben Buckel.

Neottia. Zur I. Abtheilung.

N. orchioides (Schwarz). Von unten auf beblätterter, kräftiger, hellgrüner, aufrechter Blüthenstengel. Blume wie bei *N. speciosa*, aber schön lichtrosa.

N. speciosa (Schwarz). Blätter gross, wellenförmig ausgebreitet, spitz, weich mit weissem Mittelnerv. Blüthenstengel aufrecht mit grossen, weiss-röthlichen Scheiden und braunen Spitzen. Blüthen und Blüthenscheiden schön roth, Blumen wenig geöffnet. Eine alte (1803), aber schöne Pflanze.

N. picta. Diese sehr schöne, altbekannte (1812) Pflanze hat lange, ausgebreitete, auf lebhaft dunklem Grunde der Länge nach mit erbsengrünen Streifen und Punkten gezierte Blätter. Der Blüthenstand aufrecht, bei drei Schuh lang sammt dem Fruchtknoten und der Aussenseite der Blumenblätter, gelbgrün. Die Blüthe sehr wohlriechend, innen weisslich mattgrün. Obwohl die ganze Pflanze trüb gefärbt erscheint, ist sie doch durch den stolzen Blüthenstand und die schönen Blätter ausgezeichnet zu nennen.

Oberonia. Zur I. Abtheilung.

Oberonia longibracteata,
    ,,   Brunoniana (*R. W.*),
    ,,   platyculosa   ,,
    ,,   Lindleyana   ,,
    ,,   denticulata   ,,
    ,,   verticillata   ,,
    ,,   Wightiana (*Lind.*),
    ,,   Arnothiana (*R. W.*),
    ,,   cylindrica.

O. imbricata (Blume). Die Mehrzahl im *Habitus* einer kleinen *Aroidée* gleichend. Die Blüthenstengel aufrecht, vielblumig, sehr klein, verschiedenfärbig, von lichtgelb bis tief orange. Frei auf Bäumen wachsend. Einige Arten dieser reichen Gattung sind schon lebend in England. Sie bewohnen ausschliesslich nur Asien, und mehrere davon haben in der Gestalt Aehnlichkeit mit unseren „Wegetritt"-Arten.

Odontoglossum. Zur I. Abtheilung.

Oncidium (Beer).

O. apterum (Hort.). Prachtvolle, grosse, rein weisse, mit runden, purpurfarben Flecken gezeichnete Blüthen. Lippe glänzend, weiss. Luftknolle zusammengedrückt, oval, Blätter breit, spitz.

O. atropurpureum (Reichenbach). Blüthenstengel bei sechs Schuh lang. Blüthe sehr zahlreich, goldgelb, mit Purpur bemalt. Jede Blüthe dieser herrlichen Pflanze hat zwei Zoll Durchmesser.

O. bicolor (Lindl.). Sehr schön, gross, hellviolet, mit schöner, grosser, muschelförmiger, gelber Lippe. Eine auffallend schöne Pflanze.

O. brevifolium (Lindl.). Luftknolle verlängert, eiförmig. Blüthen zahlreich, über 1½ Zoll Durchmesser, licht purpurfarb.

O. cariniferum (Reichenbach). Der Blüthenstengel ist hin- und hergebogen, etwas überhängend. Blüthen gross, schön gelblich grün, mit Olivenbraun bemalt. Lippe weisslich gelb mit purpurfarben Rippen.

O. cariniferum (Reich. fil.). Blüthen in Rispen, gelbgrün. Lippe weissgelb.

O. coerulescens (A. Richard). Luftknolle oval, verlängert, zusammengedrückt. Blätter lang, spitz. Die Blüthe ist weiss, hellbläulich bemalt. Lippe herzförmig, rein weiss.

O. costatum (Hort.). Dieses vollkommene *Oncidium* ist nicht genügend beschrieben, wahrscheinlich sind die Blüthen gelb mit braunen Flecken.

O. cimiciferum (Reichenbach). Eine sehr kleine, kriechende Species. Sie zeichnet sich durch grosse Bracteaen an dem Blüthenstengel besonders aus. Blüthen bräunlich, mit gelben Flecken auf der Lippe.

O. cordatum (Lindl.). Die schönen, zahlreichen, grossen Blüthen sind lichtolivengrün, mit Rothbraun gefleckt; sie haben drei Zoll im Durchmesser. Die Blumenblätter sind schmal, gewellt, spitz, an jeder Spitze lichtgrün. Das *Labellum* ist muschelförmig, herzförmig, gelb mit purpurrothem Kamme.

O. cirrhosum (Lindl.). Schöne, zahlreiche, grosse, gelbe, mit dunkelbraungelben Flecken gezierte Blüthen; dann eine feurig purpurfärbige Lippe machen diese Pflanze sehr angenehm.

O. citrosmum (Lindl.). Die Blüthen sind zahlreich, sehr gross und schön, rein weiss mit rosenfarbigem Anfluge; sie riechen nach Citronen. Das *Labellum* hat einen gelben Flecken und ist auf dem weissen Grunde rothlila bemalt. Luftknolle gross, glatt mit zwei gerippten Blättern. Blüthenstengel aufrecht, dann zierlich herabgebogen.

O. Cervantesii (La Llave). Luftknolle kaum 1½ Zoll hoch, lichtgrün, etwas gebogen, wenig gerippt; ein Blatt, schön grasgrün. Blüthenstand aufrecht, vier- bis sechsblumig. Blüthe sehr schön lichtfleischfarbig, am Grunde gelb, dann mit Querbinden und Strichen von blutrother Farbe geziert.

O. chiriquense (Reichenbach). Blüthen zahlreich, sehr schön, gross wie von *Oncidium crispum*. Luftknolle oval. Sepalen braun, Lippe und Petalen goldgelb.

O. crispum (Lindl.). Eine der schönsten Species. Blüthen herrlich, sehr gross, feurig gelb mit einem Purpurflecken auf der Mitte der Blätter. Lippe kraus, sehr schön, gelblich weiss mit Purpur.

O. coronarium (?) Eine der schönsten Pflanzen dieses Genus. Blüthen zahlreich, sehr gross, braun; die Petalen mit Gelb breit eingefasst; die Lippe braun mit gelben Binden; die Säule rein weiss. Wächst auf der Erde.

O. cristatum (Lindl.). Hübsche, gelblichte Blüthen, mit Braun gefleckt. Diese Pflanze gleicht dem *Odontoglossum cordatum*.

O. Cervantesii (Lindl.). Luftknolle klein, bei zwei Zoll lang, stumpfspitz, breitgedrückt, fast viereckig; ein Blatt, unten stielrund. Blüthenstengel aufrecht, fünf bis sieben Blumen, welche sehr schön und ganz ausgebreitet sind. Blüthe rein weiss, mit Rosa leicht bemalt; am Grunde der Blätter prachtvoll goldgelb, mit blutrothen Querstrichen. Die Blume hat bei drei Zoll Durchmesser.

O. constrictum (Lindl.). Luftknolle wie bei *Ondontoglossum grande*, jedoch kleiner. Blätter schmal, spitz. Blüthenstengel überhängend; herrliche, hellgelbe Blüthen, welche mit Braun reichlich gefleckt sind. Die Lippe ist weiss, mit schön violet bemalt.

O. constrictum majus (Lindl.) hat nur in allen Theilen grössere Blüthen, auch die ganze Pflanze erscheint kräftiger.

O. divaricatum (Lindl.). Luftknolle oval, zusammengedrückt. Diese Species hat kleine, zahlreiche Blüthen, sie sind gelb, mit Braun gefleckt.

O. dipterum (Lindl.). Luftknollen glatt, oval, plattgedrückt, $2\frac{1}{2}$ Zoll hoch. Blätter glatt. Blüthen zahlreich am langen Blüthenstengel. Blumen über einen Zoll breit, weiss mit Purpur-Flecken.

O. densiflorum (Lindl.). Eine Pflanze, welche auf der Erde wachsend gefunden wird. Luftknolle oval, glatt, rundlich. Blüthenstengel aufrecht. Blumen zahlreich, gelb, mit Blutroth gefleckt. Lippe rein gelb.

O. distans (Reichenbach). Eine kriechende, kleine Pflanze. Blüthen zahlreich, schön, gelb, mit weiss verwaschen. Lippe weiss, mit Rosafarb rein bemalt.

O. Ehrenbergii (Klotsch). Luftknollen glatt, rund, klein. Blüthe einzeln am dünnen Stengel, nickend, schön. Sepalen schmal, mit Braun gefleckt. Die ganze Blüthe sehr schön, zart, weiss.

O. erosum (A. Richard). Luftknolle oval, verlängert. Ein Blatt. Bildet nur eine Blume. Blüthe gelblich, *Labellum* lila, sehr gezähnelt.

N. Egertoni (Lindl.). Scheint eine Varietät von *Odontoglossum pulchellum* zu sein, sie hat aber rein weisse, prachtvolle Blüthen.

O. epidendroides (Humb. & Kunh.). Luftknolle oval, glatt, verlängert. Blätter spitz. Eine sehr reichblühende, schöne Pflanze. Blüthen sehr gross, goldgelb, mit sehr breiten, braunen Querbinden.

O. Galeottianum (A. Richard). Eine prachtvolle, reinweisse, blühende Species. Der Wuchs der Pflanze erinnert an *Zygopetalum Makay*.

O. gracile (Lindl.). Eine kleinblüthige Species. Blüthen röthlich braun.

O. grande (Paxton). Luftknollen fast rund, scharfrandig, breitgedrückt. Diese prachtvolle Pflanze hat einen aufrechten Blüthenstand mit vier Zoll breiten Blumen. Die Farben der Blumen sind nicht lebhaft, aber desshalb ist der Effekt doch sehr schön. Die drei äusseren Blumenblätter sind sehr lang, schmal

und auf sehr lichtlederfarbem Grunde herrlich breit mit Dunkel-
rothbraun gebändert; zwei innere Blätter sind feurig braunroth,
in Lichtbraun übergehend. Die Spitzen der Blätter bis zu einem
Drittheile der Länge sind schön goldgelb und zwar von Braun
zu Gelb ohne Uebergang. Das *Labellum* ist sehr gross, muschelförmig, mit grossen, lilarothen Flecken und Binden. Sämmtliche
Blumenblätter sind wellenförmig.

O. *Ghiesbreghtiana* (A. Richard). Luftknolle zusammengedrückt, oval, mit drei Laubblättern besetzt. Blüthen zahlreich,
gelblicht, braun gefleckt. Lippe gelb, auf der Mitte mit einem
Kamme versehen.

O. *hastatum* (Batem.). Luftknolle wie bei *Odontoglossum
grande*. Blätter aber länger und schmäler. Blüthenstiel bis sechs
Schuh lang, verzweigt und zierlich übergebogen. Blüthen sehr
schön. *Labellum* und Säule rein weiss, die untere Ausbreitung
der ersteren glatt, weinroth. Blume hellolivengrün, mit Roth reichlich band- und punktförmig gezeichnet. Die Blumen sind über
einen Zoll breit und sehr zahlreich.

O. *Hallii* (Lindl.). Eine der prachtvollsten Species. Petalen
gelb, mit Purpur gefleckt. Lippe rein weiss. Jede Blüthe hat
$3\frac{1}{2}$ Zoll Durchmesser, sehr reichblumig.

O. *hastilabium* (Lindl.). Diese sehr schön blühende Pflanze
hat einen aufrechten Blüthenstand. Die Blüthen zahlreich. Die
spitzen, gewellten Blumenblätter sind weiss mit schönen Lila-
Querbinden. *Labellum* weiss, am untern Ende mit Purpur bemalt.
Die flatterige Blume ist sehr zierlich.

O. *ixioides*, auch *Cyrtochillum ixioides* (Lindl.). Eine kleinblumige Species. Blüthen nicht zahlreich, schön gelb.

O. *lacerum* (Lindl.). Sehr grosse, herrliche, limoniengelbe
Blüthen mit einer breiten, braunen Makel auf jedem Blatte. Die
Lippe hat auf weisslich gelbem Grunde ebenfalls eine grosse,
braune Makel.

O. *luteopurpureum* (Lindl.). Die dicke, glatte, fleischige,
ovale Luftknolle ist bei drei Zoll lang. Eine reichblumige, herrliche Species. Blüthenstengel bei zwei Schuh lang. Blüthe mehr
als drei Zoll Durchmesser, herrlich gelb, mit Purpur gefleckt.
Lippe gelblich weiss mit herrlichen Rosaflecken.

O. laeve (Lindl.). Schöne, zahlreiche, gelbe, mit breiten, zimmtbraunen Flecken gezierte Blumen. Das *Labellum* ist weiss, mit bläulich rothen, schönen Quer-Bändern gezeichnet, wohlriechend.

O. membranaceum (Morren). Dies ist eine sehr schöne Pflanze. Blüthenstengel aufrecht, oben unter den 3—4 Blumen mit grossen, durchsichtigen Scheiden besetzt, welche die Blumen umgeben. Die Blüthe ist weiss und am Grunde sehr schön und regelmässig mit feurig dunkellila quer gebändert. Die Lippe ist ebenfalls weiss mit Lilabänder, und goldgelb mit dunkellila punktirt.

O. mystacinum (Lindl.) hat auch den Namen *Cyrtochilum mystacinum*. Die Tracht von *Odontoglossum Bictoniense*. Blüthen schön, Blüthenstengel aufrecht, Blumen sehr schön hellgelb.

O. maxillare (Lindl.). Der Tracht nach dem *Odontoglossum Cervantesii* gleichend. Blüthen prachtvoll, rein weiss, überall herrlich leuchtend Lackroth gefleckt.

O. macrum (Hort.). Eine sehr kleinblumige Species. Blüthen gelblich weiss, auf dem *Labellum* ein grosser, purpurfarber Flecken.

O. megalophium (Lindl.). Eine sehr kleinblumige Species mit zahlreichen gelben Blüthen. Luftknolle oval, gerippt, bei drei Zoll lang.

O. maculatum (La Llave). — Nicht zu verwechseln mit *Cyrtochilum maculatum*, welches eine ganz andere Pflanze ist. — Blüthenstengel stark, hängend. Blüthen aussen lichtgrün, drei Blätter lichtlederbraun, zwei Blätter hellschwefelgelb, in der Mitte grün bemalt, schön braun gefleckt. *Labellum* ebenso.

O. naevium. Pflanze klein, einer *Miltonia* ähnlich. Blüthenstengel aufrecht, Blüthe rein weiss, die ganze Blume mit lebhaft rothen Flecken sehr schön gezeichnet. Die Lippe hat oben zwei Hörner und ist hier goldgelb. An der Säule befinden sich zwei hornartige Auswüchse.

O. naevium majus (Lindl.) hat in allen Theilen der Blüthe so wie der Pflanze eine bedeutendere Grösse.

O. odoratum (Lindl.). Luftknolle oval, stark gerippt. Blüthen sehr zahlreich. Sepalen goldgelb, mit Blutroth gesprengelt. Lippe rein weiss, mit verwaschen purpurfarben Flecken auf der Mitte der Basis.

O. pardinum (Lindl.). Sehr schöne, gelbe, mit Braun gefleckte Blüthen. Auf der Lippe befindet sich eine weisslichte
Zeichnung.

O. Pescatorei (Lindl.). Diese prachtvolle Pflanze ist unvergleichlich schön und zart in Farbe und Gestalt. Die einzelne
Blüthe erinnert an *Dendrobium formosum*. Blüthenstengel hängend,
Blüthen sehr zahlreich, ausgebreitet, drei Zoll gross, prachtvoll,
weiss und glatt wie Elfenbein. Jedes Blatt ist mit einem schönen, breiten Rosa-Streifen geziert. Es erscheinen bis fünfzig
Blüthen an einem Stengel. Diese Pflanze ist eine der prächtig-
sten der ganzen Orchideen-Familie. Die Luftknollen sind glatt,
verlängert, eiförmig, stumpf.

O. pymaeum (Lindl.). Eine sehr kleine, seltsam mit Scheiden umgebene alpine Pflanze. Blüthen klein, schmutzig gelb gefärbt.

O. pulchellum (Lindl.). Zahlreiche, bei $1\frac{1}{2}$ Zoll grosse,
rein weisse Blüthen. Lippe orange, mit Weinroth fein punktirt.
Zierliche, zarte, sehr schöne Blume. Luftknolle glatt, gedehnt,
eiförmig, etwas zusammengedrückt. Blätter sehr lang und schmal,
wenig gerippt.

O. phyllochilum (Morr.). Schön gebogener, vielblumiger Blüthenstand. Blumen weiss, reichlich mit Olivengrün bemalt. Lippe
sehr schön, zur Hälfte rein weiss, die andere Hälfte rein goldgelb.

O. ramossisimum (Lind.). Luftknolle oval, zusammengedrückt.
Blüthenstengel 3—4 Schuh hoch mit zahlreichen, grossen, herrlichen, reinweissen Blüthen. *Labellum* rein purpurfarb. Dies ist
eine prachtvolle Species.

O. ramulosum (Funk & Schlimm). Eine kleinblüthige Species.
Blumen gelb, mit einem braunen, runden Flecken auf jedem Blumenblatte. Lippe weiss, mit braunen Flecken auf der Mitte.

O. retusum (Lindl.). Eine kleinblumige Species. Blüthe
zahlreich, schmutzig gelb.

O. revolutum (Lindl.). Diese Species zeichnet sich besonders durch den pyramidalen Blüthenstand, welcher einen Schuh
hoch und fünf Zoll breit ist, aus. Die Blüthen sind gelb.

O. rigidum (Lindl.). Blüthenstand steif, aufrecht, die Verzweigung hin- und hergebogen. Blumen gelb, sehr schön gefärbt,
auf der Lippe braun bemalt.

O. Rossi (Lindl.). Blüthe an zwei Zoll gross, wenigblumig, aussen hellgrünbraun gefleckt, innen weiss, mit Purpur-Tropfen geziert. Lippe sammt nächster Umgebung zart, weiss, mit gelber, blutroth gefleckter, sternartiger Makel.

O. roseum (Lindl.). Herrliche, lichtrosafarbe Blüthen von einem Zoll Durchmesser zieren diese schöne Pflanze.

O. Schlimmii (Lindl.). (Nach dem eifrigen, aber auch glücklichen Orchideen-Sammler, dem Europa nun schon eine grosse Anzahl eingeführter, zum Theile sehr schöner Orchideen verdankt.) Diese schöne Pflanze hat einen vielblumigen, verzweigten Blüthenstand. Die Blumen sind gross, schön braun, mit Gelb gefleckt und eingefasst. Die Lippe ist sehr gross, kraus, rein weiss mit lebhaft weinrothen Makeln.

O. spectatissimum (Hort.). Die grossen, herrlichen, drei Zoll breiten Blüthen sind auf lichtgelbem Grunde stark dunkelfärbig bemalt.

O. spataceum (Hort.). Eine herrliche Pflanze mit gelben, braun gefleckten, zahlreichen Blüthen.

O. stellatum (Lindl.). Tracht von *Odontogl. Rossii*. Blüthen gross, olivengrün, mit Purpur bemalt. Die Lippe ist rein weiss.

O. umbrosum (Reichenbach). Prachtvolle, grosse, hellgelbe Blüthen.

O. Warczewitzii (Reichenbach). Dieses ist eine prachtvolle Species. Blüthen herrlich, gross, rein weiss mit reingoldgelben Längsflecken auf jedem Blatte. Die Blüthen sind so gross wie bei *Odontoglossum grande*.

O. Warneri var. purpuratum (Lindl.). Pflanze klein. Luftknolle kaum zwei Zoll hoch, birnförmig; drei schmale, spitze Blätter. Blüthen sehr schön, an langen Stielen. Blumen weinroth, rein weiss besäumt. *Labellum* fast geigenförmig, rein goldgelb.

O. Warnerii var. sordidum hat sehr grosse, schöne Blüthen, welche röthlich gelb erscheinen. Das *Labellum* ist hellgelb, mit Purpurfarb bemalt.

O. Zebrinum (Reichenbach). Eine sehr schöne Pflanze mit grossen weissen Blüthen. Die Petalen haben purpurviolete Querbinden, die Lippe ist schmutzig gelb.

Oerstedella. Zur I. Abtheilung.

O. centradenia (Reich. fil.) ist wie ein *Epidendrum* gestaltet. Pflanze klein. Die verzweigte Aehre trägt rosenrothe Blüthen.

Oeceoclades. Zur II. Abtheilung.

O. tenera (Lind.). *Habitus* von *Vanda*. Stengel langgestreckt, aufrecht, dünn. Blüthen schön, mittelgross, gelb, broncefärbig, mit rothen Strichen. Lippe rein weiss. Die Blüthen stehen zu drei bis fünf beisammen.

Oncidium. Zur I. Abtheilung.

O. amictum (Lind.). Eine schöne, grossblumige Pflanze. Blüthen zahlreich, gelb, mit hell- und dunkelbraunen Flecken sehr zierlich gezeichnet.

O. ampliatum (Lind.). Diese sehr schöne Pflanze blüht selten. Der Blüthenstand ist eine vielblumige Rispe von prächtiger Gestalt. Die Blüthen sind gross, schön, goldgelb.

O. aureum. Gelbgrüne Blüthen, das *Labellum* schön, goldgelb.

O. ascendens (Lind.) ist wie *O. Ceboletta.*

O. atropurpureum (Beer). Siehe *Odontoglossum atropurpureum.*

O. altissimum. Ziemlich grosse, flache, runde, glatte Luftknolle, mit Scheiden und Scheiden mit Blätter, zwei wirkliche Blätter. Die ganze Pflanze ist lichtgrün und blüht selten. Der Blüthenstand ist sehr schön und reich — bis zu hundert Blüthen an einem Stengel! Die Blüthen sind ziemlich gross, schmutzig gelb, das *Labellum* ist rein gelb und mit Roth gefleckt.

O. acinaceum (Lind.). Blüthenstand aufrecht, wenig blumig. Die Blüthen sind weinroth, das *Labellum* hat einen rothen Fleck.

O. apterum (Beer). Siehe *Odontoglossum apterum.*

O. Batemanianum (Lind.). Die Pflanze trägt zahlreiche lichtgelbe Blüthen, das *Labellum* ist schön dunkelgelb bemalt, wie bei *O. altissimum.*

O. Bictoniense (Beer). Siehe *Cyrtochilum Bictoniense.*

O. bicolor (Beer). Siehe *Odontoglossum bicolor.*

O. bifolium (Sims.). Diese kleine Pflanze trägt eine lange, reichblumige Traube sehr schöner braungelber Blüthen, welche dunkelroth gefleckt, durch ihre Grösse sich besonders auszeichnen.

O. brevifolium (Beer). Siehe *Odontoglossum brevifolium*.

O. brachyandrum (Lind.). Kleine zahlreiche lederbraune Blüthen. Das *Labellum* gelb.

O. Baueri, wie *O. altissimum*.

O. bicallosum (Lindl.). Blüthenstand aufrecht, vielblumig, prachtvoll. Blüthe zwei Zoll gross, lebhaft schwefelgelb mit Saftgrün bemalt. Lippe ausgebreitet, gewöhnlich aufwärts stehend. Die Lippe hat nahe an der Säule zwei Höcker, welche rein weiss mit blutroth klein gepunktet sind. Diese Species hat eine ganz kleine Luftknolle und ein über sechs Zoll langes fleischiges Laubblatt.

O. bicolor. Eine aufrecht rankende Pflanze, mit klein tief gerippten grünen Luftknollen mit einem Laubblatte. Die Blumen sind prachtvoll, gross und schön, der Blüthenstengel sehr dünn. Die Blüthen sind hellgelb und weinroth punktirt, das *Labellum* ist auffallend gross, ausgebreitet, goldgelb.

O. barbatum (Lind.). Blüthenstand aufrecht, Blumen zahlreich, hellgelb, mit reinrothen Flecken.

O. bicornutum. Eine schöne, sehr reichblühende Pflanze. Blüthen goldgelb, reichlich braun gefleckt. *Labellum* kraus, mit roth getüpfelt, die Luftknolle ist langgestreckt, tief gerippt, wie bei *Coryanthes maerantha.*

O. Barkerii. Eine sehr schöne, gross blühende Pflanze. Die Blüthe ist gelb, zierlich braun getiegert. Das *Labellum* rein schwefelgelb.

O. cheirophorum (Reich. Fil.). Blüthen dottergelb, äussere Blumenblätter grünlich.

O. cucullatum (Lindl.). Eine jüngst eingeführte, sehr schöne Pflanze. Blüthen zahlreich gross, mit sehr grossem *Labellum*, welches schön dunkelblau und weinroth gepunktet ist. Die Blüthe selbst ist lichtbraun, olivengrün und ein Zoll breit; diese seltene Pflanze trägt den Blüthenstand am oberen Ende der Luftknolle; es ist die einzige Species meiner I. Abtheilung, welche aus den Laubblättern blüht. Ich glaube aber, dass die bei Lindley in Paxton's *flower Garden* abgebildete Pflanze nur eine

Verbildung ist. Die Tracht der ganzen Pflanze hat auffallende Aehnlichkeit mit *Miltonia*.

O. candidum (Beer). (Mit abnormer Lippe.) Siehe *Miltonia candida*.

O. candidum var. flavescens (Beer). Siehe *Miltonia candida var. flavescens*.

O. cariniferum (Beer). Siehe *Odontoglossum cariniferum*.

O. candelabum (Lindl.). Glänzend braun ovale Luftknollen. Blüthenstand aufrecht, drei Fuss hoch, pyramidal. Die Blüthen sind wie Armleuchter, mit gebogenem Stielchen aufwärts stehend. Die wellenförmigen Ränder der Blüthen sind licht orangefärbig, die Blüthe sonst licht olivenfarb. Das *Labellum* ist gelb.

O. corynephorum (Lind.). Eine sehr schöne, prächtig gross blühende Pflanze. Blüthen sehr gross, zahlreich, hellviolet und weiss. Das *Labellum* gelb, mit breiter lackrother Binde.

O. chiriquense (Beer). Siehe *Odontoglossum chiriquense*.

O. Cervantesii (Beer). Siehe *Odontoglossum Cervantesii*.

O. crispum (Beer). Siehe *Odontoglossum crispum*.

O. cristatum (Beer). Siehe *Odontoglossum cristatum*.

O. curtum (Lindl.). Eine schöne, reichblühende Species. Die Blüthen sind gross, braungelb verwaschen.

O. candidum (Lindl.). Diese sehr schöne Pflanze ist ziemlich zärtlich in Kultur, sie macht mit ihren grossen, rein weissen Blüthen und feurig goldgelbem *Labellum* einen sehr angenehmen Eindruck.

O. crispum (Hook.). Die seltsam gefärbten Blüthen dieser Pflanzen gewähren, wenn 40—50 Blumen an einem Stengel blühen, einen sehr hübschen Anblick. Die Blumen sind trüb lederfarbig, mitgoldgelber Zeichnung. Die Luftknolle ist sehr dunkelbraungrün, unregelmässig gefaltet und sehr hart, die Pflanze hat einen aufsteigenden Wuchs.

O. cornigerum (Lindl.). Zahlreiche, gelbe, mit Roth gefleckte Blüthen, welche in grosser Menge an einem langen Blüthenstengel beisammen stehen, machen diese Species sehr zierlich.

O. citrinum (Lindl.). Blüthenstand aufrecht, ohne Verzweigung. Blumen citronengelb, mit wenigen blassen, schmutzig rothen Flecken.

O. Carthagenense (Schwarz). Sehr reichblühend. Blüthe gelb-grün mit rothen Flecken, das *Labellum* ist schön gelb und leb-haft roth gefleckt.

O. ciliatum (Lindl.). Eine kleine niedliche Pflanze. Die Blüthen sind zahlreich gelb und mit weinrothen Flecken geziert, die Luft-knollen sind über einen Zoll lang, fast viereckig, stumpfspitz. Ein Laubblatt, Wuchs aufsteigend.

O. confragosum (Lind.). Eine wenig blumige, sehr zarte Pflanze. Blüthen licht strohgelb, mit weinrothen Punkten und Flecken.

O. cuneatum (Scheidw.). Diese kleine Pflanze trägt eine Menge sehr schöner, rein weisser Blüthen, welche blutroth gestrichelt und punktirt sind. In der Mitte um die Säule ist eine schöne, rothe Zeichnung.

O. Clowesii (Beer). Siehe *Miltonia Clowesii.*

O. cordatum (Lind.). Reichblühend, Blüthen lichtgelb, mit einigen rothen Fleckchen.

O. Cavendishianum (Batem.). Luftknolle kaum nussgross. Aus einem dicken, fleischigen Spitzenblatt erhebt sich der auf-rechte Blüthenstengel, die Blumen sind zahlreich, schön und ziemlich gross, hellgelb mit Roth punktirt, die Blüthenblätter sind zierlich gewellt.

O. Ceboletta. Hievon gibt es eine Menge Varietäten. Sie haben alle pfrimmenförmige Blätter und kaum haselnussgrosse Luftknollen, sehr zierliche Blüthen, welche goldgelb mit Roth punktirt sind. Der Blüthenstand ist aufrecht.

O. cordatum (Beer). Siehe *Odontoglossum cordatum.*

O. citrosmum (Beer). Siehe *Odontoglossum citrosmum.*

O. cirrhosum (Beer). Siehe *Odontoglossum cirrhosum.*

O. cimiciferum (Beer). Siehe *Odontoglossum cimiciferum.*

O. citrinum (Beer). Siehe *Cyrtochilum citrinum.*

O. Cervantesii (Beer). Siehe *Odontoglossum Cervantesii.*

O. concolor (Hook.). Sehr schön, reichblühend, grosse schwefel-gelbe Blüthen, auf der Lippe und Säule finden sich hoch gelb-rothe Striche. Luftknolle mit Scheiden zum Theile bedeckt, eirund, gerippt, mit zwei Laubblätter.

O. cosymbephorum (Morr.). Scheint nur eine Varietät von *Onid. Hunthianum* zu sein.

O. coronarium (Beer). Siehe *Odontoglossum Coronarium.*

O. constrictum (Beer). Siehe *Odontoglossum constrictum.*

O. constrictum majus (Beer). Siehe *Odontoglossum constrictum majus.*

O. coerulescens (Beer). Siehe *Odontoglossum coerulescens.*

O. costatum (Beer). Siehe *Odontoglossum costatum.*

O. cuneatum (Beer). Siehe *Miltonia cuneata.*

O. divaricatum (Lind.). Blüthenstand aufrecht. Blüthen zahlreich, klein, zierlich, grüngelb roth gefleckt.

O. divaricatum (Beer). Siehe *Odontoglossum divaricatum.*

O. distans (Beer). Siehe *Odontoglossum distans.*

O. digitatum (Hort.) Eine wenig blumige Pflanze. Blüthen gelb, das *Labellum* rein weiss.

O. dipterum (Beer). Siehe *Odontoglossum dipterum.*

O. densiflorum (Beer). Siehe *Odontoglossum densiflorum.*

O. deltoideum (Lind). Luftknolle spitz zulaufend, mit zwei schmalen Blättern besetzt. Der Blüthenstand aufrecht, die Blume hellgelb. Das *Labellum* hat rothe Punkte.

O. emarginatum (Mey). Obwohl sehr kleinblumig, doch durch die schön weinrothen, mit rein weissen Flecken gezierten Blüthen bemerkenswerth.

O. Egertonii (Beer). Siehe *Odontoglossum Egertonii.*

O. Ehrenbergii (Beer). Siehe *Odontoglossum Ehrenbergii.*

O. elegans (Beer). Siehe *Brassavola elegans.*

O. ensatum (Lind.). Diese Pflanze hat sehr lange, steife, aufrecht stehende Blätter. Die Luftknolle sehr klein, der Blüthenstand ist sehr verzweigt und trägt eine grosse Menge schöner gelber Blumen, welche braun gefleckt sind.

O. epidendroides (Beer). Siehe *Odontoglossum epidendroides.*

O. erosum (Beer). Siehe *Odontoglossum erosum.*

O. excavatum (Lind.). Eine reichblühende Pflanze. Die zahlreichen Blumen sind goldgelb und mattbraun gefleckt.

O. flexuosum (Ker.). Diese ist eine kleine, aber sehr schön blühende Pflanze. Blüthenstand aufrecht, oben geneigt. Blumen zahlreich, sehr schön, lebhaft goldgelb, mit einigen blutrothen Querbinden geziert, die Pflanze hat einen aufsteigenden Wuchs. Die Luftknollen sind fast kreisrund, platt, glatt und tragen alle drei Blattformen, vollkommen ausgebildet.

O. funereum (La Llave). Blüthen gross, trübfärbig, braun mit schmutziggelben Flecken.

O. filipes (Beer). Siehe *Cyrtochillum filipes.*

O. fimbriatum (Lind.). Blüthen hübsch, dunkelgelb mit lichtroth gefleckt.

O. Forkelii (Scheides.). Luftknollen kaum haselnussgross. Diese herrliche Pflanze trägt ein sehr langes, breites, fleischiges Blatt, sie ist sehr selten in den Sammlungen zu treffen. Obwohl der aufrechte Schaft nur einige Blüthen trägt, sind diese aber prächtig, gross und schöngefärbt. Die Blüthe ist hellgelb und mit feurigrother Zeichnung, das *Labellum* ist sehr gross und herrlich hell violet, in's Blaue spielend. Diess ist eine der schönsten unter den zahlreichen *Oncidien.*

O. Forbesii. (Hook.). Eine prachtvolle Pflanze. Blüthen sehr gross und schön ziegelroth, rein besäumt mit Goldgelb. Diese Species ist eine von den besten. Luftknolle 2½ Zoll lang, trägt ein Laubblatt.

O. galeatum (Scheidw.). Blüthenstand aufrecht, am Ende überhängend. Blüthen sehr zahlreich, gelb, mit zierlichen runden Flecken und Querstreifen von lebhaft brauner Farbe geziert.

O. Galeottianum (Beer). Siehe *Odontoglossum Galeottianum.*

O. gallopavium (Morren) ist synonym mit *O. spilopterum* (Lind.).

O. Ghiesbreghtiana. Siehe *Odontoglossum Ghiesbreghtiana.*

O. gracile (Lindl.). Eine sehr kleine Pflanze. Der Blüthenstengel trägt mehrere licht lederbraune mit Grün bemalte kleine, zierliche Blumen.

O. grande (Beer). Siehe *Odontoglossum grande.*

O. gracile (Beer). Siehe *Odontoglossum gracile.*

O. Geertianum (Moor). Blüthenstand aufrecht, vielblumig. Blüthen sehr schön. Das grosse feurig gelbe *Labellum* zeichnet sich besonders aus. Die Blüthe ist grüngelb, lieblich mit weinroth punktirt. Die Luftknolle ist birnförmig, über nussgross, sie trägt alle drei Blattformen, vollkommen ausgebildet.

O. Gardnerii (Lind.). Eine schöne Species, mit grossen, grünbraunen Blumen.

O. globuliferum (Humb.). Eine sehr kleine Pflanze mit einzelnen Blüthen, welche schön gelb und mit rothen Flecken geziert sind.

O. Hallii (Beer). Siehe *Odontoglossum Hallii*.

O. hastatum (Beer). Siehe *Odontoglossum hastatum*.

O. hastilabium (Beer). Siehe *Odontoglossum hastilabium*.

O. Harrissoniae (Lind.). Eine sehr kleine Pflanze mit hängend zierlichem Blüthenstengel, die Blumen sind für diese Species gross, schön lebhaft gelb, roth gefleckt und sehr zahlreich. Luftknolle fast kreisrund, platt, glatt, ein fleischiges Laubblatt.

O. hians (Lindl.). Eine schön blühende kleine Pflanze. Der Blüthenstand aufrecht. Blumen gross, schön, gelb mit roth gefleckt und punktirt.

O. Hunthianum (Hook). Ein aufrechter Blüthenstengel, trägt eine Menge zierlich lichtgelbe mit Roth punktirt und bemalte, gekrauste Blüthen. Die Luftknolle ist kaum haselnussgross, ein Laubblatt gross, fleischig, spitz, wie bei *O. Cavendishii*.

O. heteranthum (Pöppig). Eine reichlich und gelb blühende Pflanze.

O. hyalinobulbum (La Llave). Eine sehr seltene Pflanze, trägt gelbe, seltsam durchsichtige Blüthen.

O. isopterum (Lindl.). Eine kleine, zierliche Pflanze mit aufrechtem Blüthenstengel und schönen, rein gelben, zahlreichen Blumen.

O. iridifolium (H. & K.). Eine ganz kleine, einblumige Pflanze. Blüthe gross, gelb, etwas roth gefleckt.

O. Insleayi (Barker). Dies ist eine prachtvoll blühende Pflanze. Die Blüthen stehen zu vier bis sechs an einem nickenden Blüthenstengel, sie sind bei sechs Zoll im Durchmesser und prachtvoll auf goldgelbem Grunde mit feurig roth gebändert und gezeichnet, besonders schön ist das gefaltete, wie ein Fächer sich ausbreitende Labellum, welches ebenfalls gelb und mit feurig rothen Tropfen wie übersäet ist. Diese herrliche Pflanze trägt unter den Oncidien die schönsten Blumen. Die Luftknolle ist scharfkantig, gedrückt, eirund, dunkelolivengrün, die Pflanze hat sehr viele Aehnlichkeit mit *Odontoglossum grande*.

O ixioides (Beer). Siehe *Odontoglossum ixioides*.

O. incurvum (Bark.). Zierlich, reichblühend. Blüthe lila, reich mit Roth breit gefleckt. Lippe rosa, weiss mit rothen Strichen. Säulchen goldgelb. Luftknolle eiförmig, tiefgerippt, trägt zwei Laubblätter.

O. Karwinskii (Lind.). Eine sehr schöne Pflanze, welche herrliche, grosse, hellgelbe, mit Weinroth bemalte und gefleckte Blüthen trägt.

O. lacerum (Lindl.). Eine sehr schöne Pflanze! Die Blüthen stehen zu fünf bis sechs beisammen, sind rein schwefelgelb. Die Lippe gelb mit rothen Flecken und Punkten. Form von *O. Ceboletta.* *Odontoglossum lacerum* ist dieselbe Pflanze.

O. Lanceanum (Lindl.). Die Blüthenfärbung dieser Prachtpflanze zu beschreiben scheint unmöglich. Der Blüthenstand ist aufrecht, sehr robust. Die Blüthen bis zu zehn, sehr gross und prachtvoll, sie sind sehr wohlriechend, und tief rosa, gelb, violet, lichtlila, carminroth sind die Farben, welche diese schönen Blüthen schmücken. Luftknolle kaum haselnussgross, ein Laubblatt, über einen Schuh lang, fleischig, dick, auf der Aussenseite durchaus blutroth gepunktet.

N. leucochilum (Batem.). Sehr zahlreich blühende, schöne Pflanze. Blüthe grünlich, mit Roth gefleckt. Labellum rein weiss.

O. Lindenii (Lodd.). Blüthenstand aufrecht, vielblumig. Die fleischigen Blätter sind weinroth punktirt. Die Blüthen braungrün. Das Labellum bläulich lederfärbig — eine seltsame Färbung.

O. laeve (Beer). Siehe *Odontoglossum laeve.*

O. luteo purpureum (Beer). Siehe *Odontoglossum luteo purpureum.*

O. lunatum (Lindl.). Eine hübsche Pflanze. Blüthen zahlreich, hellgoldgelb. Das *Labellum* weiss mit lichtlackrothen Flecken.

O. Lemonianum (Lindl.). Blüthen ziemlich gross, schön lichtgelb. Das *Labellum* dunkelgoldgelb. Die ganze Blume roth gefleckt.

O. luridum (Lindl.). Luftknolle kaum haselnussgross. Die Pflanze hat zwei Schuh lange, breite, fleischige Blätter. Der Blüthenstand ist oft sechs Schuh lang und mit einer grossen Menge gelbgrüner, braun gefleckter Blüthen besetzt.

O. longifolium (Lind.) wie *Ceboletta.*

O. lunatum (Lind.). Diese sehr kleine Pflanze trägt zierliche, weisse Blüthen, welche mit Orange schattirt, bemalt und punktirt sind.

O. Martianum (Lind.) wie *O. ampliatum.*

O. maculosum (Lind.). Diese schöne Pflanze hat einen aufrechten Blüthenstand. Die Blüthen sind sehr zierlich, auf gelbem Grunde mit hellrothen Binden und Punkten versehen.

O. macropetalum (Lind.). Trägt gelbe, mit Braun gefleckte Blüthen. Das *Labellum* ist reingelb.

O. macrantherum (Hook.). Niedliche, kleine Pflanze mit kleinen, zierlichen Blümchen, grün, mit Lackroth gefleckt.

O. macrum (Beer). Siehe *Odontoglossum macrum.*

O. maculatum (Beer). Siehe *Odontog. maculatum* (La Lave).

O. maculatum (Beer). Siehe *Cyrtochilum maculatum.*

O. membranaceum (Beer). Siehe *Odontog. membranaceum.*

O. megalophium (Beer). Siehe *Odontog. megalophium.*

O. maxillare (Beer). Siehe *Odontog. maxillare.*

O. monoceras. Reichblüthig, kleine, gelbe, mit Roth gefleckte Blüthen.

O. microchilum (Lindl.). Luftknolle fast rund, glatt, bei zwei Zoll hoch; ein Blatt, gross, wenig gefaltet. Blüthenstengel aufrecht, stark verzweigt. Blüthen sehr zahlreich, von aussen trüb olivenfarb; innen Petalen roth, mit Olivengrün umsäumt. Sepalen olivengrün mit Lederbraun. Lippe und Säule rein weiss, mit kleinen, rothen Pünktchen.

O. mystacinum (Beer). Siehe *Odontog. mystacinum.*

O. naevium (Beer). Siehe *Odontog. naevium.*

O. naevium majus (Beer). Siehe *Odontog. naevium majus.*

O. uniflorum (Lindl.). Pflanze sehr klein, fast kriechend, mit sehr spärlicher Bewurzelung. Luftknolle kaum kleinfingerdick, glatt, ziemlich tief gerippt; ein Blatt. Blüthen selten, einzeln, gross, einen Zoll breit, $1\frac{1}{2}$ lang, lebhaft hellgrün. Lippe und Säule, erstere ausgebreitet, gross, beide goldgelb.

O. nigratum (Lindl.). Diese sehr seltene Pflanze hat auffallend schöne grosse Blüthen. Die Blüthen sind zahlreich, milchweiss mit kräftigen schwarzen und feurig dunkelbraunen grossen Flecken geziert.

O. nudum (Batem.). Diese Pflanze sieht in der Blüthe durch die sehr verlängerte Lippe sehr seltsam aus. Die Blüthen sind trübfärbig braun, das *Labellum* aber sehr schön hellgelb und ungewöhnlich verlängert.

O. nebulosum (Lind.) wie *Onc. reflexum*.

O. odoratum (Beer). Siehe *Odontoglossum odoratum*.

O. oblongatum (Lind.). Diese prächtige Pflanze hat selbst die Luftknollen sehr schön mit lebhaft braunen Querbinden geziert. Der Blüthenstand ist aufrecht, vielblumig. Die Blüthen prächtig, hellgelb, mit Braun gezeichnet. Das *Labellum* ist sehr gross und wellenförmig, goldgelb und hellbraun umsäumt.

O. olivaceum (Humb.). Die Blüthen sind gross, schön, olivenfärbig, mit Gelb gemischt. Das *Labellum* ist sehr schön rosenroth.

O. ornitorhynchum (H. K.). Eine kleine Pflanze mit glänzenden, glatten, etwas zusammengedrückten Luftknollen. Blüthen zahlreich, zierlich, lebhaft rosenroth, mit einem gelben Flecken an der Säule.

O. ramulosum (Beer). Siehe *Odontoglossum ramulosum*.

O. raniferum (Lindl.). Eine sehr kleine Pflanze. Blüthen zahlreich, klein, zierlich, lebhaft gelb, mit Roth gefleckt. Die Luftknolle ist wie eine *Stanhopea grandiflora*, aber nur halb so gross.

O. ramosum (Lindl.). Der Blüthenstand dieser Pflanze wird bis eine Klafter lang, ist sehr verzweigt und trägt oft über hundert Blüthen an einem Stengel. Die Blumen sind mittelgross und schön hellgelb.

O. ramossisimum (Beer). Siehe *Odontog. ramossisimum*.

O. retusum (Lindl.). Diese Pflanze trägt seltsam gefärbte Blüthen. Die Blumen sind lebhaft lederbraun und gelb. Die Lippe ist gross und rein gelb. Der Effekt der ganzen Pflanze in der Blüthe ist eigenthümlich schön.

O. revolutum (Beer). Siehe *Odontoglossu revolutum*.

O. reflexum (Lind.). Ist eine schöne, sehr reichblühende Pflanze. Die Blüthen sind hellgelb und mit Roth reichlich punktirt.

O. rigidum (Beer). Siehe *Odontog. rigidum*.

O. Rossii (Beer). Siehe *Odontog. Rossii*.

O. roseum (Beer). Siehe *Odontog. roseum*. Es gibt aber auch ein *Oncidium roseum* in den Gärten.

O. Russelianum (Lind.). Die Färbung der Blüthen ist dunkelweinroth, das *Labellum* mit Purpurfarbe bemalt, **a u f r e c h t.** Wuchs wie bei *Miltonia.*

O. pachyphyllum (Hook.). Blüthenstand aufrecht, trägt sehr schöne, grosse Blüthen. Bei guter Kultur verzweigt sich der Blüthenstengel und trägt dann oft fünfzig Blumen. Die Blumen sind gross, gelbgrün, mit Roth punktirt. Das *Labellum* hellgoldgelb. Die Luftknolle sehr klein, ein grosses, fleischiges Laubblatt.

O. pauciflorum (Lindl.). Synonym mit *Onc. tetrapetalum.*

O. panduriferum (Humb.). Zahlreiche Blüthen, welche anfänglich grün, dann aber schön pomeranzenfärbig werden, machen diese sehr seltene Species wünschenswerth.

O. pallidum. Blüthenstand aufrecht, Blüthen dicht beisammenstehend, verschieden gelb, mit Hellbraun gefärbt, hübsch, ziemlich gross.

O. pardinum (Beer). Siehe *Odontoglossum pardinum.*

O. Papilio. Luftknolle zusammengedrückt, fast kreisrund; ein Blatt, fleischig, steif, auf der Unterfläche roth marmorirt. Blüthe einzeln, an langem Stengel. **S t e n g e l a u s d a u e r n d.** Blüthe sehr gross und prächtig, gelb mit kräftig braunem Fleck auf der Lippe. Die ganze Gestalt schmetterlingartig, deshalb der Name *papilio.* Die Blüthe hat bei sechs Zoll Durchmesser. Die zwei unteren Petalen sind breit, spitz, wellenförmig, auf goldgelbem Grunde breit fleischroth gebändert. Die obere Sepale und die zwei Petalen sind schmal zusammengerollt, sehr lang, aufrecht, gelb, violet und roth bemalt. Es ist eine der grössten Blüthen bei *Oncidium.*

O. panchrysum (Lind.). Blüthenstand aufrecht, Blumen zahlreich, hellgelb, hübsch.

O. pectorale (Lindl.). Eine prachtvolle Pflanze. Blüthen lichtgelb, mit rein lichtbraunen breiten Flecken. *Labellum* rein goldgelb; zahlreiche, grosse, herrliche Blüthen. Luftknollen kaum zwei Zoll lang, tief gerippt, trägt alle drei Blattformen.

O. Pelicanum (Morr.) wie *Oncidium reflexum.*

O. pergamineum (Lindl.). Eine ungewöhnlich schmächtige Pflanze mit fast durchsichtigen Luftknollen. Die Blüthen sind zahlreich, gelb, mit weinroth punktirt und bemalt.

O. Pescatorii (Beer). Siehe *Odontoglossum Pescatorii.*

O. polychromum (Scheidw.). Eine reichblühende, schöne Pflanze! Der hin- und hergebogene lange Blüthenstengel trägt eine grosse Menge sehr lebhaft gefärbter Blüthen. Die Blumen sind gelb mit braunen Strichen und Punkten. Das *Labellum* ist rein weiss, mit Weinroth bemalt. Die Mitte der Blüthe ist orangegelb.

O. pulchellum (Hook.). Eine sehr schöne Pflanze. Die Blüthen sind schön weiss, mit Grün berändert. *Labellum* ist gelb mit einem lederfarben Flecken.

O. pumilum (Hook.). Eine kleine Pflanze. Blüthenstand hängend, mit einer Menge kleiner, zierlicher, lichtstrohgelber, mit Roth punktirter Blumen.

O. phymatochilum (Hort.). Sehr sonderbar geformte Blüthe. *Labellum* glatt, gelb, spitz zurückgebogen, oben zweilappig. Sepalen lang, schmal, wie Gemshörner zurückgebogen. *Petalen*, etwas breiter, kraus, sehr spitz endend, zweimal gewunden. Die Blüthe ist hellbraun und dunkler gefleckt. Die Pflanze selbst hat eine sehr dünne, fast runde Luftknolle von zimmtbrauner Farbe, ein Blatt von derselben Färbung.

O. phyllochilum (Beer). Siehe *Odontoglossum phyllochilum*.

O. pulchellum (Beer). Siehe *Odontoglossum pulchellum*.

O. pygmaeum (Beer). Siehe *Odontoglossum pygmaeum*.

O. pyramidale (Hofg.). Blüthenstand hängend. Blüthen gelb mit Braun gezeichnet, zahlreich gross.

O. pulvinatum (Lindl.) wie *Onc. divaricatum*.

O. pubes (Lindl.). Die Blüthen, welche zahlreich erscheinen, sind Grün mit Roth gefleckt. Das *Labellum* weiss. Die Luftknolle klein, fingerdick, etwas gebogen, fast viereckig.

O. sarcodes (Lindl.). Blüthenstand aufrecht, dicht stehende gelbe mit lederbraun gefleckte Blüthen.

O. sanguineum (Lindl.). Blätter fleischig gross. Reichblühend sehr schön, Blüthe gelb mit Roth gefleckt. *Labellum* mit breiten, hochrothen Flecken. Die ganze Blüthe ist an allen Theilen wellenförmig, und die Blumenblätter alle gleichbreit. Die Luftknolle sehr klein, ein Blatt gross, fleischig, über einen Schuh lang.

O. sciurus (Scheid.). Diese herrliche Pflanze treibt einen bis sechs Schuh langen Blüthenstand. Die Blüthen sind sehr schön gross, goldgelb mit Purpurfarb bemalt. Lippe gelb mit

Roth und Weiss, sehr schön gezeichnet. Es ist eine auffallend schöne Species.

O. Schlimmii (Beer). Siehe *Odontoglossum Schlimmii*.

O. serratum (Lind.). Diese Species hat zimmtbraune Blüthen, welche gegen die Spitze der Blätter in's Gelbe verlaufen.

O. sessile. Pflanze im Wuchse wie *Brassia*. Blüthenstand aufrecht sparrig, Blüthen bei zwei Zoll breit, leuchtend goldgelb mit wenig rothen Punkten. *Labellum* oben geflügelt, in der Mitte und um die Säule weiss. Der untere Theil der Lippe sehr ausgebreitet, stumpf, wellenförmig.

O. stellatum (Beer). Siehe *Odontoglossum stellatum*.

O. spathaceum (Beer). Siehe *Odontoglossum spathaceum*.

O. sphacelatum (Lind.). Von diesen Species gibt es mehrere Varietäten. Der Unterschied ist, dass die eine weniger und kleine Blüthen hat als die andere. Der Blüthenstand ist oft 6—8 Schuh lang und sehr verästelt, die Blüthen, welche in grosser Menge erscheinen, sind schön hellgelb mit weinrothen Flecken. Die Luftknolle glatt, platt, über vier Zoll lang verkehrt keulenförmig. Trägt alle drei Blattformen.

O. spilopterum (Lindl.) Der Blüthenstand aufrecht, die Blumen sehr hübsch, vielfärbig, und oft seltsam verdreht. Es findet sich an den Blumen Braun, Hellgelb, Blutroth und Purpur in gefälliger Mischung.

O. spectabile (Beer). Siehe *Miltonia spectabilis*.

O. spectabile var purpureum violaceum (Beer). Siehe *Miltonia spec. var. purpureo-violacea*.

O. spectabile var. Morelianus (Beer). Siehe *Miltonia spec. var. Moreliana*.

O. stellatum (Beer). Siehe *Cyrtochilum stellatum*.

O. Suttonii (Batem.) Trübfärbige Blüthen, jedoch ziemlich gross, das *Labellum* hat auf gelbem Grunde einen braunen Fleck.

O. stramineum (Lind.). Die strohgelben Blüthen haben auf dem *Labellum* eine leichte braune Zeichnung und sind recht hübsch.

O. Tayleurii (Lind.). Hübsche, röthlichbraune Blüthen. Das *Labellum* ist dunkel grünbraun bemalt.

O. tetrapetalum (W.). Eine sehr kleine Pflanze. Die Blüthen sind grünlich braun, das *Labellum* rein weiss.

O. tigrinum (La Llave). Blüthen sehr gross, zahlreich,

schön, sie sind gelblich hellbraun, mit Dunkelbraun tiegerartig gefleckt. Das *Labellum* ist sehr gross, rein goldgelb. Diess ist eine sehr schön blühende Pflanze.

O. triquetrum (R. Br.). Aufrecht stehende Luftknollen. Der Blüthenstand aufrecht, zierliche Blüthen, weiss mit Purpur getupft. Das *Labellum* hat einen gelben Fleck.

O. trilingue (Lindl.). Ein Blatt, lang, dick, fleischig, Blüthenstand erst aufrecht, dann zierlich gebogen. Die Blumen gross, sehr schön. Lippe auffallend klein, lichtlederfarb. Sepalen lang, weit über die Lippe vorragend. Säule weiss, dann lichtviolet. Alle Blumenblätter sind gestielt, schön rothgelb mit einer goldgelben Einfassung.

O. trulliferum (Lind.). Blüthenstand aufrecht, vielblumig. Blüthen sehr schön lebhaft gelb mit rothen Fleckchen geziert. Die Luftknolle ist glatt, platt, bei vier Zoll lang; diese Art ist sehr zärtlich in der Kultur.

O. tricolor (Hooker). Die Luftknolle ist kaum sichtbar. Diese zierliche, schöne Pflanze ist leider sehr selten. Die Blätter haben hübsche rothe Flecken. Der Blüthenstand ist frisch und angenehm durch die schönen, schneeweissen, mit lebhaft Goldgelb und Blutroth gezeichneten Blüthen.

O. umbrosum (Beer). Siehe *Odontoglossum umbrosum*.

O. unguiculatum (Lindl.). Eine sehr schöne, zartfärbig blühende Pflanze. Blüthenstand aufrecht, vielblumig. Blüthe trüb gelb mit braunen Flecken. Das *Labellum* ist schön reingelb, dreilappig.

O. unicorne (Lind.). Diese ganz kleine Pflanze trägt kleine gelbe Blumen, welche in der Nähe betrachtet, durch einen hornartigen Aufwuchs auf dem *Labellum* interessant werden. Die Luftknolle glatt, der Wuchs aufsteigend.

O. urophyllum (Lood.). Blüthenstand überhängend, sehr lang, Blüthen schwefelgelb, mit wenigen weinrothen Flecken, es ist eine schwer zu kultivirende Pflanze.

O. viperinum (Lind). Blüthenstand aufrecht, gedrängt. Die Blüthen hellgelb.

O. variegatum (Schwarz). Aus einem Büschel wurzelständiger Blätter erhebt sich der aufrechte Blüthenstand, vielblumig, Blüthen ein Zoll breit, lebhaft rosa, die Blätter am Grunde mit breiten lederfarbigen Flecken, auf der Lippe ein lichtgelber Kamm. Schöne Species.

O. varicosum (Lindl.). Sehr reichblühend, mit gelben Blüthen.

O. Warezewitzii (Beer). Siehe *Odontoglossum Warezewitzii.*

O. Warnerii var. purpuratum (Beer). Siehe *Odontoglossum Warnerii var. purpuratum.*

O. Warneri var. sordidum. (Beer). Siehe *Odontoglossum Warnerii var. sordidum.*

O. Wrayae (Lindl.). Eine wahre prachtvolle Pflanze. Blüthen sehr gross, herrlich glänzend goldgelb. Blüthenstand bei fünf Schuh Höhe, aufrecht.

O. Wentworthianum (Batem.). Luftknollen birnförmig, mit sehr schönen braunen Querbinden gezeichnet. Laubblätter schmal, lang. Blüthen zahlreich hellgelb blutroth gefleckt.

O. Zebrinum (Beer). Siehe *Odontoglossum Zebrinum.*

Oxysepala. Zur I. Abtheilung.

O. ovalifolia (R. W.). Eine seltsam aussehende Pflanze mit langen Verbindungsorganen. Die kleinen Luftknollen sitzen sparsam zerstreut zwischen den Scheiden und sehen wirklich aus, als wenn sie fremde Pflanzen wären, welche hier vegetiren; der Form nach gleichen die kleinen Knollen einer ganz kleinen Species von *Bolbophyllum.* Der gesammte Habitus dieser seltsamen Pflanze gleicht den Dendrobien. Die Blüthe ist ganz klein, weiss. Jedenfalls ist dies die merkwürdigste Form, welche ich kenne. Die ganz kleinen Blüthen sitzen an der ganzen Länge der Pflanze zwischen jeder Scheide, sie sind zahllos.

Pattonia. Zur I. Abtheilung.

P. macrantha (R.W.). Eine herrliche Pflanze mit aufrechtem Blüthenstande und sehr grossen, zahlreichen, prachtvollen Blüthen. Die Blätter sehr lang, schmal, zusammengeneigt, spitz. Die bei vier Zoll breiten Blüthen ausgebreitet, am Rande zierlich wie ausgebogen. Lippe tief, zweilappig, sammt der Säule aufwärts stehend; erstere hat einen zweitheiligen Kamm auf der Mitte. Diese herrliche Pflanze scheint noch nicht lebend in den europäischen Gärten zu sein, auch ist die Blüthenfarbe unbekannt.

Paxtonia. Zur I. Abtheilung.

P. rosea (Lindl.). Luftknolle wie bei *Phajus*, aber ganz aufrecht. Blätter schmal, lang, gefaltet, spitz. Blüthen fast regelmässig, an aufrechten Stengeln, schön rosa. Die Säule dunkelrosa, aufrecht, oben keulenförmig, gelb.

Pescatoria. Zur I. Abtheilung.

P. cerina (Reich. fil.) ist *Huntleya cerina* (Lindl.).

Petochelus. Zur I. Abtheilung.

P. malabaricus (R. W.). Ist eine botanisch beachtenswerthe Pflanze mit ganz kleinen Blüthen. Scheint noch nicht lebend eingeführt zu sein.

Peristeria. Zur I. Abtheilung.

P. Barkerii (Batem.). Die ½ Schuh lange Luftknolle aufrecht, sehr gleichmässig gerippt. Blätter gross, wenig gefaltet, lederartig, schön grün. Blüthenstand über zwei Schuh lang, prächtig, hängend. Blumen sehr zahlreich, halb geöffnet, goldgelb, mit lichtrothen sparsamen kleinen Punkten. Die Säule strohgelb. Das *Labellum* hat mehrere kräftige, braunrothe Flecken. Eine stattliche, sehr schön blühende Pflanze.

P. cerina (Lindl.). Luftknolle eiförmig, wenig gerippt, oben hin- und hergebogen, stumpf. Blätter tief gerippt. Blüthenstengel etwas geneigt. Die Blumen stehen enge an einander, alle aufrecht, über einen Zoll breit, zahlreich, rein goldgelb.

P. elata (Hook.). Kräftige, grosse, schöne Pflanze. Luftknolle so gross wie ein Schwanen-Ei. Blätter sehr lang, wenig gefaltet. Büthenstengel aufrecht. Blumen sehr schön, zahlreich, zwei Zoll breit, halbgeöffnet, milchweiss im Innern an den Flügeln, sehr klein, zahlreich dunkellila punktirt.

P. Humboldii (Lindl.). Luftknolle bei fünf Zoll lang, fast viereckig. Blätter schön grün, lederartig, gerippt. Blüthenstengel zwei Schuh lang, zierlich gebogen. Blüthen prachtvoll, zahlreich, bei vier Zoll breit, goldgelb mit unzähligen blutrothen Punkten. Säule und Umgebung weiss, gegen oben rein gelb. Der Blüthenstand bedarf sechs Monate zur Entwicklung.

P. pendula (Hook.). Luftknolle wenig gerippt, schön grün. Blätter ledern, stark gerippt. Blüthenstand geneigt. Blüthen gross und schön, alle aufrecht stehend. Blumen zusammengeneigt, weisslicht, rosa mit zart gelb und zahlreichen, kleinen, blutrothen Punkten. Die Säule ist geflügelt, rein goldgelb mit braunen Punkten. Es gibt noch mehrere Species, welche alle der Kultur werth sind.

Pesomeria. Zur I. Abtheilung.

P. tetragona (Lindl.). Hier ist die Luftknolle fast viereckig, stumpf, über einen Schuh lang, sehr lichtgrün. Blüthenstengel aufrecht, Blumen goldgelb, reichlich mit Blutroth der Länge nach bemalt. *Labellum* goldgelb, roth linirt.

Phalaenopsis. Zur II. Abtheilung.

P. amabilis (Bl.). Diese herrliche, immer noch sehr seltene Pflanze wurde lange Zeit als die schönste dieser Familie anerkannt. Sie ist sehr schön, aber nicht unübertrefflich. Die ausgebreiteten, glatten, sehr breiten (bei drei Zoll) Blätter sitzen reitend an einander. Wurzel häufig dick, fleischig, bläulich weiss. Blüthenstengel zahlreich und hängend, dünn, braun. Blumen bei drei Zoll gross, ausgebreitet, rein weiss. Sepalen schmal, stumpfspitz. Petalen spatenförmig, breit. Säule weiss. *Labellum* oben zusammengeneigt, zwei grosse Lappen, dann pfeilförmig, spitz, an der Spitze mit zwei langen Fäden. Im Schlunde lebhaft roth gestrichelt, dann rein goldgelb gefärbt. Die Blüthen sind fast durchsichtig und gleichen einer *Phalaena*.

P. grandiflora (Lindl.) ist der *Ph. amabilis* sehr ähnlich, nur hat die *grandiflora* k l e i n e r e Blüthen.

P. intermedia (Lindl.). In allen Theilen kleiner als *Phalaenopsis amabilis*. Blätter fleischig, glatt, breit, bei drei Zoll lang, fast spitz, mit stark entwickeltem Mittelnerv. Blüthen sehr schön, drei bis fünf, Form von *Ph. amabilis*, rein weiss, mit Lichtrosa lieblich bemalt und am *Labellum* mit kleinen, dunkelrothen Punkten bestreut, ausgebreitet.

P. rosea (Lindl.). Eine sehr seltene, prachtvolle Pflanze. Die ganze Pflanze lebhaft grün, mit dunklen, ausgebreiteten, fleischigen Blättern und entschiedenem Mittelnerv. Die ganze Pflanze ist klein, hat aber lange, geneigte Blüthenstengel, an welchen die Blumen unordentlich vertheilt sind. Der Blüthenstengel ist grün mit rothen Punkten, dann purpurfarb. Blüthen sehr reich gefärbt, lichtrosa, in Weiss übergehend. Säule ebenfalls. Die Lippe klein, glatt, gedehnt, herzförmig, kräftig, purpur, in Blau übergehend. Die Mitte der Blüthe gelb, mit Roth fein punktirt.

Phajus. Zur I. Abtheilung.

P. albus (Lindl.). Der Tracht nach weicht diese schöne Pflanze von allen bekannten *Phajus* - Arten bedeutend ab. *Phajus albus* ist sehr schwer zu kultiviren und auch selten in den Sammlungen. Luftknolle bis drei Schuh in der Länge, von $1/_3$ Zoll Dicke. Die Blüthen stehen dicht beisammen, sind alle zugleich geöffnet und, besonders von unten hinauf beschen, sehr zart und schön. Die Blume ist rein weiss. Das *Labellum* am Rande ausgebreitet und gezähnelt, der ganzen Länge nach zierlich mit Purpurfarbe linirt. Auf der Mitte des *Labellums* befindet sich ein vierfacher Kamm. (Nach Reichenbach: *Thunia*.)

P. bicolor (Lindl.). Diese prachtvolle Pflanze ist dem Wuchse nach dem *Phajus grandifolius* ähnlich, nur ist jene Pflanze in allen Theilen grösser und stärker. Die Blumenblätter sind lebhaft gelbroth. Das *Labellum* prachtvoll, im Schlunde und aussen rein goldgelb, der Saum wellenförmig zurückgeschlagen, weiss, oben reich mit Rosa bemalt und dann lichtrosa verwaschen. Luftknolle geringelt.

P. grandifolius (Willd.). — *Bletia Tankervilliae* (Schwarz). Diese altbekannte, sehr schöne Pflanze blühte im Jahre 1817 zuerst in England. Blätter bis zwei Schuh lang, gefaltet, spitz. Blüthenstand aufrecht, bis drei Schuh hoch, prachtvoll. Blumen zahlreich, fünf bis sechs Zoll breit, ausgebreitet, aussen ganz rein weiss, innen feurig lederbraun. Das *Labellum* sehr gross, zu einer Röhre zusammengeneigt, dann ausgebreitet, wellenförmig, kraus, weiss, im Schlunde rein goldgelb mit blutrothen Strichen, dann aussen und innen kräftig breit roth bemalt; der Rand der Lippe weiss, ins Gelbe übergehend und blassroth gestrichelt. Luftknolle geringelt.

P. maculatus (Lindl.). Eine sehr schöne Pflanze. Die langen, spitzen, gefalteten Blätter sind mit goldgelben Punkten reichlich übersäet. Blüthenstand aufrecht, kräftig, bei zwei Schuh hoch. Blüthen zahlreich, goldgelb, gross. Das *Labellum* öffnet sich nur halb und ist mit Feuerroth bemalt. Luftknolle glatt.

Phreatia. Zur I. Abtheilung.

P. uniflora (R. W.). Sehr kleine Pflanze. Die kleinen Luft-knollen stehen in grossen Abständen von einander. Die Blüthe ist sehr klein und unscheinbar, schmutzig weiss.

Pilumna. Zur I. Abtheilung.

P. laxa (Lindl.). Luftknolle glatt, rund, flach, 2½ Zoll hoch, ein Blatt. Blüthenstengel zierlich abwärts gebogen. Blüthen zahlreich, zierlich, weiss, lila, glatt, spitz. Lippe schmal, rund, zusammengeneigt, dann ausgebreitet, stark zurückgeschlagen. Säule dreizackig, aufliegend, rein weiss. Blüthe bei drei Zoll breit.

Pleione. Zur I. Abtheilung.

P. humilis (Lindl.). Luftknollenbildung wie bei *Cyrhaea*. Der junge Trieb hat merkwürdig purpurfarbe Scheiden. Ein-blumig. Blüthe gross und sehr schön, perlgrau. Das *Labellum* rund herum gewimpert, mit rothen Längslinien, und auf licht-gelbem Grunde cinoberrothe, zahlreiche Fleckchen.

P. lagenaria (Wall.). Luftknolle bei zwei Zoll lang, schön grün, birnförmig. Der junge Trieb kegelförmig. Blüthe einzeln, prachtvoll, gross, eine lange, goldgelbe Röhre bildend, worauf die herrliche dunkelfarbe Lila-Blüthe steht. Blumenblätter gleich-färbig, lanzetförmig. Lippe aussen lila, innen gekammt, goldgelb, der Rand derselben sehr schön weiss mit breiten, blutroth ver-waschenen Streifen.

P. maculata (Lindl.). Bei den kurzen, dicken Luftknollen (hat Aehnlichkeit mit der Frucht von *Ficus stipulata*) erscheint der walzenförmige, junge Trieb mit den einzelnen Blüthen. Blüthe sehr schön, rein weiss. *Labellum* (wie bei *Trichopilia*) bauchig, im Schlunde sehr schön goldgelb, der Länge nach ge-faltet. Die Ausbreitung wellenförmig, weiss, mit weinroth be-malt, der Länge nach gebändert. Es sind noch mehrere Species von *Pleione*, welche alle der Kultur werth sind.

Pogonia. Zur I. Abtheilung.

P. biflora (R. W.). Kleine Luftknolle, mit zwei grossen gefalteten Blättern, Blüthen unscheinbar, scheint noch nicht eingeführt zu sein.

Pogonia carinata (Lindl.). Diese mit herrlichen grossen Blüthen prangende Pflanze ist in Robert Wight abgebildet, es lässt sich aber weder aus der Beschreibung noch Abbildung eine genügende Beschreibung zusammenstellen.

Polystachia. Zur I. Abtheilung.

Maxillaria (Beer).

P. luteola (Hooker). Kleine Pflanze. Blüthenstand aufrecht. Blüthen lichtgelb, sehr klein. Luftknollen nussgross, unförmlich rund, ein Blatt.

P. purpurea (Hort.). Pflanze klein. Blüthen zahlreich, lila, purpur, sehr klein. Es gibt noch mehrere Arten hiervon.

Polychilos. Zur II. Abtheilung.

P. densiflorus (Blume). Ein äusserst zartes, kriechendes Pflänzchen. Blättchen lanzetförmig spitz, Blumen einzeln klein aufrecht, rein weiss. Diess ist nur eine botanische Merkwürdigkeit, welche ich der Neuheit halber hier aufnehme, auch scheint selbe noch nicht lebend eingeführt zu sein.

P. cornu-cervi (Kuhl. et H.). Form von *Vanda*. Blätter gross spatelförmig. Blüthen an einem unförmlich gegen oben verdickten aufrechten Blüthenstengel. Blumen zwei Zoll gross, zahlreich goldgelb mit Blutroth sehr fein bemalt und gepunktet.

Podanthera. Zur I. Abtheilung.

P. pallida (R. W.). Aufrechter Stengel aus einer ziemlich grossen sackähnlichen Luftknolle entspringend, Blüthen schön zahlreich, scheint noch nicht eingeführt. Farbe nicht angegeben.

Restrepia. Zur I. Abtheilung.

R. elegans (Karst.). Zierliche, kleine Pflanze, trägt ein eiförmig fleischiges, ausgebreitetes, spitzes Blatt, mit stark entwickelter Mittelnarbe. Blumen einzeln, die Sepalen sind hier zusammen verwachsen, und bilden scheinbar eine sehr grosse herrlich goldgelb mit zahlreichen rothen Punkten bestreute Lippe. Die Petalen stehen aufrecht, sind hell lila-grau, mit drei schönen blutrothen Längslinien. Das wahre *Labellum* ist klein, gleich breit, zurückgeschlagen, und so wie das kleine nieder gebogene Säulchen gelb mit rothen unzähligen ganz kleinen Punkten bestreut.

Renanthera. Zur II. Abtheilung.

R. arachnites. Diese Pflanze scheint noch nirgends geblüht zu haben, vielleicht überrascht die Pflanze die Besitzer als *Arachnanthe*. Sie soll auch mit *Aerides arachnitis* gleich sein.

R. bilinguis (Reich. fil.). Blüthenstand aufrecht, Blumen sparrig, Blumenblätter glatt, goldgelb mit Dunkellila eingefasst und am Rande geflekt. Lippe stumpfspitz, goldgelb, dann weiss mit zwei runden purpurfarben Flecken und gestrichelt. Pflanze bei einen Schuh Länge blühbar. Blätter ganzrandig, wellig. Entlehnt aus Reichenbach's *Xenia Orchidacea*.

R. coccinea. Eine der schönsten Pflanzen, im Alter verzweigt, Selbe wird bis zu 18 Schuh lang. Blüthenstengel verzweigt, prachtvoll und reichblumig, die oberen drei Blumenblätter schmal, glatt, fleischfarb mit blutrothen Querbinden. Untere zwei Blätter prachtvoll, breit, lang, wellenförmig, feurig Lackroth. Lippe sehr klein, gelb, dann lackroth. Die Blüthe ist von Aussen ganz fleischfarbig.

R. matutina (Lindl.). Eine seltene Pflanze. Stamm lang, dünn, der ganzen Länge nach braunroth gefleckt. Wurzel kurz, dick, fleischig, wollig. Blüthenstengel aufrecht, Blumen zahlreich, klein, goldgelb, reich mit Weinroth und Blutroth bemalt. Blüthenstiel schön rosa. Obwohl die Blumen dieser Pflanze sehr klein, kaum ½ Zoll breit sind, ist selbe doch ziemlich hübsch. Der Gesammtform nach steht dieselbe zwischen *R. coccinea* und *Arachnanthe*.

R. moluccana (Blume). Stamm aufrecht, Blätter stumpf, zweilappig, tiefe Mittelfurche, sechs Zoll lang, 2½ Zoll breit. Blüthenstengel lang, am Anfange hellgrün, dann bis fleischfarbig. Blüthenstiele lebhaft schön grün. Blüthen zierlich zurückgeschlagen, hellgelbroth. Säule und Lippe sehr klein, hell chokoladfarbig.

Rodriguetzia. Zur I. Abtheilung.

R. Barkerii (Hook.). Luftknolle flach gedrückt, wenig gerippt. Alle drei Blattformen ausgebildet. Blüthen zahlreich, hellgrün; die Säule oben matt goldgelb. Blüthenstand zierlich, überhängend.

R. planifolia (Lindl.). Pflanze einer kleinen *Brassia* sehr ähnlich. Luftknolle stark, plattgedrückt, glatt, zwei Laubblätter nur eine blatttragende Scheide. Blüthen sehr zahlreich, mit zierlich strohgelb, Blutroth eingefasster Säule.

R. Secunda (Humb.). Die hübsche, kleine Pflanze, welche gerippte Luftknollen und mehrere Blätter trägt, entwickelt eine Menge zierlich gebogener Blüthenstengel, welche obwohl kleine, aber sehr zahlreiche Blumen bringen. Blüthe klein, lebhaft roth, alle nach oben gerichtet.

Saccolabium. Zur II. Abtheilung.

S. ampullaceum (Lind.). Form von *Vanda*. Pflanze klein. Blüthenstengel aufrecht zum Stamme geneigt, Blüthen klein, lackroth, mit rein weisser Säule sehr zahlreich.

S. Blumei (Lindl.). Tracht wie bei *Aerid. odoratum*, nur stehen hier die Blätter mehr aufrecht und sind stumpf, spitz, ohne besondere Zeichen. Blüthenstand höchst prachtvoll, Blüthen sehr zahlreich, nahe an einander, bilden eine über einen Schuh lange, herrliche Aehre. Blüthen perlweiss, mit matt weinrothen Strichen. *Labellum* kräftig weinroth bemalt.

S. calceolaria (Lindl.). Form von *Vanda*. Der Stamm bleibt kurz. Blätter wenig gefleckt, am Ende zurückgebogen, über $1\frac{1}{2}$ Schuh lang. Blüthen zahlreich, Blume lichtgelbgrün, mit dunkelrothen Punkten besäet. Lippe gefranzt, hellgelb, mit blutrothen Flecken. Diese Pflanze ist leider nur in wenigen Sammlungen zu treffen.

S. compressum (Lindl.). Form von *Vanda*. Blätter breit wellenförmig, mit tiefer Mittelrippe. Die Blüthen sind unbeschreiblich zart und schön, aber in einer Abbildung durchaus nicht zu erreichen, da in kleinen Details rein Weiss vorherrscht. Die Blüthen, obwohl klein, aber sehr zahlreich, haben ein weisses lang gedehnt sackförmiges *Labellum*, dessen Ausbreitung so wie

die sehr kleine Blume rein goldgelb mit feinen rothen Punkten
besäet erscheint. Das reine Silberweiss und die kräftige Goldfarbe
machen diese Species besonders wünschenswerth.

S. *densiflorum* (Lindl.). Stamm aufrecht, bei einem Schuh
hoch, die ganze Pflanze hellgrün. Blätter bei einem Schuh lang,
rinnenförmig. Blüthen zahlreich, am überhängenden Blüthenstiel,
enge beisammen stehend. Blume gelb rosafarb. Säule und Umgebung weiss. Lippe spitz endend, hier lichtsosa, dann hellgelb.
Dies ist eine prachtvoll blühende Art.

S. *denticulatum* (Paxton). Form von *Renanthera*. Stamm
und Blätter hell grasgrün. Blätter lanzetförmig spitz, mit tiefer
Mittelrinne. Blüthenstiel kurz, Blüthen am Ende desselben beisammen stehend. Blüthe hell olivengrün mit Roth reihenweise
punktirt, Säule und Lippe rein weiss mit Goldgelb reich bemalt.
Lippe sackförmig übergeschlagen, hier am Rande stark franzig.
Diese ziemlich kleine Pflanze ist jedoch sehr zierlich, aber noch
sehr selten in den Sammlungen.

S. *gemmatum* (Lindl.). Stamm etwas überhängend. Blätter
rinnenförmig, mit stumpfen Enden. Blüthenstand locker, Blumenblätter und Lippe prachtvoll, glänzend dunkelweinroth.

S. *guttatum* (Lindl.). Stamm bei zwei Schuh lang, Blätter
rinnenförmig, plattgedrückt, über einen Schuh lang, mit drei sehr
spitzen Enden an jedem Blatte. Blattflächen kaum einen Zoll
breit, am Rande etwas wellig. Die spitzen Enden der Blätter
unterscheiden S. *guttatum* auffallend gut von S. *retusum*. Blüthenstand prachtvoll, über einen Schuh lang. Blüthen sehr zahlreich,
nahe beisammenstehend, einen Zoll breit, rein weiss mit gelblichem
Schimmer, mit Lackroth gebändert. Lippe lackroth am unteren
Ende.

S. *macrostachyum* (Lindl.). Diese herrliche Art gleicht dem
Angraecum palmarum (du pet. Thouars). Sie wird bei fünf Schuh
hoch, hat einen äusserst kräftigen, aufrechten Wuchs, weshalb
diese Pflanze auch ohne Blüthe (welche ohnedem noch nicht bekannt ist) eine ausserordentliche Zierde bildet. Leider ist diese
Species sehr selten.

S. *miniatum* (Lindl.). Form von *Vanda*. Pflanze klein, kaum
einen Schuh lang. Blüthen sehr zahlreich, bei einen Zoll breit,

schön Orangefarb, Lippe klein, goldgelb, Säule hell violet. Eine
sehr zierliche Pflanze.

S. *pallens* (Lindley). Diese Pflanze hat hinsichtlich des
Wuchses und der Blüthen Aehnlichkeit mit S. *guttatum*. Die
Farbe der Blüthen ist jedoch hier mehr blutroth, auch ist der
Blüthenstand nicht so gedrängt und auch nicht so lang wie bei
S. *guttatum*.

S. *paniculatum* (R. W.). Form von *Vanda*. Pflanze klein,
aufrecht. Blüthenstand sehr verzweigt, reichblüthig, prachtvoll.
Blume weiss mit Roth bemalt. Es sind über hundert, aber kaum
einen Zoll breite Blüthen an einem Blüthenstande.

S. *papillosum* (Lind.). Pflanze aufrecht, Blüthen gedrängt,
stehend, klein, gelb mit Purpur bemalt. Die langen am Ende
rund zweilappigen Blätter haben auf der Unterfläche schmale
Längslinien. Form von *Vanda*.

S. *praemorsum* (Lindl.). Stamm verkürzt, Blätter bauchig,
rinnenförmig, stumpf, am Ende wie ausgebissen. Blüthenstand
prächtig, über einen Schuh lang. Blüthen dicht beisammen stehend, weiss wie Schnee mit lichtweinrothen Punkten sehr zierlich überstreut. Lippe spitz endend, feurig dunkelroth. Eine der
schönsten Pflanzen unter den stammbildenden Orchideen.

S. *retusum*. Obwohl S. *guttatum* mit S. *retusum* verwechselt
und meistens für gleiche Species gehalten werden, ist dennoch
ein bedeutender Unterschied zwischen beiden. Am meisten ist
S. *retusum* in den Sammlungen zu finden; diese Pflanze ist aber
in allen Theilen viel stärker, und die Blätter haben hier am Ende
nur stumpfe Ausbuchtungen ohne spitzen Enden. Auch im Blüthenstande sind sie leicht zu unterscheiden, indem hier die Blüthen in grösserer Masse und dichter beisammen stehen; ich habe
beide Pflanzen nie zu gleicher Zeit blühen sehen, wesshalb ich
auch nicht im Stande bin, anzugeben, ob auch bei der Blüthenfarbe sich gute Merkmale finden lassen.

S. *rubrum* (Lind.). Form von *Vanda*. Eine herrliche prachtvolle Pflanze. Die Blätter sind getiegert mit Dunkelroth. Blüthenstand aufrecht, Blüthen gross, herrlich, tief rosenfarb, sie sind
einen Zoll breit, etwas hängend. Die Pflanze ist an der Basis
sehr stark bewurzelt.

S. *speciosum* (R. W.). Form von *Vanda*. Pflanze klein,
Blüthenstand überraschend gross und prächtig, drei Schuh lang,
mit zahlreichen (bis 50) schönen, grossen Blüthen. Die prachtvolle Blume ist schön rosafarbig mit Dunkelroth bemalt und gefleckt. Diess ist jedenfalls die schönste aller *Saccolabien*. Die
Blüthenform ist wie bei *Aerides crispum*, und dürfte auch zu *Aerides*
gehören.

Sarcanthus. Zur II. Abtheilung.

S. *roseus* (R. W.). Stämme und Blätter stielrund hängend,
Blüthen zierlich, klein, zahlreich, schön rosafarbig, in sehr dichten aufrechten Blüthenständen.

S. *pauciflorus* (R. W.). *Habitus* wie bei *Vanda*. Sehr kleine
Pflanze, mit einigen Blättern und kleinen lichtgelben mit Dunkelgelb bemalten Blüthen.

S. *filiforme* (R. W.). Dünne, lange, hängende, stielrunde
Stämme und Blätter. Blüthen gedrängt, zahlreich, klein, zierlich,
orangegelb mit rothen Linien.

S. *teretifolius* (Lindl.). Wuchs von *Vanda teres*. Blüthen
sehr klein gelblich-grün mit rothen Strichen. *Labellum* weiss, gelb,
metallisch glänzend.

S. *Walkerianus* (R. W.). *Habitus* von *Vanda*. Sehr kleine
Pflanze. Blüthenstengel sparrig, vielblumig, roth mit Gelb gezeichnet. Die Blüthen sind kaum geöffnet, die Blätter der kaum
vier Zoll hohen Pflanze ungleich zweilappig endigend. Es gibt
noch mehrere Arten dieser kleinblumigen Gattung.

Sarcochylus. Zur II. Abtheilung.

S. *calceolus* (Lind.). Form wie bei *Renanthera*. Pflanze blass
gelbgrün. Blumen zu zwei bis drei, sehr schön reinweiss, dick,
sammtig. *Labellum* hat einen goldgelben Flecken, die Wurzeln
sind silberweiss, behaart.

S. *falcatus* (Lindl.). Eine sehr kleine Pflanze, Form von
Vanda. Blätter wenig, stumpfspitz, Wurzel zahlreich, dunkelgrün. Blüthen schön, zu drei an einem Stengel, blendend weiss,
auf jedem Blatte mit einer hellgelben Linie. *Labellum* sackförmig,
dann ausgebreitet, am Rande mit Purpur und Roth gestrichel

Sarcobodium. Zur I. Abtheilung.

S. Lobbii (Lindl.). *Bolbophyllum.* Luftknollen kaum zwei Zoll hoch, glatt, dunkelgrün, mit einer braunen Scheide halb umgeben. Blüthen einzeln, bei fünf Zoll im Durchmesser. Der Blüthenstengel und die Blüthe sind herrlich goldgelb mit Roth bemalt. Die Blumenblätter sind aussen mit zahlreich blutrothen Punkten gezeichnet. Innen ist die Blüthe reichlich breit auf gelbem Grunde roth bemalt, und einzelne blutrothe Flecken zieren die Ränder der Blätter. Lippe und Säule hoch Goldgelb, mit sehr feinen rothen Punkten bestreut. Diess ist eine sehr schöne Pflanze.

Sarcoglossum. Zur I. Abtheilung.

S. suaveolens. Siehe *Cirrhaea tristis.*

Scuticaria. Zur I. Abtheilung.
Maxillaria (Beer).

S. Steelii (Lindl.). Luftknolle sehr klein. Blätter über zwei Schuh lang, pfrimenförmig, dünn, hängend. Blüthen einzeln sehr schön, ganz ausgebreitet. Die Blume licht goldgelb, mit lichten und dunkleren rothbraunen, grossen und kleinen Flecken. *Labellum* wie die rothviolete Blüthe ausgebreitet, strohgelb mit Lichtlila und Braun gestichelt. Säule aufrecht, lila oben gelb.

Schlimmia. Zur I. Abtheilung.

S. jasminodora (Hort.). Blüthenstengel aufrecht, mehrblumig. Blüthe wie bei *Cypripedium,* jedoch beherrscht die sackähnliche Lippe die ganze Blüthe. Helmförmiges Blatt, schalenförmig, aufrecht. Blüthe rein weiss. Luftknolle klein, verlängert, birnförmig, hat den Wuchs einer kleinen *Maxillaria.*

Schomburgkia. Zur I. Abtheilung.
Cattleya (Beer).

S. crispa (Lindl.). Die grosse, kräftige, keulenförmige, am Ende kaum kleinfingerdicke, über einen Schuh lange Luftknolle ist ganz mit Scheiden bekleidet, zwei Blätter, glatt, stumpf, bei ein Schuh lang, 2½ Zoll breit. Blüthenstengel bei fünf Schuh lang, sehr dünn, aufrecht, gebogen. Blüthen zahlreich beisammen stehend, Blüthenstiel lichtlila. Blume ausgebreitet, jedes Blüthenblatt sehr schön wellenförmig, kraus, goldgelb. *Labellum* klein, Säule aufliegend, dick, kurz, beide schön Rothlila. Das *Labellum* ist auf der unteren Ausbreitung ledergelb.

S. marginata (Lindl.). Luftknolle ein Schuh lang, mit Scheiden umgeben, schwach, keulenförmig. Zwei bis drei Blätter stumpf, glatt. Blüthenstengel stark, aufrecht. Blüthenstiele hängend. Blume ausgebreitet, wellenförmig, kraus, goldgelb, mit Blutroth breit bemalt. Blüthe gross. *Labellum* und Säule weiss, schwach mit Rosa bemalt.

S. tibicinis (Lindl.). Ueber einen Schuh lange, runde, gerippte, sehr kräftige, bei drei Zoll dicke Luftknolle, trägt drei Blätter ausgebreitet, glatt, stumpf, spitz. Blüthenstengel sehr lang, aufrecht, dann gebogen. Blumen sehr zahlreich, über zwei Zoll breit. Petalen schmal, kraus, blutroth, weiss bemalt. Sepalen roth ledergelb, ebenfalls gross. *Labellum* zusammen geneigt, wellig, spitz, lackroth auf weissem Grunde reich bemalt. Im Schlunde goldgelb. Zierliche sehr schöne Blüthen.

S. tibicinis var. grandiflora (Lindl.). Tracht der Pflanze ganz gleich mit *S. tibicinis*. Blumen aber viel grösser, aussen ganz Rosa. *Labellum* an der unteren Lappe weiss mit goldgelben Flecken.

S. undulata (Lindl.). Luftknolle bei ein Schuh lang, fast viereckig, oben und unten fast rund, zwei Blätter. Blüthenstengel stark, zierlich, gebogen, über zwei Schuh lang. Blüthen prachtvoll, zahlreich, nahe beisammen stehend, mit Rosa-Scheiden, bei jedem lichtlilafarben Blüthenstiel. Blumen ausgebreitet, Blumenblätter lang, schmal, stark wellenförmig, von aussen und innen feurig, sammtig, blutroth. *Labellum* und Säule rein feurig Lackroth, auf der Mitte der Lippe steht ein weisser Kamm.

Schoenorchis. Zur II. Abtheilung.

S. juncifolia (Blume). Form von *Vanda*. Stamm sehr dünn. Blätter lang hängend, stielrund. Blüthenstengel hängend. Blüthen sehr klein, aber hell himmelblau. Die Lippe gross, stroh-

20 *

gelb, Sporn lang, dünn, zurückgebogen. Wahrscheinlich noch nicht lebend eingeführt.

Solenidium. Zur I. Abtheilung.
Oncidium (Beer).

S. racemosum (Lindl.). Schlanke, kaum drei Zoll hohe, wenig gefurchte, lichtgrüne, gelblich endende Luftknollen. Blätter zwei, schmal, dünn, glatt. Blüthenstengel aufrecht. Blumen zahlreich, klein, aussen ganz lichtgrün, innen goldgelb mit breiten, grossen, blutrothen Flecken. Säule oben helmartig, kraus, lila. *Labellum* am Grunde weiss, dann goldgelb mit schmalen, rothen Längsstrichen. Die Blüthen dieser Pflanze gleichen vollkommen einem *Oncidium*, der Gesammtwuchs gleicht einer *Miltonia*. Leider ist diese schöne Pflanze sehr selten in den Sammlungen zu treffen.

Sophronitis. Zur I. Abtheilung.
Cattleya (Beer).

S. cernua (Lindl.) trägt schöne rothe Blüthen.

S. grandiflora (Lindl.) hat prachtvolle, grosse, rothe Blüthen.

S. violacea (Lind.) hat nur eine kleine rothe Blüthe.

S. pterocarpa (Lindl.) hat Blüthen wie *cernua*. Die Pflanze hat grosse Scheiden. Im Ganzen sind es sämmtlich sehr kleine Pflanzen.

Sobralia. Zur I. Abtheilung.
Cattleya (Beer).

S. citrina (La Llave). Synonym mit *Cattleya citrina*.

S. chlorantha (Lindl.). Diese kaum einen Schuh hohe Pflanze hat eine sehr dünne, aufrechte Luftknolle. Blüthe einzeln, über vier Zoll lang, hellgoldgelb. Das *Labellum* schwefelgelb. Blüthe röhrenförmig, bauchig, zusammengeneigt, kaum geöffnet. *Labellum* kraus, auf der Mitte eingeschnürt.

S. decora (Lindl.). Luftknolle dünn, rund, sehr verlängert, bei drei Schuh lang. Blätter tief gerippt, sehr spitz. Blüthen einzeln, sehr schön rosa, in Weiss übergehend. Lippe purpurfarb, kraus, im Schlunde goldgelb.

S. liliastrum (Lindl.). Diese prachtvolle Pflanze, deren verlängerte Luftknollen über zehn Schuh lang werden, hat bei ein
Schuh lange, lanzetförmige, etwas gefaltete Blätter. Blüthen
zwei bis vier, etwas hängend, bei fünf Zoll im Durchmesser.
Die drei äusseren Blüthenblätter lanzetförmig, ausgebreitet, rein
weiss. Die zwei Petalen und das *Labellum* prachtvoll, reich mit
feurig Blutroth breit bemalt und überall kraus. Die Ausbreitung
an der Lippe ist lappig, wellenförmig, reich blutroth, gegen die
Säule hin lichter roth, mit einem Rosa-Streifen.

Es findet sich auch eine ganz weiss blühende Varietät mit
Goldgelb auf dem *Labellum*.

S. macrantha (Lindl.). Die bis acht Schuh lange, sehr dünne
Luftknolle hat von oben bis unten lange, spitze, wenig gefaltete
Blätter. Die Blüthen erscheinen einzeln aus der Scheide, es folgen aber vier bis fünf Blumen auf einander. Blume prachtvoll,
sehr gross und unbeschreiblich zart, und doch sehr kräftig lackroth. Die ganz ausgebreitete Blume hat sechs Zoll Durchmesser.
Labellum ist beim Aufblühen zur Hälfte hinaufgeschlagen, die
Blume ist von aussen lichtrosa; dies macht, dass die Entwicklung der Blüthenknospe an sich schon sehr schön ist. Das *Labellum* ist ganz ausgebreitet, über vier Zoll in der Breite und im
Schlunde goldgelb.

S. sessilis (Lindl.). Tracht von *Sobralia macrantha*. Blüthen
einzeln, gross, ziemlich schön; die bei drei Zoll breite Blüthe
ist nankingfärbig, das *Labellum* röhrenförmig zusammengeneigt,
dann zurückgeschlagen, kraus, im Schlunde goldgelb, von aussen
matt weinroth.

S. dichotoma (R. & P.). Die Luftknolle ist hier drei bis
vier Schuh hoch und trägt fünfzehn bis zwanzig bei drei Zoll
breite, tief rosenfarbe Blüthen. Die gefranste Lippe ist weiss
und purpur bemalt. Ich kenne diese Pflanze nicht im lebenden
Zustande, doch dürften nach anderen Nachrichten die grossen
Verhältnisse übertrieben sein.

S. violacea (Linden). Blüthen lichtviolet. Lippe gefaltet,
gelb gestreift.

S. paludosa (Linden). Blassviolete Blüthen von ziemlicher
Grösse, schön violete Lippe mit weissem Mitteltheile machen
diese Pflanze angenehm.

S. *Rückerii* (Linden). Die über sechs Zoll langen prachtvollen Blüthen sind sehr schön hell purpurfärbig. Die ganze
Lippe gelb, mit Orangefarb gestreift.

Solenipedium. Zur I. Abtheilung.

S. *Chica* und *palmifolium* (Reich.) Wahrscheinlich Erdorchideen. Pflanze zwölf bis fünfzehn Fuss hoch. Blüthenstand aufrecht,
vielblumig. Blätter lang, lanzetförmig, spitz, etwas gefaltet.
Fruchtknoten vor der Entwicklung der Blüthe angeschwollen,
lang, wird ausgereift, wie die Früchte von *Vanilla* verwendet.
Blüthen klein, einem *Cypripedium* ähnlich, aufrecht. Blumenblätter gegen oben zusammengeneigt, gelb, mit Lederbraun bemalt. Lippe sackförmig, goldgelb, mit Roth und Purpur breit
bemalt. (Entlehnt aus dem neuen Werke „*Xenia Orchidacea*"
des berühmten Dr. Reichenbach fil.)

Spathoglotis. Zur I. Abtheilung.

S. *Fortuni* (Lindl.). Kleine, auf der Erde wachsende Pflanze
mit tief gefalteten Blättern. Blüthenstengel vor dem Erscheinen
der Blätter aufrecht. Blume schön, rein goldgelb, ausgebreitet,
1½ Zoll breit. Das geflügelte *Labellum* hat hier zwei rothe
Flecken.

S. *pubescens* (Lind.). Eine schlanke, kleine Pflanze mit wenigen, aber grossen, hübschen, rothbraunen Blüthen.

Stanhopea. Zur I. Abtheilung.

S. *aurata*. Professor Lindley zieht diese Pflanze zu *Stanhopea graveolens*. Obige Pflanze hat durchaus tief aprikosenfarbe
Blüthen.

S. *aurea* (Lood.). Professor Lindley zieht diese Pflanze
zu *Stanhopea Wardii*. Obige Pflanze hat orangefarbe Blüthen, an
der Lippe zwei starke, dunkelrothe Flecken.

S. *amoena* (Klotsch). Professor Lindley zieht diese Pflanze
zu *Stanhopea inodora*. Die Blüthe der obigen Pflanze ist schwach
gelb, mit rothen Augenflecken. Lippe rosafarb.

S. *Bucephalus* (Lindl.). Knolle klein, wie gewöhnlich. Blumen prachtvoll, an 1½ Schuh langem, hängendem Blüthenstengel. Blumenblätter alle zurückgeschlagen, goldgelb, mit lebhaft Braun wenig gefleckt. Säule breit, geflügelt, weiss, mit wenigen kleinen braunen Punkten. *Labellum* glatt wie Elfenbein, schlank, anfangs orange, dann tief goldgelb, zwei Zähne, rein weiss: Ende der Ausbreitung am *Labellum* sehr spitz, tief goldgelb und blutroth punktirt, hat sieben bis neun Blumen.

S. *cirrhata* (Lindl.). Blüthe seltsam zusammen gedrückt, gross, sehr schön weiss, mit einigen braunen Flecken.

S. *Devoniensis* (Lindl.). Luftknolle gross, tief gerippt, birnförmig, mit einem kräftigen, gestielten, ausgebreiteten, am Rande welligen Blatte. Blüthenstengel hängend, drei- bis fünfblumig. Blüthen über sechs Zoll breit, ausgebreitet, prachtvoll, goldgelb, gleichmässig mit blutrothen Binden und Makeln geziert. Säule weiss, mit blutrothen Strichen. *Labellum* hat zwei spitze Hörner, ist ausgebreitet, glatt und glänzend wie Elfenbein, mit braunrother, breiter Makel auf der Mitte. Säule und *Labellum* haben einen Anflug von Gelb.

S. *eburnea* (Hook.). Luftknolle wie eine getrocknete Birne. Blatt lang, gestielt, gross. Blumen zu zweien, prachtvoll, sehr gross (bei sieben Zoll), rein weiss, ausgebreitet, alle Blätter etwas zurückgeschlagen. *Labellum* wie ein Weberschiffchen, innen reichlich lilaroth gefleckt und gefärbt. Säule schön hellgrün.

S. *Jenischiana* (Kramer). Blüthen gesättiget, gelb, matt weinroth, wie angehaucht, mit einzelnen rothen Flecken. Säule hellgrün, mit rothen Punkten.

S. *insignis* (Hook.). Luftknolle klein, etwas über zwei Zoll hoch, birnförmig; ein Blatt, stielrund, dann stark ausgebreitet, spitz, mit drei entschieden starken Nerven. Blüthenstand hängend, drei- bis fünfblumig. Blüthen bei vier Zoll breit, halb geöffnet, hängend. Blume goldgelb, mit Roth getupft. Säule sehr lang, herabgebogen, goldgelb, mit Lila-Flügeln, am Ende weiss. *Labellum* prachtvoll, gross und herrlich, mehrfärbig; am oberen Ende violet, dann goldgelb mit rothen Flecken. Der untere Theil sammt den Hörnern rein weiss, mit blutrothen Punkten. Die Blüthen variiren in der Färbung.

S. flava (Lood.) ist eine gelb blühende Varietät von *Stanhopea insignis.*

S. grandiflora (Lood.). Die enorm grossen Blüthen sind ganz rein weiss. Die Lippe leicht roth bemalt.

S. guttulata (Lindl). Luftknollen und Blatt von gewöhnlicher Form. Blüthen drei bis fünf in der Form gewöhnlich. Farbe licht chocolad, mit weinrothen Flecken und Strichen überall reichlich besäet. Das *Labellum* oben tief rothbraun.

S. guttata. Nach Prof. Lindley zu *Stanhoper Bucephalus* gezogen. Blüthe schwach, aprikosenfarb mit Braun stark gefleckt.

S. quadricornis (Lindl.). Luftknolle zwei Zoll hoch, unten stumpf aufsitzend, eiförmig, regelmässig tief gerippt. Blatt plötzlich ausgebreitet, spitz. Blüthenstengel abwärts hängend, drei bis fünf Blumen sehr gross, bei sechs Zoll breit. Sepalen hell ledergelb, mit ganz klein schwach rothen Punkten spärlich bestreut. Petalen schmal, lang, zurückgeschlagen, umgebogen, hell goldgelb, mit lebhaft blutrothen Punkten. Säule hellgrün, lichtgelb geflügelt. *Labellum* hat oben zwei lange Zähne, die wie blutig gefärbt erscheinen, und in einem breiten, dunkelrothen Flecken sich vereinen, sonst ist die Färbung der untern Zähne u. s. w. hellgelb.

S. inodora (Lindl.). Luftknollen klein, tief gerippt, ein Blatt. Blüthenstengel abwärts hängend, Blumen fünf bis sieben. Blumenblätter zurückgeschlagen, weiss mit Gelb gefärbt. Form von *Labellum* und Säule wie bei Allen. Lippe rein weiss, oben tief goldgelb und zwei kleine orange Flecken an der Seite. Säule hellgrün; die Blüthen, obwohl immerhin prachtvoll, gehören zu den kleinen dieser Gattung.

S. Lindleyi (Zuccar.). Zieht Prof. Lindley zu *S. oculata.* Obige Pflanze hat dunkel weinrothe Blüthen, sehr wenig lebhaft braun gesprengelt.

S. Martiana (Batemann). Blüthen prachtvoll, rein weiss, mit blutrothen Flecken reichlich geziert.

S. Martiana (Lindl.). Luftknollen gerippt, zwei Zoll hoch, stumpf, spitz. Die Spitze entschieden zurückgebogen, Längsnerven der Blätter sehr ausgebildet. Blüthenstand hängend. Blume fünf Zoll breit, prachtvoll, drei bis fünf an der Zahl, nankinggelb mit braun-rothen Punkten. Petalen rein weiss, mit blass Rosa an der Basis verwaschen gezeichnet. Die Sepalen haben auf weissem Grunde sehr kräftige, rothbraune, grosse Flecken. Das *Labellum* ganz rein weiss, die Säule ist gelb-rosa auf weissem Grunde und mit Roth gestrichelt.

S. *Martiana var. bicolor.* Luftknolle klein, stumpf endend, regelmässig, tief gefurcht. Blumen prachtvoll ausgebreitet. Petalen wenig zurückgeschlagen, rein weiss mit lebhaften weinrothen Flecken. Lippe weiss ohne Mackel. Säule weiss mit lila leicht bemalt, zahlreich, klein, roth gefleckt. Sehr schön.

S. *nigroviolacea* (Morren). Prof. Lindley zieht diese Pflanze zu S. *tigrina.* Die sehr grossen prachtvollen Blüthen dieser Pflanze sind purpurbraun, die Spitzen der Blätter und ein grosser Theil sind schön lederbraun.

S. *oculata* (Lood.). Blüthen hell gelb, mit verschieden grossen hellbraunen Flecken.

S. *Ruckerii* (Lindl.). In der Tracht gleicht diese Pflanze S. *Wardii,* ist auch in der Färbung fast gleich. Lippe sehr schön mit Braun und Roth bemalt.

S. *Saccata.* Luftknollen klein, fast stumpf, rund, tief gerippt, wellenförmig. Blüthenstengel abwärts hängend, drei bis fünf Blumen. Blätter alle tulpenförmig zurückgeschlagen. *Labellum* und Säule herabhängend. Die Blumenblätter an der Basis feurig Orange, dann bis ins Lichtgrün übergehend, überall mit ganz kleinen, gleich grossen, rothen Punkten bestreut. *Labellum* feurig Orange, dann gegen die stumpfe Spitze licht grünspanfärbig. Sack der Lippe tief orange, dann alle Schattirungen bis nankingfärbig und goldgelb mit wenig rothen Punkten.

S. *tigrina* (Batem.). Die Luftknolle birnförmig mit unregelmässigen Eindrücken, ein Blatt, steif gefaltet, über ein Schuh lang. Blüthenstand abwärts hängend. Es umgeben lange licht lederbraune Scheiden die Blüthenstiele, drei - bis fünfblumig, die einzelne Blüthe eine Spanne breit. Sepalen und Petalen ausgebreitet, goldfarbig, gegen die Spitze in Weiss übergehend. Sepalen mit grossen purpurfarben Flecken. Petalen stark wellenförmig, zusammen gerollt, gelb mit Purpur, Querbinden und grossen Flecken. Säule und *Labellum* gleich lang, herabgeneigt, prachtvoll goldgelb mit sammtbraunen Flecken und Punkten, dann rein weiss mit Gelblich grün bemalt, und reichlich mit kleinen matt Lila - Fleckchen bestreut. Ueber alle Beschreibung schön! Es gibt mehrere Varietäten.

S. tricornis (Lindl). Blüthen wie bei allen *S.* prachtvoll, hier ist die Blume besonders fleischig, die Blüthen sind sehr breit, weiss und rothbraun bemalt.

S. velata (Morren,) Blüthe von der Grösse der *S. Martiana*, hell gelblich weiss, mit braunrothen verschieden grossen Flecken. Säule lebhaft lackroth verwaschen auf gelbem Grunde. Das *Labellum* hat oben über den zwei Hörnern zweilappige Auswüchse, welche die Hörner zum Theile bedecken, diese sind am Grunde goldgelb, dann auf gelblichem Grunde leicht blutroth der Länge nach schwach gezeichnet.

S. Wardii (Lindl.) Luftknollen klein, zwei Zoll hoch, tief gerippt, ein Blatt, kurzgestielt, breit, wellig, faltig, hängend. Blüthenstengel hängend, lang, Blüthenstiel sehr lang, fünf bis sieben Blumen. Blüthen - Blätter hoch goldgelb mit blutrothen, gleichgrossen Fleckchen bestreut. Lippe fleischig, glänzend, goldgelb, mit breiter brauner Binde, dann zwei Hörner und glatt, ausbreitig, hell olivengrün, mit einigen kleinen rothen Punkten. Säule in der Mitte grün, Flügel weiss, mit ganz matten Lila Punkten.

S. Warczewitziana (Klotsch). Blüthe herrlich gross, rein weiss. Lippe gelblichweiss, sehr fein mit Roth gesprengt. Es gibt eine Menge Varietäten dieser Arten, welche alle eine grosse Zierde der Sammlungen bilden.

Stenia. Zur I. Abtheilung.

S. pallida (Lindl.). Blätter breit, glatt, spitz, stehen zu zweien zusammen, Scheiden braun, Blumen einzeln, wie eine *Promenaea*, aber grösser, hellledergelb, ausgebreitet. *Labellum* s a c k f ö r m i g, oben umgeschlagen, hier goldgelb mit Roth punktirt.

Stenorynchus. Zur I. Abtheilung.

S. cinnabarinus (Lindl). Eine prachtvolle, auf der Erde wachsende Pflanze. Blätter lang gefaltet, Blüthenstengel aufrecht, dichtblumig. Blumen wie bei *Syphocampilus laxiflorus*, aussen orange, innen goldgelb.

Trichopilia. Zur I. Abtheilung.

T. suavis. Eine herrliche, sehr schön blühende Pflanze. Blätter hellgrün, wellenförmig, sieben Zoll lang, breit, mit einem stark entwickelten Mittelnerv. Blüthenstiel drei- bis fünfblumig, nickend. Blüthen gross weiss. Sepalen und Petalen schmal, lang, perlweiss mit licht Blutroth gestrichelt und gefleckt. In der Mitte eines jeden Blattes eine gelbe Färbung. Die Blätter haben keine Neigung sich zu drehen. Das *Labellum* sehr gross, stark bauchig, der Rand breit ausgebreitet. Im Schlunde strohgelb, am Grunde wenig lederbraun, am Schlundrande lichtblutroth gross gefleckt.

T. tortilis. Luftknollen dünn, glatt, sehr stumpf, bei ein Zoll breit und drei lang. Blumen ein bis zwei. Stiel aufrecht. *Labellum* gross, zusammen geneigt, wie eine *Gloxinia* ausgebreitet, rein weiss mit breiten blutrothen Streifen im Schlunde und sehr schön roth, gross und schön gepunktet. Blumenblätter sehr lang, schmal, spitz, olivengrün, mit Braunroth leicht bemalt, jedes für sich schraubenförmig gewunden. Eine seltsame, schöne, grosse Blume.

T. coccinea (Warcz). Tracht ganz wie bei *tortilis*, zweiblüthig, sehr schön. Sepalen und Petalen zierlich lang, spitz, auf gelbem Grunde roth bemalt. *Labellum* aussen weiss, innen prachtvoll weinroth. Der Rand wellig, rein weiss eingefasst.

Trichosma. Zur I. Abtheilung.

T. suavis (Lindl.). Eine Pflanze im Wuchse wie *Cattleya*. Luftknolle mit Scheiden umgeben, klein fingerdick, am jungen Triebe etwas behaart. Blätter zwei, tief gefaltet, spitz. Blüthenstengel aufrecht, vier bis sechs Blumen, wie eine zwei Zoll breite Blüthe einer *Maxillaria*, rahmweiss, Lippe schön, mit Gelb und Roth bemalt.

Trichocentrum. Zur I. Abtheilung.

T. fuscum (Lindl.). Die Luftknolle kaum von dem einzelnen, dicken, fleischigen, roth punktirten Blatte zu unterscheiden. Blüthen einzeln, ziemlich gross. Das *Labellum* lang gespornt, ausgebreitet, rein weiss und braune Flecken mit zwei Längshöckern. Die Blumenblätter und der Sporn grün mit Blutroth breit und reich bemalt.

Uropedium. Zur I. Abtheilung.

U. Lindenii (Lindl.). Diese wundervolle Pflanze gleicht der Tracht nach einem *Cypripedium insigne*, jedoch ist die Pflanze in allen Theilen grösser, die Laubblätter steif, aufrecht, glatt, nur am oberen Theile etwas geneigt. Blüthenstand aufrecht, wenigblumig. Die Petalen und das Lippenblatt sind hier die merkwürdigste Erscheinung, indem diese drei Blattorgane schmale, gerade herabhängende, bandartige Verlängerungen bilden, welche bis zwei Schuh lang sind. Die seitlichen Petalen sind rein weiss mit hellgrünen Mittelstreifen und gleichmässigen, schönen Rosa-Längsstreifen, bis endlich das Blatt sich verschmälert und rein weinroth gefärbt erscheint; dasselbe ist es bei dem Lippenblatte, hier fehlt aber der grüne Mittelstreifen. Die gelbe Säule ist roth geflügelt und endet mit einem weissen, runden Köpfchen. Die zwei Sepalen sind breit und bei sechs Zoll lang, am Rande wellig, mit schönen hellgrünen Adern durchzogen; am Ende ganz grün endend. Der Blüthenstiel ist hellgrün, rund, gegen oben verdickt. Dieses prachtvolle Gewächs wurde durch Herrn Linden in Brüssel eingeführt.

Vanilla. Zur II. Abtheilung.

V. albida (Blume). Stamm rankend, Blätter gross, acht Zoll lang, breit, spitz. Blüthen in Büscheln, zahlreich, schön, meergrün, an der Spitze weiss. Lippe zusammengerollt, bauchig, aufrecht, oberer Saum zurückgeschlagen, tief wellenförmig, kraus, schneeweiss.

V. aphilla (Blume). Rankende Stämme, mit kaum bemerkbaren Blättern. Blüthen zu dreien, sehr schön und gross, meergrün. Die Blumenblätter stehen scheinbar regelmässig um die aufrechte, schön lichtlila gefärbte Lippe, aus der ein seltsam aussehender, gefalteter, gefranster Kamm hervorragt.

V. panifolia in Rumphia (Blume). Blätter breit, fast spitz. Stamm rankend. Blüthen aufrecht, gross und schön, in Büscheln beisammen stehend; in allen Theilen hell gelbgrün, fast olivenfärbig. Es gibt noch mehrere Arten dieser Gattung.

Vanda. Zur II. Abtheilung.

V. Batemanni (Lindl.). Kräftige Pflanze. Blüthen prachtvoll, zahlreich, bei drei Zoll breit, aussen herrlich tief lackroth, innen feurig goldgelb, gleichmässig mit verschieden grossen, blutrothen Flecken geziert. Das *Labellum* ist schmal, lang, hinaufgebogen, spitz. Säule kurz, strohgelb. Lippe strohgelb, dann plötzlich über zwei Drittel der Länge gleichförmig lackroth.

V. coerulea (Griffth.). Blätter spitz, wie ausgebissen. Stamm bei drei Schuh hoch. Blüthenstand aufrecht. Blüthen blau-lila, dunkler an der jungen Blüthe, prachtvoll, sehr gross, ausgebreitet. Säule und Umgebung rein weiss, oben mit zwei orangefarben Flecken. Die Lippe sehr klein, purpurfärbig. Blüthenstiel lebhaft lichtlila. Diese wahre Prachtpflanze ist noch sehr selten.

V. cristata (Lindl.). Stamm kurz, Blätter bei sechs Zoll lang, in drei Spitzen am Blatte endend. Blüthen sehr schön und seltsam, einblumig. Blumenblätter schmal, etwas zusammengeneigt, lichtgrün. *Labellum* sehr schön, oben sackförmig, mit aufgerichteten Rändern, dann ausgebreitet und endet mit zwei kleinen, rein weissen, rothspitzen Läppchen. Der obere Theil ist weiss, mit grossen, goldgelben Flecken und herrlichen, dunkelblutrothen Binden der Länge nach geziert.

V. falcata — Limodorum falcatum (Schwarz). Diese kleine japanische *Vanda* blühte im Mai 1819 das erste Mal in England. Wahrscheinlich ist dies die erste Vanda, welche in Europa lebte und blühte! Blüthen einzeln, langgeschwänzt, klein, schmutzig, weiss, wohlriechend.

V. furva (Blume). Blätter wie ausgebissen, verschiedenlappig, glänzend, hellgrün. Blüthenstengel weiss, filzig, vielblumig. Blüthen feurig hellzimmtbraun, glattrandig, quer gefaltet, fleischig, ausgebreitet, auf der Kehrseite hellstrohgelb. Lippe schön rosa, geigenförmig, auf der Aussenseite lichtlila.

V. insignis (Blume). Blätter glatt, glänzend, hellgrün, bei zwei Schuh lang, am Ende verschiedenförmig, wie ausgebissen. Blüthenstengel kräftig, aufrecht, glänzend, grasgrün. Blüthenstiele schmutzig goldgelb. Blüthen prachtvoll, bei vier Zoll breit. Blumenblätter unten stark zurückgerollt, dann breit, tief wellenförmig, der Länge nach gefurcht und der Quere nach gefaltet, gelblederbraune, feurige Farbe. Auf der Kehrseite hellgrün, mit Röthlich verwaschen. Säule eine unten verdickte, rein weisse Röhre. Lippe prachtvoll, lang, in der Mitte der Quere nach tief gefaltet, tief rosenfarb, oben mit zwei weissen Lappen.

V. Lowii (Lindl.). Stamm kräftig, etwas überhängend, Wurzel verhältnissmässig dünn. Blätter flach mit stumpfen Enden. Stamm und Blätter dicht filzig, behaart. Blüthenstand hängend, mehrere Schuh lang. Blüthen prachtvoll, bei drei Zoll breit, ganz ausgebreitet. Beim Aufblühen ist die herrliche Blume rein zimmtfärbig, mit schwachen Flecken von gelber Farbe; diese Flecken und Bemahlungen werden jedoch bis zum Verblühen der Blume immer kräftiger. Die Blüthen sind zahlreich, sparrig und bilden einen unbeschreiblich schönen Anblick.

V. multiflora (Lind.). Siehe *Vanda Wightiana* (Lind. W. L.). Obwohl bei *Vanda multiflora* gelbe Blüthen mit rothen Punkten angegeben sind, scheint es doch ein und dieselbe Species zu sein. Die Pflanze wird bis drei Schuh lang, hat aber Blätter ohne Längslinien.

V. pauciflora (Kuhl et v. H.). Kleine Pflanze, dunkelgelbgrün. Blumen einzeln, klein, ausgebreitet, olivengrün. Lippe und Säule rein weiss.

V. parviflora (R. W.). Eine reichblühende Pflanze! Blüthenstand aufrecht, Blüthen zahlreich, gross, hellgelb. Der Stamm wird bis einen Schuh hoch. Die Blätter sind auf der Aussenseite der Länge nach wie linirt, oben fast zweilappig, stumpf.

V. peduncularis (Lindl.). Pflanze klein. Blüthenstengel aufrecht, wenigblumig. Blüthe weiss, bräunlich. Lippe sehr schön gebildet, mit zwei behaarten Wülsten an der Seite, braun, mit Purpur getigert.

V. pulchella (R. W.). Stamm mit hängendem Wuchse, klein, die Blätter sind auffallend tief eingeschlitzt. Blüthen zahlreich, an kurzen Stielen, klein, weiss, ins Gelbe übergehend, mit Purpur bemalt, von aussen mit fast viereckigen, schmutzig dunkelgelben Flecken geziert.

V. Roxburghii (Brown). Diese herrliche Art, welche nun schon sehr verbreitet ist, geht auch unter dem Namen *V. tesselata*, sie blühte in England 1821 zuerst bei *Lady Banks*, in einem Körbchen mit Moos gefüllt gepflanzt und aufgehangen. So hatte England damals *Lady Banks*, jetzt aber *Misstres Lawrence*, welcher jeder Pflanzenfreund für ihre Bestrebungen dankbar ist. *Vanda Roxburghii* hat schmale, lange, sehr dreispitzig endende Blätter. Der Blüthenstand ist aufrecht und trägt sechs bis acht Blüthen in weiten Abständen. Blüthenstiel und Blüthen von aussen rein weiss. *Labellum* und Säule weiss, mit Dunkellila bemalt. Blumen innen goldgelb, mit rothen Längs- und Querstrichen. Stamm bis zwei Schuh hoch.

V. Roxburghi unicolor (Hook.). Diese Varietät unterscheidet sich nur durch die kräftigere, dunklere Farbe der Blüthen, die ganze Blume gleichmässig braun.

V. spatulata (Spr.). Stamm kurz, Blätter löffelförmig, am Ende ausgebuchtet, auf grünem Grunde mit matt braunrothen Flecken geziert. Blüthenstand aufrecht. Blüthen goldgelb, am Grunde weiss, ausgebreitet, alle Blätter rund endend.

V. suavis (Lindl.). Stamm schlank, etwas übergebogen, Blätter schmal, rinnenförmig, mit stumpfen Enden, hellgrün. Blüthenstand überhängend. Blüthen zahlreich. Blüthenblätter stumpf, zurückgebogen, am Rande wellig, rein weiss, mit matt Weinroth fleckig bemalt. Lippe prachtvoll tief violet, dreilappig.

V. terres (Lindl.). Die ganze Pflanze aufrecht, schön grün, oft am Ende an den Blättern roth punktirt. Blätter stumpf, rund, so wie die Stengel. Der Stamm verzweigt sich und wird acht bis zehn Schuh hoch. Der Blüthenstand erscheint beliebig, am obern Theile der Pflanze, ist zierlich gebogen und trägt fünf bis sieben Blumen. Diese Pflanze gehört blühend zu den auserlesensten Schönheiten. Die über vier Zoll breite Blume ist unbeschreiblich zart und prächtig. Die Sepalen sind gross, ausgebreitet, rein weiss, mit Purpur wie angehaucht. Die Petalen sind ebenfalls gross, aber aus der Mitte der Blume wie Flügel ausgebreitet, gefaltet, am Rande weiss, der ganze übrige Theil aber herrlich lila-purpur. Das *Labellum* ist oben zusammengeneigt, dann tief eingeschnitten, dann mit zwei Lappen ausgebreitet. Der obere Theil des *Labellums* ist goldgelb, mit rothen Punkten und Linien, der untere Theil lila-purpur, jede Blume hat eilf Zoll im Umkreise.

V. tricolor (Lindl.). Die Pflanze gleicht der *Vanda Roxburghii*. Blüthenstand aufrecht, vielblumig. Blüthe prächtig, sehr gross und wahrhaft schön. Der Blüthenstengel ist schön lichtgrün, der Blüthenstiel aber ganz rein weiss. Die Kehrseite der Blüthen ist vollkommen weiss, so dass der Blüthenstand, von rückwärts besehen, ganz rein weiss erscheint. Die Blüthen in Farbe rein goldgelb, mit meist runden, blutrothen Flecken ganz bestreut. Säule und Umgebung sind rein weiss, das *Labellum* am Ende zweilappig, feurig dunkel weinroth, mit einigen blutrothen Flecken.

V. violacea (Lindl.). Stamm ziemlich kräftig, etwas überhängend. Blätter glattrandig, riemenförmig, am Ende tief zweilappig. Blüthenstand hängend, Blüthen zahlreich, bei zwei Zoll breit, weiss. Am Rande eines jeden Blumenblattes befindet sich ein fast runder, violeter Flecken; kleinere Punkte derselben Farbe finden sich zerstreut auf den Blättern. Lippe wie von violetem Sammte, ganz gleichfärbig und prachtvoll.

V. Wightiana (Lind. W. L.). Stattliche Pflanze. Blüthen klein, gelb, mit rothen Querbinden. Diese Pflanze ist wahrscheinlich jene Species, welche in den Gärten ziemlich verbreitet, unter dem Namen *Vanda multiflora* ist, obwohl hier die Blüthen aussen und innen der Länge nach gestreift erscheinen. Die Enden der Blätter sind hier tief zweilappig.

Warczewitzia. Zur I. Abtheilung.

W. (Skinner). Siehe *Catasetum Warczewitzii* und *Myanthus Warczewitzii* (Beer).

Warrea. Zur I. Abtheilung.
Maxillaria (Beer).

W. bidentata (Lindl.), *W. Lindeniana* (Henfr). Tracht wie bei *W. tricolor*. Die Blüthen sind rahmweiss. Lippe purpurfarb. Diess ist gewiss nur eine Varietät von *W. tricolor*.

W. cyanea (Lindl.). Pflanze klein, Blätter stark gerippt, spitz. Blüthenstengel aufrecht. Blumen zahlreich, klein, ausgebreitet, rein weiss. *Labellum* weiss, die untere breite wellige Ausbreitung, rein azurblau.

W. discolor (Lindl.). Die Pflanze hat den Wuchs von *Huntleya violacea*. Es erscheint nur e i n e, aber sehr schöne, grosse Blüthe, welche in herrlicher Purpurfarbe schattirt gezeichnet ist.

W. quadrata (Lindl.). Pflanze klein. Luftknolle ganz in Blättern gehüllt. Blüthen einzeln, gelblich weiss, an den Blattspitzen goldgelb. Lippe sehr schön gelblichweiss, mit breiter purpurfarber Einfassung. Im Schlunde Veilchenblau, Säule hell gelb, breit. Die Blüthe hat viele Aehnlichkeit mit der Blüthe von *Trichopilia*.

W. tricolor. Siehe *Maxillaria Warreana*, es gibt noch mehrere Species hiervon, welche alle der Kultur werth sind.

Xylobium. Zur I. Abtheilung.
Maxillaria (Beer).

X. squalens. Luftknolle eiförmig, gestreckt, etwas gefurcht, dunkel blaugrün. Blätter zwei. Blüthenstengel herabgebogen, kurz, stark. Blüthen zahlreich, schmutzig weiss, mit Gelb und Roth gefleckt.

Zoserostylis. Zur I. Abtheilung.

Z. Walkeriana (R. W.). Ist blos eine nur botanisch interessante Pflanze, mit ganz kleinen unscheinbaren Blüthen, scheint auch noch nicht lebend eingeführt zu sein.

Zygopetalum. Zur I. Abtheilung.

Z. aromaticum (Reich. fil.). Blumen grösser als von *Z. Makayi*. Blüthe schneeweiss. Lippe azurblau, am Grunde purpur.

Z. fragans (Linden). Diese hübsche Pflanze trägt schmutzig lilafarbe Blüthen. Die Lippe ist weiss, veilchenblau in der Mitte und purpurfärbig berändert.

Z. Kegelii (Reich. fil.). Blüthe blassgrünn, braun gefleckt. Lippe weiss mit violeten Strichelchen. Blumen von der Grösse des *Z. maxillare*.

Z. Makaii var. crinitum (Hook.). Pflanze sehr schön mit langen Blättern und glatten eirunden Luftknollen, Blüthenstengel aufrecht, stark, bei drei Schuh lang. Blumen zahlreich, gross, alle Blätter aufrecht, grün und braun gefleckt. *Labellum* breit, muschelförmig, sehr schön weiss mit lichtlila gestreift und sammtig braun, am oberen Ende dicht behaart.

Z. africanum (Hook.). Luftknolle lang, glatt, flach, von Scheiden umgeben. Zwei Blätter, lang, schmal, stumpf spitz, wenig gefaltet. Blüthenstengel kräftig, gerade, Blüthen einzeln, zahlreich. Lippe sehr schön weiss mit Rosa bemalt, ausgebreitet, Säule lang, geflügelt, goldgelb. Blumenblätter grün, mit blutrothen Flecken.

Z. cochleatum (Hook.). Wuchs wie bei *Huntleya*. Blüthe einzeln, sehr schön, die Blume herabgeneigt, halb geöffnet, rein weiss. Das *Labellum* sehr gross, bauchig, wellenförmig, am Saume breit lila, dann weiss mit roth und dunkellila Strichen.

Z. maxillare (Lood.). Eine sehr schöne Pflanze. Luftknolle $3\frac{1}{2}$ Zoll lang, eiförmig verlängert, tief gefurcht. Blüthenstengel aufrecht, Blüthen ganz ausgebreitet grün, aber sehr breit mit dunkelbraun bandirt. *Labellum* prachtvoll, purpurblau, auf der unteren Ausbreitung ins Lichtlila übergehend. Die Lippe ist oben wie mit stumpfen Zähnen besetzt. Säule innen hell gelb, aussen purpurblau. Es gibt noch mehrere Species von diesem sehr schönblüthigen Genus, welche alle der Kultur werth erscheinen.

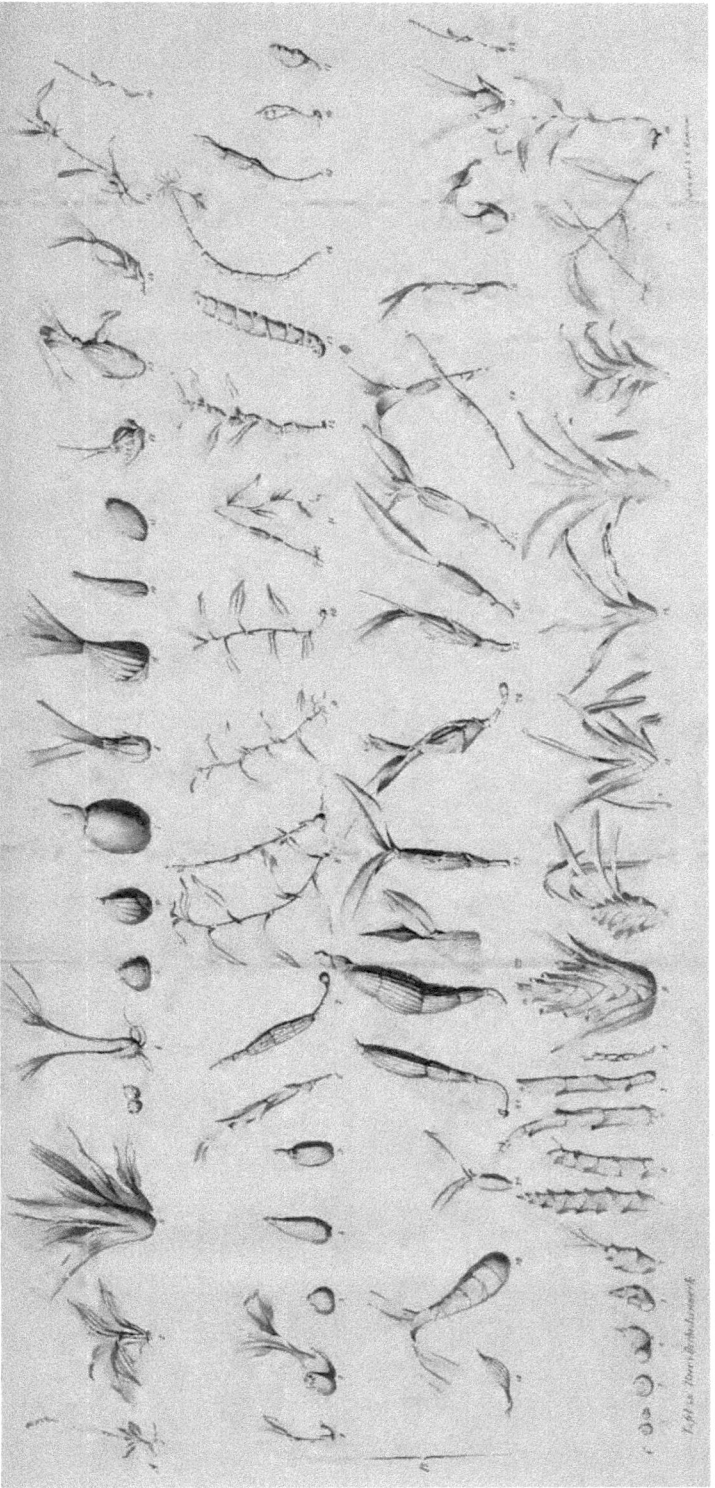

Vanda, (R. Br.)

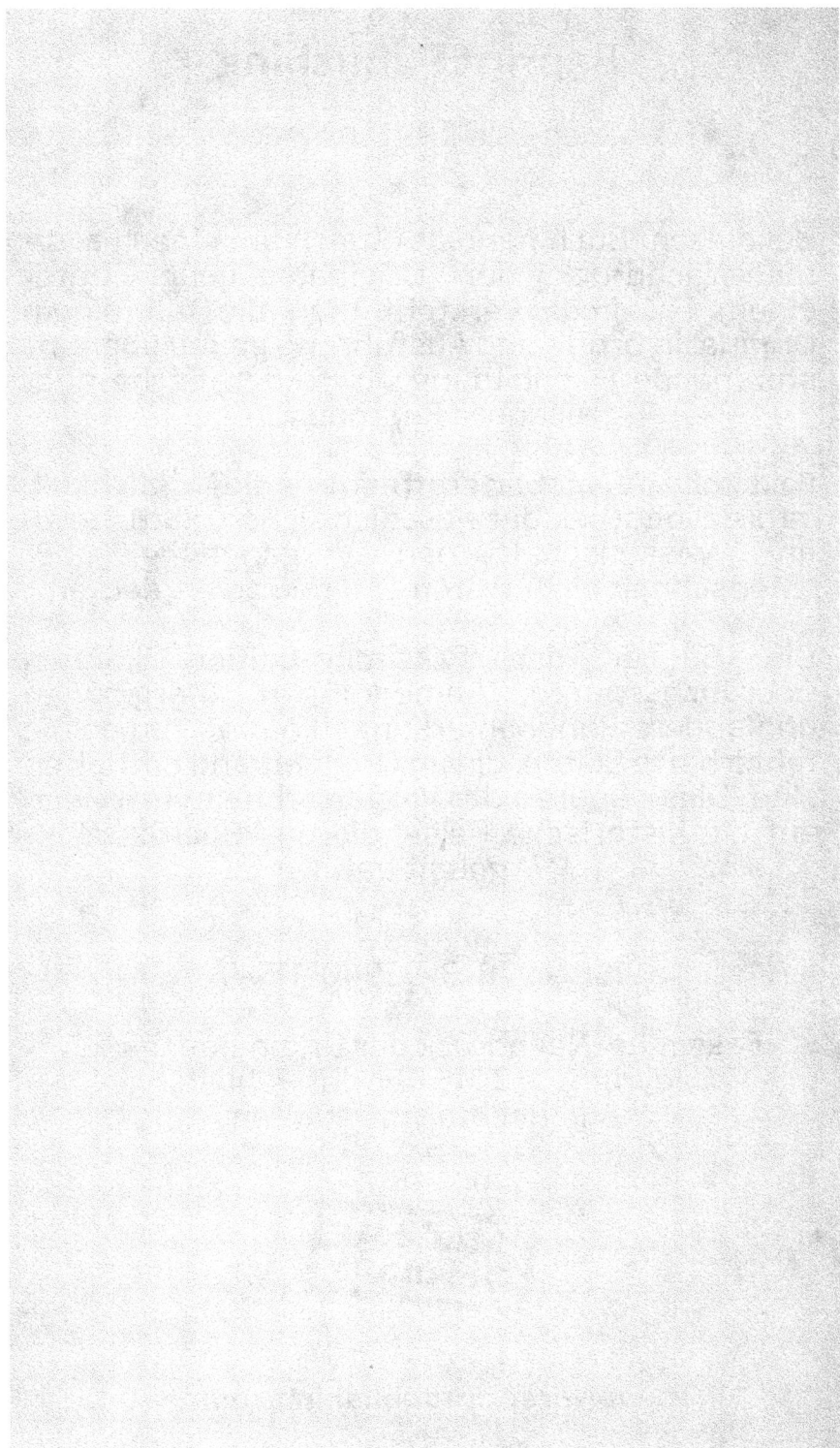

Reprint Publishing

FÜR MENSCHEN, DIE AUF ORIGINALE STEHEN.

Bei diesem Buch handelt es sich um einen Faksimile-Nachdruck der Originalausgabe. Unter einem Faksimile versteht man die mit einem Original in Größe und Ausführung genau übereinstimmende Nachbildung als fotografische oder gescannte Reproduktion.

Faksimile-Ausgaben eröffnen uns die Möglichkeit, in die Bibliothek der geschichtlichen, kulturellen und wissenschaftlichen Vergangenheit der Menschheit einzutreten und neu zu entdecken.

Die Bücher der Faksimile-Edition können Gebrauchsspuren, Anmerkungen, Marginalien und andere Randbemerkungen aufweisen sowie fehlerhafte Seiten, die im Originalband enthalten sind. Diese Spuren der Vergangenheit verweisen auf die historische Reise, die das Buch zurückgelegt hat.

ISBN 978-3-95940-115-9

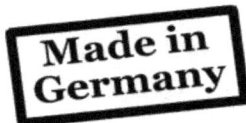

Made in
Germany

www.reprintpublishing.com

www.ingramcontent.com/pod-product-compliance
Lightning Source LLC
Chambersburg PA
CBHW071637270326
41928CB00010B/1959